KOPENHAGEN

CHRISTIAN GEHL

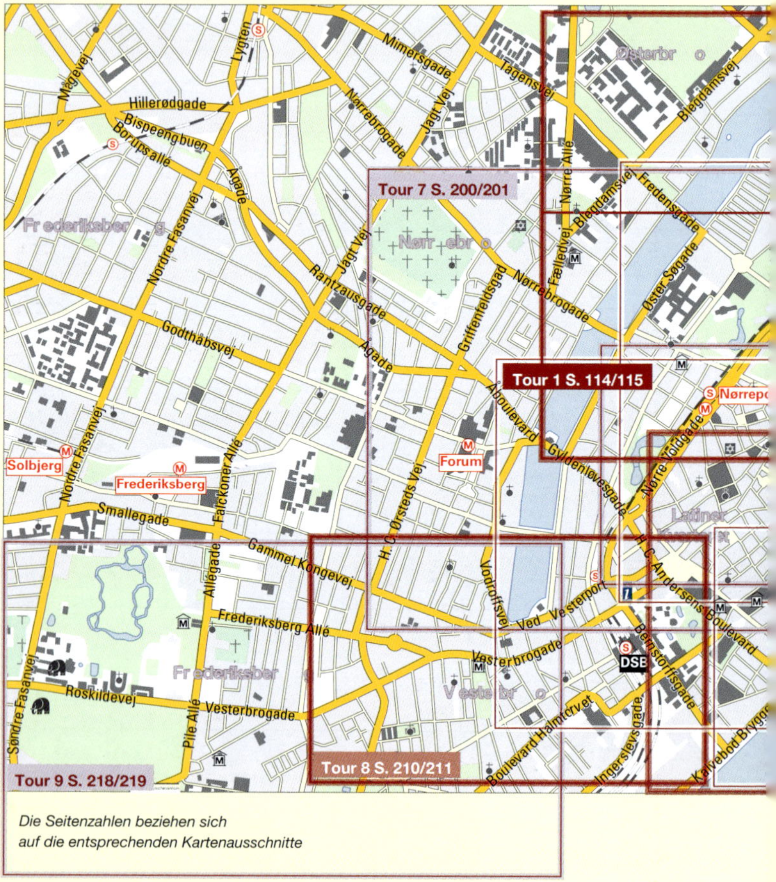

Die Seitenzahlen beziehen sich auf die entsprechenden Kartenausschnitte

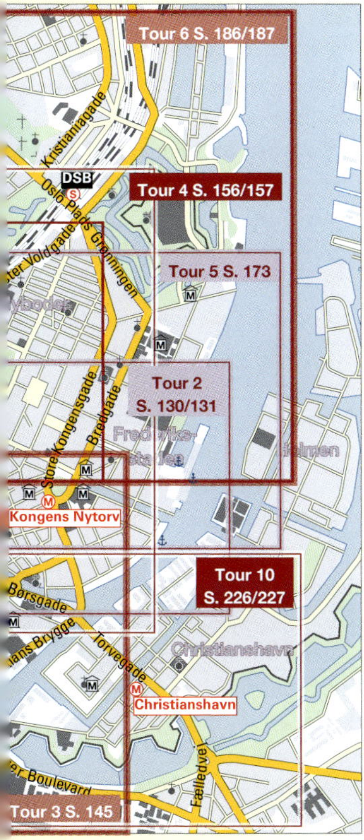
Tour 6 S. 186/187
Kristianiagade
DSB
Oslo Plads
Tour 4 S. 156/157
Grønningen
Tour 5 S. 173
Tour 2
S. 130/131
Store Kongensgade
Bredgade
Kongens Nytorv
Tour 10
S. 226/227
Børsgade
Torvegade
Christianshavn
Christianshavn
Fælledvej
Tour 3 S. 145

Unterwegs mit Christian Gehl

Was für eine Wandlung! Auf einer Studienreise Anfang der neunziger Jahre wirkte Kopenhagen muffig auf mich, provinziell gar, bestenfalls museal, mit all den alten Schlössern in der Innenstadt. Die gibt es zwar immer noch, doch sonst ist alles anders. Als wäre die Stadt in einen Jungbrunnen getaucht worden, durchzieht heute eine ansteckende Lebensfreude die Straßen. Relaxte Radfahrer, schick gekleidet, rücksichtsvoll, sie bestimmen die gewinnende Atmosphäre, die von hübschen, quirligen Straßencafés weitergegeben wird, von kleinen Boutiquen mit kreativer Mode dänischer Designer, von den aufregenden, neuen Kulturgebäuden am Inneren Kanal, den großartigen Museen, dem vielfältigen Nachtleben – und unter dem Strich steht: Weltstadt. Eine gemütliche obendrein, denn nichts machen die Einwohner von Kopenhagen lieber, als jeden Raum, jede Nische mit bunten Lichtern, Kissen und Decken kunstvoll auszustaffieren. Selbst die (innen)architektonische Avantgarde wirkt in dieser Stadt „hyggelig". Das gilt für Museumscafés genauso wie für Ausgehlokale. Wie in einem Bienenstock brummt es in den angesagten Bars und Kneipen – wer einmal drin ist, will nie wieder gehen. Und da sage noch einer, dass sich in der Welt nie etwas ändert.

Impressum

Text und Recherche: Christian Gehl **Lektorat:** Dagmar Tränkle **Redaktion und Layout:** Jana Dillner **Karten:** Carlos Borell, Judith Ladik, Michaela Nitzsche, Gábor Sztrecska **Fotos:** siehe S. 9 **Covergestaltung:** Karl Serwotka **Covermotive:** oben: Nyhavn © Pavel Svoboda/Fotolia.com; unten: Marmorbroen, im Hintergrund die Altstadt © Andreas Gradin/Fotolia.com

3. komplett überarbeitete und aktualisierte Auflage 2012

Inhalt

Kopenhagen – Hintergründe & Infos

Inhalt

Kopenhagen – Stadttouren und Ausflüge

Was haben Sie entdeckt?

Sind Sie auf ein gutes Restaurant gestoßen, eine tolle Bar, eine aufregende Diskothek? Oder haben Sie ein schönes Hotel gefunden, eine originelle Boutique, eine großartige Galerie? Und welcher Tipp war nicht mehr gut?

Wenn Sie Ergänzungen, Verbesserungen oder neue Tipps zu diesem Buch haben, lassen Sie es uns bitte wissen!

Schreiben Sie an: Christian Gehl, Stichwort „Kopenhagen" | c/o Michael Müller Verlag GmbH | Gerberei 19, D – 91054 Erlangen | christian.gehl@michael-mueller-verlag.de

Kartenverzeichnis

Zeichenerklärung für die Karten und Pläne

Autobahn
Bundesstraße
Hauptstraße
Landstraße
Eisenbahn
Metro Metro-Station
S-Bahn S-Bahn-Station
Stadtrundgang
Krankenhaus
Post
Taxistandplatz
Flughafen
Bushaltestelle
Parkplatz
Information
Schloss/Burg
Sehenswürdigkeit
Museum
Synagoge
Kirche
Zoo

Inhalt

Alles im Kasten

Vielen Dank!

Ohne die Tipps und Hinweise von Camilla und Leonardo Abello-Rode, Katerina Gehl, Christine Nouikat und D. Thomas Rosky hätte dieses Buch nicht entstehen können. Wertvolle Anregungen lieferten auch Thomas Bücker, Esther Dahle, Petra Finster, Fred Griese, Ulli Grundner, Thomas Herko, Sonja Kumpf, Peter Meihs, Katharina Nowak, Eva Schulz und Georg Stetter.

Ein herzliches Dankeschön!

Fotonachweis

Christian Gehl: S. 8, 10, 11, 12, 14, 15, 16/17, 20, 22, 25, 26, 30, 32, 35, 36, 37, 39, 43, 48/49, 52, 56, 57, 61, 67, 75, 79, 80 (unten), 83, 85, 90, 94, 95, 100, 102, 103, 105, 108/109, 112, 116, 117, 121, 122, 123, 125, 126, 127, 128/129, 132, 133, 134, 135, 136, 137, 139, 144, 146, 147, 148, 149, 158, 160, 166, 167, 169, 177, 181, 185, 189, 190, 194, 196/197, 198, 199, 204 (oben), 204 (unten), 206, 207 (oben), 212, 215, 222, 224/225, 228, 229, 230, 234, 235, 239, 241, 244, 247, 255, 275, | **Dr. Thomas Rosky:** 31, 110/111, 172, 175, 176, 207 (unten), 221 (oben), 238, 242, 245 | **A.P. Møller-Mærsk:** 42 | **Christian Geisnæs:** 45 | **Stine Heilmann:** 65 | **Ulrike Grundner:** 77 | **Klavs Bo Christensen Rockphoto:** 86/87 | **TorverhallerneKBH:** 91 | **Ana Cecilia Gonzalez:** 118 | **Restaurant Julian:** 153, 195 | **Per Morten Abrahamsen:** 140/141 | **Pernille Klemp:** 159 | **Jan Buus:** 168 | **Arbejdermuseet:** 184, 185 | **Zoologisk Have:** 220 | **SES:** 243 | **Arken:** 248 | **Lars Skaaning:** 249, 253 | **Oscar Falck/Malmö Turism:** 254, 256, 258, 260, 261 | **BirdView.se:** 259 | **Copenhagen Media Center:** Woco: 14/15 (Mitte), 29, 62, 213; Ty Stange: 18, 19, 50, 54, 89, 92, 188, 205, 272, 182/183; National Museum of Denmark: 21; Klaus Bentzen: 170 (links); Cees van Roeden: 24; Christian Alsing: 47, 80 (oben), 88, 150, 192/193, 232/233; Nicolai Perjesi: 55, 120, 203; Kasper Thye: 58; Miklos Szabo: 72; CPH Living: 70; Morten Bjarnhof: 78, 162, 223; Bjarne Bergius Hermansen: 84; Jonas Pryner, Copenhagen Jazz Festival: 99; Morten Jerichau: 117, 202; Tivoli: 119; Cees van Roeden: 142, 151; Ireneusz Cyranek: 143; Tuala Hjarnø: 214, 216/217, 221 (unten), 240; Roland Halbe: 236 | **Denmark Media Center:** 204 (Mitte); Kim Wyon: 12/13 (Mitte), 74, 154/155, 170/171 (Mitte), 203; Dorte Krogh: 164; Cees van Roeden: 163; Ole Christiansen: 180; Nicolai Perjesi: 208/209, 231 |

Mit dem grünen Blatt haben unsere Autoren Betriebe hervorgehoben, die sich bemühen, regionalen und nachhaltig erzeugten Produkten den Vorzug zu geben.

Kopenhagen: Die Vorschau

Die nordische Weltstadt

Kopenhagen ist in: ob als grüne Vorzeigemetropole, als Architektenparadies, für das keine Vision zu kühn ist oder als bedeutende Kunststadt mit einem Faible für innovative Museen. Eine Stadt, die vor zehn, zwölf Jahren niemand zu den Weltstädten gezählt hätte, wird heute in einem Atemzug mit Barcelona und Amsterdam genannt. Dass Kopenhagen mit ihren rund 540.000 Einwohnern (Großraum: 1,2 Mio.) recht klein ist, tut ihrem Reiz keinen Abbruch. Kopenhagen war schon immer das kulturelle und wirtschaftliche Zentrum des Landes, aber heute ist die dänische Hauptstadt auch sexy. Das frühere provinzielle und konservative Image hat die Stadt in Rekordzeit abgestreift. *Der Spiegel* bezeichnet Kopenhagen als „Hauptstadt des guten Geschmacks", das Londoner Lifestyle-Magazin *Monocle* erklärt die Lebensqualität in der Stadt seit Jahren regelmäßig zu einer der höchsten weltweit.

Und dann ist da noch die Sache mit den „glücklichsten Menschen der Welt". Marktforschungsinstitute kommen immer wieder zu demselben Ergebnis: In Dänemark sind die Menschen so zufrieden mit ihrem Leben wie nirgendwo sonst, beruflich wie privat. Hektik und Stress sind Fremdwörter in Kopenhagen – egal ob im Restaurant, in der U-Bahn, im Supermarkt oder auf den außergewöhnlich breiten Fahrradwegen, stets ist die zwischenmenschliche Atmosphäre freundlich und entspannt.

Kopenhagen macht Schlagzeilen

Für internationale Schlagzeilen sorgt auch das vorbildliche System des öffentlichen Nahverkehrs. Die U-Bahn fährt rund um die Uhr, gerade entsteht eine neue Ringlinie mit Haltestellen am Hauptbahnhof und Rat-

hausplatz (Eröffnung 2018), Elektrobusse (City Cirkel) kurven alle sieben Minuten durch die Altstadt und 2013 führt die Stadt ein neues Bikesharing-System mit besseren Fahrrädern ein. Und natürlich das dänische Design. Junge Möbeldesigner (unbedingt ansehen: Hay am Amagertorv) befreien die Stadt von der Vorstellung, dass sich hier alles immer noch um Arne Jacobsen dreht. Auch die Modeszene genießt internationales Renommee: Henrik Vibskov, Munthe plus Simonsen, Rützou, Bruuns Bazaar, in Kopenhagen zeigen die besten dänischen Couturiers ihre Werke in für sich bereits sehenswerten Flagship Stores.

Was ist also noch verbesserungswürdig in Kopenhagen?

Sicher die frühen Schließstunden der Restaurantküchen, denn nach 22 Uhr wird es schwierig, etwas Anständiges zu essen zu bekommen. Einkaufen funktioniert in Kopenhagen bis heute ähnlich wie in der Bundesrepublik der 80er Jahre: Um 18 Uhr ist meist Schluss, nur einige Kaufhäuser und zwei Supermarktketten schließen später. Immerhin: Ab 2012 darf auch sonntags geöffnet werden. Das Zentrum zwischen Hauptbahnhof, Tivoli und Rathausplatz hat eine optische Auffrischung dringend nötig. Einen Ideenwettbewerb dazu hat es bereits gegeben. Allerdings genießt derzeit der Bau von U-Bahn-Haltestellen Priorität. Es dürfte also noch dauern mit einem neuen Stadtmittelpunkt.

Nicht zu ändern ist das Klima. Allzu oft ist es windig und regnerisch, doch es gibt auch diese großartigen, klaren Sonnentage, die im Sommer gar nicht mehr aufhören wollen. Und dann sind auch mal mehr als 25° C drin. Besser allerdings man stellt sich zwischen Juni und August auf Tagestemperaturen von 18-20° C ein.

Aber sonst? Nur weiter so, möchte man ausrufen, euphorisiert durch die

sauerstoffreiche Meeresluft und die freundlichen, gut gelaunten Menschen.

Die grüne Hauptstadt der Welt

Kopenhagen setzt Öko-Standards: Jeder zweite Innenstadt-Bewohner fährt mit dem Fahrrad zur Arbeit oder Ausbildung, bis 2015 soll der gesamte Pendlerverkehr zur Hälfte aus Fahrrädern bestehen. Breite Radwege begleiten alle großen Verbindungsstraßen, hinzu kommen eigene, autofreie Radrouten aus den Vororten ins Zentrum. Und das Radnetz wird stetig weiter ausgebaut. Am ehrgeizigsten sind jedoch die Rathaus-Pläne, Kopenhagen bis 2025 zur CO_2-neutralen Stadt zu machen. Sehr beliebt bei den Einwohnern ist zudem Bio-Kost, sowohl beim Einkauf als auch in Restaurants – keine andere Stadt der Welt soll einen so hohen Pro-Kopf-Verbrauch an Bio-Lebensmitteln haben.

Museen de luxe

Kopenhagen ist weder London noch Paris. Riesenmuseen mit den bekanntesten Werken der Kunstgeschichte sucht man hier vergebens. Dafür punktet die dänische Hauptstadt mit modernen Ausstellungskonzepten und spannender Gegenwartskunst. So bietet z.B. das Statens Museum for Kunst einen Querschnitt durch die europäische Kunstgeschichte seit der Renaissance mit thematischer Hängung. Die Skulpturenstraße im modernen, lichtdurchfluteten Anbau zeigt regelmäßig provokante Ausstellungen von zeitgenössischen Künstlern.

Ein Klassiker jeder Kopenhagen-Reise war schon bisher der Besuch der Ny Carlsberg Glyptotek – und sollte es erst recht in Zukunft sein. Frisch renoviert und erweitert ist das Skulpturenmuseum, das auch eine große Impressionismus-Sammlung beherbergt, ein ästhetisches und intellektuelles Erlebnis.

Die beiden aufsehenerregendsten Museen liegen jedoch außerhalb von Kopenhagen in den etwa eine halbe Autostunde entfernten Gemeinden Humlebæk und Ishøj: Louisiana und Arken sind beeindruckende Beispiele für eine Architektur, die perfekt zur umgebenden Landschaft passt. Wirkungsvoller als hier lässt sich moderne Kunst kaum inszenieren.

Ungebrochener Modernisierungsboom

In den letzten Jahren wurden drei spektakuläre Bühnenhäuser eröffnet, die Kopenhagen europaweit ins Gespräch gebracht haben: Oper (2005), Theater (2008) und Konzerthaus (2009). Erstklassige Architektur hat seit der Jahrtausendwende Tradition in der Stadt. Daniel Libeskind schuf 2003/04 das expressionistische Interieur des Jüdischen Museums und Zaha Hadid ergänzte 2005 das Ordrupgaard-Museum im nördlichen Vorort Charlottenlund durch einen avantgardistischen Anbau. Das Konzerthaus stammt von Jean Nouvel. Sogar das Schwimmbad am Inneren Hafen im Stadtteil Islands Brygge ist ein architektonisches Kunstwerk.

Und im Südosten der Hauptstadt, auf der Insel Amager, entsteht Ørestad, ein Viertel zum Wohnen, Arbeiten und Studieren, das durch sein modernes Konzept schon viel von sich reden gemacht hat. Auch die U-Bahnhöfe beeindrucken: Hell, übersichtlich und sauber, sind sie ein Aushängeschild der Stadt.

Im Sommer 2011 eröffneten überdachte Markthallen am Israel Plads und Europas größter Skatepark im Fælledpark. Noch in der Planung befindet sich das ehemalige Carlsberg-Areal in Frederiksberg: Es soll zum neuen Stadtviertel umfunktioniert werden. Die Brauerei zieht nach Fredericia auf der Halbinsel Jütland um.

Kopenhagen: Die Vorschau

International berühmt ist auch der monolithische Schwarze Diamant an der Hafenfront, ein Erweiterungsbau der Königlichen Bibliothek. Selbst am Bau der U-Bahn waren kreative Architekten beteiligt – die sonst meist stiefmütterlich behandelten Rolltreppenschächte stellen in Kopenhagen eine Sehenswürdigkeit für sich dar.

Erstklassiges Nachtleben

Ein gutes Dutzend Bars, Live-Bühnen und Clubs rangieren an der europäischen Spitze.

Der Club Vega, die nachrückende Culture Box, der Klassiker Rust und der jüngste Hotspot Karriere sind führend bei elektronischer Musik. Ein spannendes Konzept verfolgt das Barbarellah. Lateinamerikanische Küche, Tanzfläche, Konzertbühne, Bar und Großbildleinwand, alles findet in einem einzigen großen Raum statt, genial aufgeteilt mit dem typischen dänischen Gespür für Innenarchitektur.

Die heißeste Adresse im Kopenhagener Nachtleben ist derzeit das Schlachthofgelände Kødbyen, auf dem sich anspruchsvolle Restaurants, Clubs und Galerien neben angestammten Fleischbetrieben und einigen Schnellimbiss-Lokalen angesiedelt haben.

Als eines der Jazzzentren Europas hat Kopenhagen auch eine Reihe ausgezeichneter Jazzclubs zu bieten. Die Nr. 1 ist das Copenhagen JazzHouse, Anfang der 90er Jahre gegründet und heute die wichtigste Adresse für hochklassigen Jazz in Skandinavien. Es ist einer der Brennpunkte des alljährlich Anfang Juli stattfindenden Copenhagen Jazz Festivals, bei dem überall in der Stadt Konzerte geboten werden. Die meisten Veranstaltungen, egal ob drinnen oder draußen, sind kostenlos, nur für die ganz großen Namen muss man Eintritt bezahlen.

Klassische Sehenswürdigkeiten

Die Stadt hat zahlreiche einzigartige Bauwerke zu bieten, die eine Besichti-

gung wert sind. Zunächst sind da als Sehenswürdigkeiten ersten Ranges die Schlösser zu nennen: Rosenborg, Christiansborg und Amalienborg in Kopenhagen sowie Kronborg, Fredensborg und Frederiksborg etwas außerhalb der Stadt. Zu Recht berühmt ist auch der Tivoli. Einen Besuch dieses Vergnügungsparks, der mit deutschem Volksfestrummel nichts zu tun hat, empfehlen wir selbst bei der kürzesten Stippvisite der Stadt. Das Gleiche gilt für den Hafenkanal Nyhavn. Mag die Postkartenidylle manchmal auch durch den starken Touristenrummel auf der sonnigen Restaurant-Seite gestört sein – gegenüber merkt man davon nichts und hat die Schönheit des jahrhundertealten Hafens direkt vor sich.

Wer glaubt, dass die Kleine Meerjungfrau hoffnungslos überschätzt sei, der irrt: Die kleine Statue im Wasser ist so anrührend wie die Figur aus dem Märchen.

Weniger bekannt ist der Christianshavns Kanal. Nach aufwendigen Renovierungsarbeiten an den alten Häusern zählt ein Spaziergang heute zu den Highlights in Kopenhagen. Und wenn Sie schon mal da sind: Die Outdoor-Wendeltreppe rund um die Turmspitze der Vor Frelsers Kirke stellt auch für Schwindelfreie eine Mutprobe dar.

Ein Tag am Meer

Schöne Aussichten bietet die Küstenstraße Strandvejen im Norden von Kopenhagen. Sowohl mit dem Auto als auch mit dem Fahrrad zählen die fünfzig flachen Kilometer, die durch Villenvororte, vorbei an Yachthäfen und durch Wälder meist am Meer entlang führen, zu den schönsten in Dänemark. Für eine Pause kann man sich eines der großartigen Museen am Wegrand aussuchen: das Wohnhaus der „Jenseits von Afrika“-Autorin Karen Blixen, das in einem wildromantischen Garten gelegene Ordrupgaard-Museum oder das Louisiana-Museum mit seinem einmaligen Blick aufs Meer.

Gråbrødretorv, Altstadt

Hintergründe

Rathausplatz mit Eingang zur Fußgängerzone

Stadtaufbau und Orientierung

Kopenhagen gliedert sich in die Altstadt, das ursprünglich selbständige Christianshavn sowie Nørrebro, Vesterbro und Østerbro. Die 540.000 Einwohner sind am liebsten mit dem Fahrrad oder zu Fuß unterwegs – was dank kompakten Stadtaufbaus und großer autofreier Zonen stressfrei funktioniert.

Rathausplatz, Tivoli und Hauptbahnhof bilden, nah beieinander, den großflächigen Auftakt zur **Altstadt**. Der berühmte Kanal Nyhavn markiert auf der anderen Seite den Schlusspunkt. Neben der Universität und der 1,1 Kilometer langen, leider aber stellenweise recht düsteren Fußgängerzone Strøget sind es mehr und mehr das trendige Latinerviertel mit seiner studentisch geprägten Kneipen- und Boutiquenszene sowie die abwechslungsreiche Flaniermeile Strædet, die die Menschen in die Altstadt ziehen – rund 27.000 Kopenhagener leben hier.

Östlich des Inneren Hafens (Inderhavnen) breitet sich **Christianshavn** aus, das wie die Altstadt zum Stadtteil Indre By gehört, aber geografisch auf der Insel Amager liegt. Die früher graue Vorstadt präsentiert sich heute besonders am schönen Christianshavns Kanal als lebendiges Wohn- und Flanierviertel. Berühmt ist Christianshavn wegen des politisch immer noch umstrittenen Alternativtraums Christiania und der Turmspitze der Vor Frelsers Kirke, die man auf der Außenseite des Turms über eine enge Wendeltreppe besteigen kann.

Westlich des Zentrums durchziehen die drei Stauseen Sankt Jørgens Sø, Peblinge Sø sowie Sortedams Sø die Stadt und grenzen damit die sog. Brückenviertel (Brokvarterer) ab: **Nørrebro** ist das multikulturelle Zentrum von Kopenhagen und dank neuer Cafés, Clubs und Boutiquen auch als Ausgehziel sehr beliebt. Das zieht viele junge Leute an. Das Wohnviertel **Østerbro** gilt als feine Adresse und besitzt mit dem populären Fælledparken die größte Grünfläche der Stadt. **Vesterbro**, das frühere Rotlichtviertel hinter dem Hauptbahnhof, hat sich rund um die schnurgerade Vergnügungs- und Einkaufsmeile Istedgade zum aufregenden In-Viertel gewandelt. Kødbyen, das Schlachthofgelände in Vesterbro nahe am Hauptbahnhof, bietet einen attraktiven Mix aus traditionellen Fleischbetrieben sowie neuen, experimentierfreudigen Restaurants, Clubs und Galerien.

Frederiksberg ist für seine schönen Alleen und die alten Villen bekannt, der Schlosspark gehört zu den beliebtesten Ruheoasen der Kopenhagener.

Auf der Insel Amager befindet sich mit dem Viertel **Islands Brygge** der jüngste Neuzugang auf der Must-see-Liste der Hauptstadt: Ein kleiner, gemütlicher Park am Inneren Hafen, zu dem auch ein beliebtes Schwimmbad gehört, ist im Sommer das neue Freizeitziel vieler Kopenhagener.

Lage und Aufbau

Kopenhagen liegt am Öresund, der Meerenge zwischen der größten dänischen Insel Seeland und dem schwedischen Festland. Große Stadtteile liegen auch auf der Insel Amager – ein breiter Kanal, der Innere Hafen, trennt Kopenhagen. Verwaltungstechnisch ist die Stadt in die Viertel Indre By (Innenstadt: 48.490 Einw.), Østerbro (70.938 Einw.), Nørrebro (74.129 Einw.), Vesterbro/Kon-gens Enghave (57.150 Einw.), Valby (47.839 Einw.), Vanløse (37.115 Einw.), Brønshøj-Husum (40.491 Eiw.), Bispebjerg (49.362 Einw.), Amager Øst (50.900 Einw.) und Amager Vest (58.174 Einw.) aufgeteilt. Einige tausend Menschen außerhalb dieser Verwaltungseinheiten zählt das Rathaus noch mit, macht in 2011 zusammen knapp 540.000 Einwohner. 2008 lebten in Kopenhagen noch 510.000 Menschen – die Stadt wächst. Das innerhalb von Kopenhagen gelegene Frederiksberg (92.000 Einw.) ist eine eigenständige Kommune, wird aber wie ein Stadtteil von Kopenhagen wahrgenommen.

Nørrebro, Sankt Hans Torv

Hojbro Plads, Reiterstatue des Stadtgründers Bischof Absalon

Geschichte

Die skandinavischen Königreiche, deren Geschichte eng miteinander verflochten ist, entstanden zwischen 800 und 1100, als sich einzelne Wikingerstämme unter einem König zusammenschlossen. Bedeutende Orte der dänischen Wikinger waren Haithabu, Ribe, Odense und Lund (im heutigen Schweden), nicht aber Kopenhagen – das war noch nicht einmal gegründet.

800-1100: Die Könige der dänischen Wikinger

Die dänischen **Wikinger** waren v. a. im Fränkischen Reich und in England aktiv. Mit ihren schnellen und wendigen Schiffen, die Segel- und Rudertechnik kombinierten, konnten sie bis zu den Oberläufen der großen Flüsse im Frankenreich vordringen, wo sie plünderten und brandschatzten. 845 kamen die Dänen unter dem berühmten Wikinger **Ragnar Lodbrok** bis Paris, wo Karl der Kahle sie nur gegen eine hohe Tributzahlung (das sog. Danegeld) zum Abzug bewegen konnte. Die Verheerungen hörten trotzdem nicht auf; mitunter zogen dänische und norwegische Wikinger gemeinsam jahrelang plündernd durchs fränkische Land. Ab der Mitte des 9. Jh. griffen die Dänen auch England an und gründeten dort ein dänisches Reich, das den Namen **Danelag** („Dänenrecht") erhielt; die daran angrenzenden angelsächsischen Kleinkönigreiche wurden tributpflichtig. Erst zur Zeit Haralds I. (Harald Blauzahn; reg. ca. 958–986), der vom deutschen Kaiser und von seinem eigenen Sohn (Svend I., auch Sven Gabelbart; reg. 986–1014) bekämpft wurde, konnten die angelsächsischen Könige wieder die Oberhoheit erlangen. Es war die Zeit des Übergangs zum Christentum – Harald war schon übergetreten, sein Sohn hielt weiterhin am alten Glauben und am Wikingerberuf fest.

Mit **Knud II.** (**Knut der Große**; reg. 1018–1035) entstand erstmals ein stabiles dänisches Königtum. Er stützte sich auf die katholische Kirche, die er durch Schenkungen förderte, wurde König über Dänemark, England und Norwegen und gewann auch Einfluss über Schweden. Nach Knuds Tod fiel das dänische Großreich rasch wieder auseinander, das Christentum hatte jedoch richtig Fuß gefasst.

Lesetipp:
Kleine Geschichte Kopenhagens

Wer mehr über die Geschichte Kopenhagens wissen möchte, findet in dem schmalen Band von Jörg-Peter Findeisen und Poul Husum, 2008 im Verlag Friedrich Pustet erschienen, eine anschauliche Gesamtdarstellung, die nicht nur die große Politik berücksichtigt, sondern auch Kultur und Alltagsleben.

Als letzter dänischer Wikingerkönig wird **Svend II.** (**Sven Estridsson**; reg. 1047–1074) angesehen, der 1069 noch einmal zu einem Schlag gegen England ansetzte. Danach richteten sich die Eroberungsversuche der Dänen auf den Ostseeraum.

1167: Bischof Absalon gründet Kopenhagen

Am Ende der Wikingerzeit war die Stellung der Könige relativ schwach. Die Rechtsprechung erfolgte durch sog. **Thinge** (Versammlungen der freien Männer), die auch Gesetze erließen und den König wählten. Eine Reihe von Königsmorden schwächte das Königtum zusätzlich, und Adel und Klerus erstarkten immer mehr, sodass der jeweilige König nur noch in enger Zusammenarbeit mit ihnen regieren konnte. Dies führte bald dazu, dass die königliche Macht in den Gesetzestexten von Gott hergeleitet wurde.

Mitte des 12. Jh. setzte sich dann in Dänemark die Monarchie „von Gottes

Zu sehen im Nationalmuseum – Sonnenwagen, 1350 v.Chr.

Gnaden" mit **Valdemar I.** (reg. 1157–1182) endgültig durch. Er wurde von **Absalon** (1128–1201), dem mächtigen Bischof von Roskilde und späteren Erzbischof von Lund, unterstützt. Dieser gilt als Gründer Kopenhagens: 1167 errichtete Absalon in der kleinen Siedlung am Öresund, die ihm Valdemar geschenkt hatte und die 1043 in einer isländischen Saga als **Havn** (Hafen) zum ersten Mal erwähnt wird, eine Burg, die den kleinen Ort vor Seeräubern schützen sollte. Zur Abschreckung ließ er auch die Köpfe gefallener Piraten auf Palisadenspitzen stecken. Bald entwickelte sich der Handel, die in **Købmændenes Havn** (Hafen der Kaufmänner) umbenannte Siedlung wuchs. Einige Jahrzehnte nach der Burg, die sich übrigens dort befand, wo heute Schloss Christiansborg steht, ließ Bischof Absalon die erste Kirche der späteren Stadt bauen, die **Vor Frue Kirke** (um 1200).

Danebrog im Kongens Have

Absalon, der erkannt hatte, dass ein eigenständiges Königreich nicht nur politisch und kirchlich, sondern auch historisch legitimiert sein muss, veranlasste schließlich auch die Niederschrift der „Gesta Danorum" (Die Taten der Dänen). Diese ab 1185 von Saxo Grammaticus (etwa 1140–1220) in Latein verfasste 16-bändige Geschichte Dänemarks stellt das erste und wichtigste Geschichtswerk zu Dänemark dar.

1219: Entstehungsmythos der dänischen Fahne

Valdemar I. begann gleich zu Beginn seiner Regierungszeit mit einer beeindruckenden Expansionspolitik entlang der südlichen Ostseeküste, die von seinen beiden Söhnen fortgesetzt wurde. **Valdemar II.** (reg. 1202–1241) griff sogar nach Estland aus, wo ein im dänischen Nationalmythos zentrales Ereignis stattfand, nämlich das Niedersinken des **Danebrog** (der dänischen Fahne) vom Himmel in der Schlacht bei Lyndanisse im Jahr 1219 als Zeichen für die christlichen Dänen, dass sie die heidnischen Esten besiegen würden. Fortan sollte das weiße Kreuz auf rotem Grund Symbol des dänischen Königtums sein.

13./14. Jh.: Kopenhagen wird vier Mal zerstört

Nach dem Tode Valdemars II. 1241 folgten beinahe hundert Jahre dynastische Auseinandersetzungen und Bruderkämpfe, in deren Verlauf Kopenhagen 1249 zum ersten Mal niedergebrannt wurde. Nur zehn Jahre später wurde Kopenhagen, das 1254 von Bischof Jakob Erlandsen das Stadtrecht verliehen bekommen hatte, erneut zerstört, diesmal vom Heer des Fürsten Jaromar von Rügen. 1289 verwüsteten dann die Norweger die Stadt. Mauern und Türme sollten Kopenhagen danach vor Angriffen schützen – umsonst: Die Hanse zerstörte 1369 erneut alles.

1443: Kopenhagen wird Hauptstadt Dänemarks

Ab 1340 war mit **Valdemar IV.** seit Langem mal wieder ein starker Herrscher auf dem dänischen Thron, der emsig an seinem Machtausbau arbeitete. Vor allem seine Heiratspolitik sollte sich als riesiger Erfolg für Dänemark erweisen. 1363 verheiratete er seine zehnjährige Tochter **Margrete** (1353–1412) mit dem norwegischen König Håkon VI., der gleichzeitig der Sohn des schwedischen Königs Magnus II. war. Nach Valdemars Tod im Jahre 1375 gelang es Margrete, die Ansprüche ihres erst fünfjährigen Sohnes Olav auf den dänischen Thron durchzusetzen. Gemeinsam mit dem dänischen Reichsrat sollte sie die Regentschaft bis zu dessen Mündigkeit ausüben. Als ihr Mann 1380 starb, regierte Margrete auch in Norwegen im Namen ihres Sohnes. Dies war der Beginn der bis 1814 währenden **Dänisch-Norwegischen Personalunion**.

Nachdem Olav 17-jährig verstorben war, wurde Margrete 1388 von den Reichsräten Dänemarks und Norwegens zur „Regentin auf Lebenszeit" ernannt. Da die schwedischen Magnaten unzufrieden mit ihrem König Albrecht aus dem Hause Mecklenburg waren, wurde ihr unter dem Titel der „bevollmächtigten Frau" auch die Regentschaft der Krone Schwedens angetragen. Nun sah sich Margrete nach einem geeigneten Nachfolger um und fand ihn in ihrem unmündigen Großneffen Erich von Pommern. 1397 berief sie die Spitzen des weltlichen und geistlichen Adels aus Dänemark, Norwegen und Schweden zu einer Versammlung nach Kalmar, bei der Erich (Erik VII., reg. bis 1439) gekrönt und die sog. **Kalmarer Union** der drei Länder offiziell bekräftigt wurde. Das Verhältnis zu Schweden wurde jedoch nie wirklich gefestigt; 1523 löste es sich aus der Union.

In die Zeit der Kalmarer Union fällt auch der Aufstieg Kopenhagens zu einem der wichtigsten Handelsplätze im Ostseeraum. 1417 zog Erik VII. in das neu gebaute **Københavns Slot** (Schloss Kopenhagen), das dort errichtet worden war, wo vorher die Absalonsburg stand und sich heute Schloss Christiansborg befindet.

Damit machte er Kopenhagen zum **Sitz der Krone**. Im gleichen Jahr stattete Erik die Stadt mit königlichen Handelsprivilegien aus. 1443 ernannte Christoffer III. (reg. 1440–1448) Kopenhagen zur neuen **Hauptstadt von Dänemark**, womit Roskilde abgelöst wurde. 1449 wurde Christian I. (reg. 1448–1481) in der Vor Frue Kirke zum dänischen König gekrönt, später auch zum norwegischen und schwedischen. 30 Jahre danach gründete er die Kopenhagener Universität. Einer seiner Nachfolger, Christian III. (reg. 1534–1559), bestätigte die neu gewonnene Stellung Kopenhagens, indem er 1536 den Bischofssitz von Roskilde in die Hauptstadt verlegte. Gleichzeitig erhob er den Protestantismus zur Staatsreligion.

16. Jh.: Die Pest sucht Kopenhagen heim

1546 brach zum ersten Mal die Pest in Kopenhagen aus. Fünf Epidemien trafen die Stadt infolge der katastrophalen hygienischen Bedingungen, bis in den 1580er Jahren endlich eine Kanalisation entstand und öffentliche Toiletten eingerichtet wurden. Zu allem Übel befand sich Dänemark in jener Zeit auch noch in nicht enden wollenden Kriegen mit Schweden. Obwohl sich die Lebensbedingungen der Bauern, Bürger und kleinen Adligen während der Kriege verschlechterten und ganze Landstriche verarmten, kündigte sich gegen Ende des 16. Jh. ein langsamer wirtschaftlicher Aufschwung an.

17. Jh.: Bauboom während der Renaissance

Der wirtschaftliche Schwerpunkt verlagerte sich mehr und mehr in die Städte, auch wenn diese bei Weitem noch nicht heutige Dimensionen erreichten. Kopenhagen zählte um 1600 etwa **20.000 Einwohner**; die nächstgrößeren Orte Malmö (damals dänisch), Helsingør, Odense, Aalborg und Ribe hatten bloß um die 4000 Einwohner. Vor allem **Christian IV.** (reg. 1588–1648) betrieb eine zielstrebige Urbanisierungspolitik: Er bemühte sich um den Ausbau Kopenhagens und um die Errichtung von handwerklichen Zentren.

Renaissance-Schloss Rosenborg

Es entstanden einige der schönsten **Renaissance-Bauten** Kopenhagens: Schloss Rosenborg, die alte Börse, der Runde Turm und die Holmens Kirke. In Hillerød ließ Christian IV. das Wasserschloss Frederiksborg errichten – das größte Renaissanceschloss Skandinaviens. Kopenhagen erweiterte zudem seine Grenzen: Jenseits des Inneren Hafens entstand Christianshavn, und nördlich der Altstadt ließ er die bis heute beliebte Wohnsiedlung Nyboder errichten.

Christianshavn war damals ein schickes Viertel der Kaufleute, das erst im Laufe des 19. Jh. zur grauen Arbeitersiedlung mit Vorstadtcharakter verkam. Heute findet man v. a. an den Kanälen sanierte Klassizismus-Villen und eine gehobene Gastronomieszene.

In **Nyboder** wurden dagegen gelbe, niedrige Häuschen als billige Wohnungen für Matrosen gebaut, die heute von einer wohlhabenden Klientel als Prestige-Objekte neu entdeckt werden.

1665: Der König wird zum absoluten Herrscher

Im 17. Jh. wandelte sich Dänemark vom mittelalterlichen Ständestaat zur absolutistischen Erbmonarchie. 1660 erließ der Sohn von Christian IV., König Frederik III. (reg. 1648–1670), eine Erb- und Alleinherrschaftsakte, 1665 erhielt die neue Regierungsform dann durch das Königsgesetz, die „Lex Regia", ihre verfassungsrechtliche Grundlage. Das wohl Einmalige daran war, dass die Stände dabei ihrer eigenen Entmachtung zustimmten und so ihre Steuerprivilegien aufgaben; die gesamte legislative Macht lag fortan in den Händen des Königs. Ab 1683 trug ein neues Gesetzbuch, das „Danske Lov" (Dänisches Recht), zur Vereinheitlichung der regionalen Gerichtsbarkeiten bei.

Schloss Amalienborg mit der Marmorkirche im Hintergrund

1711: Die Pest kehrt zurück

Im 17. Jh. war Kopenhagen auf rund **60.000 Einwohner** angewachsen – dafür war die von Mauern umringte Stadt nicht angelegt. Die sanitären Anlagen brachen zusammen, miserable hygienische Verhältnisse waren die Folge. 1711 brach erneut die Pest aus. Mehr als 20.000 Menschen starben.

1728: Kopenhagen brennt zur Hälfte nieder

Damit nicht genug: Im Oktober 1728 vernichtete ein **viertägiger Großbrand** die Hälfte aller Häuser der Stadt, es war die größte Feuerkatastrophe in der Geschichte Kopenhagens. Von einem Privathaus, in dem Kerzen den Brand ausgelöst hatten, breiteten sich die Flammen immer weiter durch die engen Gassen der Altstadt aus, die für die Löschpumpen nicht genug Platz boten. Der ständige Wind ließ das Feuer stets von Neuem überspringen. Vier Tage lang brannte die Altstadt. Erst als sich der Wind beruhigt hatte, konnte das Feuer gestoppt werden. Die Zahl der Toten und Verletzten wurde nie festgestellt, man nimmt jedoch an, dass sie im Vergleich zur Größe des Flächenbrands relativ niedrig war. Gesichert ist einzig die Zahl der zerstörten Häuser: 1600 Gebäude wurden Opfer der Flammen. Auch in der Universitätsbibliothek am Runden Turm loderten die Flammen und vernichteten Tausende von historischen Dokumenten und wissenschaftlichen Instrumenten, etwa jene Tycho Brahes. Wahrscheinlich wurden 15.000 Menschen durch das Feuer obdachlos.

18. Jh./1. Hälfte: Kopenhagen erhält sein heutiges Gesicht

Christian VI. (reg. 1730–1746) wollte nach dem großen Brand ein Zeichen für den Neuanfang setzen und ließ 1736 das alte Schloss Kopenhagen abreißen und ein neues an gleicher Stelle errichten: **Schloss Christiansborg**. 1742 gründete er die Königlich-Dänische Akademie der Wissenschaften.

Sein Nachfolger Frederik V. (reg. 1746–1766) ließ 1748 das **Königliche Theater** am Kongens Nytorv, bis in die zweite Hälfte des 19. Jh. die zentrale Kulturinstitution in Dänemark, errichten und gleich im Anschluss daran das barocke Palaisviertel **Frederiksstaden** mit **Schloss Amalienborg** als Mittelpunkt.

Frederik IV. (reg. 1699–1730), ein Bewunderer der italienischen Architektur, hatte bereits 1708/09 **Schloss Frederiksberg** erweitern und 1720–1722 das **Jagdschloss Fredensborg** im Norden von Kopenhagen errichten lassen. Beide Schlösser umgeben heute ausgedehnte Barock-Gärten.

Nicolai Eigtved, der auch für die Planung des Viertels Frederiksstaden zuständig war, baute 1743/44 nach französischem Rokoko-Vorbild das **Prinsens Palæ** in Kopenhagen, das heute das viel besuchte Nationalmuseum beherbergt. In der ersten Hälfte des 18. Jh. entstanden somit die meisten jener repräsentativen Großbauten, die Kopenhagen bis heute prägen.

18. Jh./2. Hälfte: Handel und Kolonialismus blühen

Für die dänische Wirtschaft war die zweite Hälfte des 18. Jh. eine Blütezeit: Grundlage des neuen Reichtums war die internationale Hochkonjunktur im Bereich des Handels und der Schifffahrt. Die dänische Handelsflotte wurde damals zu einer der größten Europas. Im 17. Jh. und 18. Jh. hatte Dänemark außerdem Kolonien in Indien (sog. Dänisch-Ostindien) und in der Karibik (die heutigen Amerikanischen Jungferninseln, sog. Dänisch-Westindien) erworben sowie Stützpunkte und Festungen an der Küste des heutigen Ghana aufgebaut, von wo aus mit afrikanischen Sklaven gehandelt wurde.

Durch seine Stellung als **alleiniger dänischer Einfuhrhafen** erlebte Kopenhagen einen enormen Aufschwung: Ende des 18. Jh. war die Stadt zur Dreh-

Schloss Christiansborg, heute Sitz des Parlaments

scheibe des nordeuropäischen Marktes geworden, denn Kaufleute aus dem gesamten Ostseeraum bezogen von hier begehrte Kolonialwaren wie Zuckerrohr und Gewürze. In Kopenhagen lebten bereits **100.000 Einwohner**.

1770–1772: Struensee provoziert das Establishment

Anfang der 1770er Jahre hatte es wieder einen reformpolitischen Höhepunkt gegeben, als der Leibarzt des geistesschwachen Königs Christian VII. (reg. 1766–1808), **Johann Friedrich Struensee** (1737–1772), seine besondere Stellung am Kopenhagener Hof nutzte, um etwa 1800 Gesetze und Verordnungen in nur 16 Monaten zu erlassen. Als Vertrauter und Freund des Königs (und Liebhaber der Königin, was Christian VII. aber nicht störte) war er von diesem 1770 zum Geheimen Kabinettsminister ernannt worden und wollte nun im Sinne der Ideen der Aufklärung eine Modernisierung der Staatsverwaltung und eine Liberalisierung der Wirtschaft herbeiführen. Außerdem hob er die Zensur auf, wodurch Dänemark bis Ende des 18. Jh. eine Zeit der Meinungs- und Pressefreiheit mit Debatten zu den Themen Religion, Absolutismus und Gesellschaftsstrukturen erlebte.

Struensee versuchte auch, die Situation des Bauernstandes durch Lockerungen der Frondienste zu verbessern. Seine zahlreichen Feinde stürzten ihn 1772 und ließen ihn nach einem Schauprozess in Kopenhagen öffentlich hinrichten.

Tipp: Der Schwede Per Olov Enquist hat die Ereignisse um Struensee in dem viel beachteten Roman „Der Besuch des Leibarztes" (2001) literarisch verarbeitet.

Nach Struensees Tod wurden die Reformen rückgängig gemacht und der deutsche Einfluss in Sprache und Kultur, den der deutschstämmige Struensee gefördert hatte, wieder zurückgedrängt: Dänisch wurde als Amtssprache in dänischen und norwegischen Angelegenheiten sowie als Kommandosprache des Militärs festgeschrieben, und nur in der Monarchie geborene Untertanen sollten öffentliche Ämter bekleiden dürfen. Das Bewusstsein für die Existenz einer eigenständigen dänischen Kultur wuchs, obwohl der deutsche Einfluss im politischen und kulturellen Leben weiterhin spürbar war.

1794/95: Erneut zwei Großbrände

1794 vernichtete ein Brand **Schloss Christiansborg**, was Christian VII. dazu veranlasste, nach Amalienborg umzuziehen. Auf der rauchgeschwärzten Ruine des abgebrannten Schlosses erbaute Christian Frederik Hansen in den Jahren 1806–1828 ein neues prunkvolles, neoklassizistisches Schloss, von dem nach einem erneuten Brand 1884 allerdings nur noch die Schlosskirche von 1826 übrig blieb.

1795 gab es, nur wenige Gehminuten von Schloss Christiansborg entfernt, einen zweiten Großbrand, der sich rund um die **Nikolaj Kirke** ausbreitete und neben dem Gotteshaus auch die Wohnungen von 6000 Menschen zerstörte.

1801/1807: Britische Kriegsschiffe bombardieren Kopenhagen

1801 trat Dänemark dem bewaffneten Neutralitätsbund Schwedens, Preußens und Russlands bei, um den englisch-französischen Auseinandersetzungen, die nach Napoleons Machtübernahme die Welt in Atem hielten, aus dem Wege zu gehen. Doch es nützte nichts, im Gegenteil: Die Briten sahen sich durch diese Allianz gefährdet und griffen unter Admiral Lord Nelson am 1. April 1801 Kopenhagen an. Nach sechsstündigen Kämpfen gaben die Verteidiger auf.

Damit war die Sache allerdings nicht erledigt. Aus Furcht, dass sich die Dänen Napoleon anschließen könnten, wollte England das kleine Königreich zu einer Allianz zwingen. Kopenhagen weigerte sich.

Im September 1807 starteten die Engländer eine neue Attacke auf die nur schwach bewehrte Hafenstadt. Und diesmal waren die Verwüstungen verheerend. Vier Tage lang dauerten die Bombardements, 2000 Menschen starben in der Stadt, fast ein Drittel aller Gebäude wurde zerstört.Dänemark musste seine Flotte an England abgeben, die Handelsschifffahrt des Landes kam zum Erliegen. Unter der Anleitung des Christiansborg-Architekten Christian Frederik Hansen machten sich die Kopenhagener an den Wiederaufbau ihrer Stadt. Das **Gerichtsgebäude am Nytorv** sowie die **Vor Frue Kirke** sind zwei der repräsentativen Bauten, die damals entstanden. Größer als die Bauschäden waren aber die wirtschaftlichen Schäden.

1813 musste Dänemark den **Staatsbankrott** erklären. Inzwischen war das Land auch offen an die Seite Napoleons getreten und stand deshalb 1814, am Ende der napoleonischen Kriege, neben Frankreich als Verlierer da. Der Kieler Frieden bedeutete den Verlust Norwegens an Schweden (weil dieses rechtzeitig auf die Seite der antinapoleonischen Allianz gewechselt war). Die Neuordnung Europas nach dem Wiener Kongress 1814/1815 führte außerdem dazu, dass Hamburg Kopenhagen als Umschlaghafen für Nord- und Osteuropa ablöste.

1849: Grundgesetz schafft Absolutismus ab

Nun war Dänemark zu einem Kleinstaat geschrumpft, der aus dem eigentlichen Königreich, den Färöern, Island und Grönland sowie den Herzogtümern Schleswig, Holstein und Lauenburg bestand. Die Wirtschaft stagnierte, aber ab den 1840er Jahren machten sich technische Fortschritte auf allen Gebieten bemerkbar. Ab 1844 konnte die erste Eisenbahnlinie Dänemarks zwischen den holsteinischen Städten Altona und Kiel befahren werden, ab 1847 gab es eine **Zugverbindung** zwischen Kopenhagen und Roskilde.

Auch eine gesellschaftliche Modernisierung stand an: Die bürgerlichen Revolutionen, die 1848 Europa veränderten, beeinflussten auch Dänemark, wenn auch in undramatischer Weise. Christian VIII. (reg. 1839–1848) erkannte, dass der Absolutismus ausgedient hatte, und leitete Maßnahmen zur Umwandlung Dänemarks in eine konstitutionelle Monarchie ein. Realisiert wurde diese umfassende Staatsreform aber erst unter seinem Nachfolger Frederik VII. (reg. 1848–1863), der ein von der verfassungsgebenden Reichsversammlung ausgearbeitetes Grundgesetz im Juni 1849 unterzeichnete. Damit wurde die absolutistische Regierungsform abgelöst und ein **Zweikammerparlament** aus Landsting als Oberhaus und Folketing als Unterhaus mit allgemeinem Wahlrecht für Männer etabliert.

Das Folketing (Volksversammlung) ist heute das dänische Parlament, also die gesetzgebende Gewalt in Dänemark, und tagt auf Schloss Christiansborg. Das Landsting mit (meist wohlhabenden) Vertretern der einzelnen Landesteile wurde 1953 durch ein Referendum abgeschafft.

Marmorkirche – 1749 geplant, 1894 fertiggestellt

1853: Cholera

1852 hatten die Regierenden endlich ein Einsehen und erlaubten das Bauen auch außerhalb der Kopenhagener Stadtmauern, um der weiter stark bedrängten Stadtbevölkerung mehr Wohnraum zu ermöglichen.

Zu spät: Die veraltete Trinkwasserversorgung – halb verfaulte Rinnen sorgten für die Wasserzufuhr aus den umliegenden Seen – löste 1853 eine **Cholera-Epidemie** aus. Erst nach dem **Abriss der Stadtmauern** 1868 (die heutigen Hauptverkehrsstraßen Vester Voldgade, Nørre Voldgade und Øster Voldgade markieren ihren Verlauf) und dem Bau der sog. Brückenviertel **Nørrebro**, **Østerbro** und **Vesterbro** außerhalb des alten Kopenhagen verbesserten sich die hygienischen Verhältnisse endlich nachhaltig. Weitere Seuchen blieben fortan aus.

19. Jh. – 2. Hälfte: Der Historismus erobert Kopenhagen

Architektonisch wurde die zweite Hälfte des 19. Jh. die Zeit des Historismus: Romanik, Gotik, Renaissance und Barock wurden wiederbelebt. Dabei gab es zwei Strömungen, eine nationale, die weniger dekorativ war und mit hochwertigem Material arbeitete (z. B. Johan Daniel Herholdts **Universitätsbibliothek** in Kopenhagen, 1855–1861), und eine internationale, die sich hauptsächlich an die italienische und französische Renaissance hielt und der Stuckdekoration der Fassaden besonderen Wert beimaß (z. B. Ferdinand Meldahls Vollendung der **Marmorkirken** im Jahre 1894). Auch Vilhelm Dahlerup war ein Vertreter letzterer Richtung: 1874 erbaute er in der dänischen Hauptstadt das Pantomimetheater im Tivoli und ein neues **Kongelige Teater** anstelle des alten von 1748.

1871: Sozialdemokraten bilden erste Partei

Wegen der fehlenden Rohstoffvorkommen entstanden in Dänemark Ende des 19. Jh. keine großen Industrieanlagen wie in den anderen europäischen Ländern, sondern eine Kleinindustrie, also die Fertigung von Produkten in kleineren Serien. Ihr politisches Sprachrohr fanden die Arbeiter in der 1871 gegründeten sozialdemokratischen Partei (**Socialdemokraterne**) und der Gewerkschaftsbewegung, die anfangs eine Einheit bildeten, sich 1878 aber organisatorisch trennten.

Um die Jahrhundertwende (ein Drittel der rund 2 Mio. Einwohner Dänemarks lebte inzwischen in den Städten, Kopenhagen hatte allein **400.000 Einwohner**) kam es in der Parteienlandschaft zu weiteren Differenzierungen: Von der seit 1870 bestehenden Partei der Liberalen (**Venstre**, dt.: links), einem Bündnis zwischen religiösen Bauern und liberalen Intellektuellen, spaltete sich 1905 die Intelligenzia-fraktion ab und gründete „Die Radikale Linke" (**Det Radikale Venstre**), eine sozialliberale Partei, die bis heute als „Zünglein an der Waage" eine wichtige Rolle spielt. Der Bruch hatte sich dadurch ergeben, dass sich die Venstre immer mehr der **Højre** (Rechte, ab 1915 **Det Konservative Folkeparti**) angenähert und sich so zu einer rechtsliberalen Partei entwickelt hatte, was sie bis heute ist.

Die Dänen wehrten sich nicht nur mit der Macht des Wortes gegen die Nazis

1915 wurde nach großen Wahlerfolgen der Sozialdemokraten und Sozialliberalen ein **neues Grundgesetz** erlassen, das den endgültigen Durchbruch der parlamentarischen Demokratie brachte, mit allgemeinem und gleichem **Wahlrecht für Männer und Frauen**.

1924–1933: Der dänische Wohlfahrtsstaat entsteht

Während des Ersten Weltkriegs konnte Dänemark an seiner Neutralitätspolitik festhalten. Der Handel mit den beiden Krieg führenden Seiten England und Deutschland wurde weiter betrieben, die Nachfrage nach dänischen Agrarprodukten führte sogar zu einer Hochkonjunktur. Dänemark befand sich zu jener Zeit in einer Übergangsphase: War bis zum Ersten Weltkrieg die Landwirtschaft der dominierende Wirtschaftszweig gewesen, kam der Industrie nach dem Krieg eine immer größere Bedeutung zu. Trotzdem war sie auf dem Weltmarkt nicht konkurrenzfähig, und die Arbeiterklasse musste vom Staat unterstützt werden.

1924 kam die **Sozialdemokratie** in Dänemark zum ersten Mal an die Macht, und der Wohlfahrtsgedanke begann sich politisch Bahn zu brechen. Nach einem zweieinhalbjährigen Zwischenspiel der rechtsliberalen Venstre-Partei kam es 1929 zu einer sozialdemokratisch-linksliberalen Koalition, die bis zum August 1943 an der Macht blieb, als die Regierung wegen eines Dissenses mit den deutschen Besatzern zurücktrat.

In den Jahren der **Wirtschaftskrise** 1932/33 hatten sich sowohl am linken als auch am rechten Rand radikale Parteien gebildet. Aber die Bevölkerung brachte der NS-Ideologie keinerlei Sympathie entgegen; selbst bei den

Täglich 12 Uhr wird die Wache auf Schloss Amalienborg abgelöst

Konservativen behielten die demokratischen Kräfte die Oberhand. Entscheidend für die politische Stabilität Dänemarks war der im Januar 1933 geschlossene historische Pakt zwischen Sozialdemokraten und Venstre: Sein Zweck war ein Krisenbewältigungsprogramm für die von der Wirtschaftskrise am stärksten betroffenen Gruppen – Arbeiterklasse und Bauern. Mithilfe der Staatsfinanzen wurden **Sozialhilfe- und Arbeitsbeschaffungsmaßnahmen** ins Leben gerufen, etwa der Bau der Eisenbahn-/Straßenbrücke über den Kleinen Belt, die Jütland und Fünen verbindet; die Wirtschaft konnte wieder angekurbelt werden.

1940: Dänemark wird von Deutschland besetzt

Auf dem Gebiet der Außenpolitik wurde Dänemarks Situation aber immer komplizierter. Kopenhagen war gegenüber Berlin angesichts der immer aggressiver auftretenden deutschen Außenpolitik sehr zurückhaltend; es führte eine „Politik der Unsichtbarkeit". Im Mai 1939 gab es einen Nichtangriffsvertrag von deutscher Seite und bei Kriegsausbruch eine Neutralitätserklärung Dänemarks. Da Deutschland es aber auf Norwegen abgesehen hatte, wurde Dänemark aus strategischen und logistischen Gründen gebraucht: Am 9. April 1940 kam es zum deutschen Überfall, und ein **Besatzungsregime** wurde ins Leben gerufen. Trotzdem nahm Dänemark eine Ausnahmeposition unter den von Deutschland besetzten Ländern ein: Hier wurde weder eine deutsche Zivilverwaltung noch eine Militärver-waltung eingerichtet; die grundlegenden gesellschaftlichen, politischen und rechtlichen Verhältnisse blieben bis 1943 bestehen, weil die dänische Regierung den deutschen Forderungen nachkam.

In der Bevölkerung regte sich allerdings heftiger Widerstand gegen die deutsche Besatzung. Die wesentliche Kraft der dänischen **Widerstandsbewegung** war die Kommunistische Partei, die ab 1941 (als sie von der dänischen Regierung verboten wurde) im

Untergrund kämpfte. Gemeinsam mit der Konservativen Volkspartei veröffentlichte sie die Untergrundzeitung „Freies Dänemark“, ab April 1942 begann sie mit Anschlägen auf Eisenbahnlinien, Schiffe und Industrieanlagen, die für Deutschland produzierten. Die größte Sabotageaktion war der sog. **August-Aufstand** von 1943, als die Kommunisten in 17 Städten Streiks organisierten. In Kopenhagen hielt sich der Aufruhr aber in Grenzen; Politiker und Gewerkschaften versuchten, die Streiks zu stoppen. Das deutsche Militär verhielt sich zurückhaltend, forderte allerdings die Entwaffnung des dänischen Militärs. Hitler verlangte von der dänischen Regierung, den Ausnahmezustand auszurufen und für Sabotageakte die Todesstrafe zu verhängen. Die Antwort Dänemarks war abschlägig, die Regierung trat zurück. Damit war die Politik der Zusammenarbeit beendet.

Ende September/Anfang Oktober 1943 kam es dann zu einer einzigartigen Rettungsaktion, als die dänische Bevölkerung den jüdischen Mitbürgern (etwa 7000), die deportiert werden sollten, zur Flucht nach Schweden verhalf. Die **Rettung der dänischen Juden** ist ohne Beispiel in der Geschichte der Nazizeit.

Die Maßnahmen gegen die Widerstandsbewegung wurden nach dem Herbst 1943 immer brutaler. Ende Juni 1944 wurden bei einem **Generalstreik in Kopenhagen** 103 Dänen erschossen. Ab August 1944 übernahm die Besatzungsmacht schließlich die ausübende Gewalt, bis die Dänen am **5. Mai 1945** nach der deutschen Teilkapitulation in Norddeutschland, den Niederlanden und Dänemark endlich frei wurden.

Die deutsche Besetzung hatte etwa 7000 Dänen das Leben gekostet; außerdem war **Island** von den Amerikanern besetzt worden und hatte im Juni 1944 seine Unabhängigkeit erklärt.

Die fünfjährige Okkupation ist für die ältere Generation Dänemarks immer noch ein unbewältigtes Trauma und erschwert die deutsch-dänischen Beziehungen.

Panzerwagen der Widerstandsbewegung während der Nazibesatzung

1952: Skandinavier gründen Nordischen Rat

Nach dem Krieg war Dänemark Gründungsmitglied der UNO (1945), der NATO (1949) und des Europarates (1949).

Der Wunsch nach einer engeren skandinavischen Zusammenarbeit führte 1952 zur Bildung des Nordischen Rates, eines Beratungsgremiums von Parlamentariern und Regierungsvertretern aus Dänemark, Schweden, Norwegen und Island, seit 1955 auch aus Finnland. 1971 wurde der Nordische Ministerrat gegründet, in dem Regierungsvertreter der nordischen Länder zusammenkommen.

Die beiden Institutionen, deren **Sitz Kopenhagen** ist, haben viel dazu beigetragen, dass die Lebensverhältnisse und di e politische Kultur in den nordischen Ländern heute beinahe identisch sind: Eine fast hegemoniale Position der Sozialdemokraten in der Politik führte zu einem gesellschaftspolitischen „Modell des dritten Weges“ zwischen Sozialismus und westlichem Kapitalismus; selbst die Phasen bürgerlicher Regierung konnten daran lange Zeit nichts ändern.

1967–1971: Revolutionäre Zeiten

Viel zum Image einer liberalen Gesellschaft trug 1967 die Freigabe pornografischer Schriften für den Verkauf bei – Dänemark war das erste Land der Welt, das **Ja zum Porno** sagte. 1969 folgte die Legalisierung von pornografischen Bildern, bewegten wie unbewegten. Aber nicht nur die sexuelle Revolution feierte ihre Siege – auch die antibürgerliche Protestbewegung triumphierte: 1971 besetzten u. a. Hippies, Aussteiger und Studenten ein verlassenes Kasernenareal in Christianshavn und gründeten den **Freistaat Christiania**, eine Siedlung, in der die alternativen Lebensvorstellungen der 68er-Generation verwirklicht werden sollten – und auch wurden, denn die Regierung toleriert Christiania trotz immer wiederkehrender Gegenstimmen letztlich bis heute als „soziales Experiment“.

1973: Dänemark tritt der EG bei

1973 wurde Dänemark Mitglied der EG (ab 1993 EU). Bei der Bevölkerung hat sich aber eine gehörige Portion Euroskeptizismus gehalten. Im September 2000 entschied sich die Bevölkerung **gegen die Einführung des Euro**.

Während der Wirtschaftskrise der 70er Jahre kam es zu politischen Veränderungen. An den Rändern des politischen Spektrums waren Protestgruppierungen entstanden, die von den Unzufriedenen gewählt wurden. Auch Umweltschutz- und Frauenbewegung bekamen viele Anhänger.

1982–2001: Kampf um den Wohlfahrtsstaat

In den 80er Jahren schraubten die **konservativen Regierungen** unter Poul Schlüter die wohlfahrtsstaatlichen Leistungen zurück, wodurch der Haushalt stabilisiert werden konnte. Nach der elfjährigen Regierungszeit Schlüters, in der die Arbeitslosenzahlen stetig zugenommen hatten, konnte sich 1993 das traditionelle **Bündnis aus Sozialdemokraten und Sozialliberalen** unter Poul Nyrup Rasmussen wieder durchsetzen. Vom internationalen Wirtschaftsaufschwung begünstigt, wurden die sozialen Sicherungen wieder ausgebaut. Beschäftigungs- und Weiterbildungsangebote, Investitionen der öffentlichen Hand und eine Flexibilisierung der Arbeitsgesetzgebung führten zu einem Abbau der Arbeitslosigkeit.

2001–2009: Die Konservativen regieren

Von 2001 bis 2009 führt der rechtsliberale **Anders Fogh Rasmussen** eine Regierungskoalition aus Venstre und Konservativer Volkspartei an, die bei vorgezogenen Neuwahlen im November 2007 knapp im Amt bestätigt wurde. Rasmussen steht für wirtschaftsliberale Positionen, die in vielen Punkten dem sozialdemokratisch geprägten Wohlfahrtsstaat widersprechen. Deregulierung und Privatisierung lauten die Schlagworte, mit denen seine politischen Überzeugungen umrissen werden. Außerdem hat er scharfe Gesetze erlassen, um die Zahl der Einwanderer zu begrenzen. Rasmussen plant auch eine Volksabstimmung zur Einführung des Euro. Zuletzt zeigten sich in Umfragen etwas mehr Dänen dafür als dagegen.

Im Jahr 2006 gerät Dänemark außenpolitisch durch den Karikaturenstreit unter Druck. Die Auseinandersetzungen führen weltweit zum Tod Dutzender Menschen, zur Zerstörung mehrerer dänischer Botschaften und zum Boykott dänischer Produkte.

2009 wird der dänische Ministerpräsident Anders Fogh Rasmussen zum Nato-Generalsekretär gewählt. Den Regierungs- und Venstre-Vorsitz übernimmt der Finanzminister **Lars Løkke Rasmussen**.

Anfang 2011 beschließt das dänische Parlament den Bau eines 18 km langen Tunnels zwischen Puttgarden und Rødby – was auf deutscher Seite wenig Begeisterung auslöst. Erste Protestbewegungen organisieren sich. Im Vergleich zu dem Sturm der Entrüstung, der Dänemark bei der Einführung von sporadischen Grenzkontrollen im Sommer 2011 entgegenschlägt, ist der Widerstand gegen den Tunnel, der mal eine Brücke werden sollte, allerdings nur ein laues Lüftchen. Doch so überraschend sie eingeführt wurden, so schnell wurden sie auch Geschichte. Die im September 2011 neu gewählte Mitte-Links-Regierung um die Sozialdemokratin **Helle Thorning-Schmidt** kündigte schnell die Abschaffung der Grenzkontrollen an und versprach, die öffentlichen Investitionen stark zu erhöhen. Linksruck in Dänemark, angestoßen von der ersten Frau an der Spitze der dänischen Regierung. Im traditionellen roten Rathaus von Kopenhagen sitzt dagegen erst mal wieder ein Mann: Frank Jensen löste 2010 Ritt Bjerregaard ab.

Design

Dänisches Design gilt seit den fünfziger Jahren weltweit als Qualitätssiegel und Ausdruck guten Geschmacks. Heute sogar mehr denn je: Die Ära von Jacobsen, Wegner und Henningsen erlebt derzeit in wiederaufgelegten Produktionen, unter anderem bei Fritz Hansen und Onecollection, eine globale Renaissance. Weltberühmt ist auch der Unterhaltungselektronik-Hersteller Bang & Olufsen. Einen schönen Überblick über aktuelle Wohndesign-Trends liefert das Kaufhaus Hay am Amagertorv.

Zur Grundlage des dänischen Welterfolgs wurde die Philosophie des amerikanischen Architekten **Louis Sullivan**, die sich die dänischen Designer zu eigen gemacht haben: „Form follows function" schrieb er 1896. Die Funktion eines Gegenstands habe absolute Priorität, dessen Gestaltung dürfe niemals zum Selbstzweck werden.

Gemäß dem Credo der dänischen Wohlfahrtsgesellschaft „Wohlstand für alle" gab es immer auch eine Produkti-

Wohnzimmer des Designers Finn Juhl (Ordrupgaard-Museum)

on von Designobjekten zu erschwinglichen Preisen; Ikea z. B. hat seit seinen Anfängen oft mit dänischen Designern zusammengearbeitet.

Weltberühmt sind die fantasievollen Stühle aus den fünfziger und sechziger Jahren, der Blütezeit des dänischen Designs. Viele gelten heute als Liebhaberobjekte und werden auf dem Antiquitätenmarkt zu hohen Preisen gehandelt wie etwa Arne Jacobsens Sperrholzstuhl „3107" (den es auch in einer Miniversion für Kinder gibt), der von Jacobsen entworfene und heute auch von dem Möbelhaus Fritz Hansen angebotene „Oxford-Stuhl" oder der „Kastrup-Stuhl" von Hans J. Wegner.

Der berühmteste unter den dänischen Designern war **Arne Jacobsen** (1902–1971, siehe Kapitel „Berühmte Leute"), der nicht nur Stühle entwarf: Für das Luxushotel Radisson SAS Royal in Kopenhagen gestaltete er das komplette Interieur von den Möbeln über die Lampen und Aschenbecher, Türgriffe und Tapeten bis hin zum Geschirr und Besteck. Darüber hinaus plante er die Strandanlage Bellevue Beach und die Wohnsiedlung Bellavista in Klampenborg.

Während die Architektur inzwischen von der Postmoderne eingeholt wurde, haben seine Designobjekte die Zeit überdauert. Eine konservative Öffentlichkeit reagierte dabei anfangs auf sein Möbeldesign ähnlich irritiert wie auf abstrakte Kunst; seine in den fünfziger Jahren für das Royal Hotel entwickelte Stuhlserie trug ihm wegen deren geschwungener Formen den Spitznamen „Eiertekt" (statt Architekt) ein.

Auch **Verner Panton** (1926–1998) beschritt ab den fünfziger Jahren als Innenarchitekt neue Wege, indem er öffentliche Räume komplett durchgestaltete. Seine Experimentierfreude und Farbexzesse machten ihn zum Enfant terrible der internationalen Designszene. Schon sein auf der Spitze stehender „Kegelstuhl" von 1958 erregte viel Aufsehen; danach konstruierte er unter anderem Luftkissenmöbel, ein tragbares Plastikhaus und die ersten synthetischen Wohnlandschaften. Mit dem „Panton-Stuhl", an dem er jahrelang gearbeitet hatte, entstand 1967 der erste Kunststoff-Freischwinger. In Deutschland erlangte er mit der Gestaltung der „Spiegel"-Kantine Ende der sechziger Jahre Berühmtheit. Seit dem Umzug des Nachrichtenmagazins in das neue Stammhaus (Architekt ist übrigens Henning Larsen, der in Kopenhagen die berühmt gewordene Oper baute), sind die psychedelischen Traumwelten im Hamburger Museum für Kunst und Gewerbe zu sehen.

Hay verkauft dänische Designermöbel

Als Klassiker der Designgeschichte gelten heute auch die Lampen von **Poul Henningsen** (1894–1967), die Stühle von **Finn Juhl** (1912–1989) und **Hans J. Wegner** (1914–2007) oder die Silberwaren von **Georg Jensen** (1866–1935).

Nanna Ditzel (1923–2005), Skandinaviens einziger weiblicher Designstar, begann ihre Karriere in der Nachkriegszeit mit praktischen Möbeln für beengte Wohnverhältnisse. In den fünfziger Jahren machte sie mit dem „Ringstuhl" und dem eiförmigen „Hängekorbstuhl" auf sich aufmerksam. Die sechziger Jahre waren ihre experimentierfreudigsten; die Textilserie „Hallingdal" aus dieser Zeit wird bis heute in über hundert Farbvarianten produziert.

Niels Hvass (geb. 1958) entwirft Objekte, die mit ihrem ironischen Touch schon viel Aufmerksamkeit auf internationalen Ausstellungen erregten. Sein Sessel „Yesterday's Paper" (1995) besteht aus miteinander verklebten Tageszeitungen, sodass man buchstäblich auf den Schlagzeilen von gestern sitzt. Einfache Gestaltungsprinzipien führen bei ihm zu erstaunlich ästhetischen Resultaten, etwa in Form seines gebogenen Aluminium-„Loopchairs" (1997).

Mit **Christina Strand** (geb. 1968) gründete Hvass 1998 die Designagentur *Strand + Hvass* (www.strand-hvass.com). Strand gewann 2002 mit dem Stuhl „Rex" den Designwettbewerb „Ein Stuhl für den Kronprinzen". Ihre Philosophie lautet: „Dänisches Design hat keine Schnörkel um der Schnörkel willen. Wenn das Design ein dekoratives Element vorsieht, dann hat dieses Dekor auch eine Funktion."

Trotzdem geht es auch anders. In einem Kopenhagener Hinterhof residiert Nachwuchsdesigner **Christian Flindt** (www.flindtdesign.dk), geboren 1972. Für ihn sind die Zeiten des klassischen dänischen Designs vorbei – er experimentiert mit neuen Materialien und Verarbeitungstechniken. Mit seinem exotisch anmutenden Stuhl „Orchidee" aus Glasfiber hatte er bereits großen Erfolg; 2006 wurde er von der dänischen Zeitschrift *Bo Bedre* zum „Designer des Jahres" gekürt.

Die junge Firma **Hay** (www.hay.dk) macht seit ein paar Jahren mit mutigen, experimentellen Designermöbeln von sich reden: Rolf Hay zeigte

2003 während der Kölner Möbelmesse IMM seine ersten Produkte. Am Amagertorv im Zentrum von Kopenhagen hat Hay 2008 ein 500 m^2 großes Geschäft auf zwei Etagen eröffnet, in dem viele junge Designer einen Absatzmarkt finden.Auch die beiden berühmtesten dänischen Unternehmen gründen ihren Erfolg auf außergewöhnlichem Design. Beide sind auf Jütland beheimatet:

Bang & Olufsen und **Lego**. Etwa zur gleichen Zeit gegründet – 1925 bzw. 1932 –, gelten die Produkte als Innovationstreiber ihrer Branchen. Über Legobausteine stolpert man wahrscheinlich in jedem Kinderzimmer der westlichen Welt, und die HiFi-Anlagen von Bang & Olufsen würden wahrscheinlich ebenso jedes Wohnzimmer zieren – wenn sie nicht so teuer wären.

Weitere berühmte Designer-Produkte stammen von dem Küchenwarenproduzenten **Bodum**, dem Möbelhersteller **Fritz Hansen** und der Porzellanfabrik **Royal Copenhagen**. In Deutschland inzwischen ebenfalls ziemlich populär ist die dänische Möbelhauskette Bo Concept, die ihren Ursprung stolz im Firmenmotto trägt.

Berühmte Leute

Der Aufklärer Ludvig Holberg (1684-1754)

Mitte des 18. Jh. breiteten sich in Kopenhagen die Ideen der Aufklärung aus. Auch in der Literatur ging es nun vernünftiger zu: Die schwülstige barocke Rhetorik und die hauptsächlich religiöse Thematik wurden von humanistischen Idealen abgelöst. Als Wegbereiter dieser Entwicklung in Dänemark gilt Ludvig Holberg, der die dänische Literatur auf internationales Niveau hob und zielbewusst daran arbeitete, das dänische Geistesleben zu modernisieren. Von seinen Reisen ins europäische Ausland brachte Holberg die neuen Ideen mit, die den Menschen und die menschliche Vernunft in den Mittelpunkt rückten. Als Verfasser juristischer, geografischer, historischer und

Sören Kierkegaard macht es sich im Garten der Königlichen Bibliothek gemütlich

philosophischer Schriften (auf Lateinisch) wollte er festgefahrene Meinungen infrage stellen. In seinen unzähligen **Komödien**, mit denen er weit über die Grenzen Dänemarks hinaus bekannt wurde (z. B. „Jeppe vom Berge“, 1722), schuf er realistische Typen im Sinne Molières; v. a. die Kopenhagener dürften sich wiedererkannt haben. Als Theatersprache verwendete er Dänisch. Er wollte einem breiten Publikum menschliche Schwächen und Eitelkeiten anschaulich vor Augen führen und es zu vernünftigem Handeln anregen. Die Aufführungen seiner Komödien am ersten Theater Dänemarks, dem 1722 gegründeten *Lille Grønnegade teatret* in der gleichnamigen Straße, waren sehr erfolgreich. Als das Theater unter Christian VI. geschlossen wurde und Holberg keine Bühne mehr für seine Theaterstücke hatte, schrieb er 1741 in lateinischer Sprache seinen in der Übersetzung von Jens Baggesen (1789) populär gewordenen **Roman** „Niels Klims unterirdische Reise“, einen utopischen Roman, der an die literarische Tradition eines Thomas Morus und Jonathan Swift anknüpft.

Die Universität in Holbergs **Geburtsstadt Bergen** (damals Dänemark) vergibt seit 2004 einen nach ihm benannten Preis, der mit 575.000 € dotiert ist und für besondere Leistungen in Geisteswissenschaften, Sozialwissenschaften, Jura und Theologie vergeben wird.

Der Bildhauer Bertel Thorvaldsen (1770–1844)

Ganz Kopenhagen war auf den Beinen. „Alle Fenster, Mauern, Bäume und viele Dächer waren von Menschen erfüllt. Ein Festzug ist es – das Volk gibt dem König der Künstler das Geleite!“, schrieb der berühmte Dichter Hans Christian Andersen über das Begräbnis seines ebenso berühmten Landsmannes Bertel Thorvaldsen. Dabei hatte Thorvaldsen den größten Teil seines Lebens gar nicht in seinem Geburtsort Kopenhagen, sondern in Rom verbracht.

Den Anstoß zu Thorvaldsens Karriere gab wahrscheinlich ein Freund der Familie, der sein künstlerisches Talent erkannt und den Vater, einen armen Holzschnitzer, überredet hatte, den Sohn auf die Kunstakademie zu schicken. Bereits während der Lehrzeit an der Akademie gewann er sämtliche Preise für seine Werke. Und drei Jahre später gewährte ihm die Akademie ein dreijähriges Reisestipendium, das ihn 1797 nach **Rom** führte – den Tag seiner Ankunft in Rom nannte er später seinen „römischen Geburtstag“. Mit kurzen Unterbrechungen lebte er insgesamt über 40 Jahre in der italienischen Kunstmetropole. Hier lernte Thorvaldsen die Bildhauerei in Marmor, wobei er sich mit seinen Skulpturen v. a. an den Vorbildern der Hochklassik orientierte, die er im Vatikan ausgiebig studierte. Seine 2,42 m hohe Marmorstatue des Jason, die heute im **Thorvaldsen-Museum** steht, bescherte ihm den Durchbruch und machte ihn über Nacht berühmt.

Thorvaldsen wurde zum Mittelpunkt des künstlerischen Lebens in Rom. Viele Künstler und Gelehrte ließen sich von ihm porträtieren, auf diese Weise entstanden an die 175 Porträtbüsten. Thorvaldsen schuf die Grabmäler von Papst Pius VII. und Kardinal Consalvi. Aus ganz Europa erhielt er zahlreiche Aufträge für Denkmäler, u. a. aus Kopenhagen, Warschau, Stuttgart, Mainz, Frankfurt und München. Der bayerische Kronprinz und spätere König Ludwig I. suchte die Freundschaft Thorvaldsens und war häufiger Gast in Rom. Thorvaldsens riesige Ateliers in der Nähe des Palazzo Barberini galten damals als eine der größten römischen Sehenswürdigkeiten für ausländische Besucher.

Erst 1838 kehrte Thorvaldsen nach Kopenhagen zurück. Die dänische Regierung schickte eigens ein Kriegsschiff, um ihren ruhmreichen Sohn zurückzuholen – die Rückkehr wurde zu einem Triumphzug. Er starb jedoch unerwartet im Jahr 1844. Sein gesamtes Vermögen, seine Werke und seine umfangreichen Kunstsammlungen hat er der Stadt Kopenhagen vermacht. 1848, vier Jahre nach seinem Tod, wurde das Thorvaldsen-Museum eröffnet. Die **klassizistische Kunst** Thorvaldsens geriet in Europa jedoch schon bald nach seinem Tod in Vergessenheit und wurde erst in den letzten Jahrzehnten wiederentdeckt.

Der Dichter Hans Christian Andersen (1805–1875)

Der durch seine Märchen und Geschichten mit ihrer Kombination aus Poesie und alltagsnaher Realität weltweit wohl bekannteste dänische Schriftsteller wurde 1805 in Odense geboren, zog aber bereits im Alter von 14 Jahren nach Kopenhagen. Das Datum, den 6. September 1819, feierte er später als seinen „zweiten Geburtstag".

Andersen wurde bereits zu Lebzeiten von Amerika bis Russland gelesen; nur seine Landsleute verweigerten ihm lange die Anerkennung. Mit 25 Jahren brach er nach Deutschland auf und entdeckte dabei seine Leidenschaft für das Reisen. Von 1838 an lernte er, unterstützt durch ein **königliches Dichterstipendium**, gut zwei Dutzend Länder kennen, darunter England, Italien, Frankreich und die Türkei. Die Reiseeindrücke fanden ebenso Eingang in seine Werke wie seine Erinnerungen an die ärmlichen Verhältnisse in seiner **Geburtsstadt Odense**, seine Erfahrungen mit dem Kopenhagener Bürgertum und dem Landadel, ja sogar die Königs- und Fürstenhäuser in Europa lieferten ihm Stoff für seine Reise- und Tagebücher, Gedichte, Theaterstücke, Autobiografien und Romane.

Kopenhagens berühmtester „Sohn"

In **„Nur ein Spielmann"** (1837) schildert Andersen die Geschichte eines künstlerischen Scheiterns – der Roman wurde ein Jahr nach seinem Erscheinen auf 80 Seiten von Kierkegaard verrissen, was zu einem lebenslangen Zerwürfnis zwischen den beiden führte. Andersens **156 Märchen** zeichnen sich dagegen nicht nur durch die originelle Sprache aus, sondern auch durch ein oft drastisches und schockierendes Ende. Andersen-Werke wie **„Die Prinzessin auf der Erbse"**, **„Die kleine Meerjungfrau"**, **„Die Schneekönigin"** oder **„Das hässliche junge Entlein"** gehören zu den großen Schätzen der Weltliteratur.

Vielleicht wegen seines Naturells, das stets auf der Suche nach Inspiration war, wechselte Andersen seine Adressen sehr häufig. Die meisten Häuser, in denen er lebte, existieren heute allerdings nicht mehr. **Nyhavn 18, 20 und 67**, wo Andersen mehr als 20 Jahre lebte, sind dabei glückliche Ausnahmen – Plaketten erinnern dort an ihn. Am Königlichen Theater und am Højbro Plads verweisen zwar keine Informationstafeln auf den Dichter, an beiden Orten hielt er sich jedoch gerne und oft auf. Er war fasziniert vom Theater und besuchte regelmäßig das Königliche Theater am Kongens Nytorv. Am Højbro Plads 21 (neben dem Amagertorv) verbrachte er viele Donnerstagabende in Gesellschaft der Melchiors, die seine Gönner waren und ihn auch kurz vor seinem Tod betreuten. Es heißt, er soll besonders gerne auf ihrem kleinen Balkon gestanden und zu Schloss Christiansborg hinübergesehen haben.

Der Philosoph Søren Kierkegaard (1813–1855)

Sprachgewaltig ist das umfangreiche Werk des christlich-existenzialistischen Philosophen, der fast sein ganzes Leben in Kopenhagen verbrachte. Kierkegaard wurde in eine finanziell unabhängige Familie geboren. Sein Vater Michael, der aus armen Verhältnissen stammte, war mit einem Strumpfwarengeschäft zu beträchtlichem Reichtum gekommen, der es ihm erlaubte, sich im Alter von 40 Jahren aus dem Berufsleben zurückzuziehen. Nach dem frühen Tod seiner ersten Frau ging Michael ein Verhältnis mit dem Dienstmädchen ein – später Sørens Mutter.

Die Kindheit und Jugend Søren Kierkegaards waren von der pietistischen Strenge und dem melancholischen Charakter des Vaters geprägt. Doch das Vermögen, das Kierkegaard nach dem Tod seines Vaters 1838 erbte, ermöglichte ihm ein extravagantes Leben. Im August 1840 entschloss sich Kierkegaard, die viel jüngere **Regine Olsen** zu heiraten. Im September bekam er ihre Zusage, aber bereits ein Jahr später beendete er trotz der Liebe zu ihr die Beziehung, weil er „bereits als Kind Gott versprochen war", und flüchtete für zwei Jahre nach Berlin.

Diese unglückliche Liebesgeschichte führte ihn auf seinen schriftstellerischen Weg. Es entstanden Werke wie **„Entweder – Oder"** (1843), philosophische Auseinandersetzungen mit dem Christentum (z. B. **„Die Krankheit zum Tode"**, 1849) oder Selbstkommentare wie „Eine Verfasser-Existenz eigener Art" (1851). Kierkegaard war besessen vom Schreiben – in weniger als zwei Jahrzehnten verfasste er **55 Werke**, dazu zahlreiche Journale und Notizbücher. Kierkegaard gilt als Vordenker der deutschen und französischen Existenzialisten.

In der Kopenhagener Altstadt gibt es eine Reihe von Orten, die eng mit Kierkegaard verbunden sind: **Nytorv 2** lautete einst die Adresse des Kierkegaard-Hauses am Gammeltorv, an dessen Stelle sich heute eine Filiale der Danske Bank befindet. Kierkegaards Vater hatte sein Geschäft nicht weit von hier in der Købmagergade. Søren ging in der **Klareboderne** zur Schule, einer Seitenstraße der Købmagergade. 1828 wurde er in der Trinitatis Kirke am Runden Turm konfirmiert. Von 1830 bis 1840 studierte er an der Universität Theologie. Regine Olsen lebte in der Nähe der Börse im Hause ihrer Eltern.

Der Physiker Niels Bohr (1885–1962)

Die Physik hatte es nicht gerade leicht in Dänemark. Im 18. Jh. wurde sie zugunsten der Naturgeschichte und sprachlicher Studien sowohl an der Kopenhagener Universität als auch an der 1742 gegründeten Königlich Dänischen Akademie der Wissenschaften vernachlässigt. 1820 entdeckte der Physiker und Chemiker **Hans Christian Ørsted** (1777–1851), der seit 1817 an der Kopenhagener Universität dozierte, den Elektromagnetismus und eröffnete damit der Physik ein neues Forschungsfeld. **Ludwig August Colding** (1815–1888) fand dagegen mit seiner Wärmetheorie wenig Beachtung, und auch die Theoretische Physik wurde erst Ende des 19. Jh. in Dänemark bekannt. Damit waren aber dann die Voraussetzungen für **Niels Bohrs** quantenmechanische Untersuchungen von 1913 geschaffen, die die Struktur des Wasserstoffatoms erklärten und den Physiker weltberühmt machten.

1920 wurde das Institut für Theoretische Physik an der Kopenhagener Universität für Bohr gegründet (seit 1965 **Niels Bohr Institut**) – heute ein renommiertes internationales Forschungsinstitut.

1922 erhielt Bohr den **Nobelpreis** für sein Periodensystem der Elemente. Zusammen mit Werner Heisenberg, Wolfgang Pauli und anderen Physikern entwarf Niels Bohr eine allgemeine Quantenmechanik, die die Physik revolutionierte. In den dreißiger Jahren untersuchte er die Wechselwirkung zwischen atomaren Partikeln, entwarf eine Theorie der Kernspaltung und das „Tropfenmodell" des Atomkerns. Während der Besatzungszeit emigrierte er nach England und in die USA; hier arbeitete er mit Physikern zusammen, die die Atombombe entwickelten, und erkannte die Gefahren der Atomenergie. 1950 veröffentlichte er einen offenen Brief an die Vereinten Nationen, in dem er für freien Wissensaustausch als Bedingung für den Weltfrieden plädierte.

Der Architekt Arne Jacobsen (1902–1971)

Arne Jacobsen wurde in eine großbürgerliche Familie hineingeboren, die in der Kopenhagener Classensgade im feinen **Østerbro** wohnte. Es heißt, die elterliche Vorliebe für die Über-Dekoration sei ihm schon als Kind gegen den Strich gegangen, weshalb er die bunte Tapete in seinem Zimmer weiß übermalte. Bei seinen Bauten in **Klampenborg** (Wohnsiedlung Bellavista, Bellevue-Theater, Bellevue Beach) hat damit möglicherweise eine frühe Neigung Gestalt angenommen.

Im Alter von 18 Jahren begann Arne Jacobsen sein Studium an der Königlich Dänischen Kunstakademie, das er mit 25 Jahren abschloss. Er fand eine Anstellung in einem Architekturbüro, dessen Chef Paul Holsoe ihn 1929 an einem Wettbewerb zum „Haus der Zukunft" teilnehmen ließ. Gemeinsam mit seinem Kommilitonen Flemming Lassen entwarf er ein rundes Haus mit einem Hubschrauber-Landeplatz und einer Garage für Motorboote. Jacobsen und Lassen beließen es jedoch nicht bei der Architektur, sondern kümmerten sich auch um das gesamte Interieur. Die beiden gewannen, und nur zwei Jahre später machte sich Jacobsen selbstständig.

Sein erster großer Auftrag war das Klampenborg-Projekt, fertiggestellt im Jahr 1937. Es folgten die Rathäuser in Århus und Søllerød, bevor er 1943 als dänischer Jude portugiesischer Abstammung zusammen mit seiner zweiten Frau Jonna und dem befreundeten Ehepaar Henningsen (Poul Henningsen wurde als Lampendesigner weltberühmt) nach Schweden flüchtete. Wie Tausende anderer Juden rettete die vier ein Fischerboot. Im Exil arbeitete Jacobsen unvermindert weiter (siehe die beeindruckende Werkschau auf www.arne-jacobsen.com → Chronologie), und auch nach seiner Rückkehr 1945 konnte er seine Karriere nahtlos fortsetzen.

Jacobsen wurde in den fünfziger und sechziger Jahren als Architekt zum Star seiner Zunft, der internationale Großprojekte wie das Rathaus in Mainz, das St. Catherine's College in Oxford, die dänische Botschaft in London oder das Radisson SAS Royal Hotel in Kopenhagen realisierte. In dieser Zeit entwarf er auch seinen ersten Sperrholzstuhl

„Myren“ (Die Ameise), einen extrem ökonomisch konstruierten Stuhl, der aus nur zwei Teilen besteht, dem Sitz und den Beinen. Jacobsens einfache und robuste Stühle bevölkern inzwischen millionenfach Klassenzimmer, Seminarräume, Vortragssäle und Kantinen. Berühmt ist auch Jacobsens stapelbare Stuhl-„Serie 7“ von 1955, die sich millionenfach verkaufte und 1963 den nackten Körper von Christine Keeler verdeckte: eine Ikone der modernen Fotografie.

Der Unternehmer Arnold Mærsk Mc-Kinney Møller (geb. 1913)

Die Lebensgeschichte des Arnold Mærsk Mc-Kinney Møller, des mit Abstand reichsten Dänen, liest sich wie ein kapitalistisches Mustermärchen. Der Großindustrielle hat es sogar unter die 100 Reichsten der Welt geschafft: 2005 landete der Däne auf Platz 90 der berühmten „Forbes“-Liste. Doch bis dahin war es ein langer Weg.

Mit nur einem gebrauchten Dampfer gründete sein Großvater 1904 ein **Frachtschifffahrtsunternehmen**. Seitdem hat es in der 105-jährigen Geschichte der Firma nur drei Vorstandsvorsitzende gegeben: den Gründer selbst, dessen Sohn Arnold Peter Møller und den Enkel Arnold Maersk. Letzterer übernahm 1965 das Ruder des Familienunternehmens, das mittlerweile zu einem Großkonzern mit Reederei und Schiffswerften angewachsen war und zusätzlich das Monopol über Dänemarks Öl und Naturgas innehatte.

Expansion wurde in der Familie großgeschrieben und Arnold Mærsk Mc-Kinney Møller führte diese Tradition fort – unter seiner Leitung avancierte die A.P. Møller-Mærsk-Gruppe zur größten Containerschiff-Reederei der Welt. Aber es blieb nicht bei den Schiffen: 1969, kurz nach Amtsantritt des Møller-Enkels, wurde die Airline Mærsk Air gegründet, es folgte der Aufbau der **Supermarktketten** Dansk, Bilka sowie der Discount-Kette Netto (Letztere unterhält allein in Deutschland 300 Filialen). Die

Mærsk ist der Inbegriff der Containerschifffahrt

Gründung von IT-Unternehmen wie auch der Einstieg in die Elektro- und Kunststoffindustrie sorgten für weitere Expansion auf neue Felder. Heute besitzt der einflussreichste Däne mehr als 1000 Schiffe, sein Multikonzern beschäftigt rund 100.000 Menschen. Zeitweise hat der Familienkonzern für gut 15 Prozent der dänischen Exporte gesorgt.

Doch der trotz seines hohen Alters denkt Mærsk nicht ans Aufhören. Obwohl er sich bereits 1993 offiziell aus den Geschäften zurückgezogen hat, kommt er täglich in die Konzernzentrale direkt neben dem Königsschloss Amalienborg, ganz im Stil der Familie übrigens: Sein Vater zog ebenfalls bis zu seinem Tod im Alter von 89 Jahren die Fäden im Konzern.

Auch für seinen Nachruhm hat Arnold Mærsk Mc-Kinney Møller bereits gesorgt. Zu seinem Andenken schenkte er 2005 der Stadt Kopenhagen eine neue Oper für umgerechnet 335 Mio. Euro. Der imposante Bau, so eine von Møllers Bedingungen, sollte in einer Sichtachse mit Schloss Amalienborg stehen. Kritische Stimmen wurden laut, die optische Nachteile für das kleinere Schloss befürchteten – ein unberechtigter Vorwurf, denn in der Realität stehen sich beide Gebäude gleichberechtigt gegenüber. Møller machte übrigens auch nicht vor der Gestaltung des Opernprogramms Halt. Ursprünglich sollte Richard Wagner bei der Premiere aufgeführt werden, doch das missfiel dem mächtigen Dänen. „Ich will mich ja nicht einmischen", sagte er, „aber eine deutsche Oper?" Gespielt wurde dann Verdis „Aida" …

Der Universalkünstler Per Kirkeby (geb. 1938)

Der Kopenhagener Per Kirkeby ist wohl das, was man einen **Universalkünstler** nennt. Neben Malerei, Bildhauerei und Architektur begeistert er sich auch für

Moderne Kunst im Schwarzen Diamanten: Deckengemälde von Per Kirkeby

Filmemachen und Schriftstellerei. Er ist **Autor** von rund 80 Büchern, die neben Lyrik auch Essays über Kunst und Architektur enthalten, und **Regisseur** von 25 Kurzfilmen (den ersten, „Britte Bardot", drehte er 1968 unter dem Einfluss der Filmtheorie von Andy Warhol).

Der Sohn eines Ingenieurs studierte ursprünglich Geologie an der Universität Kopenhagen. Aus derselben Zeit (fünfziger und sechziger Jahre) stammen seine ersten Aktivitäten in der dänischen Kunstszene. 1962 trat Kirkeby der avantgardistischen Künstlergruppe „Den Ekperimenterende Kunstkole" bei. Hier wurden – ohne festgelegtes Programm – die neuen Ideen der konzeptionellen Kunst, der Prozesskunst und der amerikanischen Pop-Art verbreitet. Ein Jahr später bekam Kirkeby seine erste **Einzelausstellung**. Anfang der Siebziger wandte sich das Multitalent von der Pop-Art ab und begeisterte sich von nun an für die informelle Malerei der Fünfziger, die er bis zu diesem Zeitpunkt selbst scharf kritisiert hatte.

Außer für seine großformatigen Ölgemälde ist der Kopenhagener auch für seine begehbaren **Backsteinskulpturen** bekannt, in denen er Einflüsse aus der Kultur der Maya mit der dänischen Backsteinbauweise verband. Seine Werke werden regelmäßig auf den renommiertesten Kunstfestivals (etwa der documenta und der Biennale) präsentiert. Zwischen 1978 und 2000 war Kirkeby Professor an den Kunstakademien Karlsruhe, Berlin und Frankfurt. In Kopenhagen hat Kirkeby zuletzt die Bronzereliefs für das Foyer der neuen Oper am Hafenkanal gestaltet und das große Deckengemälde im Schwarzen Diamanten, dem Anbau der Königlichen Bibliothek.

Königin Margrethe II. (geb. 1940)

Dänemark ist eine konstitutionelle Monarchie, deren höchste Repräsentantin Königin Margrethe II. vom dänischen Volk sehr geschätzt wird. Sie wirkt formal bei der Regierungsbildung mit und repräsentiert den dänischen Staat im Ausland. Seit dem Thronfolgegesetz von 1953 ist das Erbrecht der **Glücksburger Linie** neu festgeschrieben. Gibt es keinen männlichen Erben, wird die älteste Tochter Königin.

Margrethe II. wurde am 16. April 1940 als Tochter König Frederiks IX. und Königin Ingrids, Prinzessin von Schweden, in Kopenhagen geboren. Sie hat eine Ausbildung als Gruppenführerin im Frauenfliegerkorps und studierte an den Universitäten Kopenhagen, Cambridge, Århus, Paris und London Staatswissenschaften und Archäologie. 1967 heiratete sie den Grafen **Henri de Laborde de Monpezat**. Seit 1972 ist sie Königin von Dänemark.

Das königliche Paar hat zwei Söhne, Frederik und Joachim. **Kronprinz Frederik** heiratete 2004 die Australierin **Mary Donaldson**, die auf der Insel Tasmanien aufwuchs und dort Handel und Recht studierte. Das populäre, in der Presse beinahe omnipräsente Paar hat vier Kinder. Im Mai 2008 trat **Prinz Joachim** zum zweiten Mal vor den Traualtar. Nach der Scheidung von der Hongkong-Chinesin **Alexandra Christina Manley** im Jahr 2005 gab er auf Schloss Schackenborg beim Dorf Møgeltønder der Französin **Marie Cavallier** das Jawort. Die beiden haben zwei Kinder.

Königin Margrethe II. ist auch als Textilkünstlerin und Grafikerin anerkannt. Darüber hinaus übersetzte sie gemeinsam mit ihrem Mann (der sich ebenfalls künstlerisch als Maler und Bildhauer betätigt) Simone de Beauvoir aus dem Französischen.

Der Krimiautor Dan Turèll (1946–1993)

Krimis eignen sich besonders gut zum „Einlesen“ in ein fremdes Land, denn in welchem literarischen Genre wird sonst so viel Wert darauf gelegt, die lokalen Gegebenheiten detailliert zu schildern? **Elf Kopenhagen-Krimis** (innerhalb der 13-bändigen „Mord-Serie“) schrieb Turèll, von denen bisher acht ins Deutsche übersetzt wurden. **„Mord im Dunkeln“** (1981) spielt, wie die meisten anderen Krimis auch, im Kopenhagener Stadtteil Vesterbro, durch den der Protagonist der Serie, ein namenloser Journalist, auf der Suche nach einer Story streift, dabei einen guten Teil der Zeit in Bars verbringt und dem Allheilmittel Whiskey gern und oft zuspricht. Unser Favorit ist das Buch **„Mord im Waschsalon“** (1986) mit seinen genialen Kurzkrimis: zwölf wehmütige, humorvolle und hintergründige Kurzgeschichten aus Kopenhagen und Umgebung.

Der Filmregisseur Lars von Trier (geb. 1956)

„Ich habe Angst vor allem im Leben, außer einen Film zu machen“: Dieser Satz stammt von Lars von Trier, dem prominentesten Regisseur des dänischen Kinos. Lars Holbæk Trier wurde 1956 in Kopenhagen geboren und ist trotz seiner internationalen Erfolge dortgeblieben. Der Sohn eines Beamtenpaares, der bereits als Zwölfjähriger in einer dänischen Kinderfernsehserie mitspielte, besuchte von 1979 bis 1983 die dänische Filmhochschule. Um diese Zeit legte sich der junge Hoffnungsträger des dänischen Kinos das „von“ zu und begann an seiner steilen Karriere zu arbeiten. Ein Höhepunkt war im Jahr 2000 erreicht, als der Filmemacher für sein düsteres Melodram „Dancer in the Dark“ (mit Sängerin Björk in der Hauptrolle) die Goldene Palme von Cannes erhielt. Massentauglich sind von Triers Filme ganz und gar nicht und doch hat es der Kopenhagener zu Weltruhm gebracht. Das liegt v. a. an seiner großen Experimentierlust und seinem Mut, filmisch neue Wege einzuschlagen. Mitte der neunziger Jahre bekam der eigenwillige Stil, der sich in den Filmen des Independent-Regisseurs bereits abzeichnete, auch einen offiziellen Namen: Dogma. Zum filmischen Regelwerk der Dogma-Bewegung, deren prominentester Vertreter und Mitbegründer von Trier ist, gehörten v. a. Forderungen nach Wahrheit, Spontaneität und Schlichtheit des Filmmediums. Auf technische Tricks, welcher sich das kommerzielle Kino bedient, sollte zugunsten eines neuen Film-Realismus und einer starken Geschichte verzichtet werden. Dieser puristische Stil hat sich etabliert und ist heute das Aushängeschild des skandinavischen Kinos, das seit der Jahrtausendwende international wieder viel beachtet wird. Was wenig bekannt ist: Lars von Trier setzt sich

Lars von Trier im Einsatz für seinen Film „Melancholia“

auch für Innovationen in der Pornobranche ein. Er ist an der dänischen Firma Innocent Pictures beteiligt und fungiert als Produzent einiger Frauenpornos. Berühmt ist dagegen die größte skandinavische Produktionsfirma Zentropa, die Mitgründer und Direktor von Trier zu einem Viertel gehört. 2011 sorgte er für einen Skandal bei den Filmfestspielen in Cannes, als er Sympathien für Hitler bekundete und von der Festivalleitung zur „persona non grata“ erklärt wurde. Seine Äußerungen hat er kurz darauf zurückgenommen und sie mit seinen „üblichen Sarkasmen“ erklärt. Der Mann bleibt spannend.

Der Bestsellerautor Peter Høeg (geb. 1957)

Auch dem zurzeit international bekanntesten Kopenhagener Autor gelang mit einem Krimi der Durchbruch: **„Fräulein Smillas Gespür für Schnee“** (1992) wurde ein Weltbestseller, dessen

Erfolg durch die Verfilmung 1997 noch befeuert wurde. Der Roman mit seiner ungewöhnlichen Heldin – halb Grönländerin, halb Dänin und arbeitslose Mathematikerin – ist eines der wenigen Bücher der neunziger Jahre, die fast jedem geläufig sind. Der Mord an einem Jungen grönländischer Abstammung, der nicht aufgeklärt wird, ist der Ausgangspunkt einer spannungsreichen Geschichte, in der Smilla Jaspersen, die Romanheldin, bald von der Jägerin zur Gejagten wird, nachdem sie einem Jahre zuvor begangenen Verbrechen auf di e Spur gekommen ist. „Fräulein Smillas Gespür für Schnee" ist ein virtuoses Spiel mit den Genres der Kriminalgeschichte, des Wissenschaftsthrillers und des Großstadtromans, leicht und humorvoll geschrieben – ein Lesegenuss erster Güte. Was man von den späteren Romanen Høegs leider nicht behaupten kann: Seine letztes Werk **„Das stille Mädchen"** (2006) hat zwar mit Autojagden, Fensterstürzen und einer Flucht durch das Kopenhagener Kanalisationssystem viel Spannung und Lokalkolorit zu bieten, wurde aber von der Kritik als „missglückter Zwitter aus Traktat und Thriller" bezeichnet – und das zu Recht. Zuletzt erschien von ihm bei Hanser der Roman **„Die Kinder der Elefantenhüter"**.

Der Installationskünstler Olafur Eliasson (geb. 1967)

Der mit seinen riesigen Installationen aus Licht, Luft und Wasser berühmt gewordene Künstler hat zwar isländische Wurzeln, wurde aber in Kopenhagen geboren und lebt heute immer noch dort. Allerdings pendelt er zwischen Dänemark und Berlin, wo er eine Professur an der Universität der Künste innehat und ein 1400-Quadratmeter-Werkstattstudio unterhält. Seine Werke tragen Titel wie **„Der sehr große Eisboden"**, **„Lichtwelle"** oder **„Yellow Fog"**. Es ist die Natur, die den eigenwilligen Künstler fasziniert und die er in seinen Installationen neu zu erfinden versucht. Er färbte bereits ganze Flüsse rot und grün, zauberte Regenbögen herbei, tauchte komplette Straßenzüge in gelben Nebel und errichtete schließlich im Jahr 2008 vier künstliche vierzig Meter hohe Wasserfälle in New Yorks East River: Naturspektakel mitten in der Großstadt. Wer bei einem Besuch der neuen **Oper** in Kopenhagen die auffallenden Kugellampen in der Decke bewundert: Sie stammen von Eliasson. Doch vor allem mit einem Werk machte er von sich reden, dem Lichtprojekt **„The Weather Project"**: Mitten in der Halle des Londoner Museums Tate Modern ließ Eliasson im Winter 2003/04 die Sonne wie ein metaphysisches Ereignis aufgehen. Zwei Millionen Menschen begeisterten sich für das künstliche Naturwunder. Das Kunstwerk sorgte für Furore durch die Reaktionen der Museumsbesucher: Sie legten sich auf den Boden, formten aus ihren Körpern Peace-Zeichen und starrten dabei auf die riesige orange Kugel, ganz so, als ob sie sich draußen auf einer Wiese befänden. „Kunst muss wieder etwas für alle werden, sie soll schön sein und Spaß machen", so schlicht definierte der Kopenhagener seine Arbeit und dafür lieben ihn auch jene Leute, denen Kunst ansonsten nicht allzu nahe ist. Sympathisch machte sich Olafur Eliasson auch durch sein Äthiopien-Engagement: Zwei bis fünf Prozent seiner Einnahmen spendet er an ein Waisenhaus dort, zudem stammen seine beiden Adoptivkinder aus dem ostafrikanischen Land. 2002 erhielt Eliasson den Friedrich-Kiesler-Preis für hervorragende Leistungen im Bereich der Architektur und der Künste, 2009 trat er seine Professur an der Universität der Künste in Berlin an. Doch noch bevor er zu den gefragtesten Künstlern unserer Zeit zählte, wurde er Träger eines ganz besonderen Preises: Als Teenager war Eliasson skandinavischer Breakdance-Meister.

Königin Margrethe gibt sich, wie auf diesem Buchcover, gerne volkstümlich

Ruderboot im Christianshavns Kanal

Praktische Infos

Der Flughafen hat U-Bahn-Anschluss

Anreise

Kopenhagen liegt im äußersten Osten von Dänemark in Sichtweite des schwedischen Festlandes auf der Insel Seeland, der größten der etwa 400 dänischen Inseln. Für Reisende aus dem Süden empfiehlt sich daher das Flugzeug: Es gibt günstige Angebote, und der Flughafen besitzt eine schnelle Anbindung ans Stadtzentrum.

Die Fahrt mit dem ICE ist natürlich bequemer als der Flug, aber aus Österreich, der Schweiz und den südlichen Bundesländern Deutschlands sehr viel zeitaufwendiger und nicht grundsätzlich billiger.

Die guten, übersichtlich beschilderten und mautfreien Straßen in Dänemark machen das Autofahren zwar zu einer unkomplizierten Angelegenheit. In Kopenhagen selbst ist ein Auto jedoch unnötig: Die Stadt verfügt über ein ausgezeichnetes öffentliches Nahverkehrssystem, eignet sich hervorragend für ausgedehnte Spaziergänge und ist ein Paradies für Radfahrer.

Mit dem Flugzeug

Entscheidet man sich für die Anreise per Flugzeug, ist man beispielsweise von Zürich oder Wien knapp 2 Std., von München 1:30 Std. und von Hamburg lediglich eine knappe Stunde unterwegs. Der **Copenhagen Airport** (CPH; ✆ 32313231, www.cph.dk) wird wegen seiner Übersichtlichkeit, den guten Service-Leistungen sowie der günstigen und schnellen Anbindung an die Stadt zu den besten Flughäfen der Welt gezählt. Er liegt bei Kastrup auf der Insel Amager, nur acht Kilometer vom Kopenhagener Stadtzentrum entfernt. **Regionalzüge nach Kopenhagen** fahren alle zehn Minuten direkt unterhalb des internationalen Terminals 3 ab (kostenlose Shuttle-Busse verbinden die beiden anderen Terminals mit der Zugstation) – von dort ist man in zwölf Minuten am Hauptbahnhof.

Genauso schnell ist die **U-Bahn**. Noch fährt sie allerdings nicht zum Hauptbahnhof (erst 2018 soll es dort eine Haltestelle geben), die Wahl der Zugart hängt also davon ab, wohin die Reise in Kopenhagen geht. Die U-Bahn hält in der Innenstadt an den Stationen Kongens Nytorv und Nørreport. Die einfache Fahrt kostet 36 kr (4,80 €), Tickets sind am Schalter bzw. am Automaten vor der Rolltreppe zur U-Bahn-Station erhältlich.

Bei Aufenthalten von mindestens drei Tagen ist die **Copenhagen Card** eine gute Alternative zu Einzeltickets. Eine rege Nutzung der Museen (auch der Eintritt zum Tivoli ist damit gratis) und öffentlichen Verkehrsmittel ist allerdings Voraussetzung, damit sich der Kauf lohnt. Die Drei-Tages-Variante kostet 459 kr (61,20 €).

Günstiger ist der **City Pass**, den die Kartenautomaten für 180 kr (24 €) ausspucken. 72 Stunden lang ist damit die Fahrt mit allen öffentlichen Verkehrsmitteln in Kopenhagen (Zonen 1-4) möglich. Gestempelt wird nur einmal, beim Start.

Es gibt auch zahlreiche **Buslinien**, die beim Terminal 3 abfahren, sie sind jedoch nicht günstiger als U-Bahn oder Zug, und das bei einer etwa dreimal so langen Fahrt in die Innenstadt.

Taxis finden sich vor allen Ankunftsbereichen und kosten etwa bis zum Kongens Nytorv im Stadtzentrum zwischen 180 kr (24 €) und 240 kr (32 €), je nach Tag, Tageszeit und Route. Die billigste Route dauert wegen zahlreicher Ampeln zwar etwas länger – doch das lohnt sich. Über die Autobahn zahlen Sie deutlich mehr. Bitten Sie darum, auf der kürzesten Strecke in die Stadt zu fahren: Sie sparen dadurch zwar keine Zeit, dafür aber Geld. Bezahlt werden kann auch mit der Kreditkarte, Sie müssen also nicht am Flughafen wechseln.

Mit über zwanzig Milionen Passagieren jährlich und 140 Zielen weltweit besitzt Kopenhagen den größten Flughafen Skandinaviens. Aus Deutschland, Österreich und der Schweiz wird er täglich mehrmals direkt angeflogen, v. a. von SAS, dem Zusammenschluss skandinavischer Fluggesellschaften. Lufthansa und Air Berlin fliegen von zahlreichen deutschen Städten ab, Germanwings aus Köln, Swiss aus Zürich und Austrian Airlines aus Wien. Die dänische Fluggesellschaft Cimber Sterling fliegt von München direkt nach Kopenhagen.

Die **Flugpreise** bewegen sich unabhängig von der Fluggesellschaft günstigstenfalls (bei frühzeitiger Buchung zum Beispiel über opodo.de mehrere Wochen im Voraus und über mindestens ein Wochenende) zwischen 120 und 200 €. Kurzfristige Buchungen schlagen mit über 300 € zu Buche.

Fluggesellschaften **SAS**: www.sas.dk, ✆ 01805-117002 aus Deutschland und Österreich, ✆ 0848-117100 aus der Schweiz.

Lufthansa: www.lufthansa.com, ✆ 01805-805805 aus Deutschland, ✆ 0810-10258080 aus Österreich, ✆ 0900-900922 aus der Schweiz auf Deutsch.

Air Berlin: www.airberlin.com, ✆ 01805-7378000 aus Deutschland, Österreichund der Schweiz.

Germanwings: www.germanwings.com, ✆ 0900-1919100 aus Deutschland, ✆ 0820-900144 aus Österreich, ✆ 0900-000407 aus der Schweiz.

Swiss: www.swiss.com, ✆ 01805-110036, ✆ 0810-810840 aus Österreich, ✆ 848700700 aus der Schweiz.

Austrian Airlines: www.aua.com, ✆ 0180-3000520 aus Deutschland, ✆ 0517661000 aus Österreich, ✆ 044/2868088 aus der Schweiz.

Cimber Sterling: www.cimber.com, ✆ 0045-70101218 aus Deutschland, Österreich und der Schweiz.

Wie bei internationalen Großflughäfen üblich, ist auch CPH längst eine Kleinstadt für sich, mit allen dazugehörigen Annehmlichkeiten und Dienstleistungen wie Einkaufsmöglichkeiten, Mietwagenstationen, Restaurants, Banken und einem Hotel, in diesem Fall eine Fünf-Sterne-Filiale von Hilton.

Mit der Bahn

Der Kopenhagener **Hauptbahnhof** *(Hovedbanegård)* befindet sich im Stadtzentrum, fünf Gehminuten vom Rathausplatz entfernt und in Sichtweite der modernen, gut ausgestatteten Touristinfo. Gegenüber dem Haupteingang liegt der zu Recht berühmte Vergnügungspark Tivoli, auch die kürzlich von Grund auf renovierte Ny Carlsberg Glyptotek ist gleich um die Ecke, und Arne Jacobsens Traumhotel, das Radisson SAS Royal, erhebt sich nur wenige Meter entfernt. Wer mit dem Zug anreist, hat den Vorteil, sofort von der lebhaften, gut gelaunten Atmosphäre der Stadt umgeben zu sein.

Um günstiger als mit dem Flugzeug nach Kopenhagen zu reisen, muss man sich bei der Bahn allerdings frühzeitig um Tickets kümmern, nur dann kommt man in den Genuss der **Sparpreise** – das Kontingent ist stets recht schnell erschöpft. Die Bahnen im deutschsprachigen Raum haben alle ähnliche – auch ähnlich komplizierte – Rabattsysteme. Am einfachsten sind die Preise über das Internet herauszufinden: www.bahn.de für Deutschland, www.oebb.at für Österreich und www.sbb.ch für die Schweiz. Wie beim Fliegen wird es dann besonders billig, wenn nicht nur früh, sondern auch möglichst an Wochenendtagen gebucht wird. Telefonische Buchungen von Kopenhagen aus werden über die Hotline der **Danske Statsbaner** (www.dsb.dk, ✆ 70131415) entgegengenommen.

Für die meisten Reisenden aus dem deutschsprachigen Raum wird die Verbindung über Hamburg und Puttgarden auf der Insel Fehmarn die schnellste sein. In Puttgarden werden die Züge (noch) auf die **Fähre** verladen – während der 45-minütigen Überfahrt können die Passagiere auf dem Sonnendeck liegen, einkaufen oder im Schiffsrestau-

Vom Hauptbahnhof sind es fünf Minuten bis zur Altstadt

rant essen – und in Rødbyhavn auf dänischer Seite wieder entladen. Der ICE fährt **zweimal täglich** bis Kopenhagen durch, lange war ein Umsteigen auf dänische Züge in Hamburg nötig. Komfort soll das Plus der Bahn gegenüber dem Flugzeug bleiben, die **Fahrzeiten** aber liegen selbst aus Hamburg bei 4:30 Std., aus Berlin bei knapp 7 Std., au s München bei etwa 12 Std. Bahnreisen aus der Schweiz und Österreich sind mit Fahrzeiten von bis zu 17 Std. wohl nur etwas für ausgesprochene Flugphobiker bzw. höchstens noch für all jene, die an der **Nachtzug-Strecke** Basel–Kopenhagen (www.citynightline.ch) wohnen.

Der Supertunnel kommt - vielleicht

Alles auf Anfang: Die langwierige Diskussion um die beste, schnellste und umweltverträglichste Verbindung zwischen Puttgarden und Rødby hat sich 2011 in Richtung Tunnel entwickelt. Die 2008 beschlossene Brücke ist aus Umweltschutzgründen vom Tisch. Das könnte durchaus auch dem Tunnel-Projekt passieren, trotz dänischem Parlamentsbeschluss. Widerstand formiert sich auf Fehmarn, vor allem weil geringere Einnahmen aus dem Tourismus befürchtet werden, auch die Grundstückspreise sehen einige dort in Gefahr. Läuft aber alles nach Plan, ist die Umweltverträglichkeitsprüfung des Tunnels 2013 bestanden, 2020 könnte die 17,6 Kilometer lange Unterwasserverbindung für Autos und Züge eröffnet werden. 5,1 Milliarden Euro wird das Projekt die Dänen dann gekostet haben, der Straßen- und Gleisausbau auf deutscher Seite wird wohl mit 1,5 Milliarden Euro zu Buche schlagen.

Heute dauert die Zugfahrt von Hamburg nach Kopenhagen rund 4,5 Stunden, inklusive der Überfahrt mit der Fähre. Die Rostocker Reederei Scandlines setzt einen Zug alle dreißig Minuten über, die meisten Passagiere genießen die Dreiviertelstunde auf See. Sie verlassen ihre Abteile und vertreten sich die Beine, essen was oder genießen die Sonne auf Deck. Ein Tunnel würde die Fahrtzeit für die 330 Kilometer um eine Stunde verkürzen. Aber reicht diese Zeitersparnis aus, um die enormen Kosten zu rechtfertigen? Auch diese Frage wird auf deutscher Seite immer lauter gestellt.

Mit dem Auto

Nur wer von **Schleswig-Holstein** aus anreist, braucht keine Fähre. Die Route führt über Flensburg auf der E 45 die Halbinsel **Jütland** hoch, dann ostwärts über die E 20 auf die Insel Fünen, vorbei an der Großstadt Odense und auf der insgesamt 13 Kilometer langen Brücke über den Großen Belt (**Storebæltsbroen**, kurz unterbrochen durch die kleine Insel Sprogø) nach Seeland. Die E 20 führt an die Ostküste nach Køge, von wo es über die E 47 nordwärts nach Kopenhagen geht. Gesamtdistanz von Flensburg: 316 km.

Spezielle Kosten fallen nur bei der mautpflichtigen Überquerung des Großen Belts an, die dänischen Straßen sind ansonsten gebührenfrei. Für Pkws und bis 6 m lange Wohnmobile zahlt man 220 kr (31 €), für Motorräder 115 kr (16 €). Weitere Preise auf www.storebaelt.dk.

Die bekannteste Verbindung aus dem deutschsprachigen Raum nach Kopenhagen ist die **Vogelfluglinie,** so genannt, weil sie der Strecke der Zugvögel folgt. Von Hamburg über Lübeck geht es nach **Puttgarden** an die deutsche Grenze (da Dänemark das Schengener Abkommen unterzeichnet hat, fallen

Kontrollen weg) und von dort mit der **Fähre** in einer 45-minütigen Fahrt über die Ostsee nach Rødby auf dänischer Seite (Puttgarden – Rødby wird jede halbe Stunde bedient). Auf der gut ausgeschilderten E 47/E 55 sind es dann noch 160 km bis Kopenhagen.

Die Überfahrt mit der Scandlines-Fähre kostet für Pkws und Wohnmobile bis 6 m Länge 72,50 €, Motorradfahrer zahlen 42,50 €, auf dem Rückweg wird der gleiche Betrag noch einmal fällig. Weitere Preise auf www.scandlines.de.

Aus dem Osten Deutschlands empfiehlt sich die Route über **Rostock**, von wo aus die Fähre nach Gedser in Dänemark übersetzt. Die Fahrt mit Scandlines dauert 1:45 Stunden und findet alle zwei Stunden statt. Der Normalpreis für Pkws und Wohnmobile beträgt 97 €, von Mitte Juni bis Anfang September sind von Freitag bis Sonntag stattliche 118 € fällig. Zurück wird's meist sogar noch etwas teurer.

H.C. Andersens Boulevard

Dänen fahren in der Regel ruhig und rücksichtsvoll, die Straßen sind in bestem Zustand, und das Schildersystem ist übersichtlich und logisch. Ein wesentlicher Unterschied zu Deutschland (neben der viel entspannteren Fahrweise): Das **Abblendlicht** ist auch tagsüber einzuschalten. Ansonsten gelten für Autofahrer die bekannten Regeln: Gurtpflicht auf allen Sitzen, spezieller Kindersitz für unter 3-Jährige, Alkoholgrenzwert bei 0,5 Promille, Telefonieren mit dem Handy nur per Freisprechanlage. Außerdem muss man Führerschein, Kfz-Schein und die grüne Versicherungskarte bei sich haben (letzere ist eigentlich nicht Pflicht, wird aber empfohlen, um die Formalitäten bei einem Unfall zu beschleunigen). Vorgeschrieben ist ferner ein Warndreieck im Kofferraum. Auf Autobahnen zeigen blaue Schilder die nächste Ausfahrt an, grüne Schilder bezeichnen Autobahnstrecken. Eng aneinanderliegende weiße Dreiecke vor Kreuzungen, sog. Haifischzähne, bedeuten: Vorfahrt gewähren!

Tempolimits in Dänemark

Innerhalb geschlossener Ortschaften: 50 km/h

Außerhalb geschlossener Ortschaften: 80 km/h

Auf Autobahnen: 130 km/h

Einreisebestimmungen

Erwachsene aus EU-Ländern und der Schweiz können sich als Touristen drei Monate lang mit dem Personalausweis bzw. Reisepass in Dänemark aufhalten. Kinder bis 16 Jahre haben die Wahl zwischen Kinderausweis/Kinderpass oder einer Eintragung im Reisepass der Eltern. Kinder bis 10 Jahre dürfen auch mit einem Kinderausweis ohne Foto einreisen.

Prinsens Bro, Schloss Christiansborg – Radfahren ist schick in Kopenhagen

Unterwegs in Kopenhagen

Dänen fahren Rad! Es gibt viele Orte, da warten an der Ampel mehr Rad- als Autofahrer. Manchmal stauen sich die Zweiräder bis zu zwanzig, dreißig Meter lang vor Rot an. Da die Fahrradwege aber immer fast so breit sind wie eine Autospur, kommt es nie zu Rempeleien oder Gedrängel. Überhaupt haben die Kopenhagener eine sehr entspannte Art vorwärts zu kommen.

Kopenhagen ist aber auch die Hauptstadt der Fußgänger. Es ist ein wahres Vergnügen, in der dänischen Stadt spazieren zu gehen: Die Distanzen sind kurz, die Luft ist die reinste Sauerstoffdusche und das Verkehrsaufkommen mäßig. Es gibt nur eine Handvoll größerer Straßen, und die verlaufen am Rand der einzelnen Stadtviertel. Hinzu kommt ein nahezu perfektes öffentliches Nahverkehrssystem: schnell, pünktlich, günstig und dicht geknüpft.

Zwischen Rathausplatz *(Rådhuspladsen)* und Nyhavn sowie zwischen dem Verkehrsknotenpunkt Nørreport und Schloss Christiansborg ist der nicht motorisierte Verkehr meist der einzig erlaubte. Die Altstadt von Kopenhagen wirkt wie eine einzige riesige Fußgängerzone, die lediglich von einigen schmalen Straßen gekreuzt wird, in die sich nur wenige Autos verirren.

Öffentlicher Nahverkehr

Die ultramoderne **U-Bahn**, die ferngesteuert, also ohne Fahrer, durch den Untergrund saust, wurde seit 2002 beständig ausgebaut und erreicht jetzt auch die Außenbezirke wie zuletzt den Flughafen und den Strandpark auf der vorgelagerten Insel Amager. 2018 sollen auch Rathausplatz und Hauptbahnhof U-Bahn-Stationen haben, die Ringlinie wird derzeit gebaut. Ergänzt wird der städtische U-Bahn-Verkehr natürlich durch **Busse** und **S-Bahnen**, aber auch durch einige touristisch sehr interessante **Wasserbuslinien**.

Generell gilt für alle öffentlichen Verkehrsmittel: **Kinder** fahren in der Regel gratis. Jeweils zwei Kinder unter 12 Jahren dürfen den öffentlichen Nahverkehr in Begleitung eines Erwachsenen (das ist Pflicht!) kostenlos nutzen. **Hunde** kosten extra: Große Hunde sind an der Leine zu halten und fahren zum Preis eines Kinder-Tickets. Schoßhunde, die in der Tasche mitgenommen werden, können umsonst fahren. **Rauchen** ist verboten, in den Bahnhöfen wie in den Zügen. **Fahrräder** sind dagegen erlaubt, von Juni bis August ganztägig, ansonsten ist die Zeit zwischen 7 und 9 Uhr sowie von 15.30 bis 17 Uhr tabu. Abgestellt werden sie neben den Türen. Es gibt spezielle Fahrrad-Tickets, die zu lösen sind. **Schwarzfahren** ist teuer. Ganz gleich, ob in Bussen, S- oder U-Bahnen, wer ohne gültiges Ticket erwischt wird, muss 500 kr zahlen, gut 65 €.

Busse mit System – Typ A kommt alle paar Minuten, Typ N nur nachts

Tickets

24 kr (etwa 3,21 €) kostet die günstigste **Einzelfahrt** für U-Bahn, S-Bahn, Busse und Wasserbusse. Sie ist für zwei Zonen und insgesamt eine Stunde gültig (die Uhrzeit des Abstempelns zählt, nicht die reine Fahrtzeit, s. u.). Alternativ kann man **Streifenkarten** für zehn Fahrten lösen, die Preise richten sich nach der Anzahl der Zonen, für die sie gebraucht werden. Eine Zehnerstreifenkarte für zwei Zonen kostet 140 kr (18,74 €). Im Schnitt spart man vierzig Prozent gegenüber dem Einzelverkaufspreis. Es gibt auch **24h- und 72h-Tickets**: 70 kr (9,37 €) bzw. 180 kr (24 e) werden dafür fällig.

Streifenkarten gibt es nicht nur an den **Automaten** der S- und U-Bahnhöfe, sondern auch in vielen Supermärkten, an Kiosken und Zeitungsständen.

Tickets für zwei und drei Zonen sind eine Stunde lang **gültig**, für vier, fünf und sechs Zonen 1,5 Stunden und für alle Zonen zwei Stunden. Konkret heißt das: Vom Augenblick des Abstempelns kann man sich für die bezahlte Zeit mit allen öffentlichen Verkehrsmitteln in allen Richtungen bewegen. Der Wechsel von der U-Bahn in den Bus ist genauso erlaubt wie das Umsteigen in die Gegenrichtung. Wichtig ist nur die Gültigkeitsdauer, das heißt die Bruttozeit: Besichtigt man zwischendurch beispielsweise ein Museum, läuft die Zeit weiter. Die wichtigsten Sehenswürdigkeiten in Kopenhagen liegen fast alle innerhalb der Zonen 1 und 2, lediglich der Amager Strandpark befindet sich in Zone 3, der Flughafen außerhalb in Zone 4. **Entwertet** werden alle Tickets an den gelben Automaten im Bahnhof oder Bus.

Information

Die ebenso übersichtliche wie detaillierte Website **www.m.dk** informiert auch in Englisch über den weiteren Ausbau des U-Bahn-Netzes (bis 2018 ist eine

Ringlinie um die Stadt geplant) sowie die nähere Umgebung aller U-Bahn-Stationen. Es gibt Straßenkarten im PDF-Format, in die alle Sehenswürdigkeiten drum herum eingetragen sind.

Die **Kundencenter** der verschiedenen Betreiber des öffentlichen Nahverkehrs können Sie telefonisch erreichen. Infos zu Bussen erhalten Sie unter ✆ 361 31415 (Movia Kundecenter, tägl. 7–21.30 Uhr), zu U-Bahnen unter ✆ 701 51615 (Metro Kundeservice, Mo–Fr 8–16 Uhr), zu S-Bahnen und allen anderen Zügen unter ✆ 70131415 (DSB Information, tägl. 7–22 Uhr).

Webtipp: **www.rejseplanen.dk**
Hier erhält man zu allen Verbindungen – also gleich, ob mit S-Bahn, U-Bahn, Bus, Wasserbus, Nachtbus oder Regionalzug – Fahrtzeiten, Fahrtdauer und Preise. Die Website hat auch eine deutsche Sprachversion.

Mit der U-Bahn

Die 2002 eröffnete, **vollautomatische**, also quasi ferngesteuerte U-Bahn hält **rund um die Uhr** an insgesamt 22 Stationen, 2018 kommen mit dem Cityring 17 weitere hinzu, darunter am Hauptbahnhof und Rathausplatz. Grund zur Sorge ob der Fortbewegung so ganz ohne Fahrer besteht jedoch nicht, dafür sorgen etliche spezielle **Sicherheitsvorkehrungen**. Die innen hellen und übersichtlichen U-Bahn-Züge setzen sich aus drei Waggons mit freiem Durchgang zueinander zusammen. Hochsensible Detektoren an den sechs Türen stellen sicher, dass weder eine Hand noch eine Tasche eingeklemmt bleibt, falls es trotz der doppelten Schließanzeige aus Licht- und Tonsignal doch einmal dazu kommen sollte. Die Türen gehen im Fall der Fälle dann sofort wieder auf. Zu den Sicherheitsmaßnahmen im U-Bahn-Verkehr zählen auch **Kameras** in jedem Waggon, neben den Türen

Wo ist der Fahrer?

befinden sich zudem **Alarmknöpfe**. Wenn man einen drückt, werden die entsprechenden Kamerabilder sofort in den Kontrollraum übertragen. Die Alarmknöpfe können auch genutzt werden, wenn eine verlängerte Türöffnung gewünscht wird. In jedem Zug fährt außerdem ein **Begleiter** mit, der die Tickets kontrolliert, für Fragen bereitsteht und im Bedarfsfall natürlich hilft.

Zwei Linien, **M 1** und **M 2** (→ Metroplan Großkarte), durchqueren die Stadt und fahren **täglich rund um die Uhr**: während der Stoßzeiten von 7–10 und 15–18 Uhr im 2-Min.-Takt, sonst alle 3–6 Min. Nachts (0–5 Uhr) verkehren die U-Bahnen alle 20 Min., freitags und samstags alle 15 Min. Dabei werden die drei Zentrumsstationen Christianshavn, Kongens Nytorv und Nørreport von beiden Linien und damit im 2- bis

3-Min.-Takt bedient. Mit ihren tiefen Rolltreppenschächten und den gold-silbern glänzenden, penibel sauber gehaltenen Metallwänden sind die **U-Bahnhöfe** ein ästhetisches Erlebnis. Zahlreiche Hinweistafeln halten Informationen für den Fahrgast bereit. Oben am Eingang weisen oft **elektronische Ankunftstafeln** im 30-Sek.-Takt auf die nächste eintreffende U-Bahn hin.

Mit der S-Bahn

Wo keine U-Bahn fährt, hilft die S-Bahn (**S-tog**) weiter: So hat etwa der Hauptbahnhof keinen U-Bahn-Anschluss, auch die wichtige Strecke Østerport–Nørreport–Vesterport kann man nur mit der S-Bahn zurücklegen. Von 5 Uhr bis etwa 0.30 Uhr kommt man mit dem weitläufigen S-Bahn-System schnell durch die City und bis in die Vororte. Auf der Hauptstrecke zwischen Østerport und Hauptbahnhof, die am Nørreport von den beiden U-Bahn-Linien gekreuzt wird, fahren so viele S-Bahnen (die Linien A, B, C, E und H), dass es praktisch nie zu Wartezeiten kommt. Die einzelnen Linien fahren alle 10 Min.

Mit dem Bus/Wasserbus

Busstationen sind allgegenwärtig. Nur in den Fußgängerzonen der Altstadt sieht man sie nicht, ausgenommen die neuen City-Cirkel-Haltestellen für kleine Elektrobusse.

Elektrobusse in der Altstadt

Der neue, umweltfreundliche Busring (www.citycirkel.dk, ✆ 36 131415) fährt alle sieben Minuten **die wichtigsten Sehenswürdigkeiten der Altstadt** ab: Rathausplatz, Latinerviertel, Strøget, Tivoli, Schloss Christiansborg, Stræde, Nyhavn, Schloss Amalienborg, Schloss Rosenborg und Runder Turm. Die elektrisch betriebenen Kleinbusse fahren auch dort, wo es keinen motorisierten Verkehr gibt, und können per Handzeichen angehalten werden. Grüne Punkte am Bordstein markieren die Haltestellen der Busse, die an dem grünen CityCirkel-Logo, an ihrer Größe und ihrer fast geräuschlosen Fortbewegung zu erkennen sind.

Elektrobus der CityCirkel-Linie

CityCirkel-Busse fahren Mo–Fr 9–20 Uhr, Sa 10–16 Uhr und So 11–15 Uhr. Es gelten die normalen Fahrkarten wie für alle anderen öffentlichen Verkehrsmittel, man kann die Tickets (24 kr/3,21 €) aber auch beim Fahrer kaufen, allerdings nur mit Münzen. Wer die ganze Route mitfährt, hat in einer Stunde die wichtigsten Sehenswürdigkeiten zumindest kurz gesehen.

Das System der normalen **Stadtbusse** kann auf den ersten Blick verwirrend sein: Mit seinen unterschiedlichen Farben und Buchstaben sieht es aber komplizierter aus, als es ist. Es gibt zwei Busarten: **A-Busse,** durch rote Linien und ein „A" hinter der Liniennummer gekennzeichnet, fahren und halten oft. Sechs A-Linien durchziehen die Stadt. **S-Busse** sind auf den Karten blau eingezeichnet und durch ein „S" zusätzlich hervorgehoben. Während die A-Busse alle 3–5 Min. fahren, sind S-Busse seltener, dafür auf direkterem Weg zu weiter entfernten Zielen unterwegs. Zwischen 0.30 und 4.30 Uhr verkehren **Nachtbusse,** tagsüber fahren die Busse etwa von 5 bis 24 Uhr.

Außerdem gibt es vier **Wasserbuslinien** (*vandbusser* 901, 902, 903 und 904), also Fähren, die den Inneren Hafen durchqueren. Die Busse der Linien 901 und 902 halten an den Stationen Königliche Bibliothek (Schwarzer Diamant) – Knippelsbro (Brücke vor Christianshavn) – Nyhavn – Holmen Nord – Nordre Toldbod (beim Gefion-Brunnen, nicht weit von der Kleinen Meerjungfrau entfernt). Bus Nr. 903 verkehrt nur zwischen Nyhavn und Oper und stellt auch den Rücktransport nach Vorstellungsende sicher. Wasserbus Nr. 904 fährt von Nyhavn durch den Inneren Kanal über die Stationen Havnegade, Islands Brygge, Tegloholmen und Sluseholmen nach Süden. Die Wasserbusse 901, 902 und 904 verkehren etwa zwischen 7 und 20 Uhr, 903 bis 23 Uhr.

Mit dem Taxi

Der Grundtarif beträgt 24 kr (bzw. 37 kr, wenn das Taxi telefonisch bestellt wird), pro Kilometer zahlt man zwischen 11,50 kr (1,54 €, wochentags 7–16 Uhr) und 15,80 kr (2,11 €, nachts an Wochenenden). Macht etwa 13–14 € für eine fünf Kilometer lange Fahrt zur teuersten Zeit am Freitag oder Samstag nachts ab 23 Uhr. Freie Taxis erkennt man am gelb aufleuchtenden **„Taxa"**-Schild. Am Wochenende wird es nachts jedoch oft schwierig, auf der Straße eines zu finden – deshalb kann es sinnvoll sein, vor dem Ausgehen ein Taxi zu reservieren.

Folgende **Taxiunternehmen** gehören zu den bekanntesten in Kopenhagen: Codan Taxi (✆ 70252525), Amager-Øbro Taxi (✆ 32515151) , Taxa 4 x 35 (✆ 35353535) und Taxamotor A/S (✆ 70 338 338). Trinkgeld wird nicht erwartet – eine Servicepauschale ist im Preis inbegriffen.

Mit dem Fahrrad

Kopenhagen ist berühmt für seinen Fahrrad-Chic. Hier radelt man nicht einfach, man zelebriert Eleganz auf zwei Rädern. Frauen in High Heels, Männer im Business-Anzug, und das Wichtigste: Gerast wird nie, Rücksicht auf Fußgänger ist selbstverständlich, Rechthaberei an Kreuzungen ein Fremdwort.

Jeder zweite Kopenhagener fährt mit dem Rad zur Arbeit oder Ausbildung. Das war nicht immer so: 1970, schreibt der Blog Copenhagenize, war die Innenstadt genauso verstopft von Autos wie jede andere auf der Welt. Auf den Ausbau breiter Radwege mit eigenen blauen Fahrstreifen in Kreuzungen und Verkehrsampeln, die Radfahrern sechs Sekunden Vorsprung vor den startenden Autos geben – was Autofahrer erst gar nicht in die Verlegenheit bringt, noch schnell vor dem Radverkehr rechts abzubiegen – folgten nach und nach immer mehr Menschen, die in die Pedale statt aufs Gas traten. Heute sind während der Rush Hour mehr Fahrräder im Zentrum zu sehen als Autos. Und selbst bei Eis und Schnee und kaltem Wind verzichten viele nicht auf ihr geliebtes Fahrrad.

Stress ist im Kopenhagener Radverkehr ein Fremdwort. Man tritt gemütlich und geduldig in die Pedale seines City Bikes: tiefer Sitz, hohes, weit ausgreifendes Lenkrad und vorne ein Draht- oder Bastkorb – eben ein praktisches Hollandrad für den täglichen Gebrauch. Rennräder oder Mountainbikes sieht man hier nicht. Kein Wunder: Es gibt nur eine einzige nennenswerte Steigung in der ganzen Stadt. In Frederiksberg rund um den Zoo und das gleichnamige Schloss Frederiksberg geht es eine Zeitlang leicht bergauf.

Webtipp:
www.copenhagencyclechic.com
Eine Idee davon, wie lässig Fahrradfahren in Kopenhagen aussieht, gibt dieser großartige Foto-Blog, der beinahe täglich neue Bilder online stellt. Von der Londoner „Times" zu einem der 100 besten Blogs weltweit gewählt. Ebenso empfehlenswert, aber mit etwas breiterer Themenauswahl in Sachen Zweirad-Mobilität, ist der Schwester-Blog **www.copenhagenize.com.**

Wer kein eigenes Rad dabeihat, kann auf den besonderen **kostenlosen Leihservice** der Stadt zurückgreifen: 1300 Bycykler, die an verschiedenen Stellen in der Stadt bereitstehen und sich nach Einwurf einer 20-Kronen-Münze aufschließen lassen, sind im Einsatz. Beim Wiederanschluss an einer der 110 Sammelstellen erhält man dann sein Geld zurück. Im Prinzip eine fantastische Idee, doch in der Praxis ... Nicht nur, dass es den Leihrädern an Bequemlichkeit mangelt, auch die Funktionstüchtigkeit lässt oft zu wünschen übrig: Manchmal ist die Kette gerissen, oder es fehlt der Sattel, dann wieder lässt sich die Kette des Schlosses nicht aus der Verankerung lösen, obwohl man die 20 kr (2,68 €) in den Schlitz gesteckt hat. Außerdem sind viele Stellplätze oft leer, und man sucht vergeblich nach den kleinen Fahrrädern mit den auffallenden, bunten Scheibenrädern. Dennoch: Manchmal findet man durchaus ein funktionstüchtiges Rad.

Dass das **Bikesharing-System** verbesserungswürdig ist, hat die Stadtverwaltung mittlerweile eingesehen: Ein Wettbewerb für bessere Fahrräder wurde Ende 2009 abgeschlossen, die Umsetzung lässt aber noch auf sich warten. Dafür gibt es seit kurzem an immerhin acht Kreuzungen ein weltweit wohl einzigartiges Komfortangebot für Radfahrer: Dank der etwa drei Meter langen **Fußstützen** und **Armlehnen** aus Metall können Radler bei Rot sitzen bleiben.

Kostenlose Bycykler Rathausplatz/Ecke Vesterbrogade (Richtung Tivoli); Beginn der Fußgängerzone Strøget (Rathausplatz); Vester Voldgade/Ecke Farvergade (Rathausplatz); Vor dem Haupteingang des Tivoli; S-Bahn-Station Nørreport; Gammel Strand (gegenüber vom Thorvaldsen-Museum); Ny Vestergade (Nationalmuseum); Fiolstræde/Ecke Skindergade (Universität); Købmagergade/Ecke Kronprinsensgade (Runder Turm).

Kostenpflichtige Leihfahrräder Zum Beispiel bei:

Københavns Cykelbørsen, 75–150 kr (10–20 €) pro Tag, Kaution 300–500 kr (40–67 €). Mo–Fr 9–17.30 Uhr, Sa 10–13.30 Uhr, So nach Vereinbarung. Gothersgade 157 (Nähe Botanischer Garten), ✆ 33140717, www.cykelboersen.dk (mit englischer Version).

Baisikeli Bike Rental, vom Tourismusbüro empfohlen. Täglich (!) 10-18 Uhr geöffnet. 80–110 kr (10,70 €–14,70 €) pro Tag. Turesensgade 10 (am Ørstedspark, ✆ 26700229) und Ingerslevsgade 80 (hinter Kødbyen, nahe der S-Bahn-Station Dybbelsbro, ✆ 53710229). www.cph-bike-rental.dk.

Mit dem Auto

In Kopenhagen braucht man als Urlauber kein Auto. Die Innenstadt ist relativ klein, zudem ist es schwierig einen freien Parkplatz zu bekommen. Und teuer wäre er obendrein. Werktags werden in der Innenstadt von 8-18 Uhr (Sa bis 17 Uhr) 29 kr (etwa 3,90 €) pro Stunde fällig, ausgewiesen als **Parkzone Rot**,. Billiger wird's erst, wenn man sich vom Zentrum entfernt und die Demarkationslinien zu den **Parkzonen Grün** (erweiterte Innenstadt) und **Blau** (Christianshavn, Frederiksberg, Nørrebro und Østerbro) überschreitet: In Ersterer ist man tagsüber in der genannten Zeit für 17 (2,28 €) kr/Std. dabei, in Letzterer sogar für 10 kr (1,34 €)/Std.

Zonenübergreifend **günstigere Tarife** bietet die Stadt erst zu den späteren Stunden des Tages und nachts: Von 18 bis 23 Uhr sind 10 kr (1,34 €)/Std. fällig, von 23 bis 8 Uhr 3 kr (0,40 €)/Std. – ganz egal, in welcher Zone Sie Ihr Auto parken. Primetime für Parker ist von Samstag 17 Uhr bis Sonntag 24 Uhr: Dann ist das Parken **kostenlos**.

Wenigstens machen die **Parkautomaten** nicht noch zusätzlich Ärger: Die Summe, die man einwirft, wird als Parkzeit ausgewiesen. Man kann also ruhig sein Kleingeld einwerfen, auf exakte Stundenbeträge ist der Automat nicht angewiesen. Ist man mit der zugewiesenen Parkzeit nicht zufrieden (sie wird im Display angezeigt), lässt sich weiteres Geld (vor dem Ausdrucken des Tickets) nachwerfen.

Parkhäuser sind von dem Parkzonen-System ausgenommen und meist noch teurer. Eventuell findet sich in der einen oder anderen kleinen Seitenstraße mal ein kostenloser Parkplatz – in der Regel gilt jedoch für die gesamte Altstadt sowie für Vesterbro, Østerbro und Nørrebro, dass nur innerhalb der beschriebenen Markierungen zu den genannten Bedingungen und Preisen geparkt werden darf.

Parkautomat

Parkhäuser Nähe S-Bahn-Station Nørreport: **Statoil City Parkering**, Israels Plads 1; Nähe Rathausplatz: **Industriens Hus**, H. C. Andersens Boulevard 18; Nähe Latinerviertel (Studiestræde): **Q8 Centrumparkering**, Nyropsgade 42; hinter dem Kaufhaus *Illum* (in der Fußgängerzone Strøget): Silkegade 4; Nähe *Magasin du Nord* (Kongens Nytorv): Bremerholm und in der Parallelstraße Asylgade; Nähe Schloss Rosenborg/beim Haupteingang zum Kongens Have: Dronningens Tværgade 4.

Mietwagen bekommt man bei den bekannten internationalen Anbietern *Avis, Budget, Europcar* und *Hertz*, die ihre Filialen am Flughafen und in der Nähe des Hauptbahnhofs haben. Die Ein-Tages-Preise gehen im Sommer bei etwa 90 € los. Hinterlegt werde müssen zudem 3000 kr (402 €) als Sicherheit, entweder bar oder auf der Kreditkarte.

Mietwagen Anmietstationen von Mietwagenfirmen findet man z. B. hier:

Flughafen (Avis, Budget, Europcar und Hertz; www.avis.de, www.budget.de, www.europcar.de, www.hertz.de), **Hauptbahnhof** (Avis, Kampmannsgade 1, ✆ 702 47707; Budget, Vester Farimagsgade 7, ✆ 33550500; Hertz, Ved Vesterport 3, ✆ 331 79020; Europcar, Gammel Kongevej 13, ✆ 33559900), **Nyhavn** (Avis, Landgreve 10, ✆ 70247764).

Traumhaft schön, sündhaft teuer

Übernachten

Dass Kopenhagen teuer ist, merkt man zuallererst an den Hotelpreisen. Wer Wert auf eine elegante Zimmereinrichtung legt und das moderne Möbeldesign aus Skandinavien liebt, kommt unter 150 Euro pro Doppelzimmer nicht weg. Weniger anspruchsvolle Quartiere sind dagegen unter 100 Euro zu haben. Am günstigsten wohnt es sich bei den zahlreichen Privatanbietern von Bed & Breakfast-Unterkünften. Hier sind Preise von unter 50 Euro pro Person üblich, mit Glück und etwas Online-Recherche findet man dabei schöne Zimmer und guten Service auch in zentraler Lage.

Im Hotelpreis ist ein reichhaltiges Frühstücksbuffet eigentlich immer enthalten und zudem die 25 Prozent Mehrwertsteuer, die mit ein Grund für die höheren Preise sind.

Alle teuren Hotels befinden sich in zentraler Lage und bieten individuelle Interieurs wie auch erstklassigen Service. Avantgardisten könnten sich in das Hotel *Fox* verlieben, Romantiker in das *71 Nyhavn,* Freunde exotischer Inseln in das *Bertrams* oder das *Axel,* Minimalisten in das *The Square* und Fans von historischen Gebäuden in das *Admiral,* derweil Bewunderer des klassischen Grand-Grandhotels das *D'Angleterre* kaum noch verlassen werden. Exklusiver Neuzugang ist das *Nimb* am Tivoli.

Die Preisspannen in diesem Buch beziehen sich auf das **Zimmer pro Nacht zur Hochsaison,** sofern nicht anders angegeben. Inbegriffen sind darin 25 % MwSt., Service und oft auch ein Frühstücksbuffet. Die **Internet**-Auftritte (fast) aller Hotels verfügen über eine englische Version, viele auch über eine deutsche.

Hotels

Sehr hilfreich für die Hotelauswahl ist der Internetauftritt der dänischen Tourismuszentrale in Hamburg **www.visitdenmark.com:** Man kann bei den dort aufgelisteten Hotels gleich direkt ein Zimmer buchen oder über die Tochtergesellschaft **www.hotel.dk** online reservieren. Beide Seiten bieten auch eine deutsche Sprachversion. Wer sich auf sein Englisch verlassen kann, findet unter **www.visitcopenhagen.com,** der Website des städtischen Tourismusbüros, eine exzellente Buchungsmaschine. Gezahlt wird erst vor Ort, allerdings wird eine Kreditkarte als Sicherheit verlangt. Die Online-Buchung selbst ist kostenlos.

Wer ein Hotelzimmer erst in Kopenhagen buchen will, wird zwar auch zur Hochsaison ein Zimmer finden, allerdings sind die Preise dann deutlich höher als bei der langfristigen Vorausbuchung. Gegen eine Gebühr von 100 kr (13,38 €) kann man über das **Tourismusbüro/Copenhagen Visitor Centre/** ein Zimmer buchen lassen. Das Fremdenverkehrsbüro wird von Wonderful Copenhagen betrieben und befindet sich in der Vesterbrogade 4a, schräg gegenüber vom Haupteingang des Tivoli, etwa 200 Meter vom Hauptbahnhof entfernt. Das Büro ist groß, gut organisiert, und das Personal ist sehr freundlich (Zimmervermittlung ✆ 70222442, Mo–Sa 9–18 Uhr). Vorteil der Vor-Ort-Variante: Die Zimmerkapazitäten der Touristenzentrale sind größer als die der Online-Buchungsmaschinen und damit weniger schnell erschöpft.

Sterne werden von dem dänischen Hotel- und Gaststättenverband *Horesta* vergeben. Die Hälfte der rund tausend dänischen Herbergen ist Mitglied und wird jedes Jahr überprüft. Aufgenommen werden nur Häuser mit mehr als vierzig Zimmern. Zu den wichtigsten Kriterien für die Vergabe der Sterne zählen (jeweils Mindestanforderungen):

* Waschbecken, Frühstücksmöglichkeit

** Waschbecken, Frühstücksmöglichkeit, Bad/Toilette manchmal im Zimmer

*** Bad in allen Zimmern, Arbeitstisch, TV, Radio, Internetanschluss im Haus, in größeren Hotels müssen Nichtraucherzimmer vorhanden sein, DZ mind. 18 m^2 groß

**** hohe Qualität der Inneneinrichtung, Minibar, TV und Internet sind selbstverständlich, zusätzlich Restaurant und 24-Std.-Rezeption, DZ mind. 24 m^2 groß

***** luxuriöses Interieur, alle Zimmer mit Klimaanlage, Tresor, Internetzugang, das Hotel muss über Restaurant, Gymnastikraum mit Personal und Schwimmbad verfügen, DZ mind. 26 m^2 groß

Rathausplatz/Tivoli

Nimb **39**, → Karte S. 114/115, traumhaftes Luxushotel im Tivoli, 2008 nach umfangreichen Modernisierungsarbeiten wieder eröffnet. Äußerlich erinnert es jetzt mehr denn je an einen maurischen Palast. Neben 13 Suiten (eine Nr. 13 gibt es nicht) mit hochwertigen Möbeln und Kamin ist das Gourmet-Restaurant **Herman** im Haus untergebracht. Suite ab 3900 kr (522 €). Bernstorffsgade 5 (gegenüber vom Hauptbahnhof). ✆ 88700000, www.nimb.dk.

***** **Radisson Blu Royal Hotel** **34**, → Karte S. 114/115, der 20-stöckige Wolkenkratzer neben Tivoli und Touristinfo stammt aus dem Jahr 1960, sein Äußeres hatte nie viele Verehrer. Dafür stimmen die inneren Werte: 260 Zimmer, alle in skandinavischem Design und meist um die 20–25 m2 groß. Zimmer 606 und die Lobby sind als einzige Räume noch immer so, wie Arne Jacobsen (→ S. 41) sie einst gestaltet hat. Im 20. Stock befindet sich das landesweit gerühmte Gourmetrestaurant **Alberto K**, das einen wunderbaren Blick auf die Stadt bietet. Tagtäglichen Gelüsten widmen sich das Café Royal und die Royal Bar. Integriert ist auch ein Fitnesszentrum. Alles in allem: Sixties pur. DZ ab 1695 kr (227 €) bei frühzeitiger Online-Reservierung, bei kurzfristigen Buchungen deutlich über 2000 kr (270 €), Frühstück 200 kr (27 €) extra. Hammerichsgade 1, ✆ 38156500gebührenfreie Reservierung unter 0080033333333 , ✆ 33426300, www.radissonblu.de.

**** **First Hotel Kong Frederik** **37**, → Karte S. 200/201, traditionsreiches Großhotel, ein paar Schritte vom Rathausplatz entfernt, in Richtung Latinerviertel gelegen. Jahrhundertealtes Haus, viktorianische Inneneinrichtung, 2010 modernisiert. Eine feine Brasserie gehört zum Hotel, außerdem erhält man ein Willkommensgeschenk, ein 200 Seiten starkes Lifestyle-Magazin über Kopenhagen mit Hintergrundinformationen und Rezepten der Hotelköche. DZ ab 964 kr (129 €, Online-Angebot), ohne Frühstück. Restaurant im Haus, geöffnet Mo-Sa 17.30-24 Uhr. Vester Voldgade 25, ✆ 33125902, www.firsthotels.com.

***** **Scandic Palace Hotel** **30**, → Karte S. 114/115, direkt am Rathausplatz am Rand der Altstadt, 5 Min. vom Tivoli entfernt. 161 luxuriöse Zimmer, 2008 renoviert. Ein Großhotel aus dem Jahr 1910, das innenarchitektonisch in der Moderne angekommen ist. DZ 1420-2020 kr (190-270 €, bei frühzeitiger Online-Buchung). Rådhuspladsen 57, ✆ 33144050, 📠 33145279, www.palacehotel.dk.

**** **Ascot Hotel** **26**, → Karte S. 114/115, freundliches, mittelgroßes Hotel, wenige Gehminuten von Tivoli und Rathausplatz entfernt. Die geräumigen Zimmer haben große Fenster und sind gemütlich-warm eingerichtet. Einen guten Eindruck vermittelt bereits die schöne Lobby mit ihren Säulen- und Bogengängen. DZ ab 1590-1690 kr (213-226 €), Frühstück kostet 150 kr (20 €) extra. Studiestræde 61, ✆ 33126000, 📠 33146040, www.ascot-hotel.dk.

*** **Hotel Alexandra** **27**, → Karte S. 114/115, am viel befahrenen H. C. Andersens Boulevard gelegen, auf Höhe des studentischen Latinerviertels, einen Block vom Rathausplatz entfernt. Viele Zimmer sind im klassisch-dänischen Design berühmter Innenarchitekten des 20. Jh. gehalten, fragen Sie danach. Zum Hotel gehört das feine Restaurant Mühlhausen. Das vor über hundert Jahren errichtete klassizistische Gebäude wurde zunächst für Luxusappartements genutzt, seit 1910 dient es als Gästehaus. DZ 1100–1450 kr (147-194 €), Suites 1800-2200 kr (241-294 €), Frühstück für 99 kr (gut 13 €) extra. H. C. Andersens Boulevard 8, ✆ 33744444, 📠 33744488, www.hotel-alexandra.dk. ■

*** **Hotel Twentyseven** **11**, → Karte S. 145, skandinavisches Design bestimmt Look und Preis der 200 Zimmer: Betten, Decken und Badezimmer stammen von renommierten Herstellern, die bekannt für ihren erstklassigen Mix aus Stil und Funktion sind. Drei außergewöhnliche Lokale sind im Hotel untergebracht: die Absolut Icebar (das gesamte Mobiliar ist hier aus Eis, selbst die Gläser; die Raumtemperatur beträgt konstant -5 °C), die Honey Ryder Cocktail Lounge und der Wine Room, wo auch das Frühstücksbuffet aufgebaut wird. DZ ab 1240 kr (166 €). Løngangstræde 27 (Seitenstraße nahe am Rathausplatz, Richtung Christiansborg), ✆ 70275627, 📠 70279627, www.hotel27.dk.

*** **Hotel Danmark** **15**, → Karte S. 145, zentraler geht's kaum: 2 Min. vom Rathausplatz entfernt befindet sich dieses feine Hotel, das mit technischen Annehmlichkeiten und vielen Dienstleistungen punkten kann. Zum Angebot gehören: Kinderbetreuung, Auto- und Fahrradverleih, Wäscherei und Schuhputzservice. Ein italienisches Restaurant ist angegliedert. Zimmer mit Telefon, Internet, Kabel-TV, Bad/WC. DZ 957–1325 kr (128 -177 €), die günstigsten Zimmerangebote bieten ein Frühstücksbuffet für 145 kr (knapp 20 €) extra. Vester Voldgade 89, ✆ 33114806, Reservierung unter ✆ 33957766, 📠 33143630, www.hotel-danmark.dk. ■

*** **The Square** **29**, → Karte S. 114/115, beim Rathausplatz, vis-à-vis vom Kino Dagmar Teatret. Die elegante Empfangshalle mit den roten „Eier-Stühlen" von Arne Jacobsen (→ S. 41) bestimmt den Ton des Hauses: modernes, klares Design in warmen Tönen. Der Frühstückssaal befindet sich im 6. Stock und bietet eine schöne Aussicht über Kopenhagen. 267 Zimmer. die DZ-Preise beginnen in der Hochsaison bei 1245 kr (163 €), Suiten ab 1585 kr (212 €). Tipp: die Homepage wirbt stets mit Sonderangeboten. Rådhuspladsen 14, ✆ 33381200, 📠 33381201, www.thesquarecopenhagen.com.

*** **Cabinn City** **42**, → Karte S. 114/115, spartanisch-kühle Inneneinrichtung, enge Räume, aber zweckmäßig und preisgünstig. DZ 675 kr (etwa 90 €), Frühstück 60 kr (8 €). Mitchellsgade 14 (zwischen Tivoli und Innerem Hafen, nicht weit vom Hauptbahnhof entfernt, ✆ 33461616, 📠 33461717, www.cabinn.com.

Altstadt

***** **First Hotel Skt. Petri** **3**, → Karte S. 114/115, großartiges Designhotel in Uninähe mitten in der Altstadt. Große Aussichtsfenster, modernes Mobiliar, Holzboden, lebendige Farben, hippe Bar, schönes Café mit 50 internationalen Zeitungen – Luxus des 21. Jh. eben. DZ je nach Größe ab 1795 kr (240 €, bei frühzeitiger Online-Buchung). Krystalgade 22, ☎ 33459100, 📠 33459110, www.hotelsktpetri.com.

»› Mein Tipp: **Hotel Fox** 36, → Karte S. 200/201. Superlative machen meist skeptisch, aber hier sind sie berechtigt: In diesem spektakulären Hotel wurde eine großartige Idee perfekt umgesetzt. 21 junge Designer aus ganz Europa erhielten die Chance, jedes der 61 Zimmer anders zu gestalten (der Name des Hotels leitet sich von dem gleichnamigen VW-Modell ab, das der Welt hier 2005 präsentiert wurde). Japanischer Manga-Stil, orientalische Sinnlichkeit, royale Opulenz oder verspielter Alpen-Kitsch – die Vielfalt der Inneneinrichtung kennt keine Grenzen. Das äußerlich betont schlichte Hotel Fox liegt zwar am verkehrsreichen Jarmers Plads, aber strategisch sehr günstig: Die zwei markanten Türme auf dem Rathausplatz sind in Sichtweite, und das szenige Latinerviertel beginnt direkt hinterm Haus. Wegen der unterschiedlichen Ausstattung der Zimmer ist eine Sterne-Klassifizierung nicht möglich, kostenloser Internetzugang und Flachbildfernseher sind jedoch Standard. DZ je nach Größe 974-1174 kr (130-157 €). Jarmers Plads 3, ☎ 33133000, Reservierung unter ☎ 33957755, 📠 33143033, www.hotelfox.dk. ‹‹‹

*** **Ibsens Hotel** 20, → Karte S. 200/201; sympathisches Eckhotel mittlerer Größe in der Nähe des Botanischen Gartens. Die Kreuzung Vendersgade/Nansensgade, an der das Hotel liegt, befindet sich mitten in einem kleinen, alternativ-coolen Ausgehviertel voller Bars und Boutiquen. Die U- und S-Bahn-Station Nørreport ist nur ein paar Gehminuten entfernt. Gemütliche Zimmer mit unterschiedlichem Charakter: Einige tendieren zum Barocken, andere sind eher funktional-schlicht. DZ 1042-1242 kr (139-166 €). Vendersgade 23, ☎ 33131913, Reservierung unter ☎ 33957744, 📠 33131916, www.ibsenshotel.dk. ■

»› Mein Tipp: **Hotel Jørgensen** 23, → Karte S. 200/201; einfaches, beliebtes Hotel nur ein paar Gehminuten von dem großen S- und U-Bahn-Knotenpunkt Nørreport entfernt, in einer stillen Seitenstraße am unauffälligen Israels Plads gelegen. Freundlich und zweckmäßig eingerichtete Zimmer. DZ mit Bad 750 kr (100 €) bzw. 850 kr (114 €) am Wochenende, ohne eigenes Bad 650 kr (87 €), Familienzimmer mit zwei Stockbetten 900 kr (120 €), Mehrbettzimmer (6–12 Pers.) mit Bad auf dem Flur max 200 kr (27 €)/Person, alle inkl. Frühstück. Rømersgade 11, ☎ 33138186, 📠 33155105, www.hoteljoergensen.dk. ‹‹‹

Nyhavn/Kongens Nytorv

***** **Hotel D'Angleterre** 6, → Karte S. 130/131; frisch renoviert, Wiedereröffnung 2012. Bei den World Travel Awards wiederholt als Dänemarks führendes Hotel ausgezeichnet. Hier stiegen schon die Großen der Welt- und Showgeschichte ab: Ronald Reagan, Bill Clinton, Jacques Chirac, Woody Allen, Steven Spielberg, Cameron Diaz, Mariah Carey. Zur distinguierten Atmosphäre (es gibt sogar einen hauseigenen Friseursalon) kommt die erstklassige Lage an Kopenhagens elegantestem Platz, dem Kongens Nytorv, unmittelbar vor

Mittelklassehotel in Vesterbro

dem Nyhavn und nur wenige Meter vom edleren Teil der Einkaufsstraße Strøget entfernt. DZ vor der Renovierung ab 3060 kr (410 €), Suiten ab 5530 kr (740 €), jeweils inkl. Nutzung der Spa- und Fitnessräume. Kongens Nytorv 34, ✆ 33120095, 📠 33370630, www.dangleterre.com.

**** **Hotel 71 Nyhavn 13**, → Karte S. 130/131; Tipp für Romantiker: an der Ecke des Nyhavn-Kanals, in zwei ehemaligen Getreidespeichern (erbaut 1804) gelegen. Großartige Aussicht auf Nyhavn und Hafen. Geschmackvolle Zimmereinrichtung, viele Räume und auch das feine Restaurant Pakhuskælderen ziert noch die alte Holzdecke, gestützt von dicken Balken. 150 Zimmer und Suiten. DZ etwa 1325–1701 kr (177 €-227 €) bei frühzeitiger Online-Buchung). Nyhavn 71, ✆ 33436200, 📠 33436201, www.71nyhavnhotel.dk.

››› Mein Tipp: *** **Hotel Opera 26**, → Karte S. 130/131, die ruhige Lage in einer Seitenstraße des Kongens Nytorv kennzeichnet dieses mittelgroße Hotel (91 Zimmer), das sich seit 1950 dem klassisch-englischen Einrichtungsstil verpflichtet fühlt. Internetanschluss, Telefon und TV sind in jedem Zimmer vorhanden. Die Nähe zum Königlichen Theater macht sich durch Fotos von Schauspielern, Balletttänzerinnen und Musikern bemerkbar. Praktisch: Kostenlos verfügbarer Internet-PC mit Drucker in der rund um die Uhr besetzten Lobby. DZ 895-1441 kr (120-194 €). Tordenskjoldsgade 15, ✆ 33478300, 📠 33478301, www.hotelopera.dk. ‹‹‹

*** **Copenhagen Strand 33** , → Karte S. 130/131, tolle Lage am Inneren Hafen, etwa 5 Min. von Nyhavn und Kongens Nytorv entfernt. Das recht große Hotel (174 Zimmer) befindet sich in einem umgebauten und restaurierten Warenhaus von 1869, was viel zur heimelig-rustikalen Atmosphäre beiträgt. Ein Business-Raum neben der Lounge ist mit PC, Drucker, Kopierer und Fax ausgestattet. DZ 990–1343 kr (132-180 €, bei frühzeitiger Internet-Buchung). Havnegade 37, ✆ 33489900 , 📠 33489901, www.copenhagenstrand.dk.

Bethel 16, → Karte S. 130/131, tolle Lage direkt am schönen Nyhavn-Kanal, an der Brücke kurz vor der Ausfahrt ins große Hafenbecken. Ehemaliges Seemannsheim. Die Aussicht auf das bunte Treiben am Nyhavn kostet 100 kr extra, fragen Sie nach den Eckzimmern. Einfache, aber gepflegte Einrichtung. Das Bethel ist Mitglied im Schweizerischen Verband Christlicher Hotels (www.vch.ch). DZ 845-1045 kr (113-140 €). Nyhavn 22, ✆ 33130370, www.hotel-bethel.dk.

Vesterbro

**** **Axel Hotel Guldsmeden 6**, → Karte S. 210/211, gehört zur kleinen Hotelkette Guldsmeden. In Steinwurfnähe der Hotels Absalon und Selandia im ehemals verrufenen Viertel Vesterbro gleich hinterm Hauptbahnhof, das immer mehr zum Szenedistrikt aufsteigt – was auch diese Neueröffnung wieder belegt. Bio-Frühstück und -Kosmetika unterstreichen den gehobenen Anspruch aller Guldsmeden-Hotels. Balinesische Teakholzmöbel, Himmelbetten und persische Teppiche kontrastieren sehr reizvoll mit der kühlen Technik von DVD-Player und Flachbildfernseher, die ebenso zum Standard gehören wie der drahtlose Internetzugang. Zusatzangebot: Abendrestaurant und Spa-Bereich. DZ mit Frühstück 985-1445 kr (132-193 €). Helgolandsgade 11, ✆ 33313266, 📠 33316970, www.hotelguldsmeden.dk/axel. ■

*** **Hotel Ansgar 19**, → Karte S. 210/211, in Vesterbro, 3 Min. vom Hauptbahnhof entfernt, liegt diese unprätentiöse Herberge, deren 81 einfache Zimmer mit Dusche/WC, Internetzugang und TV ausgestattet sind. Netter Innenhof, der im Sommer Platz zum Relaxen und Kaffeetrinken bietet. DZ 900–1200 kr (120-161 €). Colbjørnsensgade 29, ✆ 33212196, 📠 33216191, www.ansgarhotelcopenhagen.com.

››› Mein Tipp: *** **Hotel Tiffany 18**, → Karte S. 210/211, freundliches, kleines Hotel in Vesterbro nahe dem Hauptbahnhof, das mit einer reichen Zimmerausstattung punktet: Bügeleisen sowie -brett, Mikrowelle, Toaster und Kühlschrank inkl. Frühstückszutaten. Kaffee und Tee kann man sich im Zimmer zubereiten, frische Brötchen werden jeden Morgen vor die Tür gelegt. Zur Ausstattung der geräumigen Zimmer gehören Dusche/WC, Föhn, TV, Safe und Internetzugang. DZ ab 895 kr (120 €). Colbjørnsensgade 28, ✆ 33218050, 📠 33218750, www.hoteltiffany.dk. ‹‹‹

*** **Absalon Hotel 15**, → Karte S. 210/211, klassizistischer Bau im auf dieser Höhe von Rotlicht-Angeboten dominierten Szeneviertel Vesterbro. Das Hotel liegt an der Ecke zur Hauptstraße Istedgade, etwa 200 m vom Hauptbahnhof entfernt. 165 Zimmer in gutbürgerlich-konservativem Stil, alle auf

Wunsch mit kostenlosem WLAN. In einem Nebenraum der Lobby läuft ein Computer mit Internetanschluss, der kostenlos genutzt werden kann. Dort gibt es auch eine kleine Büchersammlung über Kopenhagen. Kaffeeautomat in der Lobby. Günstigere Preise bei Internet-Buchung: DZ inkl. Frühstück je nach Größe und Ausstattung 795–1295 kr (106-173 €),. Helgolandsgade 15, ✆ 33242211, Reservierung unter ✆ 33314344, 📠 33243411, www.absalonhotel.dk.

*** **Savoy Hotel 7**, → Karte S. 210/211, liegt zwar an der Hauptverkehrsstraße von Vesterbro, die Zimmer sind jedoch zum ruhigen Innenhof hin ausgerichtet. Etwa 7–8 Min. vom Tivoli entfernt. Das denkmalgeschützte Gebäude stammt aus dem Jahr 1906. Gut ausgestattete Zimmer mit Kabel-TV, Telefon und Kaffeemaschine. DZ 995–1095 kr (133-147 €). Vesterbrogade 3, ✆ 33267500, 📠 33267501, www.savoyhotel.dk.

*** **Copenhagen Star Hotel 10,** → Karte S. 210/211, zentral, drei Minuten vom Hauptbahnhof entfernt, allerdings mitten im Rotlichtteil der Istedgade gelegen. DZ mit Frühstück um 1500 kr (200 €), also nicht wirklich Budget-Niveau wie an der Fassade angepriesen. Zimmer ok. ✆ 33221100, 📠 33212186 www.norlandiahotels.dk.

*** **Best Western Hotel Hebron 16**, → Karte S. 210/211, typisches Stadthotel der Kette Best Western, angenehm zentral hinterm Hauptbahnhof in Vesterbro gelegen. 100 Zimmer, darunter sechs Mini-Suiten. DZ mit Frühstücksbuffet 1143–1570 kr (153-210 €), Mini-Suiten 1980 kr (265 €). Helgolandsgade 4, ✆ 33316906, 📠 33319067, www.hebron.dk.

*** **Hotel Mayfair 4**, → Karte S. 210/211, schönes Stadthotel in einer ruhigen Seitenstraße der Vesterbrogade, knapp zehn Gehminuten vom Tivoli entfernt. Recht nobel eingerichtete Zimmer mit Flach-fernseher und DVD-Player. DZ mit Frühstück und Buffet am Abend (!) 1395–2595 kr (187-347 €). Helgolandsgade 3, ✆ 70121700, 📠 33239686, www.choicehotels.dk.

*** **Hotel Du Nord 3**, → Karte S. 210/211, liegt im Rotlichtabschnitt von Vesterbro, nur wenige Meter vom Hauptbahnhof entfernt. 65 frisch renovierte, recht geräumige Zimmer in einem repräsentativen Gebäude aus dem Jahr 1882. Gutbürgerlicher Einrichtungsstil, Badewanne ist Standard, außerdem Kabelfernsehen mit Pay-per-View-Dienst, Radio, Internet, Safe, Föhn und PC-Anschluss. DZ 1470 kr–1730 kr (197-232 €), 3-Bettzimmer 1740 kr (233 e), Familienzimmer 2010 kr (269 €), alle inkl. Frühstück. Colbjørnsensgade 14, ✆ 33224433, 📠 33298686, www.hoteldunord.dk.

»» Mein Tipp: *** **Carlton Hotel Guldsmeden 5**, → Karte S. 210/211, Schwesterhotel der Vier-Sterne-Hotels Bertrams und Axel, deutlich zentrumsnäher als das Bertrams in derselben Straße neben dem Stadtmuseum. 64 balinesisch eingerichtete Zimmer mit Bad,eine Spezialität der feinen Mini-Kette Guldsmeden. DZ 795-995 kr (106-133 €), Familienzimmer für vier Personen 1095 kr (147 €), Bio-Brunch 115 kr (15 €) extra. Vesterbrogade 66, ✆ 33221500, 📠 33221555, www.hotelguldsmeden.dk/carlton. ««

Umfunktionierter Getreidespeicher

** **Wakeup 37**, → Karte S. 210/211, modernes Großhotel (510 Zimmer) der günstigeren Sorte. In der Nähe des Inneren Hafens an den Bahngleisen hinter dem Schlachthofgelände – mithin nicht gerade zentrumsnah. Per Fahrrad (Verleih im Haus) sind es 10 Min. bis zum Hbf. Standardisierte Inneneinrichtung im ultra-coolen Stil mit viel Glas, viel Weiß und einer futuristischen Nasszelle. Zimmergröße: 12-15 m². DZ 865-1365 kr (116-183 €), Frühstück 60 kr (8 €) extra. ✆ 44800000, 📠 44800001. Carsten Niebuhrs Gade 11. www.wakeupcopenhagen.com.

** **Saga Hotel 13**, → Karte S. 210/211, einfaches Familienhotel im bahnhofsnahen Teil von Vesterbro. Bei den günstigeren Zimmern sind Dusche und WC auf dem Gang. Alle Zimmer mit Telefon, TV und drahtlosem Internetzugang, online kann man zudem vom Computer in der Lobby gehen, der Service ist gratis. DZ mit Bad inkl. Frühstücksbuffet 620-1250 kr (83-167 €), ohne Bad (bzw. auf dem Flur) 500-850 kr (67-114 €). Colbjørnsensgade 18–20, ✆ 33244944, 📠 33246033, www.sagahotel.dk.

** **City Hotel Nebo 9**, → Karte S. 210/211, preiswertes, gut geführtes Hotel im Rotlichtviertel von Vesterbro, keine 50 m vom Hauptbahnhof entfernt. Wer Dusche und WC im Zimmer haben möchte, sollte nach der Standardausführung fragen, bei den günstigeren Economy-Zimmern sind die sanitären Anlagen auf dem Gang. Kostenlos nutzbarer PC mit Internet-Zugang in der Lobby. DZ 610–990 kr (82-133 €), Frühstück 50 kr (6,70 €) extra. Istedgade 6–8, ✆ 33211217, 📠 33234774, www.nebo.dk.

** **Hotel Selandia 11**, → Karte S. 210/211, am Eck zur Hauptstraße Istedgade im bahnhofsnahen Szeneviertel Vesterbro. Die kürzlich renovierten Zimmer mit ihrer Furnier-Ästhetik könnten auf manche betulich wirken. Viele Zimmer mit Kühlschrank. DZ 595-1095 kr (80-147 €) inkl. Frühstück. Die günstigeren Zimmer teilen sich eine Gemeinschaftsdusche und -toilette auf dem Flur. Fahrradverleih im Haus: 100 kr (13,38 €) pro Tag. Helgolandsgade 12, ✆ 33314610 oder ✆ 33314344 (Reservierung), 📠 33314609, www.hotel-selandia.dk.

Hotel Løven 8, → Karte S. 210/211, eine spärliche, aber für Nur-Übernachter durchaus zweckmäßige Möblierung charakterisiert die Zimmer mit ihren großen Fenstern, in denen bis zu 5 Pers. übernachten können. Verkehrsreiche Hauptbahnhofsgegend. Gästeküche für Selbstversorger. DZ ohne eigenes Bad und Toilette 500 kr (67 €), mit eigenem Bad und Toilette 600 kr (80 €), ohne Frühstück. Vesterbrogade 30, ✆ 33796720, 📠 33796730, www.loevenhotel.dk.

››› Mein Tipp: * **Absalon Annex 14**, → Karte S. 210/211, 200 m vom Hauptbahnhof entfernt, an der Ecke zur Szenestraße Istedgade, die auf dieser Höhe noch von Sexläden und Striptease-Bars dominiert wird. Das Mobiliar der täglich gereinigten Zimmer ist zwar etwas abgegriffen, aber der Service stimmt. Die meisten verfügen über kein eigenes Bad, dafür sind sie besonders günstig. Waschbecken, Telefon und ein kleiner Farbfernseher gehören zur Standardausstattung, Gemeinschaftsdusche und -toilette sind auf dem Flur. Die Zimmer liegen in einem Flügel des netten Hotels Absalon, dessen Einrichtungen (Frühstücksraum, kostenloser Internet-PC, Kaffeeautomat, Lobby) mitgenutzt werden können. Fahrradverleih im Haus: 100 kr (gut 13 €) pro Tag. DZ 550-750 kr (74-100 €).. Helgolandsgade 15, ✆ 33242211, Reservierung unter ✆ 33314344, 📠 33243411, www.absalon-hotel.dk. ‹‹‹

Omena Hotel 2, → Karte S. 210/211, neu in Vesterbro ist dieses auf die reine Übernachtung reduzierte Internethotel. Das heißt: online buchen, Türcode erhalten, ab der angegebenen Uhrzeit ist der Zutritt zu Hotel und Zimmer damit frei. Eine Rezeption gibt es nicht. Das schlägt sich im Preis nieder: DZ 399-449 kr (54-60 €), damit ist das Omena das billigste Hotel der Stadt. Spartanisch-funktionale Inneneinrichtung, Rotlicht-Lokale in der Nachbarschaft, kein täglicher Reinigungsdienst, Frühstück im Bistro Kivi, Colbjørnsensgade 7, für 59 kr (8 €) extra. Colbjørnsensgade 5-11. www.omenahotels.com

Frederiksstaden

**** **Front 20**, → Karte S. 173, außen klassisch weiß, innen bunt, schick und modern: erstklassiger Neubau in toller Lage. Nyhavn, Oper, Schloss Amalienborg und das neue Schauspielhaus sind gleich nebenan. Neben der Designer-Einrichtung gehören der Breitband-Internetzugang, der Fitnessraum mit MP3-Playern zum Ausleihen, das Gourmetrestaurant und die Bar zu den Annehmlichkeiten, die den Preis rechtfertigen. DZ mit Frühstück 1545–2150 kr (207-288 €, bei frühzeitiger Online-Buchung). Sankt Annæ Plads 21, ✆ 33133400, 📠 33117707, www.scandichotels.com/front.

**** **Copenhagen Admiral Hotel** 17, → Karte S. 173, riesiges Haus am Hafen, schräg gegenüber der Oper und wenige Gehminuten von Schloss Amalienborg und vom neuen Schauspielhaus entfernt. 1787 als Kornspeicher erbaut, verbindet das Gebäude auf spektakuläre Weise den handfesten Fachwerkcharakter früherer Zeiten mit der lichten Architektur von heute. Eine Sehenswürdigkeit für sich und für jeden, der über das nötige Kleingeld verfügt. Die rustikalen, von massiven Balken durchzogenen Zimmer sind mit Teakholzmöbeln ausgestattet. Das Gourmetrestaurant Salt gehört zum Haus. DZ 1765–1965 kr (236-263 €). Toldbodgade 24–28, ✆ 33741414, 📠 33741416, www.admiralhotel.dk. ■

*** **Hotel Christian IV** 6, → Karte S. 156/157, frisch renoviert, sympathisch-familiär mit toller Lage in einer ruhigen Straße nicht weit vom Nyhavn, direkt am Kongens Have, dem Park von Schloss Rosenborg. Die 42 unterschiedlich eingerichteten DZ und Suiten (alle mit TV und eigenem Bad) kosten 1150–1320 kr (154-177 e). Dronningens Tværgade 45, ✆ 33321044, 📠 33320706, www.hotelchristianiv.dk.

*** **Comfort Hotel Esplanaden** 1, → Karte S. 173, Min. von der Kleinen Meerjungfrau entfernt liegt dieses schöne Eckhotel, das in einem klassizistischen Gebäude aus dem Jahr 1891 untergebracht ist. Renovierungsarbeiten haben den gemütlich-altmodischen Einrichtungsstil erhalten, das Hotel aber technisch auf den neuesten Stand gebracht: Breitband-Internetanschluss und Satelliten-TV mit Pay-per-View gehören jetzt zum Zimmerstandard. DZ 1495-1795 kr (200-240 €), Frühstücksbuffet auf Anfrage (95 kr/13 €). Bredgade 78, ✆ 33481000, 📠 33481066, www.choicehotels.dk.

Frederiksberg

**** **Bertrams Hotel Guldsmeden** 8, → Karte S. 218/219, schönes kleines Hotel der kleinen Kette Guldsmeden in Frederiksberg, das allerdings an einer, wenn auch nur zweispurigen, Hauptstraße liegt. Bis ins Zentrum (Tivoli, Rathausplatz) sind es etwa 10 Min. mit dem Bus. Die Inneneinrichtung in balinesischem Stil und das Bio-Frühstück wiegen eventuelle Nachteile aber auf. Es gibt auch einen Innenhof zum Draußensitzen (mit Heizstrahlern und Decken, falls nötig). DZ 1297-1405 kr (174-188 €), Bio-Frühstück 130 kr (17,50 €) extra. Vesterbrogade 107, ✆ 33250405, 📠 33250402, www.hotelguldsmeden.dk/bertrams.

*** **Avenue Hotel** 21, → Karte S. 200/201, erst vor Kurzem renoviert, bieten die 68 Zimmer des über hundert Jahre alten Hauses heute das für Dänemark so typische warme Interieur. Das moderne Design und die kräftigen Farben lassen die Zimmer sehr gemütlich wirken, WLAN und DVD-Player sind, wie in vielen Mittelklassehotels, auch hier vorhanden. Zusatzangebote: ein orientalisch angehauchter Patio und jeden Mittwoch klassische Musik, live gespielt in der Yellow Lounge. An einer breiten Chaussee in Frederiksberg jenseits der drei großen Stadtseen gelegen, ist das Zentrum mit etwa 15–20 Gehminuten vielleicht etwas zu weit entfernt, um nicht doch die nahe U-Bahn (Station Forum) zu nutzen. DZ 1200-1600 kr (161-214 e) inkl. Frühstücksbuffet. Åboulevard 29, ✆ 35373111, 📠 35373133, www.avenuehotel.dk.

*** **Hotel Sct. Thomas** 5, → Karte S. 218/219, freundliches, gemütliches Hotel mittlerer Größe, zu Beginn der grünen Frederiksberg Allé im ruhigen Frederiksberg (Entfernung zur Innenstadt/Fußgängerzone Strøget 10–15 Gehminuten). Die Zimmer können mit Extrabetten für Kinder ausgestattet werden. Fahrradverleih 100 kr/Tag. Neu ist eine Suite für bis zu 6 Pers. mit drei Schlafzimmern, Wohnzimmer, Küche und Bad für 2500 kr. DZ 875 kr (117 €), Familienzimmer für 4 Pers. 1195 kr (160 €), einfaches Frühstücksbuffet inklusive. Frederiksberg Allé 7, ✆ 33216464, 📠 33256460, www.hotelsctthomas.dk.

*** **Cabinn Scandinavia** 35, → Karte S. 200/201, wer sich mit einer spartanisch-kühlen Inneneinrichtung in engen Räumen arrangieren kann, übernachtet hier sehr günstig. 201 Zimmer im zweckmäßigen Schiffskabinen-Stil. DZ 615-675 kr (82-90 €). Frühstück 60 kr (8 €) extra. Vodroffsvej 55 (Höhe Ørsted-Park, auf der anderen Seite der Brücke), ✆ 35361111, 📠 35361114. www.cabinn.com

*** **Cabinn Express** 34, → Karte S. 200/201, ganz in der Nähe des Cabinn Scandinavia und ebenso einfach wie dieses. 80 Zimmer. DZ 615 kr (82 €), Frühstück 60 kr (8 €) extra. Danasvej 32–34, ✆ 33210400, 📠 33217409. www.cabinn.com

* **Hotel Euroglobe** 1, → Karte S. 218/219, Low-Budget-Hotel in Frederiksberg, 7–8 Min. von der U-Bahn-Station Forum entfernt. Spartanische, aber saubere Zimmer, sanitäre

Anlagen auf dem Flur, Waschbecken im Zimmer. Gemeinschaftsküche mit Kühlschrank und Kaffeemaschine im 1. Stock. DZ mit Frühstück 525 kr (70 €). Niels Ebbesens Vej 20, ✆ 33797954, 📠 33797924, www.hoteleuroglobe.dk.

Hotel Memory 2, → Karte S. 218/219, alte, kürzlich renovierte Villa im Villenviertel Frederiksberg, an der nordwestlichen Ecke des Schlossparks. Neun individuell eingerichtete Zimmer, die man als romantisch-verspielt bezeichnen könnte, aber auch als großmutterhaft-altmodisch: Es dominieren Pastellfarben und Rüschen. Drei Gehminuten von der U-Bahn-Station Fasanvej (Solbjerg) entfernt. Frühzeitig buchen. DZ ab 495 kr (66 €), Suite ab 1995 kr (267 €). Frühstück extra für 65 kr (8,70 €). Søndre Fasanvej 4, ✆/📠 38871342, www.stroemsted.dk/hotel-memory.

Josty 7, → Karte S. 218/219, nur wenige Meter vom Eingang zum Frederiksberger Schlosspark liegt dieses romantische, kleine Hotel, das 1813 von Agostino Taddei als Restaurant konzipiert wurde. Der Inneneinrichtung ist die italienische Herkunft des Bildhauers bis heute anzumerken. Sieben Zimmer (frühzeitig buchen). DZ 900 kr (121 €), Suite 1400 kr (187 €), Frühstück 65 kr (8,70 €). Pile Allé 14a, ✆ 38869090, 📠 38347850, www.josty.dk.

Nørrebro

** **Hotel Nora 14**, → Karte S. 200/201, an der Hauptstraße des multikulturellen Viertels Nørrebro liegt dieses einfache, aber sympathische Hotel mit seinen hellen, schlanken Möbeln. Ein Büro mit Computern, Internet, Fax und Scanner steht Gästen zur Verfügung. Parken ist im Innenhof möglich. 10 Gehminuten auf einer belebten Straße (schöne Aussicht von der Straße auf die Stadtseen) bis zur U- und S-Bahn-Station Nørreport, dem Eingang zur Altstadt. DZ inkl. Frühstücksbuffet 990-1590 kr (133-213 €). Nørrebrogade 18c, ✆ 35372021, 📠 35372621, www.hotelnora.dk .

Østerbro

Hotel Rye 4, → Karte S. 186/187, kleines Hotel mit familiärer Atmosphäre. Die 16 altmodisch-gemütlichen Zimmer haben eher privaten Charakter, ein Eindruck, der noch durch die bereitliegenden Kimonos und Slipper verstärkt wird. Eine gute Busanbindung an der nahen Kreuzung Trianglen (Busse Nr. 1, 6, 14 und 650 fahren zum Rathausplatz) macht die etwas abseitige Lage am Fælledparken in Østerbro wieder wett. Bad/WC auf dem Flur. DZ mit Frühstück 806 kr (108 €). Ryesgade 115, ✆ 35265210, 📠 35265214, www.hotelrye.dk .

Mal was anderes – Übernachten auf dem Wasser

Christianshavn

CPH Living 8, → Karte S. 226/227, schwimmendes Hotel im Hafenkanal nahe H.C. Andersens Boulevard und Islands Brygge. Die nächste U-Bahn-Station (Christianshavn) ist allerdings 15 Gehminuten entfernt. Dafür bieten die große Aussichtsfenster über die gesamte Breite des Zimmers eine außergewöhnliche Erfahrung. Modern eingerichtete Zimmer, sehr einfaches Frühstück, Kaffee und Tee gibt's kostenlos an der Rezeption. Geräumiges Sonnendeck mit Liege- und Kaffeehausstühlen. DZ 1300 kr (174 €). ✆ 61608546. Langebrogade 1c. www.cphliving.com

Außerhalb

***** **Hilton Copenhagen Airport Hotel**, vom Flughafen direkt ins Hotel – eine Gangway vom Terminal 3 macht's möglich. Und schon ist man mittendrin in der Hilton-Welt: 24-Std.-Zimmerservice, Frühstück im Bett möglich, Restaurant-Gerichte lassen sich rund um die Uhr aufs Zimmer bestellen, zwei Restaurants, Bar, Fitnesscenter, Spa-Bereich. Bis zum Amager Strandpark sind es 2,5 km, Fahrräder kann man gratis leihen. extra. DZ 1095-2195 kr (147-294 €), Frühstück 300 kr (40 €), Abendessen + Frühstück 770 kr (103 €). Ellehammersvej 20, ✆ 32501501, ℻ 32528528, www.hilton.de/copenhagen.

››› Mein Tipp: **** **Skovshoved Hotel**, wer romantische Stimmung sucht, findet sie hier. Kleines, uraltes Hotel (seit 1660!) mit 22 Zimmern, das vor einigen Jahren behutsam renoviert wurde. Etwas außerhalb von Kopenhagen, kurz vor Klampenborg, in einem begehrten Villenvorort zwischen den beiden schönen Stränden Charlottenlund Park und Bellevue Beach. Es gibt Zimmer mit Meeresblick, auch von der Terrasse des Restaurants sieht man aufs Wasser. Ein beliebtes Edel-Restaurant, empfohlen von Michelin, gehört zu den Attraktionen des Hotels. Der Bus Nr. 14 nach Kopenhagen fährt vor dem Haus ab, mit vierzig Minuten bis zum Rathausplatz muss man rechnen. DZ 1500–1700 kr (201-228 €), Frühstück 155 kr extra. Charlottenlund, Strandvejen 267, ✆ 39640028, ℻ 39640672, www.skovshovedhotel.dk. ‹‹‹

**** **Bella Sky Comwell**, das Wahrzeichen des neuen Stadtviertels Ørestad. Die beiden auseinanderstrebenden Wolkenkratzer, die im obersten Stockwerk miteinander verbunden sind, sieht man schon von der Autobahn, die vom Flughafen ins Stadtzentrum führt. Modernes Businesshotel mit Annehmlichkeiten wie drei Restaurants, zwei Bars, Poststelle, Spa, Fitnessräume und einem kleinem Supermarkt. 812 Zimmer auf 23 Stockwerken. DZ ab 2400 kr (321 €). ✆ 32473000. www.bellaskycomwell.dk

Privatunterkünfte

Die Kopenhagener -Angebote von privaten Zimmern und Appartements stellen eine gute Alternative zum Hotel dar: Sie sind sauber, günstig, gut ausgestattet und oft zentral gelegen. Bereits **ab 500 kr** (67 €) erhalten Sie ein einfaches, aber zweckdienlich eingerichtetes Doppelzimmer inkl. Gemeinschaftsbad/-toilette. Im Preis enthalten sind oft auch ein Fernsehgerät und Internetzugang auf dem Zimmer, kostenloser Kaffee und Tee, Kühlschrank sowie Zutritt zur Gemeinschaftsküche.

Auch hierbei gilt: Man kann Zimmer auch vor Ort über das **Informationsbüro** Copenhagen Right Now buchen, in der Hochsaison kann es aber auch schon mal knapp mit den Angeboten werden. Ratsamer ist es deshalb zumindest für die Monate Juni bis August bereits Wochen vor der Reise über das Internet zu buchen.

Gut gestaltet ist die Internetseite **www.bedandbreakfast.dk** (mit deutscher Version) – übersichtlich, informativ und mit Bildern: Hier sind 335 Gastgeber in ganz Dänemark aufgeführt (und fast 6000 in Europa), bei denen Privatzimmer gebucht werden können. In Kopenhagen stehen etwa achtzig Adressen zur Verfügung, allein über **dreißig Privatzimmer im Stadtzentrum**.

Die Buchung erfolgt online, die Preise bewegen sich um die 50 € pro Pers., in Mehrbettzimmern manchmal auch deutlich darunter. Auch auf **www.net-bb.dk** (die deutsche Version gibt teils Anlass zum Schmunzeln) findet man sich leicht zurecht, eine anklickbare

Lobby der Jugendherberge Danhostel Copenhagen City

Karte vom Kopenhagener Stadtzentrum erleichtert die Orientierung. Aufgeführt werden Privatunterkünfte samt Fotos, kurzer Beschreibung und Kontaktdaten, buchen muss man dann direkt beim jeweiligen Zimmeranbieter.

Und dann gibt es ja noch den international erfolgreichen B&B-Newcomer **airbnb.com** mit bereits Hunderten von Angeboten in Kopenhagen sowie seinen jungen deutschen Konkurrenten **9flats.com** und **wimdu.de**.

Jugendherbergen

Kopenhagen ist reich an günstigen Unterkünften mit Mehrbettzimmern, viele liegen allerdings außerhalb der Innenstadt. Die meisten Betten hat der dänische Jugendherbergsverband **Danhostel** (www.danhostel.dk; Online-Buchung möglich), allein 1020 im größten Stadt-Hostel Europas am H. C. Andersens Boulevard. Die Preise in einem Schlafsaal bewegen sich um die 20 €. Es gibt gut ein halbes Dutzend Adressen in zentraler Lage und einige weitere etwas außerhalb. Online buchen kann man auch auf **www.visitdenmark.com,** dem Internetauftritt der dänischen Tourismuszentrale in Hamburg (siehe auch Hotels).

Ohne Mitgliedsausweis des internationalen Jugendherbergsverbandes **Hostelling International** (www.hihostels.com) muss man in Dänemark 35 kr (4,70 €) pro Nacht extra zahlen, gekauft werden kann dieser Ausweis in den Hostels. Eine international gültige Jahresmitgliedschaft kostet 160 kr (21,40 €; auch wer Mitglied beim Deutschen Jugendherbergswerk und damit im Besitz des DJH-Ausweises ist, muss nichts dazuzahlen).

Hier einige Jugendherbergen in guter bzw. zentrumsnaher Lage. Achtung: Viele Hostels haben nur während der Sommermonate geöffnet.

Rathausplatz/Tivoli »» Mein Tipp: **Danhostel Copenhagen City** **7**, → Karte S. 226/227, schöne Lage am Wasser, etwa 10 Gehminuten vom Rathausplatz entfernt; Europas größtes Stadt-Hostel (1020 Betten). Bett 135-170 kr (18-23 €). H. C. Andersens Boulevard 50, ✆ 33118585, www.danhostelcopenhagencity.dk. «

Altstadt **Copenhagen Downtown** **9**, → Karte S. 145, Neueröffnung in der Altstadt, 2 Min. vom Gammel Strand und von Schloss Christiansborg entfernt. Bis zu fünf junge Künstler gleichzeitig können auf Anfrage kostenlos in dem Hostel übernachten, wenn sie ihre Werke im lebhaften Café oder in den Gängen ausstellen. 185 kr (24,80 €) pro Pers. im Mehrbettzimmer, DZ 555–655 kr (74-88 €), Frühstück 65 kr (8,70 €) extra. Vandkunsten 5, ✆ 70232110, www.copenhagendowntown.com.

Hotel Jørgensen **23**, → Karte S. 200/201, kleines Hotel in einem ruhigen Wohngebiet am Israels Plads, in Steinwurfweite von der U- und S-Bahn-Station Nørreport. Auch Mehrbettzimmer. Bett 175-200 kr (23-27 €) inkl. Frühstück, DZ ab 650 kr (87 €) inkl. Frühstück. Rømersgade 11, ✆ 33138186, Fax 33155105, hoteljoergensen@mail.dk, www.hoteljoergensen.dk.

Vesterbro **City Public Hostel** 12, → Karte S. 210/211, 10 Gehminuten vom Hauptbahnhof, beim Stadtmuseum, in einer ruhigen Seitenstraße. Geöffnet von Ende Mai bis Ende August. Bett 130-170 kr (17,50-23 €), Frühstück 30 kr (4 €). Absalonsgade 8, ☏ 3698 1166, 📠 3355 0081, www.citypublichostel.dk.

YMCA Interpoint 17, → Karte S. 210/211, vom City Public Hostel ein paar Parallelstraßen weiter in Richtung Frederiksberg, das kleinste und günstigste Hostel in Kopenhagen. Nur 6 Wochen im Jahr geöffnet (Juli bis Mitte Aug.). Bett 105 kr (14 €), Decke 25 kr (3,40 €), kein Frühstück. Valdemarsgade 15, ☏ 33311574, www.ymca-interpoint.dk.

Sleep In Fact 21, → Karte S. 210/211, der größere Nachbar des YMCA Interpoint, mitten in Vesterbro unweit des erstklassigen Clubs Vega. Bett 120 kr (16 €) inkl. kleinem Frühstück. Valdemarsgade 12, ☏ 33796879, www.idraetsfabrikken.dk.

Nørrebro **Sleep In Heaven** 15, → Karte S. 200/201, etwas weiter drinnen in Nørrebro, beim Friedhof Assistens Kirkegård, wo auch der Märchendichter Andersen und der Philosoph Kierkegaard begraben sind. Bett 140 kr (19 €), Frühstück 41 kr (5,50 €). Struenseegade 7, ☏ 35354648, www.sleepinheaven.com.

Amager **Danhostel Copenhagen Amager**, etwas weiter außerhalb, aber dank der nahen U-Bahn-Station Ørestad gut an die Innenstadt angebunden. Bett 145 kr (19,50 €), Frühstück 55 kr (7 €). Vejlands Allé 200, ☏ 32522908, 📠 32522708 , www.copenhagenyouthhostel.dk.

Camping

Eins ist klar: Kopenhagen liegt nicht im Süden. Wer hier also campen will, sollte wetterfest ausgerüstet und auf plötzliche starke Regengüsse gefasst sein. Die Besucher des Roskilde Festivals können davon ein Lied singen. 2007 setzte tagelanger Regen den riesigen Zeltplatz knöcheltief unter Wasser. Dazu kommt, dass auch im Juli/August mäßig warme 20 °C eher die Regel denn die Ausnahme sind. Voraussetzung für die Übernachtung auf einem Campingplatz ist die **Camping Card Scandinavia.** Gegen Vorlage des Personalausweises stellt jeder Zeltplatz in Kopenhagen und natürlich die Touristinfo beim Tivoli/Hauptbahnhof diesen Campingpass aus. Neben Dänemark gilt er auch in Deutschland, Schweden, Norwegen und Finnland, eine Jahresmarke kostet 100 kr (13,50 €). Es gibt auch **Transitpässe** für je eine Übernachtung pro Campingplatz zu je 35 kr (4,70 €).

Bellahøj Camping, noch in kürzester Entfernung zur Innenstadt gelegen, im Nordwesten zwischen Frederiksberg und Nørrebro, etwa 4,5 km vom Hauptbahnhof entfernt. Der Bus Nr. 2a fährt ins Zentrum, es gibt auch Mietfahrräder, allerdings nicht für Kinder. Seinen Stellplatz kann man sich auf dem 9 ha großen Gelände frei auswählen. Der Campingplatz liegt mitten in einem Wohnviertel, Freibad und Park sind in der Nähe, ebenso Supermärkte. Ein kleiner Shop auf dem Zeltgelände verkauft v. a. Dinge für den täglichen Bedarf, aber auch Fast Food und Kaffee. Juni–Aug, die Rezeption ist dann rund um die Uhr besetzt. Erwachsene zahlen 68 kr (9 €) pro Nacht, Kinder bis 14 J. 35 kr (4,70 €). Fahrradverleih auf dem Gelände: ab 60 kr (8 €) pro Tag. Hvidkildevej 66, ☏ 38101150, 📠 38101332, www.bellahoj-camping.dk.

Camping Charlottenlund Fort, an der Panoramastraße Strandvejen in Richtung Norden, aber auch hierher fahren häufig Busse (Nr. 14). Neben einem Waschraum gibt es auch Kochgelegenheiten, ein Esszimmer und einen Waschsalon. Am Meer gelegen und auch sonst sehr idyllisch, da sich das Zeltgelände inmitten des Charlottenlund-Strandparks befindet. Mai bis Anfang Sept. Erwachsene 95 kr (13 €), Zelt 30–45 kr (4-6 €)/Tag (am billigsten ohne Auto und ohne Stromanschluss). Charlottenlund, Strandvejen 144, ☏ 39623688, www.campingcopenhagen.dk.

City Camp, nur für Camper, keine Zelte. Gute Lage am Hafen beim neuen Einkaufszentrum Fisketorvet, nur eine S-Bahn-Station vom Hauptbahnhof entfernt (einsteigen bei Dybbelsbro). Ende Mai bis Anfang Sept. Der Stellplatz kostet 75 kr (10 €)/Tag, Erwachsene 75 kr (10 €), bis 15 J. gratis. Fisketorvet/Vasbygade, ☏ 21425384, www.citycamp.dk.

Sommer in Kopenhagen

Essen und Trinken

Kulinarisch gesehen, fallen in Kopenhagen drei Dinge sofort auf: die Würstchenbuden, die Smørrebrød-Schilder und, im Kontrast dazu, die vielen edlen Restaurants. Die berühmten Pølser (Hotdogs) gelten als Fast Food und werden daher von der besseren Gesellschaft, v. a. von der aus dem Ausland, milde belächelt. Auch die belegten Butterbrote (Smørrebrød) prägten lange Zeit das kulinarische Image Dänemarks. Zusammengenommen kein Ruhmesblatt für die dänische Küche. Doch die Zeiten haben sich geändert.

Die **Neue Nordische Küche**, angestoßen von dem Sternerestaurant-Mitgründer *Claus Meyer* (Noma in Christianshavn), besitzt international Renommee. Dessen Credo, mit regionalen Produkten der jeweiligen Jahreszeit zu kochen, wurde von allen Spitzenlokalen der Stadt übernommen, findet aber auch in immer mehr erschwinglicheren Etablissements Anhänger. Überall in der Stadt haben in den letzten Jahren neue Restaurants mit einem hohen Qualitätsanspruch bei moderat-gehobenen Preisen aufgemacht. Oft werden nordische Gerichte dabei mit Elementen aus der asiatischen oder mediterranen Küche kombiniert. Das Resultat: leichte Gerichte mit einem Schwerpunkt auf Meereszutaten. Ergänzt wird dieser kulinarische Genuss durch einen ästhetischen, denn die neuen Restaurants achten auf ihr Äußeres mindestens genauso wie auf die Qualität ihrer Küche. Als funktional und minimalistisch ließe sich die **Innenarchitektur** beschreiben. Dass die auf Gemütlichkei t versessenen Dänen jedoch keine kalte High-Tech-Atmosphäre in ihren Lokalen zulassen, versteht sich von selbst – moderne Kopenhagener Restaurants verströmen Wärme und Behaglichkeit.

Ganz wichtig für das abendliche Essengehen: **Warme Küche** gibt es in aller Regel nur bis 22 Uhr, in manchen Restaurants sogar nur bis 21.30 Uhr. Hat man seine Bestellung bis dahin abgegeben, kann man allerdings bis Mitternacht oder 1 Uhr sitzen bleiben. Spät essen gehen geht also nicht in Kopenhagen, aber wie heißt es doch so schön – no city is perfect. Mittags gibt es in den meisten Restaurants etwas andere Gerichte als abends und das zu günstigeren Preisen. Das Ganze nennt sich **Frokost** (eigentlich *Frühstück*), wobei mittags durchaus bis 16 Uhr heißen kann, beginnend ab 11.30/12 Uhr.

Wenn's doch kein Restaurant sein soll: **Pølser** sind trotzdem in – die sympathischen **Würstchenbuden** trifft man überall dort, wo viele Menschen sind. Pølser stellen nun mal nicht nur die günstigste Art und Weise dar, seinen Hunger zu stillen, sie schmecken auch einfach verdammt gut.

Pølser-Verbot in Bussen

Neuzugang für unsere Sammlung lustiger Verbotsschilder: zwei durchgestrichene Hot Dogs. Auch Bier und Eis sind in Kopenhagen aus öffentlichen Bussen verbannt. Warum keine Pølser? Spart der Stadt Reinigungskosten – der fettige, wacklige Aufbau tendiert dazu an den Rändern überzuquillen.

Die klassische Kombination: rote Wurst zwischen zwei Brötchenhälften, Senf, Remoulade und Ketchup dazu, geröstete Zwiebeln obendrauf und als Krönung eine Schicht eingelegte Gurkenscheiben. Bleibt zu erwähnen, dass der Verzehr einer solchen, etwa 3 € teuren, Konstruktion große Geschicklichkeit verlangt – Kleckse auf Schuhen oder Oberbekleidung kennzeichnen den Anfänger.

Was das vielleicht noch berühmtere **Smørrebrød** angeht: Trotz des Namens (smør = Butter) ist es kein einfaches Butterbrot. Vielmehr zeigt sich auch hier die dänische Vorliebe für das kunstvolle Ornament. Roggenbrot bildet nur das Fundament für mehrere Schichten aus schmackhaften Zutaten wie Fisch, Fleisch, Käse, Eiern und Gemüse – in Hunderten von Variationen. Allein das traditionsreiche Smørrebrød-Lokal von **Ida Davidsen** , der Urenkelin des mutmaßlichen Smørrebrød-Erfinders Oskar Davidsen, führt 250 verschiedene Arten belegter Brote, preislich zwischen 50 und 120 kr (etwa 7-16 €) gelegen. Wieder zurück zur alten Tradition des belegten Brotes – die um die Mitte des 19. Jhs. von Landarbeitern entwickelt wurde – will **Adam Aamann** mit seinem vor wenigen Jahren gegründeten Smørrebrød-Restaurant in der Nähe des Statens Museums für Kunst. Statt den Belag immer höher zu türmen, konzentriert er sich auf das Wesentliche: Butter oder Mayonnaise als Grundlage, darauf dann Gemüsepüree,

Gute Wahl fürs kleine Mahl

Fisch- oder Hühnersalat, Räucherfisch, gekochtes Gemüse und obendrauf eine Salzgurke. Aamann ist so überzeugt von seinem Konzept, dass er damit Ende 2011 nach New York expandierte.

Unter den dänischen Getränken genießt v. a. das **Bier** einen sehr guten Ruf, *Tuborg* und *Carlsberg* gehören international zu den bekanntesten Marken. Sie sind in allen Gaststätten zu haben und kosten pro Glas meist zwischen 30 und 40 kr (4-5,40 €). Wenn ein Bier mal unter 30 kr kostet, ist das eine Besonderheit, die in der Straßenwerbung vor dem Lokal herausgestellt wird. Allerdings wird der Preis dadurch etwas relativiert, dass ein Glas **Wein** genauso viel kostet und dass Alkohol in Dänemark tatsächlich so billig wie nirgendwo sonst in Skandinavien ist. Viele Schweden nutzen daher die neue Nähe zu Kopenhagen, die durch die Öresundbrücke entstanden ist, und stürmen am Wochenende in Massen die Bars der Stadt. Auch wenn dieses Phänomen von vielen Kopenhagenern sehr kritisch beäugt wird – Kinder von Traurigkeit sind die meisten selbst nicht. Abstinenzler sind selten, zum Ausgehen gehört ein Bier oder ein Glas Wein einfach dazu.

Günstiges Essen

Wer sich im teuren Kopenhagen günstig verpflegen will, hat seit kurzem eine Alternative zu den mobilen Hot-Dog-Ständen (**Pølsevogn**), die es überall in der Innenstadt gibt: **Sundsult** heißt die junge Sandwich-Kette, die für lange Schlangen vornehmlich junger Leute sorgt. Filialen gibt es in der Nähe des Kongens Nytorv (Grønnegade 41), in Nørrebro (Elmegade 8, Nähe Sankt Hans Torv) und in Frederiksberg (Gammel Kongevej 147, beim Tycho Brahe Planetarium). Ein guter Tipp für das schnelle Essen aus der Hand sind auch die neuen **Markthallen Torvehallerne** am Israels Plads, eine Minute von der U- und S-Bahn-Station Nørreport entfernt. Natürlich gibt es hier auch exzellente Bio-Lebensmittel von regionalen Anbietern, aber für die Selbstversorgung sind die vielleicht etwas teuer. Für die Vorrecherche des Angebots im Internet eignen sich die Webseiten www.sundsult.dk und www.torvehallernekbh.dk leider nur bedingt, da nur auf Dänisch. Ein weiterer Sandwich-Tipp: **Joe & The Juice**, siehe Kasten rechts.

Was Süßes gefällig?

Der letzte Schrei in Kopenhagen sind die unglaublich bunten Törtchen, die **Agnes Cupcakes** in dem Eisdielen-ähnlichen Laden in der Sværtegade 2 (liegt im schicken Modeviertel um die Ny Østergade) serviert. Schokolade hat natürlich immer was für sich und die beste der Stadt gibt's bei **Peter Beier Chokolade**. Die Auswahl in den Läden ist riesig und allein schon einen Blick wert. Die Adressen: Falkoner Allé 43 (Nähe U-Bahn-Station Frederiksberg), Gammel Kongevej 98 (Frederiksberg), Nordre Frihavnsgade 20 (Østerbro, Nähe Trianglen am Fælledpark).

Wer ein Bier bestellen möchte, fragt nach *øl* (Bier), *fadøl* (Bier vom Fass), *pilsner* (Pils), *lyst øl* (leichtes Bier), *lagerøl* (dunkles Lagerbier) oder *porter* (Stout, z. B. Guinness). Bei Wein *(vin)* unterscheiden die Dänen wie gewohnt zwischen *hvidvin* (Weißwein), *rødvin* (Rotwein) und *husets vin* (Hauswein). Seltener getrunken wird **Schnaps** *(snaps)*, in Dänemark meist auf der Basis von Kümmel hergestellt. Die bekannte Marke Aalborg Akvavit hat ihre Liebhaber v. a. in konservativen Kreisen, in Szenelokalen wird es kaum getrunken.

Keine Lust auf Bier?

Fantastische Obstsäfte in cooler Lounge-Atmosphäre mixt **Joe & The Juice**. Gute Elektropop-Musik macht zusätzlich Laune. Und falls Sie auch Hunger haben: schmackhafte Snacks machen die auch. Und Kaffee natürlich. 26 Filialen gibt es bereits in Dänemark. Die zentralsten in Kopenhagen: Ny Østergade 11, Kongens Nytorv (im Kaufhaus Magasin), Sværtegade 2 (Nähe Ny Østergade), am Flughafen, im Tivoli, Nørregade 2 (Nähe Gammeltorv an der Strøget), Vesterbrogade 57 (Vesterbro, neben dem Stadtmuseum), Ferderiksborggade 9 (an der U- und S-Bahn-Station Nørreport). www.joejuice.com

Sehr populär sind in Kopenhagen die sog. **Mikrobrauereien**, die mit gemütlichen Gaststätten und speziellen Biersorten zu allen Jahreszeiten ein zahlreiches Publikum anlocken. Ein Glas kann zwar bis zu 60 kr (8 €) kosten, doch der besonders aromatische Geschmack gibt einem das Gefühl, sein Geld gut investiert zu haben. Sehr populäre Mikrobrauereien sind das *Nørrebro Bryghus*, das *Færgekroen Bryghus* im Tivoli und die *Carlsberg Bryggerierne* im Carlsberg-Besucherzentrum.

Dine with the Danes

Eine besonders originelle Idee, um den ausländischen Besuchern die Dänen und ihre Sitten näherzubringen, hatten die Gründer von „Dine with the Danes“. Denn auch die Liebe zu einem Land kann wesentlich durch den Magen gehen. Kein anderer Bereich des Alltagslebens verrät mehr über Temperament und Lebenseinstellung als der kulinarische. Um ihn hautnah und authentisch erleben zu können, kann man die Gelegenheit ergreifen und für einen Abend die öffentliche Restaurant-Atmosphäre gegen die häusliche Bewirtung im Kreise einer dänischen Familie tauschen. Gebucht werden kann ein familiäres Abendessen sowohl in als auch außerhalb der Stadt, allerdings nicht ganz spontan: Bestellen muss man mindestens zwei Tage im Voraus, online auf **www.dinewiththedanes.dk**. Hinter der deutschen Flagge verbirgt sich ein Buchungsformular. Der **Preis** für das Abendessen: 400 kr (54 €)/Person, 200 kr (27 €) für 8–15-Jährige, Kinder unter 8 Jahren essen gratis.

Bar auf dem Schlachthofgelände von Vesterbro

Das Vega in Vesterbro

Nachtleben

Wenn die Dänen eins können, dann feiern. Dieser beneidenswerte Menschenschlag scheint auf ewig guter Laune zu sein. Seit der Wiedereröffnung des Rust hat Kopenhagen gleich drei elektronische Clubs von internationalem Rang zu bieten. Der wieder populäre Disco-Sound wird von einem halben Dutzend feiner Clubs gespielt, auch Rock hat zahlreiche Anhänger in der Stadt. Berühmt ist Kopenhagen für seine vitale Jazzszene, die jeden Sommer auf vielen Plätzen und in zahlreichen Konzertsälen ein gut besuchtes Festival arrangiert.

Vier Namen beherrschen die Club- und Livemusik-Szene – *Vega, Rust, Culture Box* und *JazzHouse*. War man dort auf einem **Konzert**, ist die Frage „Was jetzt?“ leicht beantwortet: Meist geht die Party im gleichen Lokal, vielleicht in einem anderen Stockwerk, unter Einsatz von erstklassigen DJs einfach weiter.

Kommt man direkt nach dem Abendessen, bleiben wahrscheinlich ein bis zwei Stunden zu überbrücken, denn vor Mitternacht ist in den **Clubs** nichts los. Besser ist es sogar, erst kurz vor 1 Uhr zu kommen – es sei denn, man will sich einen Sitzplatz sichern, dann sollte man vor Mitternacht da sein. Viele Clubs, und gerade die topaktuellen Diskotheken, haben gemütliche Sitzecken mit kleinen Lounge-Tischchen, die einen guten Überblick und natürlich einen sicheren Abstellplatz für die Getränke bieten. Selbstverständlich lässt es sich zu späterer Stunde auch in den Restaurants aushalten. Falls man die Lokalität aber doch wechseln will, gibt es ein gutes Dutzend fantastischer **Bars,** die ab Donnerstag geradezu platzen vor guter Laune: Ob im spektakulären *Gefährlich,* dem trendigen *Bang & Jensen* oder der beiden schicken Adresse *Café Zeze,* überall trifft man auf offene, lachende Gesichter und eine rauschhafte Stimmung.

Eigentlich überflüssig zu erwähnen, dass die meisten Bars erst um 2 Uhr schließen, Clubs ab Wochenmitte meist erst um 5 Uhr. Einige Beispiele: Die *Mojo Blues Bar* hat sogar täglich bis 5 Uhr geöffnet, die Disco-Bar *Den Glade Gris* täglich mindestens bis 2 Uhr, das Jazz-Lokal *La Fontaine* nur am Sonntag bis 1 Uhr, ansonsten bis mindestens 2 Uhr.

Die besten Ausgehorte sind die Istedgade in Vesterbro, die Strædet in der Altstadt, die kleinen Straßen Grønnegade/Ny Adelgade/Ny Østergade in der Nähe des Kongens Nytorv der Sankt Hans Torv in Nørrebro mit den angrenzenden Straßen und vor allem Kødbyen, das Schlachthofgelände in Vesterbro.

Bars und Kneipen

Bang & Jensen **32**, → Karte S. 210/211, superangesagtes Szenelokal mit einer riesigen Theke und beeindruckend repräsentativem Eingang (das Ganze war früher mal eine Apotheke). Am Wochenende muss man früh kommen, um selbst dann evtl. nur einen Stehplatz zu bekommen: Alles drängt sich um die Bar, allein das Hineinkommen fällt schon schwer, aber manchmal braucht man so etwas ja. Mo–Fr 8–2 Uhr, Sa 10–2 Uhr, So 10–24 Uhr. Istedgade 130 (in Vesterbro), ✆ 33255318, www.bangogjensen.dk.

››› Mein Tipp: **Barbarellah** **26**, → Karte S. 200/201, beliebte Lounge-Bar mit Wohnzimmer-Atmosphäre, die bis Mitternacht (!) lateinamerikanische Gerichte serviert (gute Burger), abends mit DJ. Di–Do 15–3 Uhr, Fr/Sa 15–4 Uhr. Nørre Farimagsgade 41 (beim Ørsted-Park), ✆ 33320061, www.barbarellah.dk. ‹‹‹

Palæ Bar **22**, → Karte S. 156/157, kleines, gemütliches Pub mit vielen gut gelaunten Menschen um die 40 bis 50. An den

Club, Restaurant und Bar – Karriere im Schlachthofviertel Kødbyen

Wänden hängen Blasinstrumente und Fotos berühmter Jazzmusiker. Schon von Weitem an der roten Außenwandvertäfelung zu erkennen. Mo–Mi 11–1 Uhr, Do–Sa bis 2 Uhr, So 16–1 Uhr. Ny Adelgade 5 (schmale Gasse am Kongens Nytorv, neben dem Hotel D'Angleterre), ✆ 33125471, www.palaebar.dk.

Gefährlich 9, → Karte S. 200/201, spektakuläres Konzept, das Underground mit Schick versöhnen will: Restaurant, Bar, Kunstgalerie, Café, Boutique, Plattenladen, Kulturzentrum und Diskothek. Musikalisch gibt es eine leichte Präferenz für elektronische Musik, gefolgt von Hip-Hop, Rock und Funk, dabei immer unter der Prämisse: kein Mainstream – das Gefährlich ist hip. Di 17–1 Uhr, Mi 17-24 Uhr, Do 17–3 Uhr, Fr/Sa 17–4 Uhr, So/Mo geschl. Küche Di-Sa 17-23 Uhr. Eintritt frei. Fælledvej 7 (in Nørrebro, 2 Min. vom Sankt Hans Torv entfernt), ✆ 35241324, www.gefahrlich.dk.

K Bar 3, → Karte S. 145, kleine, populäre Cocktailbar mit Außenbestuhlung in einer romantischen, ruhigen Altstadtgasse. Metallisch glänzende Theke, schwarze Barhocker, mit Kissen übersäte Couch-Landschaft. Mo-Do 16–1 Uhr, Fr/Sa 16-2 Uhr.Ved Stranden 20 (beim Højbro Plads, an der Ecke zum Kanal), ✆ 33919222,www.k-bar.dk.

Zoo Bar 24, → Karte S. 156/157, Neueröffnung einer Institution im Kopenhagener Nachtleben. Große Bar, Lounge-Möbel im hinteren Bereich des langgestreckten Raums, dem von sehr auffälligen, riesigen Lampen eine noble Note verliehen wird. Kühleres Ambiente als der heißblütige Vorgänger. Sværtegade 6 (in der Altstadt, nahe der Einkaufsstraße Købmagergade). ✆ 33156869. Di/Mi 17-2 Uhr, Do 17-3 Uhr, Fr 17-4 Uhr, Sa 11-4 Uhr, So/Mo geschl. www.zoobar.dk.

Cafe Zeze 16, → Karte S. 156/157, schwer angesagt bei den Jungen, Reichen und Schönen, die Stimmung ist in Wochenendnächten nichts weniger als überbordend. Einige Schritte vom Haupteingang entfernt, vor dem roten Fachwerkhaus, schenkt im Sommer eine Open-Air-Bar aus. Mo–Do 8–24 Uhr, Fr/Sa bis 2 Uhr. Ny Østergade 14, ✆ 33142390.

Vinbaren 15 → Karte S. 173 reine Bar, kein Essen, dafür 150 Weine und ein Dutzend klassischer Cocktails. Schwere Chesterfield-Sofas geben die Atmosphäre vor. Am Wochenende legen DJs ab 22 Uhr auf. Mi/Do 16-2 Uhr, Fr/Sa 16-4 Uhr Dronningens Tværgade 8 (wenige Minuten von Schloss Amalienborg), ✆ 33320982, www.vinbaren.dk.

Clubs und Discos

››› **Mein Tipp: Vega 38**, → Karte S. 210/211, die Nr. 1. Ein mehrgeschossiges ehemaliges Gewerkschaftsgebäude aus dem Jahr 1956, Mitte der 90er-Jahre restauriert. Mit zwei Konzerthallen, die auch große Namen anziehen, sowie größeren und kleineren Tanzräumen, die Lounge dominiert eine riesige Bar. Das Besondere: wunderschöne, skandinavisch-gemütliche Einrichtung, Mix aus Sitz-Separees und offenen Couchgruppen. Sympathische, gut gekleidete junge Menschen, meist um die 25, keine Snobs, exzellente elektronische Musik auf der Höhe der Zeit. Ab 1 Uhr wird's voll, aber nicht überfüllt, die Stimmung ist entspannt. Eine Disco zum Immerwiederkommen. Im Parterre befindet sich die *Ideal Bar*, die sich als Live-Location einen Namen gemacht hat. Party gibt's Fr und Sa in den oberen Stockwerken (*Lille Vega* und *Vega Lounge*). Zwischen 23 und 1 Uhr freier Eintritt, danach 60 kr (8 €). Mindestalter 20 J. Mi 20-1 Uhr, Do 21-2 Uhr, Fr/Sa 22-5 Uhr. Enghavevej 40 (Ecke Istedgade, in Vesterbro), ✆ 33257011 (Mo-Fr 13-15 Uhr). www.vega.dk. ‹‹‹

Karel 35, → Karte S. 156/157, jüngster Hotspot der gehobenen Club-Kultur in Kopenhagen. In dem schönen, alten Haus in einer Seitengasse des Kongens Nytorv (neben dem Kaufhaus Magasin du Nord) feierte einst der dänische Barockmaler Karel van Mander rauschende Feste mit den dänischen Royals. Die luxuriöse Innenaustattung, die beheizte, überdachte Dachterasse und international bekannte DJs wie Felix Da Housecat haben den Club zum *Talk of the Town* gemacht. Do-Sa 23-5 Uhr. ✆ 33112020, Tischreservierung ✆ 60277277. Lille Kongensgade 16. www.karel.dk

Culture Box 4, → Karte S. 156/157, Aufsteiger mit starker Tendenz nach ganz oben. Stärker an der Avantgarde-Elektro-Szene interessiert als das Vega. 350 m^2 auf zwei Stockwerken, oft gerammelt voll. Rot ist die dominierende Farbe. Tendenziell jüngeres Publikum als im Vega. Fr/Sa 24–6 Uhr.

Eintritt: 70 kr (9,50 €). Cocktailbar ab 20 Uhr geöffnet, freier Eintritt. Kronprinsessegade 54 (beim Kongens Have), ✆ 33325050, www.culture-box.com.

››› Mein Tipp: **Karriere** 30, → Karte S. 210/211, Elektro-Disco auf dem Schlachthofgelände in Vesterbro. Nachmittags auch Bar und Restaurant, öffnet sich um 23 Uhr die Pforte zu einem zweiten großen Raum im kahlen Hallen-Design, das aber viel Platz zum Tanzen bietet. In der Bar dominiert dafür die Avantgarde: Lampen und Tische sind von Nachwuchsdesigner speziell für Karriere entworfen worden. Musikalisch gibt klar der elektronische Underground den Ton an. Do-Sa 16–4 Uhr (Küche 18–22 Uhr). Flæsketorvet 57-67 (vom Halmtorvet ins ehemalige Schlachthofgelände bei der Straße Slagterboderne, dann vorne auf der linken Seite), ✆ 33215509, www.karrierebar.com. ‹‹‹

Isola Rock Music Club 1, → Karte S. 130/131, junger Rock-Club, der sich über drei Etagen erstreckt. Do–Sa 20–5 Uhr. Linnésgade 16a (am Israels Plads, nahe der S- und U-Bahn-Station Nørreport), ✆ 22268186 oder 27281428. www.isolabar.dk.

››› Mein Tipp: **Rust** 1, → Karte S. 200/201, 1987 flog Matthias Rust mit einer geliehenen Cessna nach Moskau, 1989 veredelte dieser populäre Club das Bubenstück, indem er sich nach dem Kremlflieger benannte. Gilt nach dem *Vega* als die Nummer zwei im Nachtleben von Kopenhagen. Spielt Fr/Sa meist elektronische Musik, Do treten Indie-Rockbands auf und der Mi ist für Hip-Hop, Funk und Soul reserviert. Drei minimalistisch gestylte Stockwerke, Kapazität für 530 Besucher. Das Publikum ist durchschnittlich 25–30 Jahre alt. Mi-Sa ab 23 Uhr Mindestalter 21 J. Eintritt Mi/Fr/Sa 60 kr (8 €), Do 40 kr (5,50 €). Guldbergsgade 8 (in Nørrebro, 2 Min. vom Sankt Hans Torv entfernt), ✆ 35245200 (Mo-Mi 10-14 Uhr), www.rust.dk. ‹‹‹

The Rock 14, → Karte S. 114/115, düster und massig wirkt das Gebäude, kein Wunder, es handelt sich um das ehemalige Gericht. Heute treten dort Metalbands auf. Nach dem Konzert (Tickets: 80-100 kr/11-13,50 €)kann man gleich hierbleiben, denn dann wird der Saal zur Rockdisco, die von vier Bars versorgt wird. So/Mo 19-24 Uhr, Do 20-24 Uhr, Fr/Sa 21-5 Uhr. Eintritt 55 kr. Skindergade 45–47 (etwa 5 Min. vom Rathausplatz entfernt, zwischen Dom und Strøget), ✆ 33913913, www.the-rock.dk.

Nasa 12, → Karte S. 156/157, exklusives Design im Stil von Kubricks Science-Fiction-Film „2001". 1997 eröffnet, wurde der Club vor einigen Jahren optisch und technisch generalüberholt, eine beheizte Terrasse zählt zu den neuen Attraktionen. Zielgruppe, ganz klar, sind die oberen Zehntausend. Europäische Royals sollen hier öfters vorbeischauen, dazu natürlich Models, Filmleute, Künstler, Medienprominenz. Die frühere Nur-für-Mitglieder-Politik wurde aber fallengelassen, die Chancen reinzukommen sind gestiegen, nobles Outfit vorausgesetzt. Freier Eintritt vor 1 Uhr. Baron Boltons Gård 8f, ✆ 22824472 , www.nasa.dk.

Park Café 1, → Karte S. 186/187, erste Ausgehadresse im noblen Viertel Østerbro. Kronleuchter und Discokugeln zeugen von einem gewissen Retroschick. Schicke Kleidung ist Pflicht. Do-Sa 23-5 Uhr. Eintritt 100 kr (13,50 €). Østerbrogade 79 (beim Fælledparken, Höhe Fußballstadion *Parken*), ✆ 70333222 (Mo-Fr 13-15 Uhr), www.parkcafe.dk.

Stengade 30 13, → Karte S. 200/201, legendärer Underground-Tempel, der nach seiner kurzzeitigen Schließung auch elektronische Musik spielt, ansonsten alles was im Mainstream nicht stattfindet. Di/Mi 14–2 Uhr, Do–So bis 5 Uhr. Eintritt 50–100 kr(7-13,50 €). Stengade 18 (in Nørrebro, nahe dem Sankt Hans Torv, aber auf der anderen Seite der Hauptstraße Nørrebrogade), ✆ 35360938, www.sten gade.dk.

Den Glade Gris 12, → Karte S. 130/131, „das glückliche Schwein" bedeutet der Name übersetzt – schöne Aussichten für das junge Publikum, das nachts in langen Schlangen ansteht. Party auf drei Stockwerken in einem alten Gebäude in der Nähe des malerischen Gråbrødretorv. Mo-Mi 18–2 Uhr, Do 18–4 Uhr, Fr/Sa 16–5 Uhr, So 18–2 Uhr. Eintritt frei. Lille Kannikestræde 3 (hinter dem Dom), ✆ 33329690, www.den gladegris.com.

Livemusik

Huset Magstræde 8, → Karte S. 145, Kulturzentrum mit Livebühnen für lokale Rock- und Jazzbands mit eher alternativem Ruf, dazu ein Arthouse-Kino, ein Theater und ein vergleichsweise günstiges Restaurant. Eintritt je nach Veranstaltung mal frei, mal 40–100 kr (5,50-13,50 €). Café Mo–So 16.30–22.30 Uhr. Rådhusstræde 13 (bei Schloss Christiansborg, Richtung Kompagnistræde), ✆ 33693200, www.husetmagstraede.dk.

Copenhagen JazzHouse 15, → Karte S. 130/131, seit 1991 moderner Jazz in allen Variationen. Mehrmals wöchentlich finden hier Konzerte (Eintritt: von kostenlos bis 200 kr (27 €)) von Weltrang statt, und während des Jazzfestivals im Juli ist dies eines der Zentren. Der Club (Eintritt 60 kr/8 € ab Mitternacht) öffnet seine Tanzfläche Fr/ und Sa bis 5 Uhr. Niels Hemmingsens Gade 10 (in einer Seitenstraße der Strøget, Höhe Amagertorv), ✆ 33154700, www.jazzhouse.dk.

››› **Mein Tipp:** **La Fontaine** 40, → Karte S. 156/157, im ältesten Jazzlokal von Kopenhagen beschlagen die Fenster, wenn am Wochenende die lokalen Musiker bis 5 Uhr jammen. In einer der lebendigsten Gegenden von Kopenhagen gelegen, die gute Stimmung ist bis auf die Straße zu hören, und man sieht durch die Fenster auch noch die roten Wände voller Fotos – da kann man nicht widerstehen. Tägl. 19-5 Uhr, Live-Konzerte Fr/Sa 22.30-2.30 Uhr, So 21-1 Uhr. Eintritt: frei bis 60 kr (8 €). Kompagnistræde 11 (in der Strædet), ✆ 33116098, www.lafontaine.dk. ‹‹‹

Sofie Kælderen 6, → Karte S. 226/227, in Christianshavn direkt am Kanal liegt dieses alte Jazzlokal, das sich zum In-Club gemausert hat und am Wochenende viel junges Publikum anzieht. Dann werden auch andere Musikstile gespielt, elektronische Musik z. B. oder Hip-Hop. Wochentags gibt es öfter mal Livejazz. Auch einfache Speisen. Wenn es draußen warm ist, wird im Freien serviert, das Lokal liegt in einer ruhigen, schönen Straße am Kanal. Mo-Mi 11-24 Uhr, Do 11-1 Uhr, Fr/Sa 11-3 Uhr, So 11-22 Uhr. Eintritt frei. Overgaden Oven Vande 32 (nahe der U-Bahn-Station Christianshavn), ✆ 32577701, www.sofiekaelderen.dk.

Mojo Blues Bar 10, → Karte S. 145, die täglichen (!) Livekonzerte, v. a. von dänischen Bluesmusikern, haben dem Lokal den Ruf eingebracht, das beste seiner Art in Dänemark, ja in ganz Skandinavien zu sein. Klein und gemütlich. Tägl. 20–5 Uhr. Eintritt je nach Konzert frei bzw. 40–100 kr (5,50-13,50 €). Løngangstræde 21c (keine 5 Min. vom Rathausplatz entfernt, Richtung Schloss Christiansborg), ✆ 33116453, www.mojo.dk.

Club Mambo 31, → Karte S. 114/115, hier geht's nur um eins: Salsa. Wer's noch nicht kann, bekommt hier die Gelegenheit, es zu lernen – umsonst, Do 21–22 Uhr und Fr/Sa 22–23 Uhr. Danach wird bis 3 Uhr (Do) bzw. 5 Uhr (Fr/Sa) auf zwei Tanzflächen auch zu anderen Latino-Rhythmen getanzt. Eintritt Fr/Sa 60 kr (8 €), Do frei. Vester Voldgade 85 (beim Rathausplatz), ✆ 33119766, www.club mambo.dk.

Pumpehuset 25 → Karte S. 114/115, Konzertbühne für kleine Rock- und Popbands. Eintritt 70–250 kr (9-33 €). Studiestræde 52 (vom Rathausplatz in Richtung Jarmers Plads die zweite Straße links), ✆ 33931960, www.pumpehuset.dk.

Søpavillonen 33, → Karte S. 200/201, in einem verspielten Gebäude bei den großen Stadtseen, Baujahr 1896, damals errichtet für die Weltausstellung. Coverbands spielen am Wochenende Hits der 70er und 80er. Nach dem Konzert, etwa ab 0.30 Uhr, lassen DJs die Ära weiter aufleben. Das Publikum ist um die 30 Jahre alt. Oberhalb der Tanzfläche kann man bei Cocktails Stimmung und Aussicht genießen, auch in zwei Turmzimmern. Für private Feste steht ein Restaurant zur Verfügung. Fr/Sa 23-5Uhr. Eintritt 90–125 kr (12-16 €). Gyldenløvesgade 24 (beim Ørsted-Park), ✆ 33151224, www.soepavillonen.dk.

Kulturleben

Kulturell will Kopenhagen in die Champions League – seit 2005 wurden mit Oper, Theater und Konzerthaus drei spektakuläre Häuser für alle Sparten der Bühnenkunst eröffnet. Sie sollen die Stadt ins internationale Rampenlicht rücken, ein Ruhm, der bisher lediglich den Filmen der Regisseure Lars von Trier und Susanne Bier sowie dem Schauspieler Mads Mikkelsen vorbehalten war.

Für 700 Mio. Euro erneuerte Kopenhagen zuletzt seine gesamte Großkultur: Oper, Schauspielhaus, Konzerthaus – alles neu. Fast im Jahrestakt wurden die Repräsentativbauten eröffnet, zuletzt im Januar 2009 das **Koncerthuset** im Stadtteil Ørestad auf Amager, selber zu großen Teilen noch ein Entwicklungsprojekt. Es war ein Rausch, dem jetzt Tribut gezahlt wird. Steigende Unterhaltskosten und staatliche Budgetkürzungen haben zu einigen Entlassungen und einer geringeren Zahl von Aufführungen besonders an der immens teuren Oper geführt. Nichtsdestotrotz bleibt das Angebot riesig – auch in dem visionären Konzerthaus auf der vorgelagerten Insel Amager, das nicht nur der

Das neue Schauspielhaus am Nyhavn: 700 Millionen Euro für drei Bühnenhäuser

Klassik, sondern auch der modernen Popszene vier neue Bühnen bietet. , Es ist Teil des neuen Hauptquartiers der staatlichen Sendeanstalt DR. Der riesige Gebäudekomplex, **DR Byen** (DR Stadt) genannt, kostete 630 Millionen Euro und erhielt seine eigene, gleichnamige U-Bahn-Station. DR dominiert den dänischen Radio- und TV-Markt mit sieben Fernsehsendern und vier Rundfunkprogrammen. Das neue Konzerthaus, das von dem französischen Stararchitekten **Jean Nouvel** in eine spektakuläre Kubus-Hülle gesteckt wurde, sorgte während seiner Entstehungszeit für einen handfesten Skandal, weil es letztendlich mit 215 Millionen Euro drei Mal so viel kostete wie anfangs veranschlagt. Der Staat weigerte sich die Mehrkosten zu tragen, sie gingen schließlich voll zu Lasten des BR, der dafür sein Budget zusammenstrich und sich heute dafür rühmen kann, nichts weniger als **das teuerste Konzerthaus der Welt** zu betreiben.

Ungeteilten Zuspruch erfährt das neue **Schauspielhaus** an der Wasserfront beim Nyhavn. Architektonisch gelungen und zudem mit 120 Mio. Euro das billigste der drei Großprojekte, werden dort Theaterstücke in dänischer Sprache aufgeführt. Die schöne Aussicht, die man von kostenlosen Stühlen oder mit Kaffeehaus-Bedienung genießen kann, macht es auch für Sprachunkundige zu einem beliebten Treffpunkt.

Die **Oper**, erstes, teuerstes (355 Mio. Euro) und spektakulärstes Prestigeobjekt, erfüllt die Erwartungen trotz ihrer Randlage auf der abgelegenen Seite des Inneren Kanals. Trotz umständlicher Verbindung per Wassertaxi oder dem Umweg durch Christianshavn sind Karten schwer zu bekommen und schon gar nicht spontan.

In der Filmlandschaft sorgt **Lars von Trier** seit seinem „Dogma 95“-Manifest für Furore. Zusammen mit Thomas Vinterberg, Kristian Levring und Søren Kragh-Jacobsen entwickelt, sollte das „Dogma 95“-Manifest Kinofilme wieder realistischer machen. Die seither entstandenen „Dogma-Filme“ wurden ausschließlich mit Handkameras an Originalschauplätzen (also keine Studios, keine Requisiten) und ohne künstliches Licht gedreht. Musik durfte im Film

Jean Nouvels Konzerthaus in Ørestad

Verkehr vor der Oper

nur vorkommen, wenn sie im Bild zu sehen war, ein nachträglich eingespielter Soundtrack war verpönt. Die Idee hatte ungeheuren Erfolg, kleinere Produktionen konnten von dem Dogma-Label profitieren, und weltweit wurde sozialkritischen, wirklichkeitsnahen Filmen wieder mehr Beachtung geschenkt. 2005 kündigten die vier Gründer die Bewegung offiziell auf. Rund dreißig Filme zählen heute als „Dogma"-Werke, die berühmtesten bleiben die ersten drei: „Das Fest", „Idioten" und „Mifune".

Lars von Trier hat sich längst von seinem „Dogma"-Image gelöst und sorgt regelmäßig für Skandale und gute Filme. Seine Bühne ist das Filmfestival in Cannes, das ihn 2000 für „Dancer in the Dark" mit der Goldenen Palme auszeichnete und ihn 2011 für seine merkwürdigen Pro-Hitler-Äußerungen zur „Persona Non Grata" erklärte.

Ausschließlich für ihre Filme berühmt ist die 1960 in Kopenhagen geborene Filmregisseurin **Susanne Bier**. 2011 erhielt ihr Film „In einer besser Welt" den Oscar als beste nicht-englischsprachige Kinoproduktion. Arthouse-Hits hatte sie zuvor bereits mit „Open Hearts" (2002), „Brothers – Zwischen Brüdern" (2004) „Nach der Hochzeit" (2006) gelandet.

Was die Bühnenkunst angeht: Neben den drei Neubauten gibt es noch ein halbes Dutzend weiterer Veranstaltungsorte in Kopenhagen. Ballettaufführungen finden nach wie vor im alten **Königlichen Theater** am Kongens Nytorv statt. Klassikkonzerte sind auf mehreren Bühnen zu Hause. Neben der Oper zählen zu den wichtigsten Veranstaltungsorten der Konzertsaal im **Tivoli**, The Queen's Hall in der **Königlichen Bibliothek**, die Central Hall in der **Ny Carlsberg Glyptothek** und der alte Bibliothekssaal des **Runden Turms**.

Kinos

Alle Filme werden im Original mit dänischen Untertiteln gezeigt:

Rathausplatz/Tivoli **Dagmar Teatret**, internationale Arthouse-Filme. Jernbanegade 2, ✆ 70131211 , www.kino.dk.

In Roskilde bei Kopenhagen...

››› Mein Tipp: **Gloria**, Arthouse- und skandinavische Filme. Rådhuspladsen 59, ✆ 331242 92, www.gloria.dk. ‹‹‹

››› Mein Tipp: **Palads København**, Hollywoodfilme und europäische Kassenschlager in einem architektonischen Missverständnis in Pink und Lila . Axeltorv 9, ✆ 70131211, www.kino.dk. ‹‹‹

Imperial, internationale Arthouse-Filme. Ved Vesterport 4, ✆ 70131211, www.kino.dk.

Vesterbro **Vester Vov Vov**, Arthouse. Absalonsgade 5, ✆ 33244200, www.vestervov vov.dk.

Nørrebro ››› Mein Tipp: **Empire Bio**, internationale Arthouse-Filme. Guldbergsgade 29f, ✆ 35360036, www.empirebio.dk. ‹‹‹

Østerbro **Park Bio**, Kinder- und Arthouse-Filme. Østerbrogade 79, ✆ 35383362, www.parkbio-kbh.dk.

Frederiksberg **Falkoner Biografen**, Kinderfilme und gehobener Mainstream. Sylows Allé 15, ✆ 70131211, www.kino.dk.

Fisketorvet **Cinemaxx Fisketorvet**, Hollywood-Blockbuster. Kalvebod Brygge 57, ✆ 70101202, www.cinemaxx.dk/koebenhavn.

Bühnenkunst

Oper: klassisches Opernrepertoire auf der großen Bühne. Die Nebenbühne **Takkelloftet** hat, allerdings noch ziemlich selten, symphonische Konzerte im Programm.

Tickets: online über www.kglteater.dk oder www.billetnet.dk, telefonisch unter ✆ 701 56565 (Mo-Fr 10-17 Uhr, Sa 10-14 Uhr) oder ✆ 33696969 (Mo–Sa 10–16 Uhr), außerdem bei allen Postämtern und am Kartenschalter neben dem Königlichen Theater am Kongens Nytorv, August Bournonvilles Passage 1, Mo–Sa 14–18 Uhr.

Das Foyer öffnet 3 Std. vor Vorstellungsbeginn. Ab 17 Uhr hat das edle Restaurant im Foyer geöffnet. Vorstellungsbeginn ist meist um 20 Uhr, am Wochenende manchmal auch um 12 oder 15 Uhr. Beim Hotel Nyhavn 71 am Ende des gleichnamigen Kanals (Sonnenseite) setzt alle 20 Min. ein Wasserbus zur Oper über. Ekvipagemestervej 10 (auf Holmen), www.kglteater.dk.

Skuespilhuset (Schauspielhaus): Dänisches Sprechtheater. Der imposante Neubau liegt am Ende der Nyhavn-Restaurantzeile direkt am Wasser (gegenüber der Oper).

...findet eines der populärsten Rockfestivals Europas statt

Sankt Annæ Plads 36, ✆ 33696969, www.kglteater.dk (dort auch Online-Tickets).

Det Kongelige Teater (Königliches Theater): Ballett; aktuelles Programm unter www.kglteater.dk, dort auch Online-Tickets. Außerdem sind Tickets am Kartenschalter neben dem Theater (August Bournonvilles Passage 1, Mo–Sa 14–18 Uhr) und bei allen Postämtern erhältlich oder über die Theater-Ticket-Hotline (✆ 33696969, Mo–Sa 10-16 Uhr) und bei Billetnet (✆ 70156565, Mo-Fr 10-17 Uhr, Sa 10-14 Uhr) zu bestellen. Am Kongens Nytorv.

Konzerthaus im DR Byen: Die spektakuläre neue Heimat für alle musikalischen Sparten von Klassik bis Rock wurde im Januar 2009 als teuerstes Konzerthaus der Welt eröffnet und hat daher – natürlich, muss man fast sagen, auch seine eigene U-Bahn-Station.

Tickets gibt es bei DR Butikken (Emil Holms Kanal 20, ✆ 35206262, Mo–Fr 12–17 Uhr, Do bis 18 Uhr, Sa 11–14 Uhr) oder bei Billetnet (✆ 70156565, tägl. 10–21 Uhr). Einen Überblick über das Programm findet man in der kostenlosen Monatsbroschüre *Copenhagen This Week*. Emil Holms Kanal 20 (an der U-Bahn-Station DR Byen)), www.dr.dk/koncerthuset.

Tivoli-Konzertsaal, moderner Tanz und Konzerte (Klassik, Rock, Jazz). Der Bau wurde nach Renovierungsarbeiten 2005 mit einem neuen Eingangsbereich eröffnet (Rotunde). Vesterbrogade 3, Kartenreservierung unter ✆ 33151012 (tägl. 11–20 Uhr), www.tivoli.dk.

The Queen's Hall, Klassikkonzerte (nur etwa alle sechs Wochen). Im Schwarzen Diamanten (Anbau der Königlichen Bibliothek), Søren Kirkegaards Plads 1, Kartenverkauf am Eingang 1 Std. vor Konzertbeginn oder online auf www.kb.dk (auf Englisch unter „Black Diamond" bei den einzelnen Veranstaltungen).

Central Hall, Klassikkonzerte. Klassizistischer Saal in der Ny Carlsberg Glyptotek, Dantes Plads 7 (neben dem Tivoli), ✆ 33418141, www.glyptoteket.dk.

Bibliotheksaal im Runden Turm, Klassikkonzerte. Købmagergade 52a, ✆ 33730373, www.rundetaarn.dk.

Det Ny Teater, Musicals. Tickets unter ✆ 33255075 (Mo 12–18 Uhr, Di–Sa bis 19.30 Uhr, So bis 15 Uhr). Gammel Kongevej 29, www.detnyteater.dk.

Copenhagen JazzHouse, moderner Jazz. Niels Hemmingsens Gade 10, ✆ 33154700, www.jazzhouse.dk.

Die größten Events des Jahres

Februar: **Wondercool Festival.** Neue Event-Reihe mit vielen Veranstaltungen, die aus dem Sommer bekannt sind, wie Copenhagen Cooking oder das Copenhagen Jazz Festival. Ganz neu ist das Rockfestival Frost. www.wondercool.dk

April: **CPH Pix.** Junges Filmfestival, das auf Anhieb großen Zuschauerzuspruch fand. Gezeigt werden Arthouse-Filme aus aller Welt. www.cphpix.dk.

Geburtstag von Königin Margrethe II. (16. April): Zu Ehren der dänischen Monarchin findet jedes Jahr eine große Militärparade vor Schloss Amalienborg statt – die Kopenhagener strömen in Scharen herbei, um zu gratulieren.

Parade bei „Copenhagen Pride"

Pfingsten: **Karneval.** Drei-Tage-Straßenevent nach brasilianischem Muster. www.karneval.dk.

››› Juni: Mein Tipp: **Distortion.** Bis zu 40.000 Menschen tanzen Anfang Juni täglich auf den Straßen (kostenlos) und füllen nachts die Clubs (billig) des neuesten Party-Erfolgsrezepts in Kopenhagen: eine mobile, fünftägige, wilde Feier der elektronischen Musik. Erobert sich Jahr für Jahr größeres Renommee. www.cphdistortion.dk. ‹‹‹

Mittsommernachtsfest. Am 23. Juni versammelt man sich an mehreren Orten, um die längste Nacht des Jahres zu feiern, z. B. in Islands Brygge auf der Wiese beim Freibad, im Garten des Louisiana-Museums in Humlebæk oder auf den wei ten Rasenflächen im Schlosspark Frederiksberg.

››› Mein Tipp: **Roskilde Festival** (Ende Juni/Anfang Juli): mit 75.000 Besuchern und 170 Bands eines der größten Musikfestivals Europas. In Roskilde spielen nicht die Mainstream-Stars, sondern Trendsetter aus den Sparten elektronische Musik, Hip-Hop, Rock und Weltmusik. Auf dem Festivalgelände sind sieben Bühnen aufgebaut, die temporäre Zeltstadt ist gigantisch. www.roskilde-festival.dk. ‹‹‹

Juli: **Copenhagen Jazz Festival.** An zehn Tagen von Anfang bis Mitte Juli sind überall in der Stadt Bühnen aufgebaut, auf denen kostenlose Jazzkonzerte gegeben werden. Hinzu kommen Dutzende von Veranstaltungsorten mit Kartenverkauf. Gratis-Open-Air-Konzerte finden u. a. hier statt: Vor Frue Plads (zwischen Dom und Uni), Højbro Plads (neben dem Amagertorv), Nyhavn, Gråbrødretorv. www.jazzfestival.dk.

Trailerpark Festival. Am letzten Juli-Wochenende erobert der Underground seit einigen Jahren die Stadt, 2011 war es genauer gesagt, der Skatepark im Fælledpark von Østerbro. Das kleine Festival bietet Live-Musik und Street Art für 495 kr (66 €). www.trailerparkfestival.com.

Copenhagen Summer Festival. Von Ende Juli bis Anfang August wird Kammermusik (u. a. Bach, Beethoven, Brahms, Chopin) im Festsaal von Schloss Charlottenborg am Kongens Nytorv aufgeführt. www.copenhagensummerfestival.dk.

August: **Kulturhavn.**Kostenloses dreitägiges Familienprogramm Anfang August

Andrang bei „Copenhagen Cooking"

vor dem Kulturhaus im Stadtteil Islands Brygge (beim Freibad). www.kulturhavn.dk.

Copenhagen Pride.) Am Rathausplatz wird Mitte August die „Pride Town" aufgebaut, am Samstag startet die große Parade – eine Woche ganz im Zeichen der Schwulen- und Lesbenszene. www.copenhagenpride.dk.

Kunsthandwerkermarkt Auf dem Platz zwischen Universität und Vor Frue Kirke präsentieren an drei Tagen etwa Mitte August rund140 Hersteller ihre Werke. www.kunsthaandvaerkermarkedet.dk.

Geburtstag der Kleinen Meerjungfrau. Am 23. August feiert die Stadt mit einem musikalischen Ständchen, Ballons und Formationsschwimmen ihre berühmteste Touristenattraktion. Die Meerespromenade ist voller Gratulanten.

Copenhagen Cooking. Die neue nordische Küche steht zehn August-Tage lang im Mittelpunkt dieses gastronomischen Festivals, das u. a. im Tivoli stattfindet. Das Programm ist ab Juli in der Touristinfo in der Vesterbrogade 4a erhältlich. www.copenhagencooking.com.

September: **Buster.** Achttägiges Filmfestival für Kinder und Jugendliche ab Mitte September, in dessen Rahmen über 150 Filme aus der ganzen Welt gezeigt werden. www.buster.dk.

Copenhagen Blues Festival. Fünf Tage lang finden ab Ende September auf vielen Bühnen der Stadt Blueskonzerte statt. Aktuelles Programm auf www.copenhagenbluesfestival.dk.

Oktober: **Kulturnatten.** Die lange Nacht der Kultur in Kopenhagen findet Mitte Oktober von Freitag auf Samstag statt. Rund 500 Veranstaltungen in der ganzen Stadt können mit dem Kulturnatten-Pass besucht werden, der auch für die öffentlichen Verkehrsmittel gilt. Der Pass kostet 90 kr (12 €) und kann in Museen, Buchhandlungen und S-Bahn-Stationen gekauft werden (dort gibt es auch das Programm). www.kulturnatten.dk.

Mix Copenhagen. Eines der ältesten schwul-lesbischen Filmfestivals der Welt findet an den letzten zehn Oktober-Tagen statt. Internationale Kinoproduktionen. www.cglff.dk.

November: **CPH Dox.** Das größte Dokumentarfilm-Festival in Skandinavien. Rund 200 Dokus aus aller Welt an zehn Tagen Anfang November. www.cphdox.dk.

Die schmale Fußgängerzone Straedet ist eine Fundgrube für originelle Einkäufe

Einkaufen

Eines der großen Mankos der Stadt: Beim Einkaufen muss man sich beeilen. Um 18 Uhr ist meistens Schluss, samstags und sonntags (eine schwer erkämpfte Neuerung) um 16 Uhr. Rettung in der Not bieten drei Dutzend 7-Eleven-Shops.

Die US-Kette **7-Eleven** sorgt täglich (!) rund um die Uhr (!!) für die Deckung des täglichen Bedarfs, erfüllt in Kopenhagen also ungefähr die Funktion deutschen 24-Stunden-Tankstellen. Das Sortiment ist ähnlich, auch die Klientel nach Mitternacht: Nachtschwärmer treffen sich in den kleinen Shops, um sich mit Snacks und Getränken zu versorgen, die Atmosphäre ist lebhaft, man lernt sich kennen, unterhält sich und ziehtvielleicht gemeinsam weiter.

Eine Ausnahme von der ehernen 18-Uhr-Regel bilden auch die großen Kaufhäuser *Illum* und *Magasin* auf der großen Einkaufsstraße Strøget sowie *Field's* in Ørestad und *Fisketorvet* an der Hafenfront am südlichen Stadtrand. Hier heißt es Mo–Fr 10–20 Uhr und Sa 10–17 Uhr. Das gilt auch für die großen Supermarktketten *Fakta* und *Netto*. Einige Fakta-Läden haben sogar bis 22 Uhr geöffnet, die meisten aber täglich nur bis 20 Uhr.

Neu: Sonntagsöffnung

Läden dürfen seit 2012 auch am Sonntag geöffnet haben. Allerdings nur vier Stunden, von 12-16 Uhr.

Von dieser streng sozialdemokratischen Ladenöffnungspolitik einmal abgesehen, ist Kopenhagen ein echtes Shopping-Paradies. Die bekannteste und größte Einkaufsstraße, die **Fußgänger-**

zone Strøget, muss dabei gar nicht einmal das Zentrum der Sehnsüchte bilden. Zwar sind am Amagertorv, dem beliebten Mittelpunkt der Strøget, viele berühmte und erstklassige Kaufhäuser angesiedelt – unbedingt zu nennen sind das Designhaus *Illums Bolighus,* die Porzellanmanufaktur *Royal Copenhagen,* die Glaswerkstatt *Holmegaard,* der Juwelier *Georg Jensen* und das Tabak- und Pfeifengeschäft *W. Ø. Larsen,* doch die ungewöhnlichen Dinge, v. a. in Sachen Mode, Schuhe, Lampen und Antiquitäten, finden sich wo anders: zum einen in den Parallelstraßen der Strøget – in der **Strædet** (Schuhe, Antiquitäten) in Richtung Schloss Christiansborg und auf der anderen Seite im **Latinerviertel** (Streetwear, Dessous, Platten) –, zum anderen in der **Ravnsborggade** (Antiquitäten) in Nørrebro sowie in der **Kronprinsensgade** und den angrenzenden Straßen (junge skandinavische Designermode). Wer sich nach Kunst umsehen will, muss nach Frederiksstaden. In der **Bredgade** sind die meisten Galerien ansässig. Konkrete Shopping-Adressen finden sich bei den „Praktischen Infos“ zu den einzelnen Spaziergängen. Am ergiebigsten für die Bereiche Mode, Einrichtung und Antiquitäten, in denen Kopenhagen am meisten zu bieten hat, sind die Touren 1, 4 und 7.

Alles für den täglichen Bedarf

24-Std.-Shops **7-Eleven,** Snacks, Getränke, Zeitungen: in etwa das Angebot einer deutschen 24-Stunden-Tankstelle. Filialen in der Altstadt u.a.: Gothersgade 14, Højbro Plads 21, Købmagergade 64, Rådhuspladsen 64; in Nørrebro u. a.: Fælledvej 27, Nørrebrogade 42; in Vesterbro u. a. hier: Istedgade 2, Vesterbrogade 6e; www.7-eleven.dk.

Supermärkte **Irma,** traditionsreiche Supermarktkette, die in den letzten Jahren zum größten Händler von Biowaren in Dänemark wurde. Das Credo – regionale Produkte der Saison – findet seit der Veröffentlichung des New Nordic-Manifest 2004 immer mehr Anhänger in einem Land, das berüchtigt ist für seine geringen Lebensmittel-Ausgaben. Zentral gelgene Filialen: Pilestræde 13 (im Kaufhaus Illum), Borgergade 24 (Frederiksstaden), Nørre Voldgade 78 (Nørreport), Frederiksborggade 34-36 (Nähe Nøreport), Gammel Kongevej 64 (Vesterbro), Gammel Kongevej 117 (Frederiksberg). www.irma.dk ■

Markthallen am Israels Plads

Fakta (in der Regel täglich, auch sonntags, bis 20 Uhr geöffnet), einige zentrale Läden dieser Kette: Nørre Farimagsgade 64, Vester Farimagsgade 13, Nørrebrogade 14–16, Vesterbrogade 66; www.fakta.dk.

Netto (in der Regel Mo–Fr 9–20 Uhr, Sa 8–17 Uhr geöffnet), zentral gelegen u. a. hier: Kampmannsgade 1, Fiolstræde 9, Landemærket 11, Store Kongensgade 47; www.netto.dk.

Kaufhäuser **Illum**, Østergade 52 (am Amagertorv), Mo–Do 10–19 Uhr, Fr 10–20 Uhr, Sa 10–17 Uhr; www.illum.dk.

Illums Bolighus, Design-Kaufhaus am Amagertorv 10. Mo–Fr 10–19 Uhr, Sa 10–17 Uhr; www.illumsbolighus.dk.

Samstag ist Flohmarktzeit

Magasin, Kongens Nytorv 13 (U-Bahn vor dem Haus). Mo–Do 10–19 Uhr, Fr 10–20 Uhr, Sa/So 10–17 Uhr; www.magasin.dk.

Field's, das größte Kaufhaus Skandinaviens liegt an der U-Bahn-Haltestelle Ørestad. Mo–Fr 10–20 Uhr, Sa 10–17 Uhr; www.fields.dk.

Fisketorvet, Kalvebod Brygge 59 (S-Bahnstation Dybbølsbro). Mo–Fr 10–20 Uhr, Sa 10–17 Uhr; www.fisketorvet.dk.

Waterfront Shopping, brandneues Kaufhaus beim Experimentarium (Strandvejen, S-Bahnstation Hellerup, von dort Bus Nr. 1a oder Nr. 21). Tuborg Havnevej 4–8. Mo–Fr 10–19 Uhr, Sa 10–16 Uhr; www.waterfront-shopping.dk.

Je nach Jahreszeit haben die sechs Kaufhäuser manchmal (jedoch unregelmäßig) auch sonntags geöffnet.

Haushaltswaren **Tiger**, Kultorvet, Rådhuspladsen 14, Vesterbrogade 55, Østerbrogade 55; www.tiger.dk.

Drogerie **Matas**, zentral gelegen sind u. a. die Filialen in der Nørrebrogade 47, Store Kongensgade 1, Købmagergade 22 und im Hauptbahnhof.

Markthallen

Im Herbst 2011 eröffnete Kopenhagens erste Markthalle: Zentral am Israel Plads gelegen, eine Minute von der U- und S-Bahn-Station Nørreport, erinnern die gläsernen Pavillons der Torvehallerne KBH eher an moderne Kunstmuseen, lobte die „New York Times“, als an vergleichsweise banale Fisch- und Käsestände. Zu haben ist hier alles, was auch ein Supermarkt bietet, aber eben in erstklassiger Bio-Qualität, serviert von lokalen Anbietern.

Torvehallerne KBH, das Angebot in den 74 Glaspavillons und Freiluftständen: Fisch, Fleisch, Früchte, Gemüse, Blumen, Brot, Kuchen, Kaffee, Milch, Delikatessen und Gastronomisches. Israels Plads (U- und S-Bahn-Station Nørreport). Mo geschl., Di-Do 10-19 Uhr, Fr 10-20 Uhr, Sa 9-17 Uhr, So (!) 10-15 Uhr. www.torvehallernekbh.dk. ■

Bäckereien

Eine der jüngsten Erfolgsgeschichten des dänischen Einzelhandels: die Bäckereikette Lagkagehuset, die ihr Brot nach alter Tradition in Steinöfen direkt vor Ort bäckt. Zu kaufen gibt es auch Frucht-Muffins, Kuchen und Kaffee. 18 Filialen haben in der Stadt seit der Gründung 2008 bereits eröffnet.

Lagkagehuset, zentrale Filialen: Torvegade 45 (Christianshavn, an der gleichnamigen U-Bahn-Station – damit hat alles begonnen), Frederiksborggade 6 (am Kultorvet, Nähe Nørreport), Frederiksberggade 21 (Strøget), Vesterbrogade 4a (gegenüber vom Tivoli, neben der Touristinfo), am Flughafen, im Hauptbahnhof, Nørrebrogade 120 (Nørrebro, Höhe Assistens Kirkegård), Rejsbygade (Vesterbro, neben dem Club Vega) ■

Floh- und Antiquitätenmärkte

Während der Frühlings- und Sommermonate breiten Flohmarkthändler jeden Freitag und Samstag ihre Schätze aus: Von diversen Secondhand-Artikeln bis hin zu luxuriösen Antiquitäten ist an mehreren Plätzen der Stadt open-air alles geboten.

Freitag und Samstag **Antiquitätenmarkt am Gammel Strand** 5 → Karte S. 145. klein, aber fein und teuer, da von den Antiquitätenhändlern der Umgebung organisiert. Trotzdem ist er der Besuchermagnet: Hierher locken nicht nur die dargebotenen Luxusobjekte, sondern ebenso die schöne Lage am Kanal vor Slotsholmen mit Blick auf Schloss Christiansborg. Nicht nur Kauf-, auch Schaulustige kommen hier auf ihre Kosten: Einen weiteren Blickfang neben den ausgestellten Waren bilden die Exponate der Kunstgalerie Gammel Strand in unmittelbarer Nähe. Und wird mal der Bummel zu anstrengend, ist man im hübschenCafé Diamanten gut aufgehoben. Die Neugestaltung im Sommer 2011 hat den Platz deutlich aufgewertet. Ende April bis Anfang Okt. Fr 7–18 Uhr, Sa 8–18 Uhr.

Nur samstags **Flohmarkt am Israels Plads**, der älteste Flohmarkt der Stadt befindet sich am Israels Plads nahe der S-Bahn-Station Nørreport. Hier versammeln sich Privatverkäufer wie professionelle Händler. Die Vielfalt an gebotener Ware ist kaum zu übertreffen, minderwertiges Gerümpel teilt sich den Platz mit Sammlerstücken wie „His Master's Voice"-Grammofonen, antiken Gegenständen und Möbeln sowie den verschiedensten Kunstobjekten. Neben den neuen gläsernen Markthallen (Torvehallerne). Ende April bis Anfang Okt. Sa 8–14 Uhr.

Markt am Kongens Nytorv, Flohmarkt ist eine stark untertriebene Bezeichnung für dieses Open-Air-Atelier. Am Kongens Nytorv können die Werke von Künstlern und Kunsthandwerkern erworben werden. Doch nicht nur das Ausgestellte zieht die Blicke auf sich, denn die stets etwa 25 bis 30 anwesenden Künstler lassen sich durch die Besucher nicht von der Arbeit abhalten. Gemälde, kunstvoll gestaltete Postkarten, Textilien, Schmuck, Grafiken, Skulpturen, Kleider, Keramiken und vieles mehr lädt zum Kauf ein. 28. April bis Sept. Sa 10–16 Uhr.

Flohmarkt am Assistens Kirkegård, Dänemarks längster und schmalster Flohmarkt zieht sich 333 m an der Mauer des Assistens Kirkegård entlang. Auf engstem Raum warten in der Nørrebrogade/Ecke Kapelvej neben eindeutigem Ramsch so wertvolle Stücke wie Porzellan der Firma Royal Copenhagen oder Chesterfield-Stühle auf Käufer. Mai bis Ende Okt. Sa 6–15 Uhr.

Flohmarkt am Rathaus von Frederiksberg, feilgeboten wird hier alles, was beim Aufräumen alter Speicher so gefunden wird. Allerdings lohnt es sich zu stöbern, denn neben längst abgelegtem Krimskrams findet sich auch manch ausgezeichneter Markenartikel. Geschätzt wird dieser Flohmarkt v. a. wegen der gut erhaltenen Secondhand-Kleidungsstücke. Antiquitätenliebhaber sollten aber besser eine andere Adresse wählen. Mitte April bis Ende Okt. Sa 9–15 Uhr. Smallegade 1, Frederiksberg (U-Bahn-Station Frederiksberg, etwa 400 m entfernt vom Flohmarkt).

Blick über die Altstadt

Wissenswertes von A bis Z

Aussichtspunkte

Wer sich einen schnellen Stadt-Überblick verschaffen möchte, sollte einen der folgenden Aussichtspunkte aufsuchen: die Kuppel der **Marmorkirken**, die historische Sternwarte des **Runden Turms**, den Mini-Eiffelturm im **Zoo**, die Turmspitze der **Vor Frelsers Kirke** oder den **Rathausturm**.

Banken und Wechselbüros

Mit einer Kredit- oder EC-Karte erhält man dänische Kronen an den **Geldautomaten** *(pengeautomat)*, die in allen Banken und an vielen U-Bahn-Stationen vorhanden sind.

Falls Sie wechseln wollen: Generell haben Banken in Kopenhagen montags bis freitags von 9 bis 16 Uhr geöffnet, donnerstags bis 18 Uhr. Samstags und sonntags sind sie geschlossen.

Nur die Banken im **Hauptbahnhof** und am **Flughafen** haben täglich geöffnet (Hauptbahnhof: 6.45–22 Uhr; Flughafen: 6/6.30–20.30/22 Uhr). Dafür gibt es mehrere Wechselbüros, die auch außerhalb der üblichen Öffnungszeiten der Banken arbeiten. Allerdings sollten Sie dort auf den Wechselkurs achten, denn oft ist er schlechter als in der Bank. Beim Bargeldwechsel wird meist eine Gebühr von 20–50 kr (etwa 3-7 €) erhoben. Außer Geldwechsel bieten die Büros noch andere Dienste an: Sie verkaufen Briefmarken sowie die Copenhagen Card (→ S. 95) und dienen manchmal auch als Touristinformation. Unter anderem folgende Wechselbüros und Banken stehen Ihnen zum Geldwechsel in der Innenstadt zur Verfügung:

Banken: **Danske Bank**, Hojbro Plads 5 (Strøget), Store Kongensgade 49, Frederiksborggade 11, Torvegade 45 (Christianshavn), Nørrebrogade 26 und 160, Halmtorvet 27 (Vesterbro). Mo-Mi 10-16 Uhr, Do 10-17.30 Uhr, Fr 10-16 Uhr.

The Change Group, Østergade 61: Mo–Do 9–20 Uhr, Fr/Sa bis 21 Uhr, So 10–18 Uhr; Vimmelskaftet 47: Mo–Sa 9–20 Uhr, So 10–18 Uhr; Nyhavn 35: Mo–Sa 9–20 Uhr, So bis 18 Uhr; Vesterbrogade 9: tägl. 10–18 Uhr.

Forex, im Hauptbahnhof: tägl. 8–21 Uhr; Gothersgade 8: Mo–Fr 9–19 Uhr, Sa bis 16 Uhr; Nørre Voldgade 90 (Nørreport)

Nørre Voldgade 90: Mo–Fr 9–19 Uhr, Sa bis 16 Uhr.

Jyske Bank, Vesterbrogade 9: Mo–Mi, Fr 9.30–16 Uhr, Do bis 18 Uhr.

Nordea, Vesterbrogade 2a: Mo–Mi, Fr 9.30–16 Uhr, Do bis 18 Uhr.

Arbejdernes Landsbank, Vesterbrogade 5: Mo–Mi, Fr 10–16 Uhr, Do bis 17.30 Uhr.

Wechselbüros: **X-Change**, im Hauptbahnhof: tägl. 7–21 Uhr; Nørre Voldgade 19: Mo–Fr 9–19 Uhr, Sa bis 16 Uhr.

Behinderte

In Dänemark wird für die Bedürfnisse behinderter Menschen generell vorbildlich Sorge getragen. Über den **barrierefreien Zugang** sehenswerter Plätze und Gebäude kann man sich umfassend informieren.

Bei der **Touristinformation** in der Vesterbrogade 4a sind entsprechende Broschüren erhältlich. Die Website **godadgang.dk** bietet auch auf Deutsch umfassende Suchmöglichkeiten für geeignete Restaurants, Strände, Unterkünfte etc. und detaillierte Informationen zu jeder Destination (Achtung: Bei der Suche „København“ eingeben!). Ein großes Kapitel über barrierefreies Reisen hält auch die dänische Tourismuszentrale auf ihrer Website **visitdenmark.de** bereit, zu finden unter Reiseplanung.

Botschaften

Botschaften in Kopenhagen **Deutsche Botschaft**: Mo, Mi–Fr 9–12 Uhr, Di 13–16 Uhr. Stockholmsgade 57, ✆ 35459900 oder ✆ 40172490, www.kopenhagen.diplo.de.

Österreichische Botschaft: Mo–Fr 9.30–12 Uhr. Sølundsvej 1, ✆ 39294141, www.bmeia.gv.at → Bürgerservice.

Schweizer Botschaft: Mo–Fr 9.30–12.30 Uhr. Amaliegade 14, ✆ 33141796, www.eda.admin.ch → Vertretungen.

Dänische Botschaften im Ausland **In Deutschland**: Berlin, Rauchstr. 1, ✆ 030/50502000, www.ambberlin.um.dk. Mo–Fr 9–16 Uhr.

In Österreich: Wien, Führichgasse 6, ✆ 01/5127904, www.ambwien.um.dk. Mo–Do 9–16 Uhr, Fr bis 14 Uhr.

In der Schweiz: Bern, Thunstr. 95, ✆ 031/3505454, www.ambbern.um.dk. Mo–Do 9–15 Uhr, Fr bis 14 Uhr.

Copenhagen Card

Mit der **CPH Card** gewährt die Stadt freien Eintritt zu 65 Museen und Sehenswürdigkeiten im Großraum Kopenhagen. Dazu gehören u. a. das Museum auf Schloss Amalienborg, das Arbeitermuseum, das Arken Museum, die Ny Carlsberg Glyptotek, das Aquarium in Charlottenlund, der Runde Turm, das Dänisch-Jüdische Museum, die königlichen

Im Runden Turm: Schöne Aussicht gibt's auch weiter oben

Empfangsräume auf Schloss Christiansborg und das Louisiana-Museum in Humlebæk, aber auch der Vergnügungspark Tivoli.

Darüber hinaus können alle Busse, Wasserbusse, S- und U-Bahnen in der Region kostenlos genutzt werden. Und das ist immer noch nicht alles: Der Inhaber der Karte erhält auch Rabatte beim Mieten eines Pkw und bei 16 weiteren Stadtattraktionen.

Sie können zwischen einer **24h-Karte** (229 kr/31 €, Kinder 10–15 J. 115 kr/15 €) und einer **72h-Karte** (459 kr/61,50 € bzw. 225 kr/30 €) wählen. Zwei Kinder im Alter von bis zu 9 Jahren dürfen einen Erwachsenen kostenlos begleiten. Beim Kauf der Karte bekommt man eine umfangreiche Informationsbroschüre (auch in Deutsch) mit allen Vergünstigungen, einen Stadtplan und detaillierte Informationen zu Museen und Sehenswürdigkeiten. Bei der ersten Verwendung der Karte ist darauf das Datum einzutragen. Während der Gültigkeitsdauer kann die Karte beliebig oft genutzt werden.

Erhältlich ist die Copenhagen Card bei der Touristinformation in der Vesterbrogade 4a, an Bahnhöfen, in Hotels, Geldwechselbüros und an den Serviceschaltern des Kopenhagener Flughafens. Sie können sie auch unter www.copenhagencard.com bestellen.

Wenn man bedenkt, dass allein der Eintritt in den Tivoli 95 kr/13 € kostet und Sie darüber hinaus evtl. 4–5 Museen mit Eintrittspreisen zwischen 55-95 kr (7-13 €)besuchen möchten, dann kann sich vor allem die Dreitageskarte lohnen – schließlich sind damit auch die öffentlichen Verkehrsmittel kostenlos (was einem nebenbei auch den Stress mit den Automaten erspart). Konkret: Fünf Museen á je 70 kr im Schnitt plus Tivoli macht 445 kr. Die CPH Card für drei Tage kostet 459 kr, Sie kommen also um die Tickets für U-Bahn und Busse herum, mehr aber auch nicht. Vor allem als Komfortangebot bei regem Besuch kostenpflichtiger Sehenswürdigkeiten ist die Karte eine gute Sache, groß sparen wird man damit kaum können. www.copenhagencard.dk

Feiertage

Zusätzlich zu den üblichen Feiertagen Neujahr, Karfreitag, Ostersonntag und -montag, Christi Himmelfahrt, Pfingstsonntag und -montag sowie erster und zweiter Weihnachtsfeiertag sind in Dänemark die Geschäfte an folgenden Tagen geschlossen:

Gründonnerstag (Skærtorsdag): unmittelbar vor Karfreitag

Großer Bettag (Store Bededag): 4. Fr nach Ostern

Verfassungstag (Grundlovsdag): 5. Juni

Fundbüros

Mit ein wenig Glück ist doch nicht alles verloren. Das **zentrale Fundbüro** für den Großraum Kopenhagen befindet sich in der Polizeistation im Slotsherrensvej 113 in Vanløse (✆ 38748822) und ist Montag, Mittwoch und Freitag von 9 bis 14 Uhr geöffnet, Dienstag und Donnerstag bis 17.30 Uhr. Je nach Ort des Verlustes kann man sich außerdem an folgende Stellen wenden:

Wenn Gepäckstücke und andere Gegenstände am Kopenhagener **Flughafen** vermisst werden, kontaktiert man die entsprechende Fluggesellschaft, sucht einen der Service- und Infoschalter im Terminalbereich des Flughafens auf, oder ruft diese Nummer an: ✆ 32474725. Auf der Homepage des Flughafens (**www.cph.dk**) sind außerdem unter „Facilities"/„Lost and Found" die Fundstücke der letzten 30 Tage aufgelistet. Falls der Verlust mehr als 30 Tage zurückliegt, wendet man sich an das zentrale Fundbüro in Vanløse.

Hat man etwas in einem **Bus** vergessen, hilft diese Telefonnummer weiter: ✆ 36131415.

Kommt ein Gegenstand im **Zug** abhanden, wendet man sich an den entsprechenden Bahnhof oder die Info-Hotline der Danske Statsbaner (DSB, ✆ 701 31415, tägl. 7–22 Uhr).

Bei in der **S-Bahn** verlorenen Sachen ruft man die zentrale S-Bahn-Auskunft an: ✆ 36141701 (tägl. 7–23 Uhr). Bevor die gefundenen Gegenstände dem Fundbüro in Vanløse übergeben werden, lagern sie drei Monate lang an der Endstation der jeweiligen Linie.

Für die Fundgegenstände aus der **U-Bahn** ist das Büro auf dem Ørestads Boulevard 101 verantwortlich (Mo–Fr 8–16 Uhr, ✆ 70151615).

Gratis-Eintritt

Wie überall auf der Welt kosten Museen auch in Kopenhagen normalerweise Eintritt. Drei Museen gewähren aber grundsätzlich **freien Eintritt**: das Nationalmuseum, das Statens Museum for Kunst und das Museum des Dänischen Widerstands.

Andere Museen und Sammlungen machen an mindestens einem Tag in der Woche, meist mittwochs, die Türen weit auf und präsentieren ihre Schätze unentgeltlich. Das gilt für die Hirschsprung-Sammlung, das Thorvaldsen-Museum, die Kunsthalle Nikolaj, die Ny Carlsberg Glyptotek (hier So freier Eintritt) und das Stadtmuseum (hier Fr).

Zu beachten ist allerdings, dass für Sonderausstellungen auch an eintrittsfreien Tagen Eintritt verlangt werden kann.

Internet-Zugang

Boomtown, das bekannteste Internetcafé in Kopenhagen, ging vor kurzem pleite. In Zeiten von Smartphones und Tablets hat dieses Geschäftsmodell weitestgehend ausgedient. Nur in Vororten gibt es noch vereinzelt Internetcafés für Gamer.

Einen festinstallierten Internetcomputer findet man am leichtesten im **Touristeninformationsbüro** in der Vesterbrogade 4a neben dem Hauptbahnhof. Auch die meisten **Hotels** bieten kleine Computerräume mit kostenlosem Internetzugang an. Und natürlich haben viele Cafés ein W-LAN-Netz, allerdings eben ohne Hardware.

Kinder

Kinder sind in Kopenhagen allgegenwärtig: ihr Lachen, ihre Spielfreude, ihr Temperament gehören zur Stadt wie der Tivoli und die Kleine Meerjungfrau. Mit den breiten Fahrradwegen, die an Kreuzungen stets eine eigene Ampel haben, kommen Kinder problemlos zurecht. Viele Restaurants sind auf Kinderwägen mit extrabreiten Gängen zwischen den Tischen eingerichtet, oft gibt es Kinderstühle, die auf die Restaurantstühle montiert werden können. Kaum ein Museum, das nicht mit originellen Einrichtungen für Kinder glänzt, und an den schönen Stränden im Süden und Norden von Kopenhagen können sich die Kleinen auch in freier Natur austoben. Vor allem der **Amager Strandpark** ist durch seine Weitläufigkeit wie geschaffen für Kinder, aber auch der lebhafte **Bellevue Beach** in Klampenborg stellt ein ideales Ausflugsziel dar.

Die klare Nummer eins für Kinder ist aber natürlich der **Tivoli**. Der wunderschöne Vergnügungspark ist zwar nicht gerade billig, aber wirklich jede Krone wert.

Weitere Top-Tipps für Kinder sind das **Experimentarium** im Vorort Hellerup, das **Aquarium** in Charlottenlund und der großartige **Zoo**. Das **Statens Museum for Kunst** hat eigens einen Kunstraum für Kinder eingerichtet, während die ständige Sammlung mit speziellen Kinderstationen die Kunstwerke auf spielerische Art erlebbar macht. Das **Louisiana-Museum** 40 km nördlich von Kopenhagen verfügt über einen dreistöckigen Kinderflügel, in dem die Fantasie der Kinder auf vielfältige Weise angeregt wird.

Kreditkarten

In den meisten Geschäften und Lokalen werden **Kreditkarten** akzeptiert (bitte PIN-Code bereithalten!). Die meistverbreiteten Kreditkarten in Dänemark sind Visa Card, MasterCard und American Express Card. Hat man seine Kreditkarte verloren, kann man sie unter folgenden Nummern sperren lassen:

American Express: ✆ 70207097

Diners Club: ✆ 36737373

MasterCard: ✆ 001-6367227111

Visa: ✆ 80010277

Für andere Kreditkarten: ✆ 44892929 (Hotline von PBS, einem dänischen Dienstleister für elektronische Zahlungen; 24-Std.-Service).

> Für in Deutschland ausgestellte Karten gibt es den allgemeinen Sperrnotruf 0049-116116.

Kriminalität

Dänemark gilt als außerordentlich sicheres Land. Dennoch sollte man kein unnötiges Risiko eingehen, indem man etwa das geparkte Auto nicht abschließt oder wertvolle Gegenstände sichtbar darin herumliegen lässt.

Medien

Internationale Presse sucht man an den meisten der ohnehin eher spärlichen Kioske vergebens. Im Hauptbahnhof gibt es einen Shop mit einigen deutschen Presseerzeugnissen.

Zwei Publikationen in Kopenhagen drucken aktuelle Informationen und Veranstaltungstipps auf **Englisch**: Jeden Freitag erscheint die Zeitung **The Copenhagen Post** (kostenlos in der Touristinfo, Vesterbrogade 4a) und einmal im Monat die Broschüre **Copenhagen This Week** (tatsächlich ein Monatsblatt). Beide liegen auch in vielen Cafés, Restaurants und Clubs aus.

Die wichtigste dänische **Qualitätszeitung** heißt Politiken. Rund 105.000 Exemplare gehen jeden Tag weg. Viel gelesen werden auch Ekstra Bladet (verkaufte Auflage: 83.000 Exemplare), Jyllands-Posten (der dänische Marktführer unter den Kaufzeitungen setzt

Kongens Have – Zirkusveranstaltung während des Jazzfestivals

täglich knapp 120.000 Zeitungen ab) und Berlingske Tidende (verkaufte Auflage: 103.000 Exemplare). Die meisten Zeitungen verbreiten jedoch die drei **Gratistitel** MetroXpress, 24timer und Urban. Spitzenreiter MetroXpress bringt täglich 200.000 Stück an die Leute. Die beiden meistverkauften **Zeitschriften** sind das Königshaus-Klatschblatt Billed Bladet und der alte Traditionstitel Familie Journal, ein Wochenmagazin voll Haushaltstipps.

Im **Fernsehen** beherrschen die beiden staatlichen Sender TV2 und DR1 den Markt mit einem Anteil von über fünfzig Prozent. Der Privatsender TV3 folgt mit vergleichsweise kümmerlichen fünf Prozent, der öffentlich-rechtliche Kanal DR2 kommt noch auf 4,5 Prozent.

Medizinische Versorgung

EU-Bürger werden im Notfall kostenlos behandelt. Bei plötzlicher Krankheit oder einem Unfall wenden Sie sich an ein Krankenhaus oder einen Notfalldienst. Mit einer **Europäischen Krankenversicherungskarte** sind Sie auf der sicheren Seite. Sie wird Ihnen von Ihrer Krankenversicherung kostenlos ausgestellt. Zahnarztbehandlungen sind allerdings fast immer zu zahlen und dann in bar.

Für die (nicht immer mögliche) Rückerstattung von Kosten wenden Sie sich mit Ihrem Krankenversicherungsnachweis und den quittierten Rechnungen, aus denen die erbrachte Leistung hervorgeht, an die zuständige dänische Kommune oder an Ihre Krankenversicherung.

Ins Auge fassen sollten Sie auch den Abschluss einer **Auslandskrankenversicherung,** die etwa die Kosten einer Behandlung durch Privatärzte oder des Rücktransports ins Heimatland abdeckt.

Ärzte Die **Touristen-Arztwache** in Kopenhagen wird von Vertragsärzten betrieben und ist Mo–Fr 8–16 Uhr unter ✆ 33154600 zu erreichen.

Außerhalb dieser Zeiten wenden Sie sich an den **Notfalldienst** unter ✆ 70130041 (Mo–Fr 16–8 Uhr, Sa/So rund um die Uhr).

Unfallstationen der Krankenhäuser (Bereitschaftsdienst rund um die Uhr) **Amager Hospital**, Italiensvej 1, ✆ 32343500.

Bispebjerg Hospital, Bispebjerg Bakke 23, ✆ 35312373.

Frederiksberg Hospital, Nordre Fasanvej 57, Frederiksberg, ✆ 38163522.

Hvidovre Hospital, Kettegårds Alle 30, 2650 Hvidovre, ✆ 36322553.

Zahnärztlicher Notdienst **Tandlægevagten**, behandelt werden ausschließlich Notfälle. Mo–Fr 20–21.30 Uhr, an Wochenenden und Feiertagen 10–12 Uhr. Oslo Plads 14, ✆ 35380251.

Verschreibungspflichtige Arzneimittel sind nur in **Apotheken** erhältlich (*apotek;* mit einem grünen „a" als Kennzeichen versehen). Zahlreiche Medikamente bekommt man in Dänemark aber auch ohne ärztliches Rezept und dann u. a. in Supermärkten, Drogerien oder Tankstellen. Die Apotheken akzeptieren keine Kreditkarten, und es wird der volle Preis für die gekauften Arzneimittel verlangt. Wenn Sie allerdings die Europäische Versicherungskarte oder eine Ersatzbescheinigung vorlegen, können Sie sich die Kosten mit der von der Apotheke ausgehändigten Karte gegebenenfalls wieder erstatten lassen. Die üblichen Öffnungszeiten der Apotheken sind Montag bis Freitag von 9 bis 17.30 Uhr und Samstag von 9 bis 13 Uhr.

Apotheken mit 24-Std.-Bereitschaft in der City **Steno Apotek**, Vesterbrogade 6c (gegenüber vom Hauptbahnhof), ✆ 33148266.

Mehrwertsteuer

Die dänische Abkürzung für Mehrwertsteuer (früher *meromsætningsafgift,* jetzt *merværdiafgift*) lautet MOMS und ist in Höhe von 25 % grundsätzlich in allen Hotel- und Restaurant-Rechnungen sowie in den Rechnungen für andere Serviceleistungen, in Eintrittspreisen usw. enthalten.

Notruf

Polizei, Notarzt und Feuerwehr sind unter ✆ **112** zu erreichen.

Notrufe sind kostenlos, auch von Telefonzellen aus!

Öffnungszeiten

Die rigide Ladenöffnungspolitik wird 2012 endlich gelockert: Kaufhäuser, Boutiquen und Supermärkte dürfen ihre Ware auch am Sonntag verkaufen. Geschlossen sind sie nur noch an religiösen Feiertagen. Allerdings gilt weiterhin die eiserne Regel der Sozialdemokratie: Nach 18 Uhr ist Schluss! Freitag schließen sich die Tore immerhin erst um 19 Uhr, dafür samstags und sonntags bereits um 16 Uhr.

Polizei

Polizeistationen mit 24-Std.-Bereitschaft **Amager**: Kamillevej 3

Bellahøj: Borups Allé 266

City: Halmtorvet 20

Flughafen: Lufthavnsboulevarden 8

Weitere Polizeistationen **Im Hauptbahnhof**: tägl. 7–24 Uhr.

Nørrebro: Nørrebrogade 88. Mo 11–14 Uhr, Di/Mi/Fr bis 13 Uhr, Do 15–18 Uhr.

Østerbro: Østerfælled Torv 38–40. Mo–Mi, Fr 11–14 Uhr, Do 12–18 Uhr.

Vesterbro und **Indre By**: Puggaardsgade 2.

Brønshøj-Husum: Frederikssundsvej 208. Mo 9–12 Uhr, Do 17–20 Uhr.

Valby: Krumtappen 4. Mo–Mi 8–16 Uhr, Do bis 18 Uhr, Fr bis 14 Uhr.

Frederiksberg: Howitzvej 30. Mo/Di/Fr 8–16 Uhr, Mi/Do bis 18 Uhr.

Post

Die üblichen Öffnungszeiten der Postämter sind Montag bis Freitag 9/10–17/18 Uhr, manchmal auch Samstag von 9 bis 12 Uhr. Telefonisch kann man die einzelnen Ämter nicht erreichen, aber den **Kundenservice der Post:** ✆ 802070 30. Geldüberweisungen können in jedem Postamt getätigt werden. Weitere Infos unter www.postdanmark.dk.

Zentrale Postämter **Købmagergade 33**: Mo–Fr 10–18 Uhr, Sa bis 14 Uhr.

Hauptbahnhof: Mo–Fr 8–21 Uhr, Sa/So 10–16 Uhr.

Preise

Ganz sicher sind es nicht die Preise, die Kopenhagen zum beliebten Reiseziel machen – meist ist Kopenhagen sogar etwas teurer als München, in dieser Hinsicht bekanntlich führend in Deutschland.

Preisbeispiele
(jeweils für eine Person):

Hauptgericht 100–120 kr (14–16 €)
Sandwich 59–95 kr (8–13 €)
Bier 35–55 kr (4,70–7,40 €)
Glas Wein 45–74 kr (6–10 €)
Glas Cola 25 kr (3,35 €)
Kaffee 20 kr (2,70 €)
Mietwagen/Tag: 695 kr (93 €)
Busfahrt 21 kr (2,80 €)
Museumsticket 40–70 kr (5,40–9,40 €)
Kinoticket 75 kr (10 €)

Rauchen

Ein umfassendes Rauchverbot hat im August 2007 auch Dänemark ereilt. Restaurants, Kneipen, Diskotheken und öffentliche Gebäude sind zur rauchfreien Zone erklärt worden. Einzige Ausnahme: Lokale, die kein Essen servieren und deren Räume kleiner sind als 40 m². Wie in Deutschland treffen die Raucher auf der Straße vor den Gaststätten aufeinander.

Schwule und Lesben

Dänemark gilt als eines der liberalsten Länder der Welt. Schon seit 1948 arbeitet der dänische **Verband für Schwule und Lesben** *(Landsforeningen for Bøsser og Lesbiske,* kurz LBL), und 1989 führte die Regierung als erste der Welt die sog. „registrierte Partnerschaft“ ein, die homo- und heterosexuelle Beziehungen gesetzlich gleichstellt. Seit 1999 können Homosexuelle mit diesem Status auch Kinder ihres Partners adoptieren.

Gerade in der Hauptstadt werden Schwulen und Lesben im Allgemeinen keine Ressentiments entgegengebracht. Kaum jemand dreht sich um, wenn homosexuelle Paare sich auf der Straße küssen oder Händchen haltend spazieren gehen. Alle Einheimischen kennen den **Ørsted-Park** (→ S. 198) als nächtlichen Treffpunkt der Schwulenszene. Zu erhöhter Vorsicht wird allerdings geraten: Es ist dort schon mehrmals zu homophoben Übergriffen gekommen. Die Polizei ist aber inzwischen wachsamer und greift entschieden ein. Auch psychologisch positiv dürften sich die „Vogelhäuschen“ auswirken, die, mit Kondomen und Gleitgel ausgestattet, in den Bäumen hängen. Die **Studiestræde** und die angrenzenden Straßen zählen zu den beliebtesten Ausgehzonen von Schwulen und Lesben.

Information **www.lbl.dk**: Homepage des dänischen Verbands für Schwule und Lesben, leider existieren erst wenige Seiten auf Englisch. Der LBL publiziert übrigens auch die Monatszeitschrift *Panbladet*, die über die Szenegastronomie vertrieben wird. Sie erscheint zwar nur in dänischer Sprache, der Veranstaltungskalender dürfte aber für alle hilfreich sein. Das Büro des Verbands befindet sich in der Nygade 7 (Strøget) und ist Mo–Fr 12–16.30 Uhr geöffnet. ✆ 33131948 (Mo 12–16 Uhr, Di 15–18 Uhr, Do 16–18 Uhr).

www.copenhagen-gay-life.dk: Die umfangreichste Seite, die es zum Thema in englischer Sprache gibt. Hält das gut gemachte Infoblatt *Gay City Map* zum Download bereit. Beide sind auf Englisch und liegen auch in vielen Kneipen aus.

www.meetgaycopenhagen.dk: William Dreyer organisiert für ausländische Schwule und Lesben Abendessen mit Einheimischen (in der Privatwohnung oder außer Haus), damit sie die dänische Kultur und Mentalität näher kennenlernen können. Erstkontakt mit der Agentur über william@meetgaycopenhagen.dk.

Veranstaltungen **Copenhagen Pride**: Die große schwul-lesbische Parade in der zweiten Augustwoche zieht Zehntausende von Besuchern an, während der ganzen Woche finden überall Partys statt. Das genaue Programm steht rechtzeitig (aber leider nur auf Englisch und Dänisch) im Internet unter www.copenhagenpride.dk.

Copenhagen Gay & Lesbian Film Festival (CGLFF): Das CGLFF, das an zehn Tagen im Okt. stattfindet, ist das älteste Filmfestival für den schwul-lesbischen Film. Unter www.cglff.dk wird das Programm einen Tag vor Festivalbeginn veröffentlicht.

Ausgehen **Centralhjørnet** 45, → Karte S. 156/157, Kopenhagens älteste Schwulenkneipe. Unkompliziert, gemütlich und immer noch sehr beliebt. Berühmt für seine Dragqueen-Shows. Tägl. 12–2 Uhr. Kattesundet 18 (in der Altstadt, unweit vom Nytorv in Richtung Rathausplatz), ✆ 33118549, www.centralhjornet.dk.

Oscar 47, → Karte S. 156/157, stets proppenvoll, Mix aus Café und Bar. Trendiges männliches Publikum. DJs legen House und Disco auf. Tägl. 12–2 Uhr. Rådhuspladsen 77 (Ecke Farvergade), ✆ 33120999, www.oscarbarcafe.dk.

Masken Bar & Cafe 18, → Karte S. 114/115, eine der ersten schwul-lesbischen Kneipen in Kopenhagen. Sehr stimmungsvoll am Wochenende. Mo–Do 16–2 Uhr, Fr bis

5 Uhr, Sa 15–5 Uhr, So bis 2 Uhr. Studiestræde 33, ✆ 33910937, www.maskenbar.dk.

Jailhouse CPH 9 → Karte S. 114/115, nomen est omen: Gefängniszellen und -accessoires gehören zur Ausstattung dieser gemütlichen Disco-Bar mit angeschlossenem Restaurant (Do–Sa 18–24 Uhr). Themenpartys zählen zu den Rennern. Mo–Do u. So 15–2 Uhr, Fr/Sa bis 5 Uhr. Studiestræde 12 (im Latinerviertel), ✆ 33152255, www.jailhousecph.dk.

Sport

Baden und Wassersport

Ja, es gibt ein Strandleben in Kopenhagen! In der Sonne zu liegen und im Meer zu **baden** gehört zu den beliebtesten Vergnügungen der Hauptstädter, natürlich auch, weil sie keine Selbstverständlichkeit sind. 25 °C werden in Kopenha-

gen mit sichtbarer Euphorie begrüßt. Dafür gibt es drei populäre Orte am Meer: den künstlichen Strandpark auf Amager mit drei (!) U-Bahn-Anschlüssen, Bellevue Beach an der Traumstraße Strandvejen und mitten in der Stadt den Hafenpark in Islands Brygge, ein modern gestaltetes Freibad. Falls das Wetter Baden in freier Natur verbietet, kann man sich auch im Schwimmbad des DGI-byen tummeln.

Im Amager Strandpark kann man sich außerdem das nötige Equipment zum **Windsurfen** ausleihen und Anfängerkurse buchen (Vereinbarungen im Sommer Mo–Fr 17–19 Uhr unter ✆ 267-33938, www.surfsnowboard.dk) sowie **Kajakpolo** spielen: Die Regeln sind ähnlich wie beim Wasserball, gespielt wird drei gegen drei. Preisbeispiel: 1700 kr für 1 Std. bei 6–10 Pers. Organisiert wird das Ganze von den Leuten von KajakOle, die auch Kajakstadtführungen veranstalten): Havkajakvej 8 (Amager Strandpark), ✆ 40504006, www.kajakole.dk.

Fußball

Sobald es wärmer wird, finden sich im **Fælledparken** in Østerbro die Hobbyfußballer ein. Gespielt wird auf der großen Wiese wenige Meter nach dem Eingang. Ein Team, das noch ein paar Mitspieler brauchen kann, findet sich immer.

Inlineskaten und Skateboarden

Riskant und technisch anspruchsvoll geht es im großen **Skaterpark** am Rand des Fælledparken zu. Junge Inlineskater und Skateboarder stürzen sich die zahlreichen Rampen hinunter, am beliebtesten ist natürlich die große Halfpipe. An schönen Tagen herrscht hier großer Andrang, der Eingang zum Skaterpark liegt an der Borgmester Jensens Allé.

Joggen

Die Kopenhagener lieben die mitten in der Stadt gelegenen Seen **Sankt Jørgens Sø**, **Peblinge Sø** und **Sortedams Sø**, die von flachen, meist zwischen Bäumen verlaufenden Fußwegen umgeben sind. Etwa 7 km lang ist eine Runde um die nebeneinanderliegenden Seen. Ideal zum Laufen sind außerdem das leicht wellige Gelände im **Ørsted-Park** und der hügelige, waldige Park **Søndermarken** beim Zoo in Frederiksberg. Sehr beliebt ist auch der Wall um das **Kastell**, wo man an der Kleinen Meerjungfrau vorbeijoggt.

Wer in toller Seeluft vor Zehntausenden von Zuschauern durch die flachen Straßen Kopenhagens laufen möchte, sollte sich rechtzeitig zum **Copenhagen Marathon** anmelden (www.copenhagenmarathon.dk). Er findet jedes Jahr Mitte Mai statt.

Schlittschuhlaufen

Mitten in der Stadt unter freiem Himmel einige Runden auf dem Eis zu drehen, gehört sicherlich zu den schönsten Erlebnissen im Winter. Gegen eine Mietgebühr von 40 kr kann man sich zwischen November und März Schlittschuhe ausleihen und dann gratis loslegen. Eisbahnen werden jedes Jahr auf dem **Kongens Nytorv**, am **Frederiksberg Runddel** vor dem Eingang zum Schlosspark sowie am **Blågårds Plads** in Nørrebro eingerichtet. Ebenfalls herrlich zum Schlittschuhlaufen: der zugefrorene See im **Tivoli**.

Sportmix im DGI-byen

Mitten im Stadtzentrum, unmittelbar hinter dem Hauptbahnhof, liegt dieser moderne Multifunktionsbau, der von Konferenzräumen bis zur Kletterhalle fast alles bietet, was zu einer Großstadt gehört. Folgende Sportarten lassen sich im DGI-byen ausüben: Schwimmen, Tauchen, Fitnesstraining, Bowling, Badminton, Schießen und Klettern (letztere beide allerdings nur mit einer Anmeldung drei Wochen im Voraus). Außerdem gibt es einen Spa-Bereich und das *Vestauranten,* wo man sich nach dem Sport stärken kann.

Öffnungszeiten/Preise **Verwaltung**: Mo–Do 8–16 Uhr, Fr bis 15.30 Uhr. ✆ 33298060, www.dgi-byen.com.

Badminton: 65 kr/Std. Platzbuchung online unter www.dgi-byen.com.

Bowling: Di–Do 15–22 Uhr, Fr 13–24 Uhr, Sa 11–24 Uhr, So 10–18 Uhr. 115–275 kr/Std., je nach Tag und Uhrzeit. Buchung online auf www.dgi-byen.com oder telefonisch unter ✆ 33398020.

Fitnesstraining: Mo–Do 6.30–22 Uhr, Fr 6.30–20 Uhr, Sa 9–19 Uhr, So 9–18 Uhr. Tagespass 83 kr (mit Schwimmbad) bzw. 270 kr (mit Spa).

Schwimmbad: Mo–Do 6.30–22 Uhr, Fr 6.30–20 Uhr, Sa 9–19 Uhr, So 9–18 Uhr. Tagesticket 58 kr, ermäßigt 38 kr, Tauch-Schnupperkurs 395 kr (Info und Anmeldung unter ✆ 30649000). ✆ 33298140.

Freizeitfußballer im Fælledparken

Spa: Mo–Do 15–22 Uhr, Fr 14–20 Uhr, Sa 9–19 Uhr, So 9–18 Uhr. Eintritt 195 kr, ermäßigt 145 kr. ✆ 33298100.

Vestauranten: Mo–Sa 11.30–24 Uhr. ✆ 33298030.

Sprache

Die dänische Sprache ist eng verwandt mit den anderen skandinavischen Sprachen Norwegisch und Schwedisch. Die meisten Dänen sprechen gut Englisch, weit verbreitet sind auch Französisch und Deutsch.

Stadtführungen und -rundfahrten

Wer sich einen schnellen Überblick über Kopenhagen verschaffen möchte oder zu bestimmten Sehenswürdigkeiten Hintergründe vor Ort erfahren will, kann auf organisierte Touren zurückgreifen. Führungen gibt es in Kopenhagen zu Lande und zu Wasser. Nachfolgend die aus unserer Sicht spannendsten Angebote:

Zu Lande

Mit dem Bus **Paaske Bus**, sechs Stadtrundfahrten im offenen oder geschlossenen Doppeldeckerbus starten tägl. vor dem Palace Hotel am Rathausplatz, eine davon das ganze Jahr über, die anderen nur in den wärmeren Monaten. In acht Sprachen, darunter auch auf Deutsch, bietet das Unternehmen z. B. die *City Tour* zu allen großen Kopenhagener Sehenswürdigkeiten an (140 kr/19 €, Kinder unter 12 J. 65 kr/9 €). In der Haupt-saison (17.5.–31.8.) ist tägl. um 9.30, 10.30, 11.30 und 13.30 Uhr Abfahrt. Neben den Stadtrundfahrten werden auch vier Touren in die Umgebung, u. a. nach Schweden und zu den Schlössern in Nordseeland, angeboten.

Paaske Bus A/S – Copenhagen Coach Service, Yderlandsvej 15, ✆ 32660000 (Bürozeiten: Mo–Fr 8–18 Uhr, Sa/So 8.30–16 Uhr; außerhalb der Bürozeiten automatische Weiterleitung zum Callcenter), www.sightseeing.dk (10 % Rabatt bei Online-Buchung 21 Tage vor dem gewünschten Termin).

Mit dem Fahrrad **Copenhagen Tours**, tägl. um 10.30 Uhr startet die große Fahrradtour durch Kopenhagen (auch auf Deutsch), die an allen bedeutenden Sehenswürdigkeiten vorbeiführt. Dauer: 2:30–3 Std. Treffpunkt: Vodroffsvej 55 in Frederiksberg (Nähe Forum, beim Cabinn Hotel in den Hinterhof zum Gebäude von Copenhagen Rickshaw durchgehen). Preis: 270 kr/36 €, Kinder 135 kr/18 €. Wer das eigene Fahrrad mitbringt, zahlt 25 kr/3,50 € weniger. Eine Anmeldung ist nicht notwendig, Infos unter ✆ 35430122, www.copenhagen-tours.dk.

City Safari, sechs Fahrradtouren durch die Stadt (auch auf Deutsch) bietet das Unternehmen in Kooperation mit dem Dänischen Architekturzentrum in Christianshavn an: „Das historische Kopenhagen", „Die Carlsberg-Tour", „Die große Architekturreise", „Auf den Spuren von Hans Christian Andersen", „Kopenhagen bei Nacht" und „Ökologie in der Großstadt". Dauer: 3 Std. Preis: 250 kr/33,50 €, Kinder 100 kr/13,50 € (30 kr/4 € Rabatt, wenn man das eigene Fahrrad mitbringt). Treffpunkt: vor dem Dänischen Architekturzentrum, Strandgade 27b. Anmeldung unter ✆ 33239490 oder basictours@citysafari.dk. www.citysafari.dk.

Spaziergänge **Tourist Guide Association of Denmark (Turistførerforeningen)**, seit 1933 bildet der Verband professionelle Touristenführer aus und ist damit der älteste seiner Art auf der Welt. Individuelle Touren auf Deutsch (und in 21 anderen Sprachen!) können über die Verbandshomepage und unter der angegebenen Telefonnummer vereinbart werden. Auch Touren mit dem Fahrrad, Bus oder Auto werden angeboten. Nørregade 41, ✆ 33113310, www.guides.dk.

Hans Christian Andersen's Walking Tours, von Mitte Mai bis Mitte Sept. geleitet ein Stadtführer in historischer Andersen-Kleidung Interessenten zu den berühmtesten Sehenswürdigkeiten der Stadt. Sprache: Englisch. Dauer: mind. 1:30 Std. Preis: 75 kr/10 €. Treffpunkt ist montags bis samstags um 10.30 Uhr in der Touristinfo beim Tivoli. Eine Anmeldung ist nicht erforderlich, Infos unter ✆ 32847435, www.copenhagenwalks.com.

Christiania, Bewohner führen von Ende Juni bis Anfang Aug. tägl. ab 15 Uhr durch die alternative Siedlung in Christianshavn. Treffpunkt beim Eingang an der Prinsessegade. Sprache: Englisch. Dauer: 1–1:30 Std. Preis: 40 kr/5,50 €. Eine Anmeldung ist nicht notwendig. ✆ 32579670, www.rundvisergruppen.dk.

Joggingtouren **Jogging Tours**, von Juni bis Aug. finden mittwochs bis samstags ab 10 Uhr geführte Stadtläufe statt. Gejoggt wird durch Nørrebro, Frederiksberg oder Christianshavn, auch eine „Royal Tour" durch den nördlichen Teil der City mit seinen vielen Sehenswürdigkeiten wird angeboten. Dauer: jeweils 1 Std. Preis: 70 kr/9,50 €. Buchung unter ✆ 61606967 oder mit dem Kontaktformular auf www.joggingtours.dk.

Zu Wasser

Mit dem Boot **DFDS Canal Tours**, die beliebten Ausflugsboote fahren an vielen Sehenswürdigkeiten (Oper, Kleine Meerjungfrau, Schloss Amalienborg, Vor Frelsers Kirke, Schwarzer Diamant, Schloss Christiansborg etc.) vorbei, und die charmanten Tourbegleiterinnen bemühen sich sehr, ihren Text möglichst lebendig und anschaulich vorzutragen (nur selten auf

Stadtführung im offenen Doppeldeckerbus

Deutsch, die Zeiten sind am Ticketschalter vermerkt). Abgefahren wird am Nyhavn und am Gammel Strand, 1 Std. lang schippert man für 70 kr/9,50 € (Kinder 40 kr/5,50 €) durch die Kanäle von Kopenhagen. Abfahrtszeit: ab 10 Uhr jede halbe Stunde, zwischen 24.6. und 20.8. startet das letzte Boot um 19.30 Uhr, sonst um 17 Uhr.

Für reine Rundfahrten ohne Touristenführer kann man den *Hop-on-hop-off-Wasserbus* nehmen: Drei Linien (grün, orange und blau) bringen einen zu einigen Sehenswürdigkeiten mehr als die Ausflugsboote, z. B. zum berühmten Schwimmbad von Islands Brygge. Ein Tagesticket, mit dem man beliebig oft ein- und aussteigen kann, kostet 70 kr/9,50 € (Kinder 40 kr/5,50 €), Plätze können nicht reserviert werden.

Tickets für die Ausflugsboote und Wasserbusse gibt es an den Kassenhäuschen am Nyhavn 3 (✆ 33113105) und Gammel Strand 26 (✆ 33133105).

Weitere Infos, auch detaillierte Reiserouten, unter www.canaltours.com.

Mit dem Kajak KajakOle, in Einer- oder Zweierkajaks durch die Kanäle von Kopenhagen zu paddeln ist eine spannende Alternative zu traditionellen Stadtführungen. Teilnehmen kann jeder ab 11 J., für Kajak-Novizen sei allerdings angemerkt: Füße und Po werden mit Sicherheit nass, deshalb auf adäquate Kleidung achten. Schwimmwesten und wasserfeste Overalls stehen zur Verfügung. Die drei Touren unterschiedlicher Länge (ab 1:30 Std.) beginnen und enden in Christianshavn. Preis: ab 295 kr/Pers. inkl. Erfrischungsgetränk bei einem Café-Stopp (rund 40 €). Gestartet wird an der Strandgade in Christianshavn beim Færgecaféen. Buchung unter ✆ 40504006, booking@kajakole.dk oder www.kajakole.dk.

Strom

Die Netzspannung in Dänemark beträgt 220 Volt, es sind keine Adapter notwendig.

Telefonieren

Alle dänischen Telefonnummern bestehen aus acht Ziffern. Die internationale **Vorwahl für Dänemark** lautet 0045 – und das Wichtigste: Es gibt keine Ortsvorwahl.

Bei **Gesprächen von Dänemark ins Ausland** ist die Landesvorwahl plus die Ortsvorwahl ohne die Null plus die Rufnummer zu wählen. Die Landesvorwahl für Deutschland ist 0049, für Österreich 0043 und für die Schweiz 0041. Bei Problemen mit der Verbindung, etwa hinsichtlich der Qualität, kann der internationale Telefonservice weiterhelfen: ✆ 141 (erst die Weiterverbindung kostet).

Wenn Sie Ihr **Mobiltelefon** in Dänemark normal weiternutzen, werden Sie wahrscheinlich zu einem der folgenden Anbieter umgeleitet: Sonofon (✆ 80292929), Tele Danmark (TDC Mobil, ✆ 80808020) und Telia (✆ 80404040). Allerdings können so – trotz der durch die EU festgelegten Höchstgrenzen – recht hohe Roaming-Gebühren anfallen. Zumindest die Kosten für eingehende Anrufe kann man umgehen, indem man sich vor Ort eine Prepaidkarte kauft und sich dann auf der dänischen Nummer anrufen lässt.

Öffentliche Telefone können mit Münzen (ab 1 kr) und Telefonkarten genutzt werden. Letztere sind im Wert von 30, 50 und 100 kr in Postämtern und an Kiosken erhältlich. Die öffentlichen Telefone funktionieren folgenderweise: Hörer abheben, Nummer wählen und, wenn sich der Gesprächspartner meldet, Geld einwerfen. Achtung: Restgeld wird nicht zurückgegeben.

Touristeninformation

Informationen zu Kopenhagen erhält man z. B. bei der dänischen Tourismuszentrale **VisitDenmark** in Hamburg und bei **Wonderful Copenhagen** in Kopenhagen:

Wonderful Copenhagen: Das einzige Kopenhagener Tourismusbüro liegt zentral in der Vesterbrogade 4a (3 Min. vom Hauptbahnhof entfernt, schräg gegenüber vom Haupteingang zum Tivoli), ✆ 70222442, www.visitcopenhagen.com (mit übersichtlichem Online-Buchungssystem für Hotelzimmer). Der modern eingerichtete, helle und große Raum ist eine Informationsmaschine, wie man sie sich effizienter nicht vorstellen kann: Informationstafeln und -broschüren, ein halbes Dutzend Internetcomputer, ebenso viele kompetente und freundliche Mitarbeiter, die alle perfekt Englisch sprechen. Im Sommer wartet man ein wenig, aber dank des Nummernsystems geht es schnell voran. Sitzgelegenheiten sind vorhanden.

Öffnungszeiten: Mai/Juni: Mo–Sa 9–18 Uhr, So 10-14 Uhr; Juli/Aug.: Mo–Sa 9–20 Uhr, So 10–18 Uhr; Sept.-April: Mo–Fr 9–16 Uhr, Sa 9-14 Uhr

VisitDenmark: Erstklassig ist auch die Website der dänischen Tourismuszentrale. Die deutsche Seite bietet umfangreiche Informationen zum Land, man kann Hotelzimmer online buchen und Broschüren sowie eine kostenlose Straßenkarte von Dänemark bestellen. Adresse: Glockengießerwall 2, 20095 Hamburg, ✆ 0049-(0)1805-326463 (0,14 €/Min.), ℻ 0049-(0)40/65031930, www.visitdenmark.de.

Trinkgeld

Offiziell ist das Trinkgeld in vielen Restaurants und Cafés bereits im Preis inbegriffen, auf der Rechnung unter „Service“ vermerkt. Die meisten Dänen geben dennoch ein kleines Trinkgeld, wenn sie mit dem Besuch zufrieden waren. Erwartet wird dies jedoch nicht.

Währung

Die Währung Dänemarks ist die Dänische Krone (ISO-Code: DKK; Abkürzung: dkr oder kr), die in 100 Øre unterteilt wird. Im Umlauf sind folgende Münzen: 25 Øre, 50 Øre (beide aus Kupfer), 1 Krone, 2 Kronen, 5 Kronen (aus Silber und mit einem Loch in der Mitte), 10 Kronen und 20 Kronen (beide aus Messing). In Form von Banknoten gibt es 50, 100, 200, 500 und 1000 Kronen. Leicht zu verwechseln sind jeweils die Øre-Münzen, die 1- un d 2-Kronen-Stücke und die 10- und 20-Kronen-Münzen, die sich nur geringfügig in der Größe unterscheiden.

1 € = 7,47 kr (Stand: Nov. 2011)

20 kr = 2,68 €
50 kr = 6,70 €
75 kr = 10,05 €
90 kr = 12,06 €
100 kr = 13,40 €
130 kr = 17,41 €
500 kr = 67 €
700 kr = 93,77 €
1000 kr = 134 €

Für die Einfuhr von Dänischen Kronen und auch von ausländischen Währungen nach Dänemark existieren keine Begrenzungen.

Wetter

Sonnenschein und Wärme genießen in Dänemark einen exklusiven Status, denn sogar der wärmste Monat Juli kann im Durchschnitt mit nicht mehr als 20 °C aufwarten. Zwar nicht der wärmste, aber der trockenste Monat ist der Mai, der sich auch als Reisemonat (nicht zuletzt wegen des Karnevals) etabliert hat. Das Klima folgt im Großen und Ganzen den vier Jahreszeiten, auch wenn der Sommer einiges zu wünschen übrig lässt. Das Wetter ist das ganze Jahr über wechselhaft und macht einen Regenschirm oft unentbehrlich.

Beträchtliche Schwankungen weisen die Temperaturen v. a. während der Winterperiode auf. Als kältester Monat gilt der Februar mit einer Durchschnittstemperatur von 0 °C. Auch im Dezember und Januar sollte man sich auf klirrende Kälte gefasst machen, der März und der November sind für ihr feuchtkaltes Klima bekannt.

Sobald es das Wetter einigermaßen zulässt, werden in den meisten Cafés und Restaurants die Tische ins Freie gestellt. Das Outdoor-Leben ist trotz eher kühler Temperaturen sehr ausgeprägt in Kopenhagen – wenn's sein muss, unterstützt von Decken und Heizstrahlern.

Wettervorhersage auf dmi.dk: Wie das Wetter der nächsten sechs Tage in Kopenhagen wird, finden Sie auf der Website des Dänischen Meteorologischen Instituts heraus. Merkwürdig, aber nützlich: Wenn Sie auf die britische Flagge klicken, erscheinen die Informationen auch in deutscher Sprache.

Zeit

In Dänemark gilt die Mitteleuropäische Zeit (MEZ). Beginn und Ende der Sommerzeit decken sich mit denen in Deutschland, Österreich und der Schweiz.

Zoll

Bei der Ein- und Ausfuhr von Waren muss grundsätzlich erkennbar sein, dass die Waren für den Eigenbedarf bestimmt sind und nicht etwa zum Zwecke des Handels. Für **Deutsche und Österreicher** gelten für die Einfuhr nach Dänemark und ins Heimatland folgende Richtwerte:

800 Zigaretten oder 400 Zigarrillos oder 200 Zigarren oder 1 kg Rauchtabak; 10 l Spirituosen mit einem Alkoholgehalt von mehr als 22 Vol.-% oder 20 l Likörwein oder 90 l Tafelwein oder 110 l Bier; 10 kg Kaffee.

Für **Schweizer** gilt für die Einfuhr von Waren nach Dänemark folgende Regelung (für die Einfuhr in die Schweiz dortige Regelungen beachten):

200 Zigaretten oder 100 Zigarrillos oder 50 Zigarren oder 250 g Rauchtabak; 1 l Spirituosen mit einem Alkoholgehalt von mehr als 22 Vol.-% oder 2 l Likörwein oder 2 l Tafelwein; 500 g Kaffee; 50 l Parfum oder 0,25 l Eau de Toilette.

Rathausplatz – vor Baubeginn der U-Bahn-Station (Fertigstellung 2018)

Stadttouren

Tour 1: Rund um den Rathausplatz und durchs Latinerviertel

Alle Wege führen, jedenfalls in Kopenhagen, zum Rathausplatz. Er ist das unumstrittene Zentrum der Stadt, begrenzt von markanten Türmen, die der Metropole auf Postkarten ein unverwechselbares Gesicht verleihen. Die längste und älteste Fußgängerzone Europas - die Strøget – beginnt hier. Über eine der größten Kreuzungen der Stadt sieht man hinüber zum Vergnügungspark Tivoli.

Hier beginnt unsere Tour, auf der wir zunächst an zwei bedeutenden Museen vorbeikommen und die uns anschließend durch den Tivoli und von dort mitten durchs Latinerkvarter, das lebendigste Viertel der Altstadt, bis zu Universität und Vor Frue Kirke führt.

Sicher, der **Rathausplatz** könnte ein wenig mehr Struktur vertragen, das Durcheinander von *pølsevogn* (fahrbare Würstchenstände), Kaffeehaustischen und Parkbänken lädt nicht gerade zum Verweilen ein, und die meisten Kopenhagener tun das hier auch nicht. Jetzt umso weniger, als eine U-Bahn-Baustelle den Platz bis 2018 zusätzlich verschandelt. Zu hoffen ist, dass er dann neugestaltet und als unverkennbares Zentrum der Stadt aufgewertet wird.

Heute ist **Rå**dhuspladsen kein Ziel für sich, aber doch ein beliebter Treffpunkt, die Startadresse für Stadterkundungen und Shoppingtouren – er liegt am Eingang zur Altstadt, quasi am Fußende der wuseligen Einkaufsstraße **Strøget.** Auf der gegenüberliegenden Seite geht es zum **Tivoli** und zur kürzlich aufwendig modernisierten **Ny Carlsberg Glyptotek**, zwei der größten

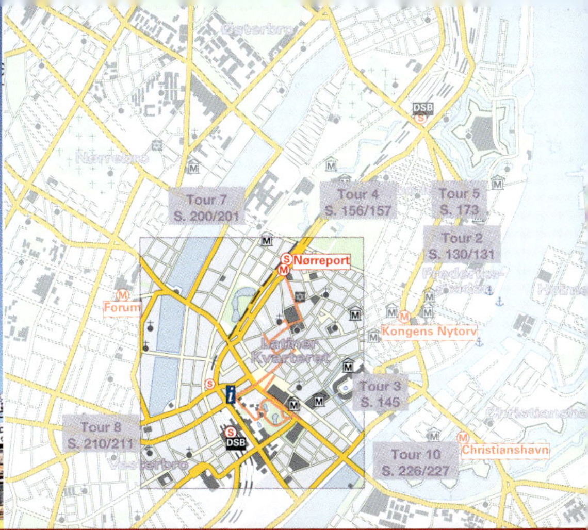

Rund um den Rathausplatz und durchs Latinerviertel

Sehenswürdigkeiten Kopenhagens. Dahinter beginnt gleich das neue In-Viertel **Vesterbro**, alles in bequemer Reichweite.

Das majestätische **Rathaus,** das den Platz dominiert, wurde vor etwa hundert Jahren fertiggestellt, ebenso das auffallende Fünf-Sterne-Hotel *Palace* am Eck, neben dem sich das Museum für Kopenhagens berühmtesten „Adoptivsohn", **Hans Christian Andersen**, befindet. Der wurde zwar nicht in Kopenhagen geboren, zog aber bereits in frühen Jugendjahren hierher und findet sich in einem „Erlebnismuseum", das seine berühmtesten Märchen durch Puppen-Animationen verniedlicht, zum billigen Touristenmagneten degradiert (Näheres dazu in dem Kasten über das H.C. Andersen Eventyrhuset).

Von ganz anderem Kaliber sind das **Dänische Design-Zentrum** und die **Ny Carlsberg Glyptotek**, ein Weltklassemuseum, die nach ein paar Gehminuten erreicht werden. Der Eintritt ins benachbarte **Tivoli** beweist dann, dass manche Dinge zu Recht berühmt sind. Wer geglaubt hat, einen kitschigen Kommerzpark vorzufinden, wird angenehm überrascht sein: Der Tivoli ist ein Zauberland, ein Paradies für Kinder und ein ästhetischer Traum für Erwachsene.

Zehn Gehminuten weiter beginnt das **Latinerviertel:** zum Teil ehemaliges Rotlicht-, mittlerweile jedoch lebendiges Studentenviertel – die Uni ist ganz nah. Künstler und junge Leute bevölkern die schmalen Altstadtgassen mit ihren alten, kleinen und sehr bunten Häusern. Viele Läden bieten Secondhand-Klamotten an, auch junge Designermode findet sich hier; insgesamt funktioniert die Mischung aus Platten- und Comic-Läden, Tattoostudios, Kneipen und Cafés sehr gut. Einige ausgefallene Sexshops erinnern noch an die Zeit, in der das Viertel einen eher zweifelhaften Ruf genoss. Heute ist es eines der abwechslungsreichsten, jüngsten und aufregendsten Viertel Kopenhagens.

Sehenswürdigkeiten im klassischen Sinne besitzt das Latinerviertel nicht, die sind an dessen Rand angesiedelt: die über 500 Jahre alte **Universität** und daneben die neoklassizistische **Vor Frue Kirke** von 1829 mit den bekannten Mar-morstatuen von Bertel Thorvaldsen.

Nach dem Besuch der **Sankt Petri Kirke** und einem Blick auf die **Synagoge,** die für die Öffentlichkeit leider nicht zugänglich ist, endet der Spaziergang am Nørreport, dem größten Knotenpunkt öffentlicher Verkehrsmittel in Kopenhagen.

Tour-Info

Beginn der Tour (reine Gehzeit: 1 Std.) ist der Rathausplatz, der von den S-Bahn-Stationen Hauptbahnhof (Hovedbanegård) oder Vesterport in wenigen Gehminuten zu erreichen ist. Falls Sie vorhaben, im Latinerviertel einzukaufen, müssen Sie für den Samstag die frühen Ladenschlusszeiten, meist 15 Uhr, einkalkulieren. Die Glyptothek hat am Montag geschlossen, das Dänische Design-Zentrum und der Tivoli haben tägl. geöffnet.

Stationen

Rådhuspladsen (Rathausplatz)

Schrauben Sie Ihre Erwartungen nicht allzu hoch: Rådhuspladsen, der zentrale Platz von Kopenhagen, ist keine formvollendete italienische Piazza, aber das belebte, von einer aufgeregten Geschäftigkeit beherrschte Herz der Stadt. Wenn Sie Leuchtreklamen als Zeichen eines weltstädtischen Charakters schätzen, so kommen Sie hier auf Ihre Kosten. Nur das Rathaus strahlt keine Werbung aus, von allen anderen Seiten leuchten jedoch die bunten Lichter des Konsums und mittendrin ein riesiger Nachrichtenticker der großen dänischen Tageszeitung *Politiken.* Deren Stammhaus befindet sich am Eck gegenüber vom Rathaus.

Wer die dänische Vorliebe für die kleine, romantisch verspielte Form kennt, wird von der großzügigen Anlage des Platzes überrascht sein – sie erklärt sich

Das Rathaus von Kopenhagen

aber aus der Historie. Noch vor 150 Jahren war Kopenhagen von einem Festungswall umgeben, der von König Christian IV. im 17. Jh. als Schutz vor Angriffen gebaut worden war. Doch nach dem Bombardement durch die englische Flotte im Jahr 1807 war klar: Gegen die neuen weitreichenden Kanonen war eine Mauer wirkungslos. Hinzu kam, dass die Bevölkerung wuchs und der Raum innerhalb des Stadtwalls bald zu eng wurde, wobei sich die hygienischen Bedingungen verschlimmerten. Als die Menschen zu revoltieren begannen, entschlossen sich die Militäroberen 1868, die sowieso nutzlos gewordene Befestigung niederzureißen, um Kopenhagen eine größere Ausdehnung zu ermöglichen. Der heutige Rathausplatz befindet sich am ehemaligen Ausgang der Stadt, dort, wo früher das Westtor war. Die ehemalige Randlage, die ausreichend Platz sicherte, erklärt seine Größe aber nur zum Teil – daneben war er nämlich auch als Versammlungsplatz gedacht. Er ist wohl deshalb kaum bebaut, was ihm vor allem im Winter einen durchaus unwirtlichen Charakter verleiht – eine Ausnahme bildet die Silvesternacht, die viele Menschen in Feierlaune hierher lockt.

Das wuchtige **Rathaus** wurde zwischen 1892 und 1905 gebaut. Stilistisch lehnt es sich an norditalienische Renaissance-Palazzi an, kombiniert mit mittelalterlichen Bautraditionen aus Dänemark. Es ist der Arbeitsplatz des sozialdemokratischen Bürgermeisters **Frank Jensen** und seiner Stadträte. Bis zur großen Halle mit dem hohen Glasdach und den vielen Kreuzbögen ist der Eintritt frei. Gebührenpflichtige Besichtigungstouren führen durch das Rathaus, steil hinauf in den Glockenturm (105 m, 300 Stufen) und zur **Weltuhr** von 1955. Der Uhrmacher Jens Olsen begann Anfang des 20. Jh. die Arbeit an seinem Traum, dessen Verwirklichung erlebte er jedoch nicht mehr. Er starb, zehn Jahre bevor die Uhr am 15. Dezember 1955 um 15 Uhr von König Frederik IX. und Olsens Enkelin in Bewegung gesetzt wurde. Mitte der neunziger Jahre wurden aufwendige Restaurationsarbeiten notwendig, bei denen die Uhr in ihre 15.448 Einzelteile zerlegt wurde, um sie technisch auf den neuesten Stand zu bringen. Seither arbeitet die Weltuhr wieder, wie Olsen es geplant hatte: Sie gibt die Zeit an jedem Ort der Erde an und berechnet den „ewigen“ Kalender für die nächsten 2500 Jahre.

Gruselkabinette am Rathausplatz

Nicht zu übersehen sind am Rathausplatz zwei „Museen“ mit vielversprechenden Namen: **Ripley's Believe It or Not** und das **H.C. Andersen Eventyrhuset**. Um es rundheraus zu sagen: Eine größere Enttäuschung haben wir in Kopenhagen nicht erlebt. Für sage und schreibe 129 kr (Kombiticket, 17 €) darf sich der gespannte Besucher durch dunkle, enge Gänge mit stickiger Luft zwängen und sich an Plastikfiguren hinter Glas „erfreuen“, die vorgeben, spektakulär zu sein (Ripley) bzw. Szenen aus Andersen-Märchen nachzustellen. Ein paar Knöpfe, die eine vorhersehbare Mechanik auslösen, machen die Sache nicht spannender. Eine altmodische Monstrositätenschau, der jeder Nervenkitzel fehlt, und eine peinliche Puppenwelt, die alle Magie der Andersen-Märchen vernichtet: der Rathausplatz hat Hochwertigeres verdient.

Adresse: Rådhuspladsen 57, www.ripleys.com/copenhagen

Die **vergoldete Figur** über dem Haupteingang des Rathauses stellt Bischof Absalon dar, der 1167 mit der Errichtung einer Festungsburg auf dem Gelände des heutigen Schlosses Christiansborg den Grundstein für

Kopenhagen gelegt hatte. Überhaupt ist der Rathausplatz mit einer Vielzahl ganz unterschiedlicher Statuen und Skulpturen geschmückt. Es gibt einen auffälligen **Brunnen** vom Beginn des 20. Jh. mit einer Drachenkampf-Szene; aus der gleichen Zeit stammen zwei **Lurenbläser** auf einem hohen Podest (Luren sind Kriegstrompeten aus der Bronzezeit), und versteckt am Eck zum breiten H. C. Andersens Boulevard sitzt der große dänische Märchendichter in Frack und Zylinder und blickt voller Sehnsucht hinüber zum Tivoli. Die **Andersen-Statue** wurde 1961 errichtet.

Bis 2018 wird am Rathausplatz eine **U-Bahn-Haltestelle** gebaut, schöner ist er dadurch nicht geworden. Aber vielleicht wird er ja danach umgestaltet, diskutiert darüber wird immer wieder.

Ⓢ Hauptbahnhof (Hovedbanegård), Ⓢ Vesterport. Rathausführungen auf Englisch finden ganzjährig Mo–Fr um 15 Uhr statt, Sa um 10 Uhr, Preis 30 kr/4 €. Informationen zu den Touren in Englisch unter ✆ 33662582, www.kk.dk.

Den Glockenturm kann man für 20 kr/2,70 € zu folgenden Zeiten besteigen: Juni–Sept. Mo–Fr 10, 12 und 14 Uhr, Sa 12 Uhr, Okt.–Mai Mo–Sa 12 Uhr.

Der Zugang zur Weltuhr kostet 10 kr/1,40 € und ist von Mo–Fr 8.30–16.30 Uhr und am Sa 10–13 Uhr möglich.

Dansk Design Centre (Dänisches Design-Zentrum)

Wenn man am südlichen Rand des Rathausplatzes steht, wendet man sich nach links und läuft ein paar Minuten den verkehrsreichen H. C. Andersens Boulevard in südöstlicher Richtung entlang zum architektonisch modernen Dänischen Design-Zentrum. Hier finden jährlich mehrere **Wechselausstellungen** statt und einmal im Jahr verleiht das Haus, das mit mehreren Büros und einem Konferenzzentrum als

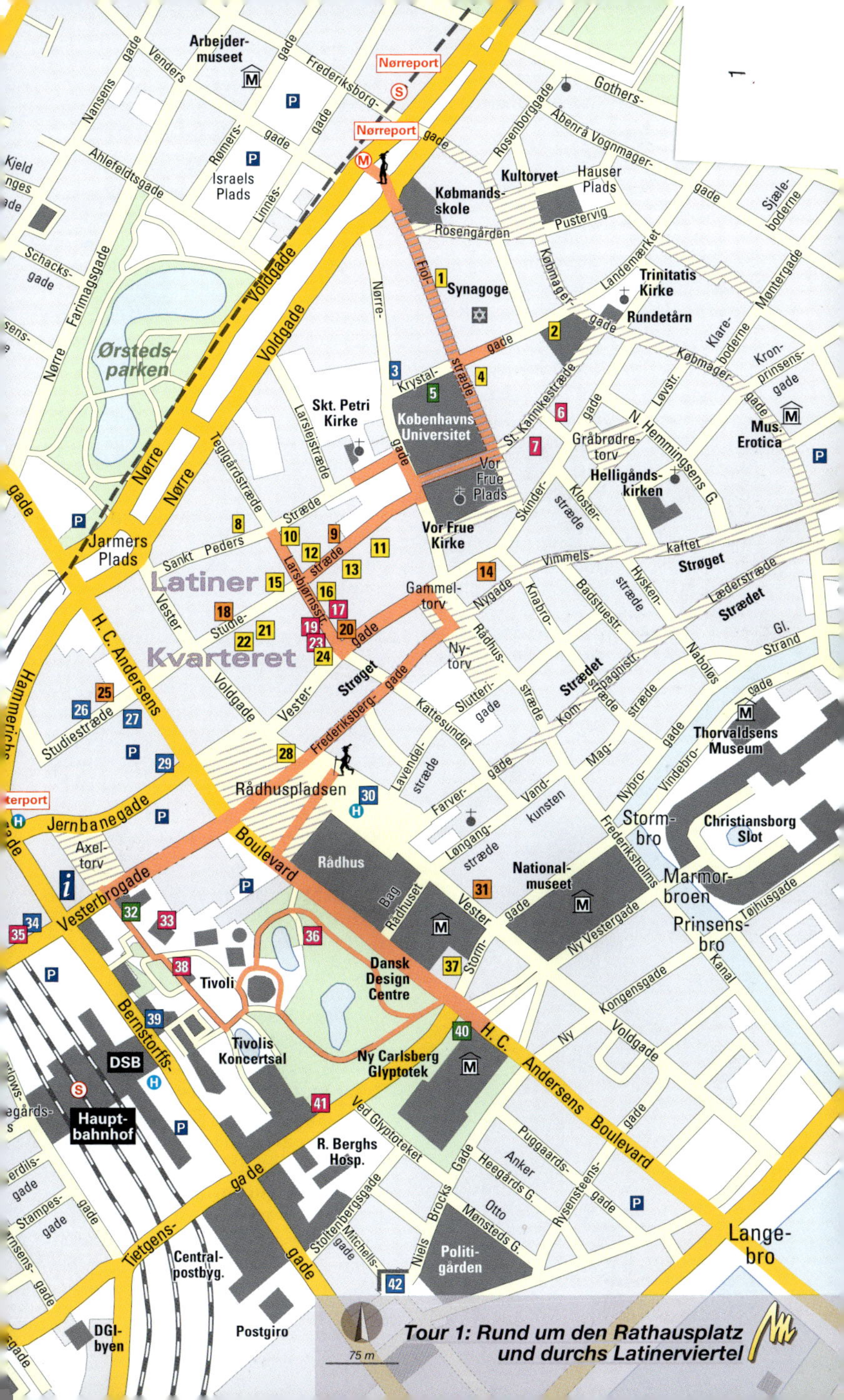

Tour 1: Rund um den Rathausplatz und durchs Latinerviertel

Treffpunkt der Szene fungiert, den Dänischen Design-Preis.

Im Eingangsbereich befindet sich das hübsche **Café Dansk**, das neben Kaffee und kalten Getränken auch Sandwiches, Suppen und Salate serviert. Gleich daneben lockt ein **Shop** mit einer großen Auswahl durchaus bezahlbarer Designerprodukte für Wohnung, Reisen und den täglichen Bedarf.

Fazit: Eine große Design-Sammlung darf man von diesem Haus nicht erwarten – es ist eher etwas **für Spezialisten**. Gut geeignet ist es auch als Adresse für originelle Mitbringsel.

Ⓢ Hauptbahnhof (Hovedbanegård). H. C. Andersens Boulevard 27, ✆ 33693369,

Öffnungszeiten: Mo–Fr 10–17 Uhr, Mi 10–21 Uhr, Sa/So und an Feiertagen 11–16 Uhr. Das Café Dansk schließt 30 Min. früher als das Haus, am Mi gibt es ab 17 Uhr nur noch Kaffee und Kuchen. Eintritt 55 kr/7,50 € ermäßigt 30 kr/4 €, Kinder unter 12 J. frei. www.ddc.dk.

Die Weltuhr tickt seit 1955

Ny Carlsberg Glyptotek

Ein erster Höhepunkt dieser Tour ist vom Design-Zentrum aus bereits sichtbar: die Glyptothek, benannt nach der Brauerei Ny Carlsberg (Keimzelle des heutigen Konzerns **Carlsberg Bryggerierne**;. Deren Gründer **Carl Jacobsen** stiftete Ende des 19. Jh. der Stadt seine Kunstschätze und forderte im Gegenzug ein Gebäude, in dem diese angemessen ausgestellt werden konnten. Sein Vorbild war die Münchner Glyptothek, die unter Ludwig I. rund 50 Jahre vorher entstanden war. Jacobsen rechnete mit einem Baugrund auf dem Rathausplatz und war enttäuscht, als das Museum ausgerechnet neben dem Tivoli entstand, einem Ort, den er als „plebejisch" und zu abgelegen empfand (merkwürdig: der Rathausplatz ist keine 300 m entfernt). 1897 wurde das im historisierenden Stil der Zeit gebaute Museum eröffnet, 1906 folgte ein Erweiterungsbau und 1996 ein weiterer für die bedeutende Sammlung französischer Gemälde. Heute zählt die Ny Carlsberg Glyptotek mit jährlich 350.000 Besuchern zu den erfolgreichsten Kunstmuseen in Dänemark – der Standort ist dem Bau also durchaus wohl bekommen.

Das Gebäude am H. C. Andersens Boulevard, der sich hier zum kleinen Dantes Plads erweitert, ist jenes von 1897, die Erweiterung von 1906 befindet sich hinten rechts, die von 1996 hinten links. Gleich nach dem Eintreten durch die schöne Holztür von 1925steht man in dem prächtigen Klassizismus-Foyer. Treppen führen hinab in den jüngst neu gestalteten, edlen Service-Bereich, der neben Schließfächern und Toiletten auch den Kartenschalter umfasst. Wieder oben, gelangt man in einen wunderschönen **Wintergarten** mit riesigen Palmen und einer 30 m hohen Honigglas-Kuppel, der als Zentrum und Verbindung der drei Museumsbereiche fungiert. Auf der rechten Seite befindet

Blumengarten im Tivoli

sich das stark frequentierte **Café**, daneben ein **Buch- und Souvenirshop**.

Die in farbenfrohen Räumen präsentierten **Sammlungen antiker Skulpturenkunst** des Mittelmeerraums nehmen den größten Teil des Museums ein. Die bunten Farben der Wände, die besucherfreundliche Platzierung der Skulpturen und die bemerkenswerten Böden tragen stark zum positiven Gesamteindruck bei. Daneben gibt es zahlreiche **Werke der Bildhauerei und Malerei aus jüngerer Zeit** (19./20. Jh.), v. a. aus Frankreich und Dänemark. Viele Klassiker sind hier vertreten, darunter Monet, Cézanne, Rodin, Picasso, Giacometti. Das älteste der rund 10.000 Exponate stammt aus Ägypten und stellt ein Nilpferd dar (um 3000 v. Chr.).

Kammerkonzerte in der stattlichen klassizistischen Halle und attraktive Sonderausstellungen runden das Angebot ab.

Ⓢ Hauptbahnhof (Hovedbanegård). Dantes Plads 7 (am H. C. Andersens Boulevard, neben dem Tivoli), Schrifttafeln auf Englisch.

Tägl. außer Mo 11–17 Uhr. Eintritt 75 kr/10 €, bis18 J. freier Eintritt. Kostenlose geführte Touren auf Englisch Juni–Sept. Mi 14 Uhr. ✆ 33418141, www.glyptoteket.dk.

Tivoli

Gleich neben der Glyptothek, an der ersten Straßenecke Richtung Rathausplatz, liegt der Eingang der vielleicht größten Überraschung in Kopenhagen: Der weltberühmte **Vergnügungspark** Tivoli ist kein simpler Rummelplatz und auch kein langweiliger Märchenwald. Zudem ist er überraschend kompakt, auf vergleichsweise engem Raum folgt eine Attraktion der nächsten – die dänische Vorliebe für das handliche Format hat sich auch hier durchgesetzt. Der Tivoli ist eine gelungene Mischung aus abenteuerlichen Fahrgeschäften, Veranstaltungen, außergewöhnlicher Architektur (z. B. das Hotel Nimb mit seiner maurischen Front), erstklassigen Restaurants, Cafés, einfachen Kiosken und Spazierwegen zwischen Bäumen – alles eng bei- und übereinander, teils scheinbar ineinander übergehend. Der Tivoli ist ein Vergnügungspark, der diesen Namen wirklich verdient. Die vielen Fahrgeschäfte sind dabei v. a. für Kinder ein Heidenspaß. Trotz seiner 4,4 Mio. Besucher im Jahr (Dänemarks größte Attraktion) ist der Tivoli auch bei bestem Wetter nicht wirklich überlaufen, Gedränge ist hier nur an wenigen Stellen mal ein Thema. (Zum Vergleich: Das Münchner Oktoberfest besuchen zwar jährlich 6 Mio. Menschen, das aber innerhalb von nur gut zwei Wochen. Der Tivoli hat gut acht Monate im Jahr geöffnet.)

Der Grund für die Zurückhaltung sind die hohen Kosten, die mit einem Besuch verbunden sind. Der **Eintritt** kostet 95 kr (12,70 €)damit ist aber noch kein Fahrgerät bezahlt. Lediglich das Unterhaltungsprogramm auf der großen Open-Air-Bühne und des Pantomime-Theaters sind kostenlos. **Tagespässe** für alle Fahrgeschäfte (Multi Ride Ticket) kosten 195 kr (26 €), dafür kann man die Vergnügungsattraktionen dann beliebig oft nutzen.

Wintergarten, Glyptothek

Der Park existiert seit 1843, der Name rührt von der italienischen Stadt Tivoli bei Rom her, die wegen ihrer Anziehungskraft auf Künstler und der Wasserspiele in der Villa d'Este einen legendären Ruf besitzt. Der **Gründer Georg Carstensen** war Offizier und Publizist und startete neben dem Tivoli noch mehrere andere Projekte dieser Art in Kopenhagen, die aber alle scheiterten. Sein Motto für den von Beginn an beliebten Erlebnispark hat sich aber als großer Erfolg erwiesen: „Der Tivoli wird nie vollendet sein", sagte er, und so wird es bis heute gehalten. Jedes Jahr kommen neue Attraktionen hinzu, und alte verschwinden.

Im Übrigen: Der Tivoli ist auch ein ausgezeichneter Kultur- und Gastronomietipp. Der Park besitzt ein eigenes **Symphonieorchester** und eine **Konzerthalle**, in der nicht nur klassische Konzerte stattfinden, sondern auch Popstars wie Macy Gray und Bryan Ferry auftreten. Für besondere Abende gibt es **Spitzenrestaurants** wie das Divan 2 oder das Café Ketchup Tivoli und sogar ein mit einem Michelin-Stern ausgezeichnetes Luxusrestaurant, das The Paul. Ein ganz persönlicher Tipp: Trinken Sie ein oder zwei Bier in der kleinen **Brauerei** Færgekroen Bryghus, die idyllisch am See gegenüber vom Piratenschiff liegt. Es lohnt sich, trotz des unglaublichen Preises von umgerechnet beinahe 8 € für den halben Liter, denn auch geschmacklich ist dieses Bier eine Liga für sich.

Lässt man sich auf das bunte Treiben im Tivoli wirklich ein, sind schnell ein paar Stunden vorbei.

Wer keine Lust verspürt oder vielleicht keine Zeit hat, den Vergnügungspark zu besuchen, kann den H. C. Andersens Boulevard nach dem Besuch der Glyptothek einfach zurück zum Rathausplatz gehen. Von dort setzt man die Tour fort: Zuerst geht es kurz in die Einkaufsstraße

So berühmt wie bezaubernd: der Eingang zum Märchenraum Tivoli

Strøget und dann hinein ins gegenkulturell angehauchte Latinerkvarter.

Ⓢ Hauptbahnhof (Hovedbanegård). Vesterbrogade 3, ✆ 33151001.

Geöffnet von Anfang April bis Mitte Sept. und von Mitte Okt. bis Ende Dez. Öffnungszeiten in der warmen Jahreszeit: Sa–Do 11–24 Uhr, Fr 11–0.30 Uhr, ansonsten schließt der Tivoli eine Stunde früher.

Eintritt: 95 kr (12,70 €). **Fahrgeschäfte** kosten extra: 25 kr (3,50 €) für max. drei Fahrten, 195 kr (26 €)für unbegrenzten Fahrspaß. Das englisch-sprachige Programm mit Lageplan und allen Preisinformationen liegt an den Eingängen aus. www.tivoli.dk

Strøget

Vom Ausgang des Tivoli an der Vesterbrogade (gegenüber der Touristinfo) geht es rechts und dann quer über den Rathausplatz in die Strøget hinein (nicht zu übersehen, einfach dem Hauptstrom folgen). Seit 1962 ist die Einkaufsmeile autofrei – sie gilt als die älteste **Fußgängerzone** Europas und als eine der längsten der Welt. Rund 1,5 km sind es vom Anfangspunkt Rathausplatz bis zum Endpunkt Kongens Nytorv, und auf der gesamten Strecke reiht sich ein Geschäft an das andere, eine Kneipe an die nächste. Eigentlich besteht die Strøget aus einem halben Dutzend einzelner Straßen (Frederiksberggade, Gammeltorv/Nytorv, Nygade, Vimmelskaftet, Amagertorv und Østergade), der Name hat sich in Kopenhagen jedoch als Bezeichnung für diese Shoppingmeile fest eingebürgert. Und obwohl „strøget" auf Deutsch „der Strich" bedeutet, hat die Straße nichts mit dem Rotlichtmilieu zu tun. Die dänische Wendung **„på et godt strøg"** (auf einem guten Strich) bedeutet „in guter Geschäftslage".

Genutzt wird die Strøget von internationalen Modelabels, die man auch in Deutschland kennt, an ihrem Anfang befinden sich eher preisgünstige, ab dem Amagertorv wird es teurer und exklusiver. Anders als viele Fußgängerzonen in Deutschland ist die Strøget bis spät in die Nacht belebt, am Wochenende bis zum Morgengrauen. Der Grund: Auf der Einkaufsmeile liegen zahlreiche Kneipen, irische v. a., aber auch Latino-Bars, die mit lauter Musik für Stimmung sorgen. Auch aus den Seitenstraßen ziehen viele Nachtschwärmer über die Strøget, treffen sich, halten ein Schwätzchen, besprechen die weitere Tour.

Da das Latinerviertel aber deutlich charmanter und auch aus Shoppingsicht interessanter ist, verlässt diese Tour die Strøget bereits am **Gammeltorv**. Tour 2 behandelt dann den spannenderen Teil der Strøget ab dem schönen Amagertorv.

Der Gammeltorv, der älteste Marktplatz Kopenhagens („gammel" bedeutet „alt"), ist eigentlich nicht besonders spektakulär. 1813 wurde hier jedoch Søren Kierkegaard geboren, der frühe Existenzialist. An der Ecke Frederiksberggade und Nytorv (der „neue" Platz gegenüber vom „alten") befand sich einst dort, wo heute die Danske Bank ist, **Kierkegaards Geburts- und Wohnhaus**.

Bummeln durch die Strøget

Søren Kierkegaard lebte hier mit Unterbrechungen bis 1848, worauf eine kleine Inschrift unterhalb der Fenster an der Bankfiliale aufmerksam macht.

Die Kolonnaden weiter unten am Nytorv gehören zum **Gericht**, einem neoklassizistischen Bau von 1815. Der große Brunnen mitten auf dem Gammeltorv, ältester der Stadt, stammt von 1606, die Figur ist ein Symbol der Wohltätigkeit. Entsprechend heißt das Werk **Caritas Springvandet** (Caritas-Brunnen). Jüngst restauriert, erstrahlt er derzeit wieder in altem schwarz-goldenem Glanz. Gemüse-, Obst-, Ethno- und Sonnenbrillen-Stände säumen den Platz, der auch dank einiger Cafés eine vielgenutzte Gelegenheit zum Rasten bietet.

Ⓢ Hauptbahnhof (Hovedbanegård), Ⓢ Vesterport.

Latinerkvarter (Latinerviertel)

Nun also ins Latinerviertel, eines der lebendigsten Viertel der Altstadt in der Nähe der Universität: Vom Gebäude der Danske Bank (Ecke Strøget/Nytorv) links über den Gammeltorv und wieder links in die Vestergade bis zur Kreuzung Larsbjørnsstræde.

Die Vestergade führt vorbei an vielen Kneipen und kleinen Geschäften in den westlichen Teil der Altstadt. An der Kreuzung geht es rechts in die Larsbjørnsstræde und damit in einen ehemals verrufenen Stadtteil, in dem bis in die achtziger Jahre Prostituierte in den schmalen Hauseingängen standen oder sich in den Fenstern präsentierten. Vor allem die Teglgårdstræde und Sankt Peders Stræde waren dafür berüchtigt. Das feine Bürgertum mied diese Gegend, die es verächtlich „Pissrinne“ (dän. **Pisserenden**) nannte. Das bezog sich auf die schlechten hygienischen Verhältnisse in den billigen Appartements und vielleicht auch auf gewisse Gewohnheiten ihrer Bewohner.

Vom schäbigen Gossencharakter ist heute nichts mehr zu spüren. Nur der Name wird von vielen Kopenhagenern noch benutzt, auch wenn er heute mit einem gewissen Stolz geführt wird: Pisserenden, das ist heute ein fast schickes **Jugendkultur-Viertel** mit zahlreichen exzellenten Musikläden wie dem Indie-Rock-Spezialisten *Sex Beat Records* in der Studiestræde 18 (kreuzt die Larsbjørnsstræde), dazu Antiquariaten, vielen Secondhand-Boutiquen und natürli ch Kneipen. Sogar einige Sexshops gibt es, eine Reminiszenz an vergangene Zeiten. Und wer die Larsbjørnsstræde bis zur Sankt Peders Stræde hochgeht, trifft am Eck auf einen legendären Comic-Laden: Das *Fantask* gibt es seit 1971. Wer sich auch nur ein wenig für die Neunte Kunst interessiert, sollte hier reinschauen. Das Angebot, v. a. an Comic-Alben, Graphic Novels und liebevollen Werkeditionen, ist überwältigend. Allerdings sollte man der englischen Sprache mächtig sein, deutschsprachige Comics sucht man bei Fantask vergebens.

Architektonisch sind die schmalen Straßen von alten, kleinen, oft schon ein wenig schiefen Häusern geprägt, die durch ihre Farbvielfalt zur bunten Atmosphäre dieses kleinen Viertels beitragen, in dem die junge Alternativszene den Ton angibt. Und weil dies vielen Leuten gefällt, haben sich auch einige schickere Boutiquen und Bars dazugemischt.

Vom Fantask geht es wieder zurück durch die Larsbjørnsstræde bis zur Kreuzung Studiestræde. Nach links (wer gar nicht erst zum Fantask wollte, geht hier natürlich rechts) führt die Tour zu den repräsentativen Bauten des Latinerviertels: zur Universität und

Vestergade, Latinerviertel

Sankt Petri Kirke aus dem 15. Jh. sowie zur Vor Frue Kirke, der Kathedrale von Kopenhagen mit der berühmten Christus-Statue von Bertel Thorvaldsen.

Ⓜ → und Ⓢ Nørreport, Ⓢ Vesterport.

Vor Frue Kirke (Liebfrauenkirche)

Die Studiestræde stößt frontal auf die äußerlich schmucklose, auf manche wohl reizlos wirkende **Kathedrale** von 1829. Eleganz kann man beim besten Willen weder dem bezugslosen Säulenportal noch dem klobigen Glockenturm zusprechen – dafür aber dem Inneren der Kirche. Das 60 m lange und 25 m hohe Kirchenschiff wird seitlich von Säulen und Bögen gesäumt, die schlicht genug sind, um alle Aufmerksamkeit auf die weißen **Marmorstatuen von Bertel Thorvaldsen** zu lenken, einem der bedeutendsten klassizistischen Bildhauer der Welt. Aufgestellt 1839, stellen sie die zwölf Apostel und Jesus mit ausgebreiteten Armen dar. Diese einladende, wie ein Willkommensgruß wirkende Interpretation der Christus-Figur war damals eine große Neuheit und entwickelte sich zu einem Erfolgsmodell auf europäischen Friedhöfen. Ob auch die ikonografisch ähnliche Christus-Statue in Rio de Janeiro von 1931 auf die Thorvaldsen-Skulptur zurückgeht, ist nicht sicher.

Die klassizistische Kathedrale ist der Nachfolger zahlreicher Kirchen, die alle an diesem Ort standen – die früheste, gebaut aus Kalkstein, bereits um 1200. Hundert Jahre später brannte der Bau ab und wurde aus Ziegeln neu errichtet, die dem großen Feuersturm von 1728 aber auch nicht standhalten konnten. Die wiederaufgebaute Kirche diente der englischen Kriegsflotte 1807 als Ziel, und das Gotteshaus brannte erneut ab. 1817 entschlossen sich die Kopenhagener, einen modernen Bau an dessen Stelle zu setzen. Seither wurden zwar einige Renovierungsarbeiten vorgenommen, aber im Grunde ist der Stand des frühen 19. Jh. zu sehen. 1100 Menschen finden in der Kathedrale Platz. Durch die **Royals-Hochzeit** von Kronprinz Frederik mit Mary Donaldson im Jahr 2004 geriet die Kirche wieder stärker in den Fokus der Öffentlichkeit.

Ⓜ → und Ⓢ Nørreport. Nørregade 8, www.koebenhavnsdomkirke.dk. Tägl. 8–17 Uhr.

Modetrends werden im Latinerviertel gesetzt

Københavns Universitet (Universität Kopenhagen)

Von der Kathedrale nur durch einen schmalen, gepflasterten Platz getrennt, bildet das **Universitätshauptgebäude** von 1836 den Mittelpunkt des Latinerviertels. Allerdings sind heute nur noch Theologie und Jura sowie die Verwaltung am Frue Plads untergebracht, die anderen Uni-Einrichtungen sind über die ganze Stadt verteilt. Gegründet wurde die Universität bereits 1479, aber den Angriff der Engländer Anfang des 19. Jh. überstanden die mittelalterlichen Gebäude ebenso wenig wie die Vor Frue Kirke daneben.

Die Universität von Kopenhagen ist **die größte Lehr- und Forschungsinstitution in Dänemark**, eingeschrieben sind ca. 37.000 Studenten. Rankings platzieren sie regelmäßig unter den Top Ten in Europa. Auf dem Platz zwischen Uni und Kathedrale finden im Sommer oft **Open-Air-Konzerte** statt, etwa während des Jazzfestivals (→ S. 83).

Ⓜ → und Ⓢ Nørreport. Nørregade 10, www.ku.dk.

Sankt Petri Kirke (Sankt-Petri-Kirche)

Gleich gegenüber der Universität, in der St. Peders Stræde 2/Ecke Nørregade, liegt etwas unauffällig hinter einer hohen Mauer eine der ältesten Kirchen Kopenhagens. Sie dient seit 1585 der **deutschen Gemeinde** mehrheitlich lutheranischer Christen in Kopenhagen als Gotteshaus. Heute ist sie 600 Mitglieder stark. Jeden Sonntag um 11 Uhr findet ein deutschsprachiger Gottesdienst statt. Der von König Frederik II. in Auftrag gegebene einfache Ziegelbau stammt teilweise (Turm, Mittelschiff und Chor) noch aus dem 15. Jh. Die einzigartigen **Grabkapellen** – typisch für Südeuropa, aber eine singuläre Erscheinung in Nordeuropa – sind aus dem 17. Jh. In den neunziger Jahren wurden die Sankt-Petri-Kirche von Grund auf restauriert. Hübsch ist der sonnige, grüne **Hof**, der die Kirche umgibt. Einige **Kaffeehaus-Stühle** stellen bei warmem Wetter eine unwiderstehliche Einladung dar.

Ⓜ → und Ⓢ Nørreport. St. Peders Stræde 2/ Ecke Nørregade.

Grabkapellen: März–Nov. tägl. außer So und Mo 11–15 Uhr, Eintritt 25 kr/3,40 €, ermäßigt 20 kr/2,70 €. www.sankt-petri.dk.

Ruhiges Plätzchen: Hof der Sankt-Petri-Kirche

Synagoge

2.400 Mitglieder stark ist die jüdische Gemeinde in Dänemark. Etwa 8.000 Juden leben in dem Land.Die Kopenhagener Syngagoge steht seit 1833 hinter der Universität: Man geht von der Sankt Petri Kirke rechts die Nørregade ein Stück runter und links zwischen Universität und Vor Frue Plads bis zur Fiolstræde, dort links und an der lang gestreckten Bibliothek mit den Bücherregalen hinter den hohen Fenstern vorbei bis zur Kreuzung mit der Krystalgade. Hier geht's noch mal kurz rechts, auf der linken Seite liegt dann die Synagoge. Eine **Besichtigung** ist leider nur nach Voranmeldung im Rahmen einer Gruppenführung möglich. Im Sommer 2011 fanden Restaurierungsarbeiten statt. Wieder zurück an der Kreuzung mit dem bemerkenswerten **In-Café** *Dalle Valle*, geht es rechts entlang der Fiolstræde zur S- und U-Bahn-Station Nørreport, dem Endpunkt dieser Tour. Wer den Verlockungen der Ladenangebote bisher widerstanden hat, kommt jetzt möglicherweise in Versuchung, denn die Fiolstræde ist bekannt für ihre erstklassigen Antiquariate und schicken Boutiquen.

Ⓜ → und Ⓢ Nørreport. Besichtigung: ✆ 39299520 (nur Gruppen). Krystalgade 12.

Praktische Infos

(→ Karte S. 114/115)

Essen und Trinken

Tivoli **Alberto K 35**, Spitzenrestaurant im 20. Stock des *Radisson SAS Royal Hotel* gegenüber vom Tivoli, Ecke Vesterbrogade. Die gesamte Inneneinrichtung ist eine Verbeugung vor dem berühmten Innendesigner Arne Jacobsen , der das Hotel in den fünfziger Jahren gestaltet hat. Berühmter Blick über Kopenhagen. Ein abendliches 5-Gänge-Menü ist für 675 kr (90 €) zu haben, Reservierung empfohlen. Das Alberto K hat eigentlich nur abends geöffnet, aber Ausnahmen werden bei Reservierungen ab 15 Personen gemacht, Kostenpunkt: 800/1050 kr (107/140 €) pro Person. Mo-Sa 18–24 Uhr. Hammerichsgade 1, ✆ 33426161, www.alberto-k.dk.

Grøften 38, eine Institution im Tivoli. Spezialität ist das berühmte Smørrebrød in Dutzenden von Variationen, die meisten davon kosten 65–80 kr (9-11 €). Menüs 295/395 kr (40 €/54 €. Öffnungszeiten wie Tivoli. Vesterbrogade 3, ✆ 33750675, www.groeften.dk.

Café Ultimo (33), lichtdurchfluteter Pavillon von 1883 im Tivoli. Italienische Küche. Pizza und Pasta um 120/130 kr (16-17,50 €). Öffnungszeiten wie Tivoli. Vesterbrogade 3, ✆ 33750751, www.cafeultimotivoli.dk.

››› **Mein Tipp:** **Færgekroen Bryghus 36**, im Tivoli. Kleine Mittagsplatte (Frokost) 159 kr (21 €), große Mittagsplatte 189 kr/25 €, Smørrebrød 55–115 kr (7,50-18 €). Die Mini-Brauerei befindet sich gleich neben dem Restaurant. Sie produziert hervorragendes Bier, das allerdings zu sündhaft teuren Preisen (59 kr für 0,5 l=7,90 €!) serviert wird. Im Sommer speist man auf einer romantischen Terrasse am See, die sich v. a. mittags schnell füllt. Öffnungszeiten wie Tivoli. Vesterbrogade 3, ✆ 33750680, www.faergekroen.com. ‹‹‹

Wagamama 41, Restaurant-Kette aus London mit weltweit rund 80 Filialen; am Rand vom Tivoli, Eingang von der Straße möglich (zwischen Glyptothek und Tivoli). Zuvorkommende Bedienung, gute asiatische Nudel- und Reisgerichte, allerdings trotz Franchise-Look nicht billig. Hauptgerichte um 90–120 kr (12-16 €). So–Do 12–22 Uhr, Fr/Sa bis 23 Uhr. Tietgensgade 20, ✆ 33750658, www.wagamama.dk.

Hard Rock Cafe 32, lebhafte Dependance der legendären Kette. Eine gute Adresse für einen kleinen Zwischenstopp, mit ordentlicher, nicht zu lauter Rockmusik. Burger, Sandwiches, Salate im Diner-inspirierten Restaurant-Bereich. Wer nur was trinken will, kann an der großen Bar bestellen. Mo–Mi 10–24 Uhr, Do bis 1 Uhr, Fr/Sa bis 2 Uhr, So bis 24 Uhr. Vesterbrogade 3 (neben dem Haupteingang zum Tivoli), ✆ 33124333,www.hardrock.com.

Glyptothek **Glyptoteket 40**, das Ambiente ist einmalig: Im grünen Seitentrakt des Wintergartens in der Glyptothek sitzend, hat man einen schönen Blick auf Palmen und Brunnenskulptur. Serviert werden frisch zubereitete Mittagsmahlzeiten für etwa 50–100 kr (7-13,50 €) neben, natürlich, Kaffee und Kuchen. Tägl. außer Mo 11–17 Uhr. Dantes Plads 7 (am H. C. Andersens Boulevard, neben dem Tivoli), ✆ 33418128, www.glyptoteket.dk.

Latinerviertel **RizRaz 7**, günstiges, meist gut besuchtes, großes Restaurant mit Buffet für 79 kr/11 € (11.30-16 Uhr) und 99 kr/13 € (16-24 Uhr). Füllt den Magen, mehr nicht, aber besondere Leckereien sind für den Preis auch nicht zu erwarten. Tägl. 11–24 Uhr. Store Kannikestræde 19 (gleich hinter der Uni), ✆ 33323345, www.rizraz.dk.

Det Lille Apotek 6, neben dem RizRaz liegt dieses älteste Restaurant Kopenhagens (Jahrgang 1720), auch wenn es das Gebäude von damals längst nicht mehr gibt – das aktuelle Haus stammt von 1829. Bekannt für seine günstigen Mittagsgerichte um 100 kr/13 €. Auch einige Tische im Freien. Tägl. 11–24 Uhr, So ab 12 Uhr. Store Kannikestræde 15, ✆ 33125606, www.detlilleapotek.dk.

››› **Mein Tipp:** **Atlas Bar 19**, saisonale Weltküche im Latinerviertel. Unprätentiös und gemütlich, angenehme, junge Menschen kommen gern hierher. Hauptgerichte mit Fleisch 115–185 kr (15,50-25 €), vegetarische Hauptgerichte 90–105 kr (12-14 €. Tägl. außer So 12–24 Uhr. Larsbjørnsstræde 18 (in Pisserenden, Ecke Studiestræde), ✆ 33150352, www.atlasbar.dk. ‹‹‹

Viele Boutiquen im Latinerviertel sind an der Kreuzung Larsbjønsstræde/Studiestræde angesiedelt

L'education nationale 17, sehr beliebtes Bistro mit französischer Küche zu vergleichsweise günstigen Preisen. Mo–Sa 11.30–24 Uhr, So 16.30–22 Uhr. Larsbjørnsstræde 12 (in Pisserenden, kurz vor der Kreuzung Studiestræde), ✆ 33915360, www.leducation.dk.

La Galette 23, beliebte Crêperie mit schmalem Innenhof im lebendigen Latinerviertel. Preise für umfangreichere Varianten, also mit mehr Zutaten gefüllte Galettes, um die 65–75 kr. Mo–Sa 12–16 und 17.30–22 Uhr, So 16–22 Uhr. Larsbjørnsstræde 9, ✆ 33323790, www.lagalette.dk.

Dalle Valle 5, allabendlich proppenvoll, v. a. mit schönen, gut gekleideten Studenten, meist in größeren Gruppen zusammensitzend. Man trinkt (Bier und Wein 50 kr/6,70 €), isst (zu sehr gemäßigten Preisen), unterhält sich – wie überall auf der Welt eigentlich, aber hier glaubt man, das Zentrum erreicht zu haben. Mo–Mi 10–24 Uhr, Do 10–3 Uhr, Fr/Sa 10–5 Uhr, So 10–22 Uhr, Küche bis 23 Uhr, So bis 21 Uhr. Fiolstræde 5 (bei der Uni), ✆ 33932929, www.cafedallevalle.dk.

Einkaufen

Bücher und Comics **Politikens Boghal** 28, hochwertige Bücher unterhalb der großen Politiken-Leuchtreklame. Viele englisch-sprachige Kopenhagen-Bücher zu Spezialthemen wie Design, Architektur und Film. Auch schöne Ausgaben von Andersen-Märchen. Mo–Fr 10–19 Uhr, Sa bis 16 Uhr. Rådhuspladsen 37, www.boghallen.dk.

Paludan Bogcafe 1, Antiquariat mit gemütlichem Café, das bei Studenten sehr beliebt ist. Neben der Unibibliothek gelegen. Im Sommer werden Sandwich, Wok-Gerichte und Brunch auch draußen serviert. Spektakuläre Öffnungszeiten: Mo-Fr 9-22 Uhr, Sa 10-22 Uhr, So 10-20 Uhr. Fiolstræde 10-12.

Den franske Bogcafé 4, Sie können gar kein Französisch? Macht nichts. Trinken Sie doch einen Café au Lait in der kuscheligen Buchatmosphäre dieses populären Hybridladens, in dem es natürlich auch Croissants gibt. Keine Tische im Freien. Die Bücher auf Französisch sind Neuerscheinungen. Mo–Fr 10–18 Uhr, Sa 10–16 Uhr. Fiolstræde 16, www.denfranskebogcafe.dk.

››› Mein Tipp: **Fantask** 8, legendärer Laden im Souterrain, der schon seit 1971 (es heißt, er sei der älteste Comic-Laden der Welt) jedes Sammlerherz höherschlagen lässt. Werkeditionen, wunderschöne Alben, Graphic Novels, Comic-Kunst, Erwachsenen-Comics. Nur für Englisch- (oder Dänisch-)Kundige. Schräg visavis, in der Sankt Peders Stræde 35, bietet eine Filiale

Computerspiele, Mangas, Rollenspiele und Figuren an. Mo–Do 11–18 Uhr, Fr bis 18.30 Uhr, Sa 11–15 Uhr. Sankt Peders Stræde 18, www.fantask.dk. «

Vielleicht der älteste, sicher aber einer der besten Comic-Läden der Welt

Musik **Sex Beat Records** 12, importiert v. a. Indie-Rock-CDs aus den USA und England. Imposantes Angebot. Mo–Do 11–18 Uhr, Fr 11–19 Uhr, Sa 11–15 Uhr. Studiestræde 18, www.sexbeatrecords.dk.

Mode im Latinerviertel **Drop Dead** 21, Hip-Hop-Mode und Streetwear in einem seit Jahren angesagten Laden. Graffiti an der Fassade und Rap aus den Boxen verleihen zusätzlich Street Credibility. Mo–Do 11–18 Uhr, Fr 11–19 Uhr, Sa 10–17 Uhr. Larsbjørnsstræde 16, www.dropdead.dk.

Vonryba 11, junge dänische Designermode für Frauen. Di–Fr 11–14 Uhr, Studiestraede 9.

Black No. 1 16, Anti-Schick in Reinkultur: originelle, vielfältige Kleidung für Anhänger des Gothic- und Punk-Stils. Mo–Do 11–18 Uhr, Fr bis 19 Uhr, Sa 11–16 Uhr. Studiestræde 3, www.blackno1.com.

Sneaky Fox 15, das volle Kontrastprogramm: feine Strümpfe für die elegante Frau und jede Lebenssituation – Leggings, Kniestrümpfe und Overknees, Strumpfhosen und Socken. Originell, bunt, vielfältig und dabei recht günstig. Viele Modelle für deutlich unter 100 kr, Strumpfhosen um 150 kr, Socken 29 kr. Mo–Do 11–18 Uhr, Fr 11–19 Uhr, Sa 11–16 Uhr. Studiestræde 25a, www.sneakyfox.dk.

Tracks 10, Lederstiefel, Ledertaschen, Lederjacken, Ledermäntel aus Australien. Mo–Do 10.30–18 Uhr, Fr 10.30–19 Uhr, Sa 10.30–16 Uhr. Larsbjørnsstræde 26, www.tracks.dk.

Paragraffen 24, angesagter Streetwear-Laden im Souterrain. Mo–Do 11–18 Uhr, Fr 11–19 Uhr, Sa 10–17 Uhr. Vestergade 14 (Ecke Teglgårdstræde), www.paragraffen.com.

Vintage-Mode, vor allem für Frauen, gibt es in der Studiestræde und Larsbjørnsstræde. Die besten Adressen: **København K** 22, Studiestræde 32b, und **The Second Way** 13, Studiestræde 15, **Carmen**, Larsbjørnsstræde 11.

Mode in Uni-Nähe Die Straßen Fiolstræde und Krystalgade haben sich zu einer exklusiven Fashion-Adresse für kleine, innovative Labels gemausert:

Henrik Vibskov 2, den „Shootingstar" unter den jungen dänischen Designern nannte ihn der Berliner „Tagesspiegel". Vibskov ist ein Avantgardist, der Männermode in unglaublich bunten Farben und irrsinnigen Schnitten macht. Kaum weniger ungewöhnlich ist seine Frauenmode, die in seiner Boutique bei unserem letztem Besuch auch deutlich mehr Interesse erzeugte. Dennoch: Die Männersachen sind auf jeden Fall einen genaueren Blick wert. Mo-Do 11-18 Uhr, Fr 11-19 Uhr, Sa 11-17 Uhr. Krystalgade 6, www.henrikvibskov.com.

Diverses **DDC Shop** 37, im Shop des Dänischen Design-Zentrums findet man zahlreiche kleinere Utensilien für den modernen Reisenden, natürlich unschlagbar cool im Design. Dazu Lampen, Accessoires, Zierobjekte und Artikel, die mit den aktuellen Ausstellungen zu tun haben. Mo–Fr 10–17 Uhr, Mi 10–21 Uhr, Sa/So und an Feiertagen 11–16 Uhr. H. C. Andersens Boulevard 27, www.ddc.dk.

Lurenbläser-Statue
am Rathausplatz

Tour 2

Tour 2: Vom Nørreport zum Nyhavn

Ein relativ kurzer Altstadt-Spaziergang, der vom Renaissance-Bau des Runden Turms zu den drei schönsten Plätzen von Kopenhagen führt: Gråbrødretorv, Amagertorv und Kongens Nytorv. Zwischen Amagertorv und Kongens Nytorv erstreckt sich der interessanteste Teil der Fußgängerzone Strøget. Höhepunkt der Tour ist der berühmte Hafenkanal Nyhavn.

Eines der Wahrzeichen von Kopenhagen, der **Runde Turm**, steht am Beginn dieser Tour durch die abwechslungsreiche Altstadt. Schmale, mittelalterliche Straßen führen zum versteckt gelegenen **Gråbrødretorv**, einem leicht ansteigenden Pflastersteingeviert, das an der südlichen Seite von 200 Jahre alten, leuchtend bunten Häusern begrenzt wird und im Sommer rundum voller Kaffeehausstühle steht. Der berühmteste Platz ist dies jedoch nicht, der folgt wenig später auf der Strøget: Der **Amagertorv** mit seinen hochklassigen Flagship-Stores und den bekannten Cafés *Norden* und *Europa* bildet das geschäftige Zentrum der langen Einkaufsstraße. Edle Geschäfte reihen sich von hier auf der **Østergade** bis zum eindrucksvollen **Kongens Nytorv**, von dem man bereits das Wasser des **Nyhavn** schimmern sieht. Die fröhlichen Farben der alten Häuser am Kanal bilden den romantischen Schlusspunkt dieses Spaziergangs, der unterwegs weitere Sehenswürdigkeiten passiert: die **Trinitatis Kirke**, die an den Runden Turm geklebt wurde, die große **Helligåndskirken** aus dem 14. Jh., das **Königliche Theater** am Kongens Nytorv und **Schloss Charlottenborg** am Nyhavn, von dem die Sight-seeing-Boote halbstündlich abfahren.

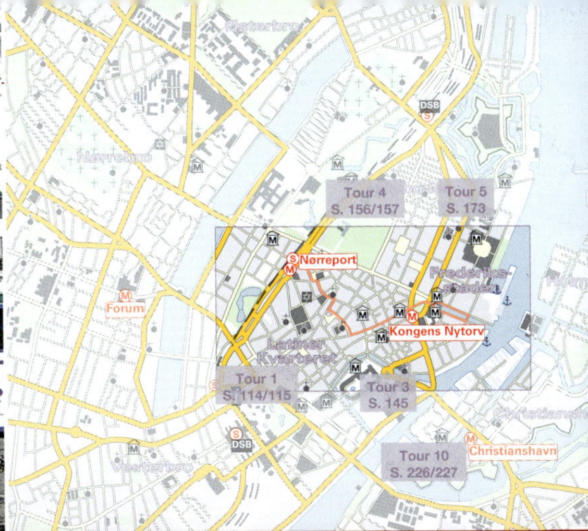

Vom Nørreport zum Nyhavn

Tour-Info

Romantischer Spaziergang durch die Altstadt mit Einkaufsmöglichkeiten auf der Strøget. Eher kurze Tour (netto rund 50 Min.), die Zeit zum Verweilen an einigen der berühmtesten Sehenswürdigkeiten der Stadt lässt. Startpunkt ist die U-/S-Bahn-Station Nørreport, Zielpunkt die U-Bahn-Station Kongens Nytorv.

Stationen

Rundetårn (Runder Turm)

Warum es eine durchschnittlich hohe, äußerlich kaum als sensationell zu bezeichnende Sternwarte in die Top Ten der Besucherhits von Kopenhagen gebracht hat, lässt sich ganz einfach erklären: Es gibt keine Treppen, die zum Observatorium hinaufführen, sondern einen **Wendelgang**. Nach **209 m** und siebeneinhalb Umrundungen der hohlen Achse des Gebäudes wird der Turmbegeher mit einem schönen **Ausblick** auf die Altstadt belohnt. Früher wurde der Gang von Pferdefuhrwerken genutzt, um Bücher in die damalige Unibibliothek (Zugang ungefähr auf halber Höhe des Turms) zu transportieren, inzwischen hat sich die einstige Verlegenheitslösung als wahre Goldgrube entpuppt.

Aber der Reihe nach: Beginn dieses kleinen Spaziergangs ist die U- und S-Bahn-Station **Nørreport**, die neben der Strecke zwischen Rathausplatz und Tivoli das größte Gedränge der Stadt produziert.

Unter freiem Himmel verteilen sich die Menschen aber schnell in die umliegenden Straßen oder nehmen einen der zahlreichen Busse zu weiter entfernten Zielen. Der größte Pulk allerdings wird in Richtung **Fußgängerzone** gehen, die hier Frederiksborggade und später **Købmagergade** heißt – wir folgen ihm, aber keine Angst: von Hektik auch hier keine Spur. Niemand tritt einem auf die Füße oder schießt haarscharf am Gesicht vorbei. Die Kopenhagener haben die wunderbare Gabe, scheinbar immer entspannt zu sein. Gut gekleidet, Ruhe

im Blick, flanieren sie durch die angenehm weitläufige Einkaufsstraße, die sich bald zum kleinen **Kultorvet** ausweitet, einem unaufgeregten Nachbarschaftsplatz mit Gastronomie und vielen Bänken (warum es diese so einfache wie großartige Institution in Deutschland weiter schwer hat, bleibt ein Mysterium).

Geradeaus weiter folgt die typische Fußgängerzonen-Mischung aus kleinen Läden und Cafés, bis sich nach wenigen Gehminuten links der **Runde Turm** erhebt. Dieser stammt von 1642, was seine Rolle im Kopenhagener Kulturleben angeht, könnte er aber gestern gebaut worden sein. Bis 1861 diente der von dem großen Stadtbaumeister **König Christian IV.** in Auftrag gegebene Turm als wissenschaftliches Observatorium, dann zog die Universität mit den Instrumenten und Büchern in neue Gebäude um. Heute steht ein Teleskop in dem 1929 neu erbauten Observatorium auf dem Dach des Runden Turms und kann von jedem Hobbyastronom genutzt werden. Das Dach bildet eine **Aussichtsplattform** mit 360°-Blick auf die Altstadt.

Hinter dem prominenten Turm befindet sich die **Trinitatis Kirke** (Dreifaltig-

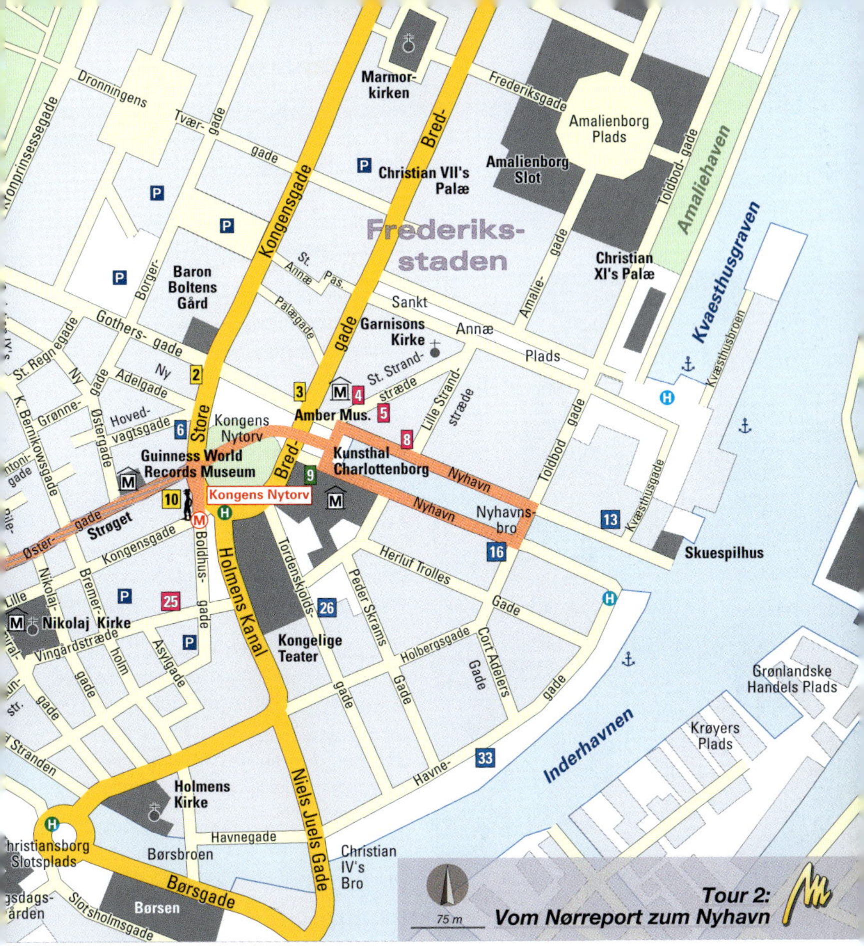

keitskirche) mit der ehemaligen Universitätsbibliothek im Obergeschoss. Die Trinitatis Kirke wurde während des großen Brandes von 1728 weitgehend zerstört, anschließend wieder aufgebaut und seither mehrmals restauriert. Altar und Kanzel stammen von 1731. Die ab 1861 verwaiste Bibliothek diente lange Zeit als Werkstatt für die Kulissenmaler des Königlichen Theaters am Kongens Nytorv. Als umfangreiche Restaurationsarbeiten nicht länger aufzuschieben waren, wurde der 900 m² große Saal geschlossen. Seit der Wiedereröffnung 1987 dient die ehemalige Unibibliothek als intensiv genutzte **Veranstaltungshalle** mit monatlich bis zu zehn klassischen Konzerten und jährlich einem halben Dutzend Kunstausstellungen.

Auf dem kleinen Platz an der rechten Seite der Trinitatis Kirke, beim Haupteingang am großen Baum, werden übrigens während des **Jazzfestivals** im Juli Gratis-Open-Air-Konzerte gegeben.

→ und Ⓢ Nørreport.

Rundetårn: Købmagergade 52a. 21.5.–20.9. tägl. 10–20 Uhr, 21.9.–20.5. tägl. 10–17 Uhr, Mitte Okt. bis Mitte März zusätzlich Di/Mi 19–22 Uhr.

Observatorium: Mitte Okt. bis Mitte März Di/Mi 19–22 Uhr.

Eintritt: 25 kr/3,40 €, Kinder bis 15 J. 5 kr/0,70 €. **Trinitatis Kirke**: Landemærket 2. Mo–Sa 9.30–16.30 Uhr.

Konzerte, Ausstellungen: ✆ 33730373, www.rundetaarn.dk.

Mit dem Pferd auf den Runden Turm geht es heute nicht mehr

Gråbrødretorv

Vom Runden Turm geht es weiter die Købmagergade entlang, links in die Skindergade und wieder links in die Niels Hemmingsens Gade zu einem besonders schönen Eck von Kopenhagen: dem in einem Gewirr von schmalen **Altstadtgassen** gelegenen Gråbrødretorv. Im Mittelalter, genau genommen von 1238 bis 1530, stand hier ein **Franziskanerkloster**, das aber im Zuge der Reformation abgerissen wurde. Von den dort lebenden Mönchen, den „grauen Brüdern", leitet sich auch der Name des Platzes ab.

Die Bombardierung durch die Engländer 1807 zerstörte die meisten Gebäude am Gråbrødretorv. Die hübschen bunten Häuschen, die ihm heute sein Gesicht geben, stammen aus der Zeit kurz danach. Seit den sechziger Jahren des 20. Jh., als weite Teile der Altstadt zur Fußgängerzone erklärt wurden, ist der Platz ein beliebtes Ziel für Schönwetterspaziergänge. Seine kuschelige Intimität lässt sich auf einer Parkbank unter dem großen Baum in der Mitte des Platzes kostenlos genießen. Wer Hunger oder Durst hat, kann sich in eines der zahlreichen **Straßencafés** und -restaurants setzen. Die Kapazitätsgrenze für gastronomische Angebote scheint allerdings erreicht: Weniger wäre in diesem Fall mehr, namentlich weniger Restaurants, mehr Atmosphäre.

Im Juli ist der Gråbrødretorv eines der Zentren des **Jazzfestivals** mit täglich stattfindenden kostenlosen Livekonzerten.

→ und Ⓢ Nørreport.

Helligåndskirken (Heiliggeistkirche)

Vom Gråbrødretorv zurück auf der Niels Hemmingsens Gade, geht es rechts zur mittelalterlichen **Helligåndskirken**. Die schmalen Sträßchen schaffen bei schönem Wetter eine verträumte Atmosphäre, die von der alten evangelischen Kirche aufgefangen wird. Bis ins 13. Jh. reicht deren Geschichte zurück, der heutige Bau ist nach zahlreichen Bränden und Kriegszerstörungen zum größten Teil aus dem 18. Jh. Die Kirche bietet auch Räume für Kinderbetreuung, Konzerte, Basare und Büchermärkte.

→ Kongens Nytorv. Niels Hemmingsens Gade 5, www.helligaandskirken.dk. Mo–Fr 12–16 Uhr.

Zahlreiche Restaurants säumen den beliebten Gråbrødretorv

Amagertorv

Das Grundstück der Helligåndskirken grenzt an die **Strøget,** die linksrum zum lebendigsten Abschnitt ansetzt. Vor der Mauer musizieren Straßenkünstler und Studenten, auch Backgammon- und Schachspieler haben hier an warmen Tagen ihren Treffpunkt. Nach wenigen Metern wechselt der graue Straßenbelag in ein buntes Muster aus fünfeckigen Granitsteinen über, die Straße öffnet sich zum **Amagertorv**, traditionell das Zentrum der Altstadt.

Bis 1868 wurde hier Gemüse von der nahen Insel Amager verkauft. Auf dem Platz zieht der auffällige **Storkespringvandet** (Storchenbrunnen; die Vögel sehen aber eher wie Reiher aus) von 1894 Musiker und Gaukler an. Viel Betrieb ist hier. Dominiert wird der Amagertorv von den großen Straßencafés *Norden* und *Europa* sowie mehreren erstklassigen Läden: Das Designer-Einrichtungshaus *Illums Bolighus*, der berühmte Porzellanhersteller *Royal Copenhagen*, die Glaswerkstatt *Holmegaard*, der Juwelier *Georg Jensen* und das Tabakgeschäft *W. Ø. Larsen* stehen dicht an dicht, auch *H&M* hat eine Filiale am Amagertorv. In Richtung Kongens Nytorv, auf dem Østergade-Abschnitt der Strøget, folgen teurere Boutiquen wie *Birger Christensen* und *Louis Vuitton*.

Kurz vor dem Ende der Einkaufsstraße liegt ein kleines Museum, das, falls Sie mit Kindern unterwegs sind, vielleicht eine willkommene Abwechslung bietet: das **Guinness World Records Museum.** Auf 1000 m² finden sich zahlreiche Puppendarstellungen extremer menschlicher Leistungen und Eigenschaften sowie einige Mitmach-Exponate. Aber auch wer keine Kinder dabei hat und derartige Ausstellungen ohnehin fragwürdig findet, kann nicht umhin, an einer riesigen Figur vorbeizulaufen: Sie stellt den größten Menschen der Welt dar und ist ein beliebtes Fotomotiv.

→ Kongens Nytorv.

Guinness World Records Museum: Østergade 16 (Fußgängerzone Strøget), ✆ 33323131, www.ripleys.com

Geöffnet: 15. Juni–31. Aug. tägl. 10–22 Uhr, sonst So–Do 10–18 Uhr, Fr/Sa 10–20 Uhr, letzter Einlass 1 Std. vor Schluss.

Eintritt: Kinder 4–10 J. 43 kr (6 €), 11–14 J. 68 kr (9 €), ab 15 J. 85 kr (11,50 €), Kinder unter 4 J. haben freien Eintritt.

Kongens Nytorv

Wenige Meter nach dem Guinness World Records Museum öffnet sich die Strøget zum eleganten, großen Kongens Nytorv, und man atmet spürbar frischere Luft: Der Nyhavn macht sich bereits bemerkbar. Nach Jahren, in denen der „Neue Königsplatz“ hinter Baugerüsten kaum zu erkennen war, zeigt er jetzt endlich sein Gesicht: gewinnend offen und wohlproportioniert. Nur die kleinen Linden können der Dimension des Platzes noch nicht gerecht werden, kein Wunder: Sie wurden erst vor einigen Jahren anstelle der erkrankten Buchen gepflanzt. Der Platz ist rundum von repräsentativen Bauten gesäumt, in der Mitte thront **König Christian V.**, der den Platz 1680 anlegen ließ. Das Reiterstandbild ziert ein Blumenrund, vor dem zahlreiche Parkbänke die Spaziergänger anlocken. Eine neue **U-Bahn-Station** rückte den Platz ins Zentrum der Stadt, nachdem er jahrhundertelang die Grenze zwischen der Altstadt und dem Stadtteil **Frederiksstaden** markiert hatte, den König Frederik V. ab 1750 für reiche Kopenhagener bauen ließ (→ Tour Schloss Amalienborg). Der Kongens Nytorv strahlt trotz des um ihn herum tobenden Lebens eine majestätische Ruhe aus, die den Platz für eine kleine Ruhepause ideal erscheinen lässt. Straßencafés bieten Erfrischungen und beste Aussichtsplätze: Zu sehen ist u. a. das **Kongelige Teater** (Königliches Theater) von 1874 im Stil der Spätrenaissance, das heute hauptsächlich klassische Ballettaufführungen wie „Der Nussknacker“, „Don Quijote“ oder „Schwanensee“ zeigt, manchmal aber auch Konzerte. Opern und symphonische Aufführungen finden in der spektakulären neuen Oper gegenüber von Schloss Amalienborg statt. Die beiden großen Statuen rechts und links des

Wird immer mehr zum kleinen Park: der Kongens Nytorv

Theatereingangs stellen **Ludvig Holberg** und **Adam Oehlenschläger** dar, zwei Schriftsteller, die im 18. und 19. Jh. die dänische Literatur an die Deutschlands, Frankreichs und Englands heran schrieben.

Die prächtige Fassade des Fünf-Sterne-Hotels *D'Angleterre* (2012 nach Renovierung Wiedereröffnung) prägt den Charakter des Platzes seit der Mitte des 18. Jh., ihm zur Seite steht auch schon seit weit über hundert Jahren das riesige Kaufhaus *Magasin*, und auf der anderen Seite residiert die französische Botschaft in einem Palais aus dem 17. Jh. Dieses gehörte einst dem Grafen **Otto Thott** und beherbergte u. a. dessen 140.000 Bücher, die sich heute im Besitz der Königlichen Bibliothek befinden.

Zeitgleich mit dem Kongens Nytorv wurde auch **Charlottenborg Slot** (Schloss Charlottenborg) im Eck zwischen Nyhavn und Königlichem Theater gebaut. Das 1683 fertiggestellte und damit erste große repräsentative Gebäude am neuen Platz wurde nach rund 70-jähriger Nutzung durch das Königshaus der Königlich Dänischen Kunstakademie vermacht, der es bis heute gehört. An der linken Flanke des Schlosses befindet sich in einem schönen Innenhof der Eingang zu einem Ende des 19. Jh. gebauten Seitentrakt, der für Kunstausstellungen genutzt wird. Nach umfangreichen Renovierungsarbeiten hat die **Kunsthal Charlottenborg** (Kunsthalle Charlottenborg) seit 2008 wieder geöffnet. Die Galerie veranstaltet jährlich drei bis fünf Ausstellungen internationaler Gegenwartskunst, von denen die Frühjahrsausstellung (März–Mai) die bekannteste ist. Wunderschön sind die alten Schlossräume, in denen die Kunst gezeigt wird – hoch, geräumig, majestätisch, Tageslicht strömt auch von der Decke herein. Die zeitgenössischen Ausstellungsobjekte allerdings konnten bei unserem letzten Besuch leider nicht ganz mithalten, außer physischer Größe boten sie wenig Beeindruckendes. Dennoch lohnt sich ein Besuch: Der Innenhof ist eine grüne Oase der Ruhe neben dem über-betriebsamen Nyhavn. Die Schlossmauern sind von Efeu bedeckt, das Café liegt in der Sonne, die Bedienung ist freundlich und zuvorkommend.

Im Winter ist der Kongens Nytorv eine künstliche **Eislaufbahn**, auf der man täglich von 10 bis 22 Uhr rund um das Reiterdenkmal kostenlos Schlittschuh laufen kann – es sei denn, man muss sich ein Paar ausleihen. Das kostet dann 40 kr (5,50 €).

→ Kongens Nytorv. **Det Kongelige Teater**: Tickets → S. 87.

Kunsthal Charlottenborg: Jährlich 3–5 Ausstellungen internationaler Gegenwartskunst. Nyhavn 2, ✆ 33134022, www.kunsthalcharlottenborg.dk. Tägl. außer Mo 11–17 Uhr, Mi 11-18 Uhr. Eintritt 60 kr (8 €), ermäßigt 40 kr (5,50 e), bis 16 J. gratis.

Nyhavn

Der gleich beim Kongens Nytorv beginnende „Neue Hafen" ist ein etwa 500 m langer Wasserkanal voller alter Segelschiffe, der auf der einen Seite zur Hälfte von einfarbigen Restaurants in Ocker, Gelb, Rosé, Grün und Blau gesäumt wird und auf der gegenüberliegenden Seite beinahe menschenleer ist.

Es geht also um ein paar Meter, auf denen sich im Sommer ein Riesenrummel abspielt, der, nüchtern betrachtet, kaum erklärbar ist. Etwas zum Essen und ein paar, zugegeben, wunderschöne Schiffe – mehr gibt es nicht am Nyhavn. Jedenfalls für Menschen, die, wie Walter Faber aus dem berühmten Roman von Max Frisch, die Welt ausschließlich mathematisch betrachten. Alle anderen werden dem Ansturm von Farben und Formen wenig Widerstand entgegensetzen können. Trotz der Menschenmassen an sonnigen Wochenend- und Feiertagen hat sich der Kanal, den König **Christian V.** 1671–1673 anlegen ließ, seinen Charme bis heute erhalten.

Und wenn Sie sich partout nicht durch die Menge zwängen wollen: Spazieren Sie doch entlang der anderen Seite! Die liegt zwar schneller im Schatten, dafür haben Sie einen großartigen Ausblick auf Häuser und Schiffe.

Früher war der Nyhavn das **Rotlichtviertel** der Matrosen, denen Christian V. eine Zufahrt bis ins Zentrum von Kopenhagen geschaffen hatte (natürlich nicht

Wirkt bei Sonnenschein wie ein Magnet: der Nyhavn

wegen der Seeleute, sondern wegen deren Waren, die hier in die Lager-räume entladen werden konnten). Es gab Bordelle, Stundenhotels, billigen Alkohol und Tätowierläden – geblieben sind nur ein paar Tattoo-Shops und Striptease-Bars.

Hans Christian Andersen mochte die Atmosphäre des verrufenen Nyhavn so sehr, dass er gleich dreimal hinzog. Am längsten, zwischen 1845 und 1864, wohnte er in Haus Nr. 67, das es auch heute noch gibt. Auch die Nr. 20 und 18 sind als Andersen-Wohnhäuser geschichtsträchtig.

Apropos: Die **Nr. 9** ist das älteste Haus am Nyhavn, es wurde 1681 erbaut und ist ein schönes Beispiel für das alte Kopenhagen, das bei den Bränden von 1728 und 1795 zu großen Teilen zerstört wurde. Heute beherbergt es ein Restaurant (*Leonore Christine*, → Essen und Trinken).

Während des **Jazzfestivals** treten am Kopfende des Kanals, dort, wo die Auflugsboote ihre Rundfahrten beginnen, täglich Musiker auf und lösen v. a. bei schönem Wetter ein handfestes Volksfest aus.

Kunsthalle Charlottenborg

→ Kongens Nytorv.

Praktische Infos

(→ Karte S. 130/131)

Essen und Trinken

Kongens Nytorv **Kong Hans Kælder 25**, superedles Restaurant in mittelalterlichen Gewölben, ausgezeichnet mit einem Michelin-Stern. Vorspeisen ab 275 kr (37 €), Hauptgerichte ab 450 kr (60 €), Desserts ab 165 kr (22 €). Mo–Sa 18–24 Uhr. Vingårdsstræde 6, ✆ 33116868 (Reservierung erforderlich), www.konghans.dk.

Nyhavn **Els 4**, hübsches Interieur mit romantischen Wandgemälden aus der Kaffeehauszeit des 19. Jh. Die weiblichen Figuren symbolisieren die vier Jahreszeiten und die Musen des Tanzes und der Musik. Die französisch-dänischen Hauptgerichte kosten abends 200-300 kr (27-40 €). Zwischen 16.30 und 23 Uhr gibt es das Saisonmenü für 348 kr (47 €), . Tägl. 11–24 Uhr Store Strandstræde 3 (vom Kongens Nytorv aus gesehen am vorderen linken Eck des Nyhavn; auf der sonnigen Seite, deshalb auch nette Plätze draußen in der ruhigen Seitenstraße), ✆ 33141341, www.restaurant-els.dk.

››› **Mein Tipp:** **Café Charlottenborg 9**, im Innenhof der Kunsthalle Charlottenborg, Nyhavn 2. Sonnig, romantisch, ruhig: ein kleiner Geheimtipp! Wenige, einfache Gerichte, aber preiswert und schmackhaft. Tägl. außer Mo 11–17 Uhr, Mi 11–20 Uhr. www.cafecharlottenborg.dk. ‹‹‹

Zeleste 5, nur 5 m vom Nyhavn und doch fernab des Trubels gelegen. Gediegene Atmosphäre. Das Fünf-Gänge-Mittagsmenü für 158 kr (21 €) wird bereits nach 5 Min. serviert, andernfalls wird man mit einem Glas Champagner oder Bier entschädigt. Hauptsächlich Fisch- und Fleischgerichte, mittags einige auch für unter 100 kr (13 €). Abends gehen die Preise in Richtung 200 kr (27 €). Man kann auch im schönen Innenhof sitzen. Tägl. 10.30–24 Uhr. Store Strandstræde 6, ✆ 33160606, www.zeleste.dk.

Leonore Christine **8**, wegen Feuerschäden seit 2011 auf unbestimmte Zeit geschlossen, Renovierung läuft. Im ältesten Haus am Nyhavn (1681) wird abends gehobene französische Küche serviert (Zwei-Gänge-Menü: 255 kr/34 €), mittags gibt's Smørrebrød (ab 65 kr/8,50 €). Tägl. 9–24 Uhr. Nyhavn 9, ✆ 33135040, www.leonore-christine.dk.

Gråbrødretorv **Peder Oxe** **14**, das auffälligste Lokal am Gråbrødretorv birgt in seinem Weinkeller noch einige Mauerreste des ehemaligen Franziskanerklosters. Zwischen 11.30 und 16 Uhr kann man sich für 138 kr (18,50 €) an drei belegten Broten (smørrebrød) satt essen. Nett sind die grünen Tischlampen, die man einschaltet, wenn man etwas bestellen möchte. Bei schönem Wetter sitzt man draußen. Tägl. 11.30–1 Uhr. Gråbrødretorv 11, ✆ 33110077, www.pederoxe.dk.

Skildpadden Café **17**, einfache, günstige Gerichte (70–100 kr/10-14 €) wie Sandwiches, Burger, Suppen und Salate am schönsten Platz der Altstadt. Deshalb sehr beliebt, die wenigen Tische im Freien sind bei sonnigem Wetter schnell belegt. Mo–Fr 11.30–21.30 Uhr, Sa/So 11.30-19.30 Uhr. Gråbrødre torv 9, ✆ 33130506, www.skildpadden.dk.

Huks Fluks **11**, junges Restaurant auf der sonnigen Seite des Gråbrødretorv, dementsprechend viele Tische im Freien. Brunch (11.30–14 Uhr) 109 kr/15 €, Hauptgerichte mittags auch unter 100 kr, abends ab 125 kr. So-Do 9.30-22 Uhr, Fr/Sa 9.30–24 Uhr. Gråbrødretorv 6–8, ✆ 33919293, www.huksfluks.dk.

Amalfi **18**, italienisches Restaurant am schattigen Eck des Gråbrødretorv, mit Außenbereich. Zivile Preise mittags für einfache Pastamahlzeiten (ab 69 kr/9 €, bis 17 Uhr), abends ausgefallenere, aber auch recht teure Speisen. Tägl. 11–24 Uhr. Gråbrødretorv 21, ✆ 33114707, www.restau rantamalfi.dk.

Amagertorv **Café Europa** **27** und **Café Norden** **19**, zwei am Amagertorv gegenüberliegende und ziemlich überlaufene Cafés. Ergattert man aber einen Tisch im Freien oder drin an einem der Aussichtsplätze, sitzt man mitten im Geschehen am lebhaftesten Platz der Stadt. Das Café Europa ist die Keimzelle der anspruchsvollen *Copenhagen Coffee Academy* und muss deswegen als unbedingter Tipp für einen Kaffee zwischendurch gelten. Wenn es hier zu voll ist, findet man vielleicht im 1. Stock des Cafés Norden noch einen schönen Platz.

Café Europa: Mo–Do, Sa 7.45–24 Uhr, Fr 7.45–1 Uhr, So 9–23 Uhr, Küche tägl. bis 22 Uhr. Amagertorv 1, ✆ 33142889.

Café Norden: Tägl. 9–24 Uhr, Küche bis 21 Uhr (Fr bis 22 Uhr). Østergade 61 (beim Storchenbrunnen), ✆ 33117791, www.cafe norden.dk

Royal Café **28**, neues Cafékonzept, von den Gründern „Funky Barock" genannt. Der Film „Marie Antoinette" von Sofia Coppola liefert eine ungefähre Vorstellung von dem Ambiente: bunt, überladen, einer Zuckertorte ähnlich. Es gibt Smushies, die Mini-Variante eines smørrebrøds, für 48 kr/6,50 €, Sandwiches ab 125 kr/17 €, klare Hühnersuppe für 105 kr/14 €. Mo-Do/Sa 10-18 Uhr, Fr 10-19 Uhr, So 10-17 Uhr. Amagertorv 6 (zwischen den Kaufhäusern Royal Copenhagen und Georg Jensen) www.royalcafe.dk

Coffee Bar **31**, gemütliches, kleines Café an der Ecke des Amagertorv zu Hojbro Plads/Store Kirkestræde. Unprätentiös, modern, vor allem bei jungen Leuten sehr beliebt.

Einkaufen

Bücher **Arnold Busck** **7**, große Buchhandlung beim Runden Turm, Ecke Skindergade. Mo–Do 10–18 Uhr, Fr 10–19 Uhr, Sa 10–16 Uhr. Købmagergade 49, www.arnoldbusck.dk.

Glas **Holmegaard** **20**, der renommierte Glasfabrikant präsentiert seine kunstvollen Produkte neben den anderen Vorzeigeunternehmen am Amagertorv. Mo–Do 10–18 Uhr, Fr 10–19 Uhr, Sa 10–17 Uhr. Amagertorv 8, www.holmegaard.dk.

Hi-Fi **Bang & Olufsen** **2**, beeindruckender Showroom des weltberühmten Audio- und Video-Veredlers. Mo–Do 10–18 Uhr, Fr 10–19 Uhr, Sa 10–16 Uhr. Kongens Nytorv 26 (aus der Fußgängerzone kommend, links am Eck), www.bang-olufsen.com.

Inneneinrichtung **Illums Bolighus** **22**, schöne Alltagsgegenstände für Küche und Büro, aber auch Wohnzimmermöbel und ganz viele Lampen, in Dänemark eine Obsession – alles sehr bunt, elegant und frisch. Mo–Fr 10–19 Uhr, Sa 10–17 Uhr. Amagertorv 10, www.illumsbolighus.com. Es gibt auch Filialen am Flughafen (Terminal 3) und im Tivoli.

»» **Mein Tipp:** **Hay 29**, zweistöckiges Möbelhaus der jungen, aufstrebenden Designfirma. Junges, dänisches Design – bunt und minimalistisch: Wohnaccessoires, Couches, Lampen. Mo-Fr 11-18 Uhr, Fr 11-16 Uhr. Østergade 61 (am Amagertorv, über Cafe Norden, Schmaler Eingang seitlich, rauf in den 2. Stock). www.hay.dk. ««

Mode **Mads Nørgaard 30**, Männermode auf der Strøget, seit 20 Jahren ein Klassiker. Das Geschäft wurde Ende 2007 zum besten Männer-Spezialisten der Stadt gewählt. Mo–Do 10–18 Uhr, Fr 10–19 Uhr, Sa 10–17 Uhr. Amagertorv 15, www.madsnorgaard.com.

Nørgaard på Strøget 24, der Tipp für Frauen gleich daneben, geführt von Mads Nørgaards Vater. Mo–Do 10–18 Uhr, Fr 10–19 Uhr, Sa 10–17 Uhr. Amagertorv 13, www.norgaardpaastroget.dk.

Porzellan **Royal Copenhagen 23**, die berühmte Geschirrmanufaktur zeigt im 2. Stock des Flagship-Stores am Amagertorv die Geschichte des Porzellans und des Unternehmens. Mo–Do 10–18 Uhr, Fr 10–19 Uhr, Sa 10–17 Uhr, So 12–17 Uhr. Amagertorv 6, www.royalcopenhagen.com.

Schmuck **Georg Jensen 21**, Flagship-Store des dänischen Schmuck- und Uhrenherstellers, der zu einer anerkannten Größe im internationalen Luxusgütergeschäft geworden ist. Mo–Do 10–18 Uhr, Fr 10–19 Uhr, Sa 10–17 Uhr. Amagertorv 4, www.georgjensen.com. Am Flughafen gibt es eine Filiale.

House of Amber 3, in einem auffallenden Eckhaus von 1606 (!) am Eingang zum Nyhavn werden Schmuckstücke aus Bernstein, dem nordischen Gold, verkauft. Bernstein war einst sogar Zahlungsmittel in Skandinavien. Ein kleines Museum stellt die Geschichte der künstlerischen Bernstein-Nutzung dar. Mai–Sept. tägl. 10–18.30 Uhr, Okt.–April 10–17.30 Uhr. **Museum**: Eintritt 25 kr, Kinder bis 12 J. 10 kr. Kongens Nytorv 2, www.houseofamber.com.

Diverses **Magasin 10**, der große Generalist in dem klassizistischen Gebäude mit der imposanten Fassade und der weithin sichtbaren Kuppel zählt zu den ältesten Kaufhäusern in ganz Skandinavien. Waren im gehobenen Segment. Mo–Do 10–19 Uhr, Fr 10–20 Uhr, Sa/So 10–17 Uhr. Kongens Nytorv 13, www.magasin.dk.

Søstrene Grene 32, populärer Billigladen mit einer unglaublichen Auswahl an kleinen Dingen, die einem plötzlich sehr interessant vorkommen. Liegt etwas unscheinbar, integriert in einer alten Häuserzeile, kann daher leicht übersehen werden. Mo–Do 10–18 Uhr, Fr 10–19 Uhr, Sa 10–17 Uhr. Amagertorv 29, www.grenes.dk.

Tour 2 - Vom Nørreport zum Nyhavn
Karte S. 130/131

Amagertorv, Café Norden

Tour 3: Rund um Schloss Christiansborg

Eine Tour für Kunst- und Architekturliebhaber: Drei Museen, zwei Kirchen und der Zusammenprall von alter und neuer Bauweise kennzeichnen diesen Spaziergang, der auch durch schöne Altstadtviertel rund um die heute als Kunsthalle genutzte Nikolaj Kirke und bis zur Keimzelle von Kopenhagen, dem Gammel Strand, führt.

Am Anfang der Tour steht ein Besuch des **Nationalmuseums** auf dem Programm. Es ist das größte dänische Museum, das nicht nur mit freiem Eintritt, sondern auch mit einer eigenen Kinderabteilung aufwarten kann. Dann geht es nach **Slotsholmen**, in die Urzelle der Stadt mit **Schloss Christiansborg** und weiteren Repräsentationsbauten wie der früheren **Börse,** von wo sich Kopenhagen zur heutigen Größe ausbreitete. Dass dort dennoch kein Gebäude wirklich steinalt aussieht, hat mit dem Zerstörungswahn früherer Konkurrenten der Stadt zu tun, aber auch mit verheerenden Feuerstürmen. Vielleicht sind die Kopenhagener der architektonischen Innovation aber gerade deshalb so zugetan: Sie verstehen es nicht als Verpflichtung, das Alte auf ewig zu erhalten, sondern als Auftrag, es bei Gelegenheit zu verbessern. Und solche Gelegenheiten kamen oft in der über 800-jährigen Geschichte der Stadt. Heute macht Kopenhagen weltweit Schlagzeilen mit seinen mutigen, innovativen Bauwerken, die teils noch in Planung sind, teils bereits zu den neuen Wahrzeichen der Stadt gehören. Eines dieser

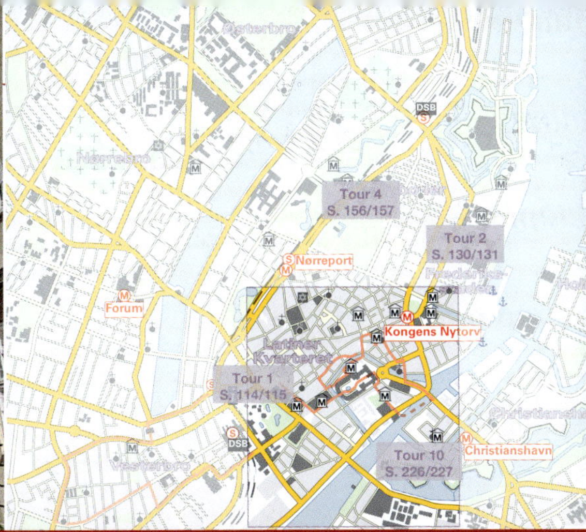

Rund um Schloss Christiansborg

neuen Wahrzeichen ist der **Schwarze Diamant,** ein ästhetisch aufregender Erweiterungsbau der Königlichen Bibliothek. Auch das neue **Dänisch-Jüdische Museum** des Stararchitekten Daniel Libeskind kann zu den neuen Symbolbauten gezählt werden, wenngleich dessen expressionistische Innenarchitektur in einem Gebäude aus dem frühen 17. Jh. untergebracht ist.

Von Slotsholmen geht es dann über eine Brücke zur **Holmens Kirke,** deren Geschichte bis ins 17. Jh. zurückreicht, und von dort zu den hübschen Pflastersteingassen rund um die mächtige **Nikolaj Kirke,** die heute als Galerie und Restaurant genutzt wird. Zum Abschluss können Sie das **Thorvaldsen-Museum** mit seinen klassizistischen Skulpturen besuchen – auf dem Weg dorthin liegt auch der lebendige **Højbro Plads** – und danach am **Gammel Strand** (hier nahm die Geschichte Kopenhagens einst ihren Anfang) in ein stimmungsvolles Restaurant einkehren. Zur U-Bahn-Station am Kongens Nytorv sind es von dort zu Fuß etwa 8 Min.

Tour-Info

Startpunkt der Tour (reine Gehzeit: rund 1:10 Std.) ist der Rathausplatz. Wer sich für viktorianischen Prunk interessiert, sollte diese Tour an einem Samstag machen: Von Juni bis Sept. startet um 11 Uhr am Nationalmuseum (Anmeldung um 10 Uhr in der Eingangshalle) eine englischsprachige Führung zu einem voll möblierten Appartement im überladenen **Fin-de-Siècle**-Stil. Und sollten Sie die Möglichkeit haben, an einem Freitag oder Samstag in Kopenhagen zu sein, könnte der Schlusspunkt dieser Tour besonders interessant für Sie sein: Dann findet am Gammel Strand ein **Antiquitätenmarkt** statt, Ende Juli bis Ende Sept. Fr 7–18 Uhr, Sa 8–18 Uhr. Wenn Sie den Tag sehr früh beginnen, können Sie den Markt als Abschluss der Tour besuchen. Das Thorvaldsen-Museum schließt bereits um 17 Uhr, 1 Std. Aufenthalt ist es sicherlich wert.

Schlusspunkt der Tour: Die U-Bahn-Station Kongens Nytorv ist wenige hundert Meter vom Gammel Strand entfernt.

Stationen

Nationalmuseet (Nationalmuseum)

Vom Rathausplatz, in Richtung Fußgängerzone Strøget gewandt, geht es nach rechts die Vester Voldgade entlang bis zur etwa 5 Min. entfernten Ny Vestergade (von der Ecke hat man einen schönen Blick auf die Kopenhagen prägenden Türme von Rathaus und Hotel *Palace*). In die Ny Vestergade links abbiegen, nach etwa 50 m steht man vor dem Eingang zum Nationalmuseum.

Die erste gute Nachricht gleich am Eingang: **Freier Eintritt**. Erfrischend auch das lichte, hohe Foyer mit dem Infopult gleich links und einem reich ausgestatteten **Shop** ein paar Meter weiter vorne. Und wer sich vor dem doch anstrengenden Kulturtrip noch etwas stärken will: Das angenehme **Café-Restaurant** *Julian* serviert tolle Sandwiches, kleine Mittagsmahlzeiten und natürlich Getränke.

Das Museum ist das größte in Dänemark überhaupt und befindet sich im **Prinsens Palæ** von 1744. Mitglieder des Königshauses lebten aber nur wenige Jahrzehnte in dem Gebäude. Bereits 1849 begann die Nutzung als Museum: Präsentiert wurde die erste **ethnologische Sammlung** der Welt. Im gleichen Jahr wurde unter Frederik VII. eine neue Verfassung entworfen, die die absolutistische Regierungsform ablöste, und man gab die Königliche Sammlung in staatliche Hand und in der Folge dem heutigen Nationalmuseum. Die Sammlungen wurden stetig erweitert, ebenso die Räumlichkeiten, die sich heute auf 10.000 m² erstrecken und eine Übersicht über die Entwicklung Dänemarks bieten, von den ersten Rentierjägern vor 15.000 Jahren bis zu einem bürgerlichen Wohnzimmer aus den siebziger Jahren.

Es geht los mit dem **Kindermuseum** im Erdgeschoss, das den Kleinen Gelegenheit gibt, mit Repliken zu spielen.

Schloss Christiansborg und – mit verdrehter Turmspitze – die alte Börse

Im **1. Stock** sind völkerkundliche Sammlungen aus Afrika, Indien, Indonesien, Neuguinea, Neuseeland, Japan, China, Zentralasien und Sibirien ausgestellt. In anderen Räumen haben Numismatiker eine umfangreiche Münzsammlung, angefangen von der Antike bis heute, zusammengestellt.

Im **2. Stock** ist die Geschichte Dänemarks von 1660 bis 2000 durch Gegenstände der jeweiligen Epochen dargestellt, neben weiteren Exponaten aus Afrika, Ozeanien und Südostasien.

Im **3. Stock** schließlich findet man – von ägyptischen Mumien bis zu römischen Glasprodukten – spektakuläre Zeugnisse der antiken Kulturen aus dem Nahen Osten und dem Mittelmeerraum.

Die Architekten des Schwarzen Diamanten (Schmidt, Hammer, Lassen) haben die **prähistorische Sammlung** des Museums neu arrangiert und gestaltet: Spektakuläre Funde wie der 3400 Jahre alte dänische Sonnenwagen oder die Gold- und Silberschätze der Wikinger stehen jetzt im Zentrum der Ausstellung.

Alles sicher nicht jedermanns Sache, ein ausgeprägtes historisches Interesse sollte man schon mitbringen, um Gewinn aus einem Besuch dieses Museums zu schlagen – doch zumindest einen Blick in den 1. Stock mit der Sammlung **„Peoples of the World"** sollte man wagen. Und dann gibt es ja noch den wirklich sehenswerten Shop, der eine reiche und originelle Auswahl an Souvenirs verkauft, von Taschen über Schals und Küchengeräte bis zu Büchern.

Wer am Samstag Zeit für diese Tour hat, kann an einer englischsprachigen Führung durch ein original **viktorianisches Appartement** wie aus dem Film „Fanny und Alexander" von Ingmar Bergman teilnehmen (s. u.). Die prunkvollen, aus heutiger Sicht etwas zu zahlreichen Möbel sind in einem sehr guten Zustand. Die Wohnung befindet sich nahe beim Nationalmuseum.

Die königlichen Empfangsräume auf Schloss Christiansborg

Ⓢ Hauptbahnhof (Hovedbanegård). Ny Vestergade 10, ✆ 33134411, www.natmus.dk. Geöffnet Di-So 10–17 Uhr. Eintritt frei.

Zu der Führung durch die viktorianische Luxuswohnung muss man sich Sa 13 Uhr am Infopunkt im Nationalmuseum anmelden; Preis 50 kr/6,70 €.

Christiansborg Slot (Schloss Christiansborg)

Vom Nationalmuseum kommend, führt der Weg über die schöne, mit Marmor verkleidete Brücke aus dem 18. Jh. in den Reithof des Schlosses mit der Reiterstatue von **König Christian IX.** in der Mitte. Geradeaus kommt man zu dem Seitentrakt mit den **königlichen Empfangsräumen**, prunkvollen Sälen, die ebenso besichtigt werden können wie die **Ruinen** der Burg von Bischof Absalon. Durch das große Portal treten Sie auf den Schlossplatz mit einer weiteren Königsstatue, diesmal von **Frederik VII.**, der Dänemark in eine konstitutionelle Monarchie verwandelte.

Erst 1928 wurde Schloss Christiansborg fertiggestellt. Vor Baubeginn soll es

Diskussionen darüber gegeben haben, ob ein solcher monarchistischer Riesenbau denn noch zeitgemäß wäre, Anfang des 20. Jh., als die Königshäuser längst keine legislative Macht mehr hatten. Heute beherbergt das nordisch-wuchtige, düstere Schloss u. a. das **Parlament**, Abgeordnetenbüros, das **Oberste Gericht**, das **Büro des Premierministers** und die königlichen Empfangsräume.

Wirklich alt ist allerdings das Gelände, auf dem Christiansborg steht. Hier hatte Bischof Absalon 1167 die allererste Burg von Kopenhagen gebaut und damit den Grundstein für die städtische Entwicklung gelegt. Einige Ruinen sind immer noch sichtbar. Es folgten Jahrhunderte, in denen auf verheerende Zerstörungen immer wieder Neubauten folgten. Das aktuelle Schloss ist bereits das fünfte an dieser Stelle: Nach der **Absalonsburg** und dem **Schloss Kopenhagen** stand dort ab 1736 das erste **Schloss Christiansborg**, ab 1806 wurde das zweite und ab 1907 das dritte gebaut.

Eingang zum Dänisch-Jüdischen Museum

→ Kongens Nytorv, Ⓢ Hauptbahnhof (Hovedbanegård). Christiansborg Slotsplads, ✆ 33926492, www.ses.dk. **Königliche Empfangsräume**: Tägl. 10–17 Uhr, Mi 10-20 Uhr Führungen in englischer Sprache tägl. 15 Uhr. Eintritt inkl. Führung: 70 kr/9,50 €, 7–14 J. 35 kr. **Ruinen**: Tägl. 10–17 Uhr, Eintritt: 40 kr/5,50 €, 7–14 J. 20 kr. **Schlosskapelle**: So 12-16 Uhr. Kombiticket: 95 kr/13 € (Königliche Empfangsräume, Ruinen, königliche Stallungen)øjhusmuseet (Arsenalmuseum)

Tøjhusmuseet (Arsenalmuseum)

Vom Schlossplatz geht es zweimal rechts und durch den Torbogen in die Straße Rigsdagsgården. Nach wenigen Metern, hinter dem nächsten Torbogen, beginnt die Tøjhusgade, in der man gleich zu Beginn auf eines der merkwürdigsten Museen Kopenhagens trifft: Das Tøjhusmuseet thematisiert die Entwicklungsgeschichte militärischer Waffen. Im Erdgeschoss befindet sich ein riesiger **Kuppelsaal**, der noch während der Renaissance erbaut wurde und mit seinen 156 m als der längste noch existierende seiner Zeit gilt. In Reih und Glied stehen hier 500 Jahre alte Kanonen neben Schiffsraketen neueren Baudatums. Im **1. Stock** (zu erreichen über eine Wendeltreppe am Anfang des Kuppelsaals) tritt dann der ganze Irrsinn menschlicher Aggression noch viel deutlicher zutage. Handfeuerwaffen aus der frühesten Zeit konkurrieren mit Pistolen und Maschinengewehren aus den beiden Weltkriegen. Armbrüste und Säbel sind neben Ritterrüstungen samt Kettenhemd aufgereiht, auch findet man Dolche aus römischer Zeit. Kunststudenten üben an großen Feldkanonen perspektivisches Zeichnen. Im September 2012 will das Museum ein neues Ausstellungskonzept, gerungen wird noch um die Finanzierung.

→ Kongens Nytorv, Ⓢ Hauptbahnhof (Hovedbanegård). Tøjhusgade 3, ✆ 33116037. Di-So 12–16 Uhr (Juli 10–16 Uhr). Eintritt: 60 kr/8 €, unter 18 J. gratis. www.thm.dk.

Dansk Jødisk Museum (Dän.-Jüd. Museum)

Vom Tøjhusmuseet geht es nur kurz zurück und dann rechts schon wieder durch einen Torbogen in den **Garten der Kongelige Bibliotek** (Königliche Bibliothek): Das **Dänisch-Jüdische Museum** befindet sich links von der efeubewachsenen Front der Bibliothek, dem Altbau, der 1999 durch den Schwarzen Diamanten zum Inneren Hafen hin erweitert wurde.

Der Garten ist mit seinen Pflanzen, Kieswegen, einem künstlichen Teich und der Statue von **Søren Kierkegaard** eine hübsche Oase der Ruhe.

Daniel Libeskind hat den Teil des alten Bibliotheksgebäudes, der früher das Königliche Bootshaus beherbergte, innen auf spektakuläre Weise umgestaltet und dem Dänisch-Jüdischen Museum einen einzigartigen Charakter verliehen.

Ausgestellt sind Bücher, Bilder, zahlreiche religiöse Gegenstände, Silberwaren, Textilien, Postkarten, Theaterprogramme, Memoiren und Briefe. Texttafeln erklären die Bedeutung der Exponate in Englisch, in einem kleinen Vorführraum erläutert Daniel Libeskind innerhalb einer Videopräsentation sein Konzept. Im Eingangsbereich führt eine kleine Buchhandlung thematisch verwandte Fachliteratur.

→ Kongens Nytorv, Ⓢ Hauptbahnhof (Hovedbanegård). Proviantpassagen 6 (im Garten der Königlichen Bibliothek), ✆ 33112218, www.jewmus.dk. Juni–Aug. Di-So 10–17 Uhr, sonst Di–Fr 13–16 Uhr, Sa/So 12–17 Uhr. Eintritt 50 kr/6,70 €, ermäßigt 40 kr/5,50 €, bis 18 J. kostenlos.

Den Sorte Diamant (Schwarzer Diamant)

Neben der neuen Oper ist der Anbau der Königlichen Bibliothek wahrscheinlich das bekannteste Beispiel für neue Architektur in Kopenhagen. Am Inneren Hafen gelegen, nur wenige Meter vom Dänisch-Jüdischen Museum entfernt (mit dem Rücken zum Museumseingang stehend nach links wenden, am Eck der Bibliothek erneut nach links und dann immer geradeaus über die Hauptstraße bis zum großen Wasserkanal gehen), hat dieser Bau von 1999 die moderne Baurenaissance in Kopenhagen eingeläutet.

Ein 18 m breiter Verbindungsgang hoch über der Straße Christians Brygge verbindet das alte Gebäude mit dem neuen. In der Mitte teilt eine spektakuläre Glasarchitektur das Gebäude, links und rechts davon erheben sich sieben Stock-

Versteckt gelegen: der Altbau der Königlichen Bibliothek

werke, die mit schwarzem Granit verkleidet sind (daher der Name). Im Gegensatz zu dem respekteinflößenden Äußeren stehen die weichen Wellenlinien der Balkonbrüstungen im lichtdurchfluteten Atrium, die sich bis in eine Höhe von 24 m aufstapeln. Die auch ohne Bibliotheksausweis zugänglichen **Service-Einrichtungen** (Café, Luxusrestaurant Søren K, Buchhandlung) sind von der Eingangshalle aus einfach erreichbar. Es gibt sogar eine Konzerthalle, Ausstellungsräume und ein **Fotografie-Museum** mit 25.000 Arbeiten. Der Gesamtkomplex aus alten und neuen Gebäuden bildet **die größte Bibliothek in Nordeuropa** mit einem Bestand von 4,5 Mio. Büchern.

Den besten Blick auf das Werk des Architektenbüros „Schmidt/Hammer/Lassen" hat man vom Wasser aus: Am Schwarzen Diamant besteht Anschluss an die Wasserbus-Linien 901 und 902, ein Einzelfahrtticket zur nächsten Haltestelle Knippelsbro kostet 24 kr/3,30 €).

→ Kongens Nytorv, Ⓢ Hauptbahnhof (Hovedbanegård). Søren Kierkegaards Plads 1, ✆ 33474747, www.kb.dk. Atrium tägl. außer So 8–21 Uhr.

Børsen (Börse)

Über die schöne Brücke Knippelsbro (übrigens die älteste Verbindung ins Viertel Christianshavn) mit einem lohnenden Panoramablick auf den Inneren Kanal geht's nach dem Abstecher mit dem Wasserbus wieder zurück auf die andere Seite zu einem weiteren Wahrzeichen der Stadt: zur alten Börse, einem imposanten **Renaissance-Gebäude**.

Die Börse wurde während der Regentschaft **Christians IV.** errichtet, der Kopenhagens Rolle als bedeutende Handelsstadt unterstreichen wollte. Der 1640 fertiggestellte Prachtbau diente lange als Treffpunkt der Kaufleute, die hier Büros anmieteten und miteinander Geschäfte machten. 1857 verkaufte Frederik VII. das Gebäude an einen Großhändler, seitdem war es jahrhundertelang im

Tour 3 - Rund um Schloss Christiansborg
Karte S. 145

Sofort populär: der Bibliotheksanbau Schwarzer Diamant

Besitz der Kaufmanngilde. Akien werden schon seit 1974 nicht mehr gehandelt. Damals zog der Börsenplatz aus, weil der Renaissance-Bau dringend renoviert werden musste. Die letzten Sanierungsarbeiten wurden 2001 abgeschlossen. Heute werden die Räumlichkeiten von der dänischen Handelskammer als Bürofläche und Veranstaltungszentrum genutzt.

Weithin sichtbar ist die merkwürdige, schraubenförmige Turmspitze, die bei näherem Hinsehen aus vier Drachenschwänzen besteht, die – sich ineinander verdrehend – gen Himmel streben. Die Konstruktion stammt noch aus Renaissance-Zeiten, zumindest der Entwurf von 1625. Die Skulptur musste aus Altersgründen 1775 gegen eine neue, identische Turmspitze ausgetauscht werden, die seither allem Unbill widerstanden hat.

Hochzeitskirche von Königin Margrethe II: Holmens Kirke

Das Gebäude kann leider nicht besichtigt werden, es sei denn, Sie sind Aussteller, Konferenzveranstalter oder Galadiner-Gastgeber.

→ Kongens Nytorv. Slotsholmsgade 1, www.borsbygningen.dk.

Holmens Kirke (Holmenskirche)

Von der Börse geht es über die davorliegende Brücke (Børsbroen) zur Holmens Kirke. Hier heirateten 1967 Königin Margrethe II. und Prinz Henrik. Bekannt ist die Kirche auch wegen der zahlreichen Orgelkonzerte und der weihnachtlichen Händel- und Bach-Aufführungen. Der rötliche Ziegelbau geht auf eine Ankerschmiede von 1562 zurück. 1619 wurde das Gebäude vergrößert, weil es der Renaissance-König Christian IV. in eine Kirche für die Marine umwandeln ließ – eine Funktion, die die Holmens Kirke bis heute erfüllt. Margrethe II. wählte sie für die Trauung aus, weil sie damit ihre Ehrerbietung gegenüber ihrem Vater zeigen wollte: König Frederik IX., der 1972 starb, galt als großer Liebhaber der Seefahrt.

→ Kongens Nytorv. Holmens Kanal 21. Mai–Sept. Mo–Fr 10–16 Uhr, Sa 9–12 Uhr. Okt.–April Mo–Fr 10–15 Uhr, Sa 9–12 Uhr. ✆ 33136178, www.holmenskirke.dk.

Nikolaj Kirke (Nikolajkirche)

Auf der anderen Seite des verkehrsreichen Holmens Kanal, der an der Holmens Kirke vorbeiläuft, führt die Nikolajgade zur Nikolaj Kirke.

Schon wieder eine Kirche? Ja und nein. Das Kirchengebäude beherbergt heute eine Galerie für moderne Kunst, die **Kunsthallen Nikolaj** (auch: Nikolaj Copenhagen Contemporary Art Center), und ein sympathisches Tagesrestaurant auf einem mittelalterlich holprigen Platz mit vielen Bäumen. Eine Mahlzeit im gemütlichen und sehr stimmungs-

Kein Gotteshaus: Die Nikolajkirche beherbergt eine Kunstgalerie und ein Restaurant

vollen *Caféen i Nikolaj* ist sicher keine schlechte Idee, und bei Sonnenschein gehört der beliebte Außenbereich zu den schönsten Plätzen in Kopenhagen.

Die Galerie, eine städtische Non-Profit-Einrichtung, widmet sich der jungen Avantgardeszene Dänemarks, aber auch Künstler aus dem Ausland stellen hier aus. Das Haus birgt keine eigene Kollektion (abgesehen von drei Installationen), sondern stellt die Räume für sieben bis neun Wechselausstellungen zur Verfügung. Zu sehen sind spannende Fotoreportagen, Multimediakunstwerke, Performances und Skulpturen. Angeschlossen ist auch eine kleine Buchhandlung.

Auf dem Nikolaj Plads steht schon seit dem 13. Jh. eine Kirche, allerdings nicht immer dieselbe. Schon im frühen 16. Jh. gab es einen Neubau, der aber durch das Feuer 1795 vernichtet wurde. Nach vielen Jahren der provisorischen Lösungen wurde 1917 schließlich eine neue Kirche, die aktuelle, gebaut, die allerdings nie als Gotteshaus genutzt wurde. Der kopfsteinbepflasterte Vorplatz verwandelt sich im Sommer ins sonnige Restaurant *Cafeen i Nikolaj*.

→ Kongens Nytorv. Nikolaj Plads 10, ✆ 33181780, www.kunsthallennikolaj.dk. Di/Mi, Fr–So 12–17 Uhr, Do bis 21 Uhr. Eintritt 20 kr/2,70 €, ermäßigt 10 kr/1,40 €, bis 14 J. kostenlos, Mi freier Eintritt für alle.

Højbro Plads

Links herum durch die Store Kirkestræde am anderen Ende des Nikolaj Plads geht es mitten rein in den Trubel am **Amagertorv**: Die Einkaufszone Strøget verläuft nur einen Block vor der lauschig gelegenen Nikolaj Kirke. Der Amagertorv ist allerdings nicht das Ziel (näher beschrieben ist er in der Tour 2), sondern der sich links anschließende **Højbro Plads**, ein von Marktständen und Cafés dominiertes Rechteck. Dominant thront der legendäre Stadtgründer **Bischof Absalon** auf seinem hohen Ross und blickt hinüber nach Slotsholmen und Schloss Christiansborg, wo er 1167 eine Burg zur Sicherung des kleinen Fischerhafens davor errichten ließ – und damit den Grundstein für die städtische Entwicklung legte.

→ Kongens Nytorv.

Thorvaldsens Museum (Thorvaldsen-Museum)

Absalon weist auch den Weg zu einem beeindruckenden Memorial: dem Thorvaldsen-Museum, errichtet zu Ehren des in Dänemark seinerzeit sehr beliebten Bildhauers **Bertel Thorvaldsen**. Vom Højbro Plads nach Slotsholmen geht's nach der Brücke erst nach links und dann rechts rein in die kleine Prins Jørgens Gård, die zum seitlich gelegenen Eingang des Museums führt.

Das Museum, 1839 bis 1848 erbaut und damit das älteste in Kopenhagen, bietet einen umfassenden Überblick über das beträchtliche Gesamtwerk von Bertel Thorvaldsen. Die neoklassizistischen, teilweise monumentalen Skulpturen sind zu Hunderten ausgestellt (im Treppenhaus stehen Marmorstatuen, die bis zu sieben Meter hoch sind). Bei der Gestaltung bediente sich der Bildhauer der antiken Mythologie.

Thorvaldsen-Skulptur in des Bildhauers eigenem Museum

Zudem gewährt das Museum einen hervorragenden Einblick in Thorvaldsens Leben sowie die Arbeits- und Herstellungsmethoden von Plastiken Ende des 18., Anfang des 19. Jh. Es gibt Räume, die seinen ehemaligen Wohnräumen nachempfunden sind, inklusive Originalmöbeln. Dort kann man auch Thorvaldsens große Antiquitätensammlungen ägyptischer, römischer, griechischer und etruskischer Herkunft bewundern. Daneben besaß Thorvaldsen eine große Kollektion zeitgenössischer Maler, die ebenfalls zu besichtigen ist.

Interessanter als die Skulpturensammlung dürfte für nicht wenige das Museum selbst sein, dessen leuchtend bunte Farben im pompejanischen Stil sehr effektvoll mit den weißen Marmorstatuen kontrastieren. Es wurde 1848 eröffnet – nicht nur als erstes Museum für einen dänischen Künstler, sondern als erstes Museum Dänemarks überhaupt. Thorvaldsen hatte in den 1830er-Jahren sein gesamtes Werk dem dänischen Volk gestiftet, unter der Voraussetzung, dass der König ihm ein Museum dafür bauen möge. Das Resultat der beträchtlichen finanziellen Anstrengungen erlebte Thorvaldsen nicht mehr, er starb 1844. Sein Grab befindet sich im schönen Innenhof des Museums, dessen umliegende Wandarchitektur sehr an einen Kreuzgang erinnert.

→ Kongens Nytorv. Bertel Thorvaldsens Plads 2, ✆ 33321532, www.thorvaldsensmuseum.dk. Di-So 10–17 Uhr. Eintritt 40 kr (5,50 €), Rentner 30 kr (4 €), unter 18 J. kostenlos, Mi freier Eintritt für alle.

In der Magstræde stehen noch einige Häuser aus dem frühen 17. Jh.

Gammel Strand

Vom Vorplatz des Thorvaldsen-Museums führt der Weg geradeaus über den Kanal, dann rechts und die zweite Abzweigung wieder rechts in die hübsche schmale Magstræde (später Snaregade) mit ihrem Kopfsteinpflaster. Übrigens: Der Musiksender *The Voice*, der viele dänische Clips spielt, hat hier seinen Sitz, außerdem das Kulturzentrum *Huset Magstræde*.

Es geht weiter geradeaus zum Gammel Strand mit seiner bürgerlich-adretten Häuserfassade aus dem frühen 19. Jh. Die Nr. 48 beherbergt die sehenswerte Galerie für moderne Kunst **Kunstforeningen GL Strand** Nicht nur junge Künstler aus dem In- und Ausland zeigen ihre Werke in den drei Stockwerken (hohe, helle Räume), auch große Namen wie Georg Baselitz und David Lynch waren hier schon mit großen Schauen präsent. Die von dem Maler **C. W. Eckersberg** 1825 gegründete und damit älteste Galerie Dänemarks besitzt mit Kronprinz Frederik einen sehr prominenten Schirmherrn. Sehr empfehlenswert für eine erholsame Erfrischungspause ist das Café im Foyer, das in einen kleinen Buchladen integriert ist.

Der alte Hafen, wo seit den Zeiten von Bischof Absalon bis in die fünfziger Jahre hinein frischer Fisch verkauft wurde (eine **Fischweibstatue** am Eck zum Hojbro Plads erinnert noch daran), hat sich zu einem charmanten Platz entwickelt, auf dem im Sommer die Kaffeehausstühle Reihe an Reihe stehen und die Antiquitätenhändler aus den umliegenden Straßen zum Markt rufen. Schloss Christiansborg, das Thorvaldsen-Museum und den Kanal im Blick, gibt es sicher schlechtere Orte, um einen gepflegten Nachmittagskaffee zu trinken und den Spaziergang Revue passieren zu lassen.

→ Kongens Nytorv. **Kunstforeningen GL Strand**: Gammel Strand 48 (Eingang auch über Læderstræde 15), ✆ 33360260, www.glstrand.dk. Di/Fr/Sa/So 11–17 Uhr, Mi/Do 11-18 Uhr. Eintritt 60 kr (8 €), ermäßigt 45 kr (6 €), bis 16 J. kostenlos.

C. W. Eckersberg (1783–1853)

Der in Schleswig geborene Christoffer Wilhelm Eckersberg lebte vom 20. Lebensjahr an und bis zu seinem Tod in Kopenhagen. Er entwickelte Anfang des 19. Jh. einen eigenständigen Landschaftsstil, den er als Professor an der **Königlich Dänischen Kunstakademie** auch seinen Schülern vermittelte. Seine Bilder mit römischen Motiven sind von Naturalismus geprägt und gänzlich frei von der damals üblichen Heroisierung der Landschaft. Eckersberg begeisterte sich für das Meer genauso wie für das Kleine in der Natur. Er gilt als Stammvater des „poetischen Naturalismus" in der dänischen Kunst und als **Begründer des Goldenen Zeitalters** (etwa 1816–1848), einer Ära der kulturellen Blüte Dänemarks, der u. a. auch der Bildhauer **Bertel Thorvaldsen** und die Schriftsteller **Hans Christian Andersen** sowie **Søren Kierkegaard** angehören.

Bekannt sind Eckersbergs Porträts wohlhabender Dänen wie das von Emilie Henriette Massmann. Das Porträt seines Kollegen Bertel Thorvaldsen von 1820, das im Thorvaldsen-Museum ausgestellt ist, gilt als eines seiner besten Bilder überhaupt.

Eckersbergs begabtester Schüler war **Christen Købke** (1810–1848), der ebenfalls zu den bekanntesten Malern des Goldenen Zeitalters zählt. Der gebürtige Kopenhagener wird heute für seine weit gespannte Motivwahl und die kräftigen Farben mehr geschätzt als zu seiner Zeit. Købke starb bereits mit 38 an einer Lungenentzündung und geriet schon kurz nach seinem Tod in Vergessenheit. Bilder wie das Porträt Frederik Sødrings und „Teil von Østerbro im Morgenlicht" (beide hängen im **Statens Museum for Kunst**) erleben eine Renaissance und gelten heute als Meisterwerke. Købke selbst wird trotz seines relativ schmalen Werks als **der bedeutendste Vertreter des Goldenen Zeitalters der dänischen Malerei** angesehen.

Praktische Infos

(→ Karte S. 145)

Essen und Trinken

Schwarzer Diamant **Søren K** 18, Minimalismus ins Extrem getrieben: nackte Betonwände mit einfarbigen Gemälden, komplett verglaste Front zum Inneren Hafen. Französisch-dänische Fusion-Küche. Mittagsmenü 215 kr (29 €), abends Hauptgerichte ab 175 kr (23 €) . Mo–Sa 12–24 Uhr. Søren Kierkegaards Plads 1 (im Schwarzen Diamanten), ✆ 33474949, www.soerenk.dk.

Café Øieblikket 17, Café im Erdgeschoss des Schwarzen Diamanten, dem spektakulären Anbau der Königlichen Bibliothek an der Hafenfront, bekommt man Getränke und einfache Gerichte. Tägl. außer So 9–19 Uhr. Søren Kierkegaards Plads 1, ✆ 33474747.

Gammel Strand **Krogs Fiskerestaurant** 4, feines Traditionsrestaurant, das seit 1910 auf Fisch setzt. Die Spezialitätenküche hat ihren Preis: Eine Fischsuppe kostet 245 kr (33 €), Hauptgerichte beginnen bei 345 kr, das 6-Gänge-Menü schlägt mit 695 kr (93 €) heftig zu Buche. Im Keller schlummern 2800 Flaschen mit 700 verschiedenen Weinen gefüllt. Schöne Lage am alten Hafen. Mo–Sa 12–15 und 18–24 Uhr (Küche bis 22 Uhr). Gammel Strand 38, ✆ 33158915, www.krogs.dk.

Cafe Diamanten 7, einfaches Straßencafé in exzellenter Lage mit Blick auf den alten Hafenkanal, Schloss Christiansborg und das Thorvaldsen-Museum. Nachbar der Galerie GL Strand. Sandwiches ab 58 kr/8 €,

Nationalmuseum, Restaurant Julian

Salate ab 75 kr/10 €. Gammel Strand 50. www.cafediamanten.dk

››› **Mein Tipp: GL Strand Cafe 6**, sympathisches Museumscafe in dem feinen Kunstbuchladen des Hauses (Ausstellungskataloge und viele Architekturbücher, auch auf Englisch). Kleine Gerichte, erholsame Atmosphäre. Geöffnet auch für Nicht-Besucher des Museums. Di/Fr/Sa/So 11-17 Uhr, Mi/Do 11-18 Uhr. www.glstrand.dk (Fotos und Infos zum Buchsortiment unter Shop). ‹‹‹

Nationalmuseum Julian 13, das elegante, gemütliche Café-Restaurant bietet einfache Mittagsgerichte für 55-145 kr (8-20 €) und einen schönen Blick ins Foyer des Nationalmuseums, in das es integriert ist. Di–Fr 11–17 Uhr (Küche 11.30-15 Uhr). Ny Vestergade 10 (im Nationalmuseum), ✆ 33930760, www.restaurantjulian.com.

Nikolaj Kirke ››› **Mein Tipp: Caféen i Nikolaj 1**, ungewöhnliche Lage an und in einer Kirche, die auf einem ruhigen Altstadtplatz steht. Tagesrestaurant mit günstigen Mittagsmenüs ab 70 kr/9,50 €, die meisten liegen jedoch um die 90–120 kr/12-16 €. Viel Fisch. Für den Nachmittagskaffee gibt es hausgemachten Kuchen für 30 kr/4 €, Tagesdessert 45 kr/6 €. Di-So 12–17 Uhr, Do 12-21 Uhr. Nikolaj Plads 12 (in der Nikolajkirke), ✆ 33116313, www.kunsthallennikolaj.dk. ‹‹‹

Einkaufen

Bücher Diamantboghandlen 16, im modernen Anbau der Königlichen Bibliothek, dem Schwarzen Diamanten, gibt es Bücher über Kunst, Architektur, Design und Geschichte. Mo–Fr 9.30–17.30 Uhr, Sa 10–17 Uhr. Søren Kierkegaards Plads 1, www.diamantboghandlen.dk.

Lampen Louis Poulsen 2, der schicke Lampenhersteller präsentiert sich mit einem großen Showroom. Poulsen genießt einen Ruf als exklusiver Designer, ähnlich wie Bang & Olufsen im HiFi-Bereich. Mo–Fr 10–16 Uhr. Gammel Strand 28.

Andenken Museumsshop im Nationalmuseum 12, Bücher, Taschen, Schals, Schmuck, Reproduktionen von Ausstellungsgegenständen und vieles mehr: kein Kitsch. Ein schöner Laden für originelle Geschenke. Tägl. außer Mo 10–17 Uhr. Ny Vestergade 10.

Museumsshop im Jüdischen Museum 14, Bücher, Musik, Filme und viele nette Kleinigkeiten zur jüdischen Kultur. Juni–Aug. tägl. außer Mo 10–17 Uhr, sonst Di–Fr 13–16 Uhr, Sa/So 12–17 Uhr. Proviantpassagen 6 (am Gammel Strand).

Antiquitätenmarkt 5, siehe Kapitel „Einkaufen": Antiquitätenmarkt am Gammel Strand. Fr/Sa 7/8-18 Uhr.

Tour 4

Tour 4: Von der Strædet zur Hirschsprung-Sammlung

Shopping und Kunst in einem ausgeglichenen Verhältnis bietet dieser Spaziergang durch spannende Boutiquenviertel zum Renaissance-Lustschloss Rosenborg und dem wunderbaren Kunstmuseum Statens Museum for Kunst. Den Abschluss der Tour bildet das Museum des Tabakbarons Heinrich Hirschsprung, in dem seine Sammlung dänischer Gemälde des 19. Jh. präsentiert wird.

Strædet oder Strøget – was nun, werden Sie sich vielleicht fragen. Beides! Die Strøget, schon seit 1962 eine Institution, ist sozusagen die offizielle Einkaufsstraße mit den großen Weltmarken und den berühmten Kaufhäusern *Illums Bolighus*, *Royal Copenhagen* und *Magasin?*. Ihre jüngere und, wie wir finden, deutlich attraktivere Schwester ist die **Strædet.** (Jenseits der Strøget, im Latinerkvarter, gibt es noch zwei weitere hübsche Geschwister, die Studiestræde und Larsbjørnsstræde). Die einzelnen Straßenbezeichnungen der zusammengefügten Strædet sind Farvergade, Kompagnistræde und Læderstræde. Sie bilden den Rahmen für eine lange Kette von sympathischen Straßencafés und Boutiquen.

Das Kontrastprogramm zur eher alternativ angehauchten Strædet, seit 1992 Fußgängerzone, stellt das noble **Viertel rund um die Kronprinsensgade** dar. Es ist das Zentrum der Nobeldesigner und edlen Bars, aber auch hier schlägt die entspannte Bescheidenheit der Kopenhagener jeden Anflug von Snobismus in die Flucht.

Eines der großen Touristenziele ist das fast 400 Jahre alte **Schloss Rosenborg** mit dem kleinen Park Kongens Have

Von der Strædet zur Hirschsprung-Sammlung

davor. Von dort geht es zum **Statens Museum for Kunst,** das zeigt, welch erfrischende Wirkung moderne Museumskonzepte haben können, und schließlich zur **Hirschsprung'schen Sammlung,** der Privatsammlung des reichen Kaufmanns Heinrich Hirschsprung, die seit 1911 in einem eigenen, auf Wunsch des Sammlers eher intim gestalteten Museum ausgestellt ist.

Tour-Info

Der Spaziergang – halb Shopping-, halb Kulturtrip – beginnt am Rathausplatz (zehn Gehminuten von den S-Bahn-Stationen Hauptbahnhof und Vesterport) und endet an der S-Bahn-Station Østerport. Szene-boutiquen, Designershops, ein elegantes Ausgehviertel zum Vormerken für den Abend, Renaissance-Architektur und ein Weltklassemuseum sorgen für Abwechslung. Netto-Dauer des Spaziergangs: gemütliche 1:30 Std.

Stationen

Strædet (Kompagnistræde & Læderstræde)

Startpunkt der Tour ist der zentral gelegene Rathausplatz. In Richtung Strøget blickend, geht's ein paar Meter nach rechts, bis links die Farvergade abzweigt – der Beginn der seit 1992 **autofreien** Strædet. Die Atmosphäre wechselt schlagartig: Statt Treffpunkttrubel und Budenästhetik wie am Rathausplatz dominiert nun die lauschige Gemütlichkeit einer szenigen Altstadtgasse.

Die Bar *Oscar* an der Ecke ist bei Schwulen sehr beliebt. Nach dem Nobelrestaurant *Reinwalds* beginnt der typische Angebotsmix aus Antiquitäten, Silberwaren, Keramik, Kunsthandwerk, Schuhen und Gemälden, der durch gut besuchte Cafés und Restaurants unterbrochen wird. Es ist eine typische Bohème-Gegend, in der sich nicht einmal Spaziergänger und Fahrradfahrer ins Gehege kommen. Gut gelaunte Menschen aller Altersklassen schlendern meist in kleinen Gruppen durch die Straße, setzen sich in die geschmackvoll

Übernachten (S. 69)

6 Hotel Christian IV

Essen & Trinken (S. 165-168)

1 Aamanns
5 Traktørstedet
7 Orangeriet
8 Amarone
9 Pastis
13 Sult
20 La Vecchia Signora
21 Wok Shop
31 L'Alsace
42 RizRaz
46 Reinwalds

Cafés (S. 165-168)

2 Café Republic
14 Café Dan Turèll
19 Det elektriske Hjørne
23 Café Victor
30 Sommersko
36 Kafe Kys
37 Hoppe's
38 Zirup
41 Wanna B

Nachtleben

4 Culture Box (S. 80)
12 Nasa (S. 80)
15 Grill Bar
16 Cafe Zeze (S. 80)
22 Palæ Bar (S. 79)
24 Zoo Bar (S. 80)
35 Karel (S. 80)
40 La Fontaine (S. 82)
45 Centralhjørnet (S. 101)
47 Oscar (S. 101)

Tour 4: Von der Strædet z
Hirschsprung-Samml
1 = Pistolstræde
2 = Guinness World Records Museum
Einkaufen (S. 168/169)
3 Arnold Busck
10 Cinematekets Film- & Boghandel
11 Rützou
17 Tage Andersen
18 Acne Jeans
25 Museums Kopi Smykker
26 Stig P
27 Bruuns Bazaar
28 Mundos
29 Munthe plus Simonsen
32 Day Birger et Mikkelsen
33 Tekinoktay
34 Designers Remix Collection
39 Gottschalch
43 Soelberg
44 Unika
75 m
Frederiks-staden
Latiner Kvarteret
Inderhavnen
Nørreport
Kongens Nytorv
Ørsteds-parken
Israels Plads
Københavns Universitet
Skt. Petri Kirke
Vor Frue Kirke
Vor Frue Plads
Synagoge
Kultorvet
Købmands-skole
Hauser Plads
Trinitatis Kirke
Rundetårn
Helligånds-kirken
Gråbrødre-torv
Amager-torv
Højbro Plads
Nikolaj Kirke
Strøget
Strædet
Gammel-torv
Ny-torv
Rådhuspladsen
Rådhus
National-museet
Thorvaldsens Museum
Christiansborg Slot
Christiansborg Slotsplads
Rigsdags-gården
Dansk Jødisk Museet
Børsen
Børsbroen
Holmens Kirke
Christian IV's Bro
Kongelige Teater
Kunsthal Charlottenborg
Amber Mus.
Garnisons K.
Baron Boltens Gård
Christian VII's Palæ
Nyhavns-bro
Stormbro
Marmor-broen
Kongensgade
Bredgade
Store Kongensgade
Holmens Kanal
Niels Juels Gade
Børsgade
Voldgade
Nørre Voldgade

traßencafés oder gucken sich schäften um. Eine bewun- Laisser-faire-Stimmung, die man schnell aufnimmt.

Ⓢ Hauptbahnhof (Hovedbanegård) oder Vesterport.

Rund um die Kronprinsensgade

Ganz anders als die Strædet sieht das wohlhabende Viertel um die Kronprinsensgade auf der anderen Seite des Amagertorv aus, auf den die Einkaufsmeile mündet. Hier ist deutlich mehr Geld im Umlauf, die Häuser sind höher und eleganter, die Boutiquen teurer, und die Lokale ziehen eine allem Anschein nach sehr erfolgreiche, mit Geschmack und Geld gesegnete Kundschaft an. Es ist die feinste Gegend der Altstadt, in der das Wort „Schick“ eine ganz große Bedeutung hat und „Protz“ gar keine.

Vom Ende der Strædet quer über den Amagertorv beginnt zunächst die **Købmagergade,** eine weitere autofreie Einkaufsstraße, von der dann die Top-Adresse in Sachen Mode, die **Kronprinsensgade,** als zweite Straße nach rechts abzweigt. In der Kronprinsensgade haben sich führende dänische Labels niedergelassen wie *Bruuns Bazaar* oder *Stig P.* Populär ist immer noch das alteingesessene Café *Sommersko* , das 1976 das erste klassische Café in Kopenhagen war.

Die erste Querstraße rechts, die **Pilestræde,** setzt diesen Trend fort, v. a. mit dem zweistöckigen Modegeschäft *Day Birger et Mikkelsen* und dem jungen Modehaus *Designers Remix Collection*, ebenso die gleich links abzweigende **Antonigade** und die nach einer Links-rechts-Kombination beginnende **Grønnegade** mit dem spektakulären Showroom der jungen dänischen Modemarke *Munthe plus Simonsen,* kleineren, aber kaum weniger coolen Streetwear-Shops und Bars, deren verlockende Inneneinrichtung einen immer wieder staunen lässt.

An der Kreuzung von Grønnegade und Ny Østergade lohnt sich noch ein

Radfahrerin auf der Strædet

kleiner Abstecher nach rechts zur versteckt gelegenen **Pistolstræde,** die durch das harmonische Zusammenspiel von Blumen, Farben und dekorativen Elementen auf engstem Raum ein dänischer Traum ist. Rund um einen charmanten Innenhof finden sich hier dreistöckige Fachwerkhäuser mit Gastronomie und der kleinen Boutique *Mundos,* die schönes Kunsthandwerk aus Lateinamerika verkauft.

Bevor es zur nächsten Station, dem Schloss Rosenborg, geht, sollten Filmfans noch einen weiteren Abstecher zum **Danske Filminstitut (Dänisches Filminstitut)** machen: Am Ende der Grønnegade stößt man auf eine der wichtigsten Verbindungsstraßen Kopenhagens, die Gothersgade, die die Stadt in einer geraden Linie von den Seen vor Nørrebro bis zum Kongens Nytorv durchschneidet. Laufen Sie hier ein kurzes Stück nach links. Gegenüber vom Schlosspark, in der Gothersgade Nr. 55, ist dann das Filminstitut. In der Parallelstraße Vognmagergade befinden sich in Nr. 8b der exzellent sortierte Buch- und Filmshop sowie das schöne Restaurant *Sult* des Filminstituts. Das Haus beherbergt auch ein Kino, das monatlich etwa sechzig Filme zeigt, viele davon auf Englisch oder mit englischen Untertiteln. Vis-à-vis liegt der imposante Stammsitz des großen Verlagshauses Egmont.

→ Kongens Nytorv. **Det Danske Filminstitut**: Gothersgade 55, ✆ 33743400, www.dfi.dk. **Cinematekets Film - & Boghandel (Shop)**: Di–Fr 9.30–22 Uhr (!), Sa 12-22 Uhr, So 12-19.30 Uhr. Das **Kino** hat meist drei Vorstellungen täglich, die letzte gegen 22 Uhr.

Davids Samling (David-Sammlung)

Zurück auf der Gothersgade, sind es nur wenige Meter die gegenüberliegende Kronprinsessegade hinein bis zu einem kleinen, aber spannenden Museum, das erst kürzlich, nach jahrelangen

David-Sammlung, Zimmer im Stil des Goldenen Zeitalters

Restaurationsarbeiten, wiedereröffnet wurde: Die **David-Sammlung** (freier Eintritt!) beherbergt einen skurrile Mischung aus dänischen Möbeln und Zierobjekten des 18. Jahrhunderts sowie Gebrauchsgegenstände aus islamischen Kulturkreisen von den religiösen Anfängen bis zur Mitte des 19. Jahrhunderts. Vor allem die reiche Zimmerausstattung aus dem sogenannten Golden Zeitalter Dänemarks während der ersten Hälfte des 19. Jahrhunderts lohnt den Besuch. Die Räume geben einen authentischen Einblick in die Zeit von *Søren Kierkegaard* und *Hans Christian Andersen.*

Zu den bedeutendsten Sammlungen islamischer Kunst zählen die ausgestellten Objekte im 3. Stock: von Tellern über Teppiche bis zu Vasen, Truhen und Münzen zeigt das Museum eine selten zu sehende Bandbreite. Die Räume sind stark herabgekühlt, im Sommer kann dies eine unangenehme Überraschung sein: Jacke mitnehmen!

Das Haus selbst steht unter Denkmalschutz und stammt aus dem frühen 19. Jahrhundert. Der Sammler **Christian Ludvig David** (1878-1960) erbte ein Vermögen und konnte dies durch geschickte Firmenbeteiligungen noch beträchtlich vergrößern.

Davids Samling, Kronprinsessegade 30, ✆ 33734949, www.davidmus.dk, Di/Fr 13-17 Uhr, Mi 10-21 Uhr, Do 10-17 Uhr, Sa/So 11-17 Uhr. Eintritt frei.

Rosenborg Slot (Schloss Rosenborg)

Stimmungsvoll beginnt die Annäherung an das Lustschloss des Renaissance-Königs **Christian IV.** Die David-Sammlung nach rechts verlassend, folgt nch wenigen Metern auf der linken Seite der Kronprinsessegade der Eingang zum **Kongens Have** („Garten des Königs", auch: Rosenborg Have), dem Schlosspark mit Rosengarten, Alleen, Spielplatz, Puppentheater und guten Restaurant *Orangeriet*. Quer durch den Park, der im Sommer ausgiebig zum Sonnenbaden und Picknicken genutzt wird, geht es zum **Wassergraben**, über den eine kleine Brücke in den Schlosshof führt. Nur während der Öffnungszeiten des Schlosses steht auch Eisentür offen. Der eigentliche Haupteingang befindet sich auf der anderen Seite an der Øster Voldgade.

Hundert Meter vom Brückeneingang entfernt befinden sich der **Ticketschalter** und der kleine **Museumsshop**, in dem Sie z. B. Bildbände zur dänischen Monarchie oder eine Pistolen-Replika für 450 kr (50 €) kaufen können. Im Schlosshof liegt das hübsche Gartenlokal *Traktørstedet*.

Christian IV. ließ das verhältnismäßig kleine Schloss im niederländischen Renaissance-Stil schrittweise zwischen 1606 und 1634 errichten. In dem mittelalterlichen **Schloss Christiansborg** hatte er sich nicht mehr wohlgefühlt,

Schloss Rosenborg, Kongens Have

und das barocke **Wasserschloss Frederiksborg**, das er, wohlgemerkt zur gleichen Zeit, bauen ließ, nämlich von 1600 bis 1620, war ihm zu weit von der Hauptstadt entfernt. Was man ihm kaum verdenken kann: 35 Kilometer waren bei den damaligen Verkehrsverhältnissen wohl nicht zu verachten. Aber schon ab 1710 wollte keiner mehr auf Rosenborg wohnen. Die sich immer schneller ändernde Architekturmode sortierte das Schloss gnadenlos aus. Keine hundert Jahre nach der Fertigstellung ließ der damalige Monarch **Frederik IV.** das schickere **Schloss Fredensborg** im Grünen weit vor der Stadt bauen. Rosenborg diente nun nur noch als Aufbewahrungsort von königlichen **Schätzen**, die in den anderen Residenzen keinen Platz mehr hatten (Waffen, Reitutensilien, Kostüme, Glas, Porzellan, Möbel, Kunst), bis man auf die Idee kam, all diese Dinge – da sie nun mal sowieso nicht mehr gebraucht wurden – für die Öffentlichkeit zugänglich zu machen. Seit 1838 ist Schloss Rosenborg ein Museum.

Nach einer umfangreichen Renovierung sind die zahlreichen Prunksäle, die die Geschichte der dänischen Monarchie anhand der Raumausstattung und der Waffen ihrer Könige bis in die zweite Hälfte des 19. Jh. hinein erzählen, inzwischen wieder geöffnet.

Für die Königshistorie zwischen 1863 und 1972 (dem Jahr der Inthronisation von Margrethe II.) war kein Platz mehr: Diese Zeit ist in einem Museum auf **Schloss Amalienborg** (→ S. 174) dargestellt.

In der **Schatzkammer** auf Schloss Rosenborg sind außerdem die **Kronjuwelen** zu sehen und im sog. Langen Saal oder **Rittersaal** zwölf kunstvolle **Bildteppiche** aus den 1690er-Jahren, die die Siege Christians V. im Schonischen Krieg (1675–1679) zeigen.

→ Kongens Nytorv. Øster Voldgade 4a (Zugang auch über die Kronprinsessegade und den Kongens Have möglich), ✆ 33153286, www.rosenborgslot.dk. Mai/Sept./Okt. täglich 10-16 Uhr, Juni–Aug. tägl. 10–17 Uhr, Jan.-April/Nov./Dez. Di-So 11-14 Uhr. Eintritt 75 kr (10 €), ermäßigt 50 kr (7 €), unter 18 J. frei, Kombiticket mit dem Museum auf Schloss Amalienborg 100 kr (14 €).

Statens Museum for Kunst (Staatliches Kunstmuseum)

Um zum Staatlichen Kunstmuseum zu gelangen, verlassen Sie Schloss Rosenborg an der Øster Voldgade nach rechts (wenn Sie vom Kongens Have gekommen sind: einfach geradeaus durch den Schlosshof). Schon nach hundert Metern stoßen Sie auf eine Kreuzung mit Blick auf das Museum von 1896. Der erste Eindruck mag ernüchternd sein: ein klassizistischer Riesenbau, hinter dessen dicken Mauern man durchaus ein verstaubtes Museum vermuten könnte. Das Historismusgebäude von **Vilhelm Dahlerup**, der auch die Ny Carlsberg Glyptotek und das Theater am Kongens Nytorv baute, stand von Anfang an als altmodisch in der Kritik. Zudem bot es nicht genug Platz für die Sammlung, ein Problem, das erst 1998 durch einen Anbau gelöst werden konnte.

Im Inneren des Museums verändert sich der Eindruck dann aber völlig. Man tritt in eine moderne, lichte Eingangshalle mit weißen Säulen und einem großzügigen Infopult. Eine schöne Filiale der **Buchhandlung** *Arnold Busck* weckt den Wissensdurst, und den erstandenen Bildband kann man gleich nebenan im hohen und hellen **Café** *Republic* studieren, das selbst so etwas wie eine kleine Galerie ist: Die Inneneinrichtung wechselt häufig und vermittelt regelmäßigen Besuchern so einen Eindruck vom aktuellen dänischen Möbeldesign. Dazu gibt es kleine Gerichte und eine zufriedenstellende Auswahl an Getränken.

Seine Entstehung verdankt das Staatliche Kunstmuseum der Vernichtung eines anderen Gebäudes: Schloss Christiansborg, das die Königliche Kunstsammlung seit 1827 öffentlich gezeigt hatte, brannte 1884 komplett nieder, die meisten Gemälde konnten aber durch Passanten (!) gerettet werden.

Heute beherbergt die dänische Nationalgalerie rund 9000 Gemälde und Skulpturen sowie etwa 300.000 Skizzen und Studien auf Papier. Seit Herbst 2006 gibt es eine **neue Hängung**, die den Prinzipien moderner Kunstpräsentation folgt – die chronologische und stilistische Anordnung gibt es zwar noch, aber dazwischen werden immer wieder spannende Kontrapunkte gesetzt, die überraschende Einsichten und Verbindungen bieten. Kunstwerke aus verschiedenen Jahrhunderten und Ländern sind auf einmal Nachbarn. Dazu gibt es sog. **Fokusräume**, in denen bestimmte Epochen oder Künstler herausgegriffen werden.

Als Verbindung zwischen dem alten und dem neuen Gebäudeteil zeigt eine **Skulpturenstraße** im Erdgeschoss gleich neben der Eingangshalle Werke moderner Bildhauerkunst.

Im Haupthaus werden dänische Gemälde und Skulpturen aus der Zeit nach 1960 gezeigt, darunter natürlich die des gegenwärtig bekanntesten dänischen Malers Per Kirkeby sowie Werke der berühmten CoBrA-Gruppe um Asger Jorn und von internationalen Malergrößen wie Baselitz, Nolde, Matisse, Picasso, Braque und Modigliani. Dazu kommen zahlreiche der berühmten **Maler des Goldenen Zeitalters** wie C. W. Eckersberg, Christen Købke Michael und Anna Ancher sowie P. S. Krøyer.

Auch einige **alte Meister**, darunter Rubens, Rembrandt, Lucas Cranach, Pieter Brueghel d. Ä. und El Greco, sind mit Gemälden vertreten.

Kinder willkommen! Das Statens Museum for Kunst ist eine sehr einladende Einrichtung – bei freiem Eintritt

Zwei Künstlergruppen: die Skagenmaler und CoBrA

Die sog. Skagenmaler beeindruckten mit einer impressionistischen Wiedergabe von Licht, Farbe und Atmosphäre. Die provinzielle Kleinstadt Skagen an der Nordspitze Dänemarks wurde erst durch die Strand-, Wasser- und Fischerbilder der „Maler des Lichts" entdeckt, deren dänischen Kern P. S. Krøyer, Anna und Michael Ancher sowie Viggo Johansen bildeten. Maler und Urlauber reisten hierher – ab 1890 sogar mit der Eisenbahn –, um das Licht des Nordens, die Welt der Fischer und die Dramatik von Nord- und Ostsee zu erleben.

Peder Severin Krøyer (1851–1909), im norwegischen Stavanger geboren und in Kopenhagen aufgewachsen, war der erste Vertreter der sog. Freilichtmalerei; er malte bevorzugt die Stimmungen der „blauen Stunde" und der Sommernächte am Strand von Skagen, den er mit 31 Jahren kennenlernte. Eines seiner berühmtesten Werke ist „Sommertag am Strand von Skagen" (1884), das in der Hirschsprung-Sammlung zu sehen ist.

Krøyers kunsthistorisch bedeutendste Gesinnungsgenossen waren Anna Ancher (1859–1935), die in Skagen geboren wurde, und ihr auf der Ostseeinsel Bornholm geborener Mann Michael Ancher (1849–1927), der mit 21 Jahren zum Kunststudium nach Kopenhagen kam und im Alter von 35 Jahren zum glühenden Skagen-Verehrer wurde. Anna Anchers Spezialität waren sonnendurchflutete Interieurs, während ihr Mann v. a. durch seine heroischen Fischerbilder bekannt wurde, obwohl auch er zahlreiche häusliche Interieurs malte. Er sorgte schon zu Lebzeiten dafür, dass seine Künstlerkollegen in Skagen ein eigenes Museum erhielten. Michael Ancher hat seine Frau übrigens nie als Konkurrentin empfunden, sondern förderte ihre professionelle Karriere nach besten Kräften. Sie könne einfach besser malen als er, betonte er oft in seiner angeborenen Bornholmer Bescheidenheit. Im Statens Museum for Kunst ist z. B. sein Bild „Das kranke Mädchen" (1882) ausgestellt.

Haus von Anna und Michael Ancher

Der wichtigste Künstlerzusammenschluss der Nachkriegszeit war die 1948 von dänischen, belgischen und holländischen Malern gegründete Gruppe CoBrA (der Name wurde aus den Anfangsbuchstaben von Copenhagen, Brüssel und Amsterdam gebildet). Drei Jahre lang gab es zahlreiche Ausstellungen mit den expressiven, zwischen figurativer und abstrakter Malerei changierenden Bildern der Gruppe; ihr Programm wurde in der gleichnamigen Zeitschrift CoBrA publik gemacht. Die charakteristischen CoBrA-Bilder entstanden aber erst nach der Auflösung der Gruppe im Jahre 1951. Einer der CoBrA-Initiatoren war Asger Jorn (1914–1973), bedeutendstes dänisches Malertalent seiner Zeit. Zu den dänischen CoBrA-Künstlern zählen auch der Maler und Bildhauer Henry Heerup (1907–1993), das Ehepaar Carl-Henning Pedersen (1913–2007) und Else Alfelt (1910–1974), Egill Jacobsen (1919–1998) sowie Ejler Bille (1910–2004). Letzterer kehrte der CoBrA-Bewegung aber recht bald den Rücken, um mit Erik Thommesen (geb. 1916), Harald Leth (1899–1986) u. a. die sog. März-Ausstellung zu gründen.

Die Service-Einrichtungen des Museums lassen nichts zu wünschen übrig. Neben **Café** und **Buchhandlung** fallen im Untergeschoss die großzügige Garderobe (Einwurf 10 kr, die man zurückerhält) und die fast schon luxuriösen Toiletten auf. Neu ist das **Egmont Knowledge Center,** das als Begegnungs- und Lernstätte dient und aus einem Kunstlaboratorium für Jugendliche, einem **Kinder-Kunstmuseum,** einer Bibliothek und einem Raum zum Studium der wertvollen Zeichnungen aus dem Inventar des Museums besteht. Die breiten Treppen an der Skulpturenstraße dienen abends als Sitzplätze für ein **Konzertpublikum,** das vor dem großen Aussichtsfenster einen schönen Blick in den umgebenden Park Østre Anlæg hat.

Ⓢ Østerport. Sølvgade 48–50, ✆ 33748494, www.smk.dk.

Öffnungszeiten: Tägl. außer Mo 10–17 Uhr, Mi bis 20 Uhr, die Küche des Cafés schließt jeweils 1 Std. früher.

Eintritt: frei Sonderausstellungen 95 kr (13 €), erm. 65/75 kr (9/10 €), bis 18 J. frei.

Den Hirschsprungske Samling (Hirschsprung-Sammlung)

Wenn Sie nach Verlassen des Staatlichen Kunstmuseums die Sølvgade nach rechts und die erste Straße wieder rechts gehen, kommen Sie nach etwa 200 Metern zu einem kleinen, schön gelegenen Museum für dänische Malerei: der Sammlung des Tabakbarons **Heinrich Hirschsprung**.

Hirschsprung leitete zusammen mit seinem Bruder Bernhard eine gut gehende Tabakfabrik, die ihr bei Frankfurt am Main geborener Vater 1826 gegründet hatte. 1866 begann Heinrich Hirschsprung, dänische Kunst zu sammeln. Den Maler P. S. Krøyer unterstützte er finanziell, die beiden wurden auch enge Freunde. 1902 beschloss der kunstbegeisterte Industrielle, seine stattliche Sammlung dem dänischen Volk zu schenken. Nur fünf Jahre vorher hatte der Brauereibesitzer **Carl Jacobsen** für

In der Hirschsprung-Sammlung

seine Kunstsammlung die Glyptothek zur Verfügung gestellt bekommen. Auch der Tabakhersteller wollte ein eigenes Museum für seinen Schatz, und er bekam eines. 1911 eröffnete die Villa in einem Stilmix aus italienischer Renaissance und griechischem Neoklassizismus – so, wie es der Mäzen gewollt hatte. Die riesigen Museumsbauten seiner Zeit – die Ny Carlsberg Glyptotek und das Staatliche Kunstmuseum hatten zur Jahrhundertwende eröffnet – waren ihm ein Gräuel, er wollte einen Bau, in dem man sich wie in der Wohnung eines Freundes fühlen sollte. Deshalb wurden auch Originalmöbel vieler Künstler, deren Gemälde hier präsentiert werden, zu den Kunstwerken dazugestellt.

Die bekanntesten Namen der Hirschsprung-Sammlung sind der Begründer des sog. **Goldenen Zeitalters**, C. W. Eckersberg, dessen Schüler Christen Købke sowie die Skagenmaler P. S. Krøyer, Anna Ancher und Michael Ancher. Die Sammlung wurde seit der Eröffnung stark erweitert und umfasst heute etwa 700 Arbeiten.

Die Stockholmsgade, in der die Hirschsprung-Sammlung liegt, ist übrigens auch Sitz der **deutschen Botschaft** in Kopenhagen (Stockholmsgade 57), ein untrügliches Zeichen dafür, dass dies hier eine „bessere" Gegend ist: Østerbro (→ Tour 6), das feinste Viertel von Kopenhagen, kündigt sich bereits an.

Zum Endpunkt der Tour, der S-Bahn-Station Østerport, läuft man schließlich entweder weiter die Stockholmsgade entlang und an der großen Kreuzung rechts oder – falls man das **Staatliche Kunstmuseum** nach der Hirschsprung-Sammlung besucht hat – beim Museum links entlang der Øster Voldgade, bis es wiederum links zum Oslo Plads und zur S-Bahn geht.

Ⓢ Østerport. Stockholmsgade 20, ✆ 35420336, www.hirschsprung.dk. Tägl. 10–17 Uhr, Mi bis 21 Uhr. Eintritt 95 kr (13 €), unter 18 J. frei.

Praktische Infos

(→ Karte S. 156/157)

Essen und Trinken

Strædet **Reinwalds** 46, behagliches Nobellokal, beim Design dominieren warme Holztöne, in der Fusion-Küche dänische Rezepte mit französischen und italienischen Einflüssen. Hauptgerichte ab 195 kr/26 €, 3-Gänge-Menü 350 kr/47 €. Tägl. außer So 14–24 Uhr, Küche bis 22 Uhr. Farvergade 15 (am Anfang der Strædet), ✆ 33918280, www.reinwalds.dk.

RizRaz 42, überaus populär. Die Attraktion: Mittagsbuffet für 79 kr (11 €) und Abendbuffet für 99 kr (14 €). Wunderwerke darf man bei diesen für Kopenhagen sehr günstigen Preisen nicht erwarten, aber die einfachen Gerichte erfüllen ihren Zweck. Mo–Fr 11.30–24 Uhr, Sa/So 9.30–24 Uhr. Kompagnistræde 20 (ziemlich zu Beginn der Strædet), ✆ 33150575, www.rizraz.dk.

Zirup 38, relaxtes, schwer angesagtes Café, in dem DJs an Wochenendabenden elektronische Musik auflegen. Szeniges Interieur, Kerzen und rote Lampen, eine dunkle Höhle für Entspannungsübungen. Mittags viele Speisen ab 89 kr (12 €), abends wird`s teurer: Hauptgerichte ab 129 kr (17 €). Tägl. 10–1 Uhr, Fr/Sa bis 2 Uhr. Læderstræde 32 (in der Strædet), ✆ 33135060, www.zirup.dk.

Hoppe's 37, die hellere Alternative zum *Zirup*, nur wenige Meter davon entfernt. Brunch bis 16 Uhr 98 kr (13 €), sonst günstige Kneipengerichte, Pasta um die 100 kr (14 €), Gerichte aus dem Wok bis 120 kr (16 €). Mo–Mi, So 10–24 Uhr, Do 10–2 Uhr, Fr/Sa 10–5 Uhr. Læderstræde 11, ✆ 33935353, www.cafehoppes.dk.

Kafe Kys 36, sehr populär bei jungen Leuten, v. a. die Außenbestuhlung findet großen Anklang. Zu essen gibt's kleine Gerichte. Gepflegte Chillout-Musik. Sprungbrett für unbekannte Künstler, die hier ausstellen. Mo–Mi 10–23 Uhr, Do 10–24 Uhr, Fr/Sa 10–2 Uhr, So 11–18 Uhr. Die Küche schließt Mo–Sa bereits um 21 Uhr! Læderstræde 7, ✆ 33938594, www.kafekys.dk.

Tour 4 – Von der Strædet zur Hirschsprung-Sammlung
Karte S. 156/157

»» **Mein Tipp: Wanna B** **41**, Rot dominiert in dieser sympathischen Mischung aus Café und Restaurant mit Plüsch-Sitzgruppen und einer gemütlichen Lounge-Atmosphäre, die ein künstlerisch-alternativ geprägtes Publikum um die 25 bis 30 anlockt. Gute asiatisch-italienisch inspirierte Küche, durchschnittliche Preise. Tägl. 10–24 Uhr. Kompagnistræde 4, ✆ 33133311, www.wannab.dk. ««

Rund um die Kronprinsensgade

L'Alsace **31**, feine Elsässer Küche in einem besonders romantischen Eck von Kopenhagen. 2-Gänge-Mittagsmenü 228 kr (31 €), Drei-Gänge-Abendmenü 360 kr (48 €). Tägl. außer So 11.30–24 Uhr, am 1. So im Monat 11.30–16 Uhr. Ny Østergade 9/Ecke Pistolstræde, ✆ 33145743, www.alsace.dk.

Wok Shop **21**, angesagtes thailändisches Restaurant, vergleichsweise günstig, Hauptgerichte 100–140 kr (14-19 €). Minimalistisch-elegante Inneneinrichtung. Mo–Fr 12–14 und 17.30–22 Uhr, Sa 18–22 Uhr. Ny Adelgade 6 (Seitenstraße der Grønnegade), ✆ 33916121, www.wokshop.dk.

La Vecchia Signora **20**, traditionelle Holzofenpizzeria, deren sardische Besitzer schon seit Mitte der 1990er-Jahre einen guten Ruf zu verteidigen haben. Der Name ist eine Reverenz an ihren Lieblingsfußballclub Juventus Turin. Viel Pasta & Pizza bis 119 kr (16 €). Tägl. 17–24 Uhr. Grønnegade 12–14 (Plätze draußen in einem verspielt-romantischen Eck der Pistolstræde), ✆ 33160048, www.la-vecchia-signora.dk.

Café Dan Turèll **14**, ein 1977 eröffneter Kaffeehausklassiker, Wegbereiter des modernen Café- und Bar-Stils in Kopenhagen. Benannt nach dem populären Krimischriftsteller *Dan Turèll*, der Kopenhagen liebte und seine Romane oft in seiner Heimatstadt spielen ließ. Im französischen Bistro-Stil eingerichtet, mit einer Glasfront zur Straße hin und voller spiegelnder Flächen im Inneren. Elegant. Mo–Mi 9.30–24 Uhr, Do 9.30–1 Uhr, Fr/Sa 9.30–2 Uhr, So 10–23 Uhr. Store Regnegade 3–5 (Parallelstraße der Grønnegade), ✆ 33141047, www.danturell.dk.

Det elektriske Hjørne **19**, geräumiges, betont altmodisches Café – kein Wunder: Inventar und Bar sind Originale von 1947, entworfen von dem berühmten Designer Finn Juhl. Einfache Gericht. Ruhiges Publikum um die 40. Mo–Mi 11.30–2 Uhr, Do 11.30–4 Uhr, Fr/Sa 11.30–5 Uhr. Juni–Sept. So geschlossen. Store Regnegade 12 (Altstadtgasse hinter dem Luxushotel D'Angleterre am Kongens Nytorv), ✆ 33139192, www.elhjoernet.dk.

Café Victor **23**, so groß wie edel ist dieses gut besuchte, aber nicht überfüllte Eck-

Café in der Strædet

Bistro in der feinen Gegend hinter dem Kongens Nytorv. Große Spiegel, gedämpftes Licht, weiße Tischdecken, Kerzen, schwarz-weiß gekleidete Kellner, überwiegend französische Küche zu Preisen auch jenseits der 200 kr/27 €. Sa/So Brunch für 165 kr/22 € (bis 15 Uhr). Lange Getränkeliste. Mo–Mi 8–1 Uhr, Do–Sa 8–2 Uhr, So 11–23 Uhr. Ny Østergade 8, ✆ 33133613, www.cafevictor.dk

Sommersko 30, Kronleuchter im 1. Stock, die Galerie bietet regelrechte Logenplätze. Französische Küche zu relativ moderaten Preisen. Geräumig, offen, eine lässig-feine Art, die auf der langen Tradition des Hauses beruht. Bunt dekorierte Wände, viel Rot, viel Spiegelglanz. Mo–Mi 8–1 Uhr, Do/Fr 8–2 Uhr, Sa 9–2 Uhr, So 9–1 Uhr. Kronprinsensgade 6, ✆ 33148189, www.sommersko.dk

Schloss Rosenborg **Pastis 9**, an den französischen Bistro-Tischchen im Freien sitzt es sich sehr angenehm, denn das Lokal liegt nicht direkt an der Hauptstraße, sondern etwas nach hinten versetzt. Innen dominieren rote Ledercouchen und erotische Fotografien – zumindest, als wir da waren: Die Wände werden nämlich regelmäßig lokalen Künstlern als Ausstellungsfläche zur Verfügung gestellt. Zu hören gibt es dazu unaufdringliche, aber beschwingte Kaffeehausmusik. Reiche Auswahl an französischen Gerichten zu leicht gehobenen Preisen. Mo–Do 11–24 Uhr, Fr/Sa 11–1 Uhr. Küche tägl. bis 22.30 Uhr. Gothersgade 52 (nahe dem Kongens Nytorv), ✆ 33934411, www.bistro-pastis.dk.

Traktørstedet 5, im Hof von Schloss Rosenborg liegt dieses kleine Gartenrestaurant, das viel dänische Hausmannskost zu recht zivilen Preisen anbietet. Natürlich gibt es auch Kaffee und kalte Getränke. Mai–Sept. tägl. 11–17 Uhr, sonst bis 16 Uhr. Øster Voldgade 4a (Schloss Rosenborg), ✆ 33157620, www.rosenborgslot.dk.

Amarone 8, freundliches, kleines italienisches Restaurant an der zweispurigen Gothersgade. Einige Tische auf dem Gehsteig. Preislich Durchschnitt. Tägl. außer So 12–24 Uhr. Gothersgade 40 (kurz vor Schloss Rosenborg), ✆ 60636702.

Sult 13, elegantes Restaurant im dänischen Filminstitut. Bekannt für senen Wochenendbrunch (bis 15 Uhr) für 200 kr (27 €). Di-So 12–16 und 17-22 Uhr. Vognmagergade 8b, ✆ 33743417, www.sult.dk.

Putziger geht's nicht: Innenhof der Pistolstræde

Orangeriet 7, Monopolist im Kongens Have von Schloss Rosenborg. Draußen werden nur Getränke und Gebäck serviert. Drinnen gibt's Smørrebrød für 75 kr (10 €), abends z.B. Kabeljau für 185 kr (25 €). Mo-Sa 11.30-15 Uhr, 18-22 Uhr, So 12-16 Uhr. ✆ 33111307. Kronprinsessegade 13. www.restaurant-orangeriet.dk

Statens Museum for Kunst **Café Republic 2**, geräumiger Rückzugsraum im Staatlichen Kunstmuseum, natürlich herausragend gestylt (dem Ausstellungscharakter eines Museums entsprechend, wechselt das Mobiliar häufig). Ein wunderbarer Ort für eine kleine Mahlzeit: Brunch bis 16.30 Uhr (Mi bis 19.30 Uhr) für 79 kr, Club-Sandwich 95 kr. Tägl. außer Mo 10–17 Uhr, Mi bis 20 Uhr. Sølvgade 48–50, ✆ 33748665, www.smk.dk.

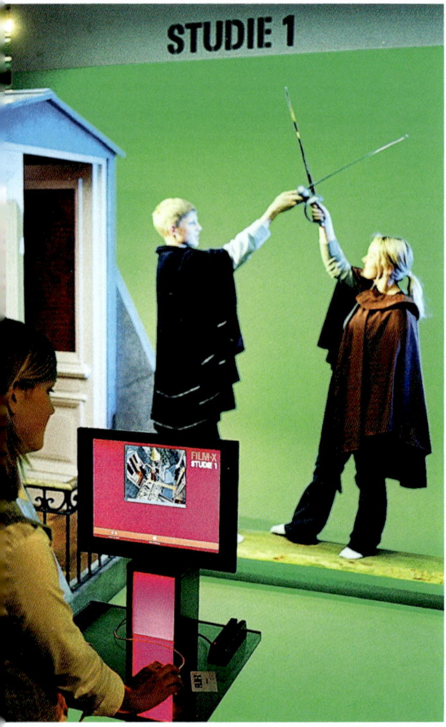

Interaktives Filmstudio in der Cinemathek

Aamanns **1**, nicht weit vom Statens Museum for Kunst liegt dieser junge, feine Smørrebrød-Takeaway, der die alten Traditionen der einfachen Zubereitung aus lokalen Zutaten wieder aufleben lassen will. Der Erfolg brachte Gründer Adam Aaamann eine Dependance in New York ein. Daneben liegt das klassische Restaurant von Aamann. Mittags gehen Hauptgerichte dort bei 165 kr (22 €) los, abends bei 235 kr (32 €). Takeaway: Mo-Fr 10.30-20.30 Uhr, Sa 11-16.30 Uhr, So 12-16.30 Uhr. ✆ 35553344. Restaurant: Mi-So 12-16 Uhr, 18-23 Uhr. Øster Farimagsgade 10/12. www.aamanns.dk

Einkaufen

Antiquitäten **Gottschalch** **39**, Traditionshaus, das in der dritten Generation besteht. Sehr wertvolle Möbel und Spiegel aus dem 18. Jh. Di–Fr 10–17.30 Uhr, Sa bis 13 Uhr. Læderstræde 13, www.gottschalch.dk.

Soelberg **42**, russische Ikonen, Militaria, Antiquitäten und ethnografische Objekte. Sehr eindrucksvoll ist die Sammlung von Artefakten und Skulpturen der Eskimos in der angegliederten Inuit Art Gallery. Mo–Fr 10.30–16.30 Uhr, Sa 11–14 Uhr. Knabrostræde 15, www.antiquities.dk.

Blumen **Tage Andersen** **17**, als „Blumenkunst" beschreibt der Inhaber dieses einzigartigen Geschäfts, das gleichzeitig so etwas wie ein Museum ist, seine Kreationen. Vielleicht kann der Laden am ehesten als eine Mischung aus den Fantasiewelten von Tim Burton und Hans Christian Andersen beschrieben werden – die eigenwillige, bezwingende Schönheit verlängert sich ins Schräge. In dem Blumenladen verbinden Treppchen gegeneinander versetzte Halbetagen, dazwischen und darauf finden sich dekorative Ecken voller Blumen, Vasen, Kerzen, Steine und Volieren. Mo–Do 10–18 Uhr, Fr 10–19 Uhr, Sa 10–17 Uhr. Eintritt 40 kr. Ny Adelgade 12, ✆ 33930913, www.tage-andersen.com.

Bücher und Filme **Cinematekets Film- & Boghandel** **10**, Kinoenthusiasten sollten unbedingt mal einen Blick in den Buch- und Filmshop des Dänischen Filminstituts werfen. In dem anspruchsvollen Bestand finden sich nicht nur englischsprachige Standardwerke der Filmkunst und Filmanalyse, sondern auch viele Raritäten Di–Fr 9.30–22 Uhr (!), Sa 12-22 Uhr, So 12-19.30 Uhr. Vognmagergade 8b, www.dfi.dk/filmhuset.

Arnold Busck **3**, Buchhandlung im Staatlichen Kunstmuseum. Neben Kunstbüchern gibt es auch Poster, Künstlermaterial und aufwendig gestaltete Kinderbücher. Tägl. außer Mo 10–17 Uhr, Mi bis 20 Uhr. Sølvgade 48–50, www.smk.dk.

Kunsthandwerk **Unika** **44**, Kleidung, Schmuck, Keramik, Teppiche, Gobelins. Mo–Fr 11–18 Uhr, Sa 10–16 Uhr. Kompagnistræde 3, www.unika-art.dk.

Mundos **28**, in einem romantisch-verspielten Innenhof mit mehreren Boutiquen und Restaurants versteckt sich dieser feine kleine Laden, der Kunsthandwerk aus Lateinamerika verkauft. Neben Schmuck sind auch Werke der bildenden Kunst und Textilien im Angebot. Di–Fr 11.30–17.30 Uhr, Sa 11.30–16 Uhr. Pistolstræde 6, www.mundos.dk.

Mode **Bruuns Bazaar 27**, wie es heißt, soll auch Kronprinzessin Mary öfter mal hierherkommen. Berühmt wurde das Label durch seinen Auftritt als erste dänische Modemarke überhaupt bei der Pariser Modewoche 1999. Nichts für den schmalen Geldbeutel natürlich, aber sehr viel günstiger als die Kreationen der Pariser oder Mailänder Couturiers. Mo–Do 10–18 Uhr, Fr bis 19 Uhr, Sa bis 16 Uhr. Kronprinsensgade 8 (Frauen) und 9 (Männer), www.bruunsbazaar.com.

Stig P 26, eine weitere aufstrebende Marke, in deren einladendem Shop aber auch Fremdlabels wie Sonia Rykiel, Stella Mc Cartney oder Chloé geführt werden, ebenso Männermode. Mo–Do 10–18 Uhr, Fr bis 19 Uhr, Sa bis 17 Uhr. Kronprinsensgade 14, www.stigp.dk.

Day Birger et Mikkelsen 32, als „ethnisch" wird die Mode dieser ebenfalls sehr jungen Designermarke oft bezeichnet. Es gibt sieben Linien, die in einem sehenswerten Showroom präsentiert werden. Mo–Do 10–18 Uhr, Fr bis 19 Uhr, Sa bis 16 Uhr. Pilestræde 16, www.day.dk.

Tekinoktay 33, feinste Damenunterwäsche, viele Marken (auch eine eigene), sehr populärer Laden. Mo–Do 11–18 Uhr, Fr 11–19 Uhr, Sa 10–16 Uhr. Silkegade 13 (parallel zur Kronprinsensgade, Richtung Strøget).

Designers Remix Collection 34, neuer Laden des 2002 gegründeten Frauenlabels, dessen Designerin Charlotte Eskildsen ihre Kreationen als „sexy with an edge" bezeichnet. Mo–Do 10–18 Uhr, Fr 10–19 Uhr, Sa 10–16 Uhr. Pilestræde 8d, www.designersremix.com.

Munthe plus Simonsen 29, Naja Munthe und Karen Simonsen gehören mit ihrem 1994 gegründeten Label zu den Wegbereiterinnen des dänischen Modeerfolgs. Ihr Stil wird als „bohemienhaft" bezeichnet, „romantisch und glamourös" nennen sie ihn selbst. Der 400 m^2 große Vorzeige-Shop wurde 2004 eröffnet. Mo–Do 10–18 Uhr, Fr bis 19 Uhr, Sa bis 16 Uhr. Grønnegade 10 (Eingang auch über die Pistolstræde), www.muntheplussimonsen.dk.

Rützou 11, Chefin Susanne Rützou war Mitbegründerin von Bruuns Bazaar und machte sich 2000 mit einem eigenen Modelabel selbstständig. Der Flagship-Store der Modedesignerin, die fließende, betont weibliche Linien in ihren Kollektionen liebt, ist in einer Parallelstraße der Grønnegade zu finden. Mo–Do 11–17.30 Uhr, Fr 11–18 Uhr, Sa 10–16 Uhr. Store Regnegade 12, www.rutzou.com.

Acne Jeans 18, angefangen hat es mit dem Revival der Röhrenjeans, mittlerweile gibt es auch andere Schnitte, geblieben ist aber das coole Image: Die Stockholmer sind die Aufsteiger unter den Jeansdesignern. Mo–Do 11–18 Uhr, Fr 11–19 Uhr, Sa 10–16 Uhr. Gammel Mønt 10, www.acnestudios.com.

Schmuck **Museums Kopi Smykker 25**, hier bekommt man Reproduktionen von Schmuck aus der Zeit zwischen 1500 v. Chr. und 1050 n. Chr. in Nordeuropa: Ringe, Ohrringe, Armbänder, Halsketten und vieles mehr. Mo–Do 10–17.30 Uhr, Fr 10–19 Uhr, Sa 10–14 Uhr. Grønnegade 6, www.museumjewelry.dk.

Top-Adresse für Lateinamerika-Fans

Tour 5

Tour 5: Rund um Schloss Amalienborg

Die bereits vor 250 Jahren als Nobelviertel geschaffene Stadt Frederiks V. (deshalb „Frederiksstaden") ist bis heute eine feine Gegend geblieben. Barocke und klassizistische Stadtpalais prägen das Bild um Schloss Amalienborg und die benachbarte Marmorkirken. Vielleicht am schönsten in diesem Viertel ist jedoch der freie Blick von Schloss Amalienborg über den Hafenkanal zur hypermodernen Oper. Ganz neu ist das Theater Skuespilhuset am Ende von Nyhavn: anziehende Architektur mit viel Freiraum am Wasser.

Nachdem der Renaissance-König Christian IV. Kopenhagen im 17. Jh. bereits um zwei Stadtviertel erweitert hatte – Nyboder, Heimat des Schiffspersonals, und Christianshavn, Wohnort der Kaufleute –, schuf Frederik V. Mitte des 18. Jh. Raum für die Oberschicht. **Frederiksstaden** ist ein barockes Palaisviertel aus rechtwinklig aufeinander zulaufenden Straßen, das bis heute eine recht homogene Architektur aufweist: lauter gleich hohe, direkt aneinandergebaute Stadtvillen mit oft säulenverzierten Fassaden.

Zu der gepflegten Erscheinung passt die Nutzung: eine Mischung aus Kunst und gehobener Geschäftswelt, deren Klientel von der entsprechenden Gastronomie versorgt wird. Neben den klassischen Sehenswürdigkeiten **Schloss Amalienborg** und **Marmorkirken** locken die hier exotisch wirkende **Aleksander Nevskij Kirke** mit ihren russischen Zwiebeltürmen, die ansprechenden Ausstellungen im **Designmuseum** und ein romantisches Quartier: das Renaissance-Viertel **Nyboder.**

Architektur- und Musiktheaterliebhaber könnten an einer Führung durch

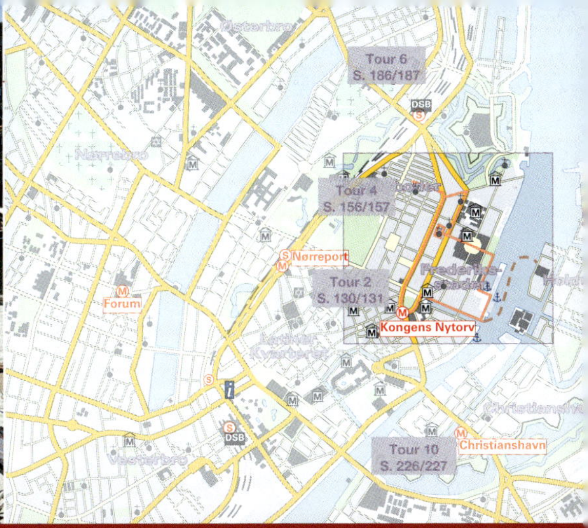

den schnell berühmt gewordenen **Opernbau** auf der anderen Kanalseite Interesse haben. Mit dem Wasserbus ab Nyhavn ist man in wenigen Minuten drüben. Alternativ kann man sich auch ins Freiluftcafé am 2009 eröffneten **Skuespilhuset** setzen, dem neuesten architektonischen Wahrzeichen Kopenhagens, und den Blick zwischen Oper und Theater übers Wasser schweifen lassen.

Tour-Info

Der Rundgang (reine Gehzeit: rund 1:10 Std.) durch den königlichen Stadtteil Frederiksstaden beginnt und endet an der U-Bahn-Station Kongens Nytorv. Stets viel bestaunt ist die Wachablösung der königlichen Leibgarde vor Schloss Amalienborg, die jeden Tag um 12 Uhr stattfindet. Das passt zeitlich zum lohnenden Aufstieg in die Kuppel der Marmorkirken, der im Sommer tägl. um 13 und 15 Uhr möglich ist. Das Designmuseum schließt um 17 Uhr.

Stationen

Los geht's am **Kongens Nytorv,** der mit der U-Bahn leicht zu erreichen ist. Quer über den Platz geht es zur populären Flaniermeile Nyhavn, an deren Ende das neue Theater liegt.

Skuespilhus (Schauspielhaus)

Das Kopenhagener Schauspielhaus wurde 2008 eröffnet. Es ist ein moderner, ansprechender Bau mit Flachdach, der am Wasser (genau an der Ecke von Nyhavn und Innerem Kanal) viel Freiraum mit einer schönen Aussicht auf die Oper gegenüber bietet. Das **Theatercafé Ofelia** hat hier genügend Platz für Außenbedienung, es gibt aber auch kostenlose Stühle an der Wasserfront. Das Theater der Architekten **Boje Lundgaard** und **Lene Tranberg** wurde als Ergänzung zum Königlichen Theater am Kongens Nytorv und zur Oper auf der anderen Kanalseite geschaffen. Es bietet Raum für insgesamt 950 Zuschauer und verfügt über drei Bühnen, auf denen Stücke in dänischer Sprache aufgeführt werden. Mit 120 Mio. Euro hat es nur etwa ein Drittel soviel wie die Oper gekostet.

Eine schöne Promenade führt am Wasser entlang bis zum **Amaliehaven** – erst neben dem Theater, dann vorbei am Luxushotel Admiral, bis sich nach etwa 300 m links der Amaliengarten mit seiner großen Fontäne öffnet. Zwischen Theater und Hotel Admiral, auf einem freien Platz am Wasser, liegt Kopenhagens neueste Sommerattraktion **Ofelia Beach**: ein Erholungsort mit Sandstrand, Liegestühlen, Windabweisern, Sportplatz, Open-Air-Café und Veranstaltungsbühne für Ballet, Theater und Konzerte.

Skuespilhus, Sankt Annæ Plads 36, ✆ 33696933, www.kglteater.dk. Restaurant Ofelia tägl. 10–23 Uhr (Reservierungen unter ✆ 33693931, für das Café im Freien nicht notwendig).

Operaen (Oper)

Der aufsehenerregende Neubau vis-à-vis von Schloss Amalienborg wurde innerhalb kurzer Zeit – eröffnet wurde die Oper im Januar 2005 – zu einem der meistpublizierten Fotomotive von Kopenhagen.

Zur Oper gelangt man bequem und günstig mit dem Wasserbus, der beim Hotel *71 Nyhavn* (→ S. 66) vom Nyhavn abfährt.

Zutritt zum spektakulären **Foyer** und erst recht zum Zuschauerraum des neuen Wahrzeichens von Kopenhagen bekommt man allerdings nur mit einer Eintrittskarte.

Der Architekt der Oper, **Henning Larsen**, hat übrigens auch in Deutschland zuletzt groß gebaut: Im Herbst 2011 zog der „Spiegel" in sein neues Zuhause in der Hamburger Hafencity um. 110 Millionen Euro hat der scharfkantige Larsen-Bau mit den unzähligen Brückenverbindungen im Inneren schließlich gekostet, auf 30.000 m² bringt die Spiegel-Gruppe 1100 Mitarbeiter unter.

Geschenk de luxe: 335 Millionen Euro zahlte die Stiftung des Milliardärs Arnold Maersk Mc-Kinney Mølle für die neue Oper

Doch das neue „Spiegel"-Gebäude ist, verglichen mit der Kopenhagener Oper, geradezu bescheiden budgetiert. Beim Opernbau wurde an nichts gespart: weder an Materialien noch an Gestaltern oder an Platz. 41.000 m² Fläche stehen zur Verfügung, verteilt auf über tausend (!) Räume. Foyer und Zuschauerraum umfassen allein 7000 m², 1500 Menschen passen in den großen Saal (außerdem gibt es noch Takkelloftet, eine viel kleinere, experimentelle Bühne für 200 Zuschauer). Im Foyer wurden Unmengen an sizilianischem Marmor verbaut, die Wände der Hauptbühne sind mit Ahornholz verkleidet, die Decke mit 105.000 Bögen aus 24-karätigem Blattgold. Der berühmte Kopenhagener Künstler **Olafur Eliasson**– mit einer Einzelausstellung auch schon vom New Yorker Museum of Modern Art geehrt – schuf die eindrucksvollen Lichtskulpturen im Foyer, sein vielleicht noch berühmterer Kollege **Per Kirkeby** ist für die Bronzereliefs verantwortlich. Dass nur modernste Bühnentechnik zum Einsatz kommt, Künstler wie Verwaltung sich unter besten Arbeitsbedingungen beweisen dürfen und eine herausragende Akustik eines der Hauptanliegen war, muss bei solchen Ansprüchen eigentlich kaum erwähnt werden.

Die Kosten des Bauwerks: unfassbare 335 Mio. Euro. Zum Vergleich: Die

Allianz Arena in München, ein Fußballstadion für fast 70.000 Menschen, kostete genauso viel. Der Unterhalt des riesigen Bauwerks verschlingt Unsummen – erst kürzlich wurde die Zahl der Aufführungen reduziert, einige Mitarbeiter mussten entlassen werden: das Kultusministerium hatte das Budget gekürzt und die Folgen spürte der teuerste Einzelposten am stärksten.

Doch am Erfolg der Bühne ist nicht zu zweifeln: Die Vorstellungen sind immer ausverkauft, an spontane Besuche der Oper ist nicht zu denken.

Gespendet wurde der Renommierbau von der Stiftung des reichsten Dänen: **Arnold Maersk Mc-Kinney Møller** hat sein Geld mit der in Kopenhagen fast allgegenwärtigen Supermarktkette *Netto* verdient, die *A.-P.-Møller-Mærsk-Gruppe* machte er zum größten Unternehmen des Landes (v. a. mit Containerschifffahrt). Dass sein Geschenk dank der Stiftungskonstruktion steuerliche Vorteile bietet, hat auch Kritiker auf den Plan gerufen. Zwist über bauliche Details gab es zudem zwischen Spender und Architekt, entschieden wurde zugunsten des Spenders.

Anfahrt: Ekvipagemestervej 10 (auf Holmen). Am schnellsten erreicht man die Oper übers Wasser mit dem Wasserbus von Nyhavn (beim Hotel *71 Nyhavn* an der Hafenfront), der tagsüber alle 7 Min., abends alle 20 Min. fährt. Einzelfahrt 24 kr (3,20 €). Der Bus Nr. 66 fährt vom Hauptbahnhof zur Oper.

Eingeschränkter Zugang: Nur wer eine Eintrittskarte hat, darf ins Gebäude. Auch das Foyer ist Ticketinhabern vorbehalten.

Amalienborg Slot (Schloss Amalienborg)

Der Weg zum Schloss Amalienborg führt vom Nyhavn über die **Promenade am Inneren Hafen** am Schauspielhaus und am Luxushotel Admiral vorbei.

Das alte Lustschloss aus dem 17. Jh., das vorher an der Stelle des heutigen Schlosses stand, war 1689 nur kurz nach seinem Bau abgebrannt. Das heutige Schloss Amalienborg ist kein einzelner Prachtbau, sondern eine symmetrische Anordnung von vier äußerlich identischen Rokoko-Palästen rund um ein Achteck mit der Reiterstatue des Initiators **Frederik V.** von 1768 in der Mitte. Zusammen mit ihren Seitenflügeln ergeben die Paläste ein geschlossenes Ensemble. Einer der Gründe für die verhältnismäßige Bescheidenheit: Die Stadtvillen waren für den Adel gedacht, nicht für die Königsfamilie. Die residierte zu jener Zeit noch auf Schloss Christiansborg.

Als dieses 1794 abbrannte, war das neue Domizil schnell gefunden: Die Königsfamilie bezog das Palais schräg links gegenüber vom Eingang Toldbodgade, das daraufhin als **Palast Christians VII.** bezeichnet wurde.

> **Tipp:** Schauen Sie zu, wie die königliche Leibwache vor Schloss Amalienborg abgelöst wird, tägl. um 12 Uhr. Die Soldaten, die auch im Hochsommer die klassische Bärenfellmütze tragen, sind sehr freundlich und lassen sich gern fotografieren, auf höflich gestellte Fragen geben sie sogar meist eine kurze Antwort.

Die Initialzündung zum Bau Amalienborgs lieferte das 300-jährige Jubiläum des Hauses **Oldenburg** auf dem dänischen Thron im Jahr 1748. König Frederik V. stiftete dem Adel ein neues Stadtviertel, das nach ihm benannt wurde. **Nicolai Eigtved**, der Hofarchitekt, legte die Straßen streng geometrisch an und entwarf die Villen für die Oberschicht, die Frederiksstaden bis heute prägen.

Das derzeitige Monarchen-Paar, Königin Margrethe II. und ihr Mann Prinz Henrik, wohnen im Winter in dem Palast

Frederiksstaden-Gründer König Frederik V. hoch zu Ross

gleich links am Schlossplatz (von der Toldbodgade kommend). Die beiden Paläste links und rechts der Frederiksgade (Palast Christians VII. und Palast Christians VIII.) können besichtigt werden. Im Palast Christians VIII. befindet sich das **Amalienborgmuseet (Amalienborgmuseum),** mit einer Fortsetzung der Ausstellung zu den dänischen Monarchen auf Schloss Rosenborg (→ S. 160). Dargestellt sind hier die Jahre 1863–1972, in denen es vier Könige gab.

→ Kongens Nytorv. Amalienborg Plads. **Amalienborgmuseet (Palast Christians VIII.**): An der Frederiksgade, ✆ 33122186, www.dkks.dk. Mai–Okt. tägl. 10–16 Uhr, sonst tägl. außer Mo 11–16 Uhr. Eintritt 65 kr/8,70 €, ermäßigt 40 kr/5,40 €, bis 18 J. freier Eintritt. Kombiticket mit Schloss Rosenborg 100 kr/13,40 €.

Palast Christian VII. (an der Frederiksgade): ✆ 33926451, www.ses.dk. Englischsprachige Führungen Juli–Sept. Sa/So 13 und 14.30 Uhr. Eintritt 75 kr (Kasse beim Amalienborgmuseet).

Königliche Residenzen

Die dänische Monarchie existiert seit über tausend Jahren und ist damit eine der ältesten der Welt. Zwei Familien haben das Königreich dominiert: Oldenburg und seit 1863 Glücksburg, der auch die derzeitige Königin Margrethe II. angehört. Zusammen mit ihrem Mann Prinz Henrik residiert sie jahreszeitenabhängig in folgenden Schlössern:

Winter: Schloss Amalienborg (erbaut 1750–1760).

Frühling und Herbst: Schloss Fredensborg (1720–1722), 40 km nördlich von Kopenhagen (→ S. 245).

Sommer: Schloss Marselisborg (1899–1902) bei Århus auf Jütland, Schloss Gravenstein (Gråsten Slot, 1759–1842) in Südjütland, königliche Jacht Dannebrog.

Die Website des dänischen Königshauses lautet www.kongehuset.dk.

Abendlicher Blick auf die Marmorkirche

Marmorkirken (Marmorkirche)

Falls Sie glauben, etwas Ähnliches schon von irgendwoher zu kennen, haben Sie recht: Vorbild der Marmorkirken (offiziell **Frederiks Kirke**) gleich bei Schloss Amalienborg war die Peterskirche in Rom. Zwar nicht von Anfang an, aber bei Vollendung vor gut hundert Jahren. Der Statusbau von Frederik V. wäre nämlich beinahe zum Pleitebau geworden. Hundert Jahre lang stand die Marmorkirken als Bauruine herum, bevor sie 1894 schließlich doch fertiggestellt werden konnte. 1749, zu Beginn der Bautätigkeiten für den neuen Stadtteil Frederiksstaden, sollte sie noch eine Rokoko-Kirche werden, dann eine klassizistische, doch die Wahnsinnsmengen an norwegischem Marmor konnte und wollte sich schließlich selbst eine Monarchie nicht leisten. 1770 wurden die Bauarbeiten eingestellt und erst 1874 wieder begonnen, als der Tuborg-Gründer **Carl Frederik Tietgen** die Fertigstellung im neobarocken Stil finanzierte. Die Kupferkuppel hat eine Spannweite von 30 m und gehört damit weltweit zu den Top Ten ihrer Art. Natürlich hat man von oben, aus fast 80 m Höhe, einen sehr schönen Blick über Kopenhagen. Im Vorgarten der Kirche stehen Dutzende von Statuen, die von 1883 bis in die 1970er-Jahre hinein errichtet wurden und v. a. biblische Figuren und Kirchenväter zeigen. Zu den jüngsten Skulpturen gehört kurioserweise aber auch eine Figur des christlichen Existenzialisten Søren Kierkegaard.

→ Kongens Nytorv. Frederiksgade 4, ✆ 331 50144, www.marmorkirken.dk. Mo–Do, Sa 10–17 Uhr, Fr/So 12–17 Uhr.

Aufgang in die Kuppel: 15. Juni–31. Aug. tägl. 13 und 15 Uhr. Sonst nur Sa/So 13 und 15 Uhr.

Eintritt zur Kuppel: 25 kr/3,50 €, Kinder 10 kr/1,40 €. Für den Blick über Kopenhagen ist eine recht gute Kondition vonnöten.

Der Blick vom 18. ins 21. Jahrhundert

Die **Marmorkirken** (erbaut 1749–1894), das Ensemble **Schloss Amalienborg** (1750–1760) und die neue **Oper** (2001–2004) stehen zusammen mit einem Springbrunnen in einer Linie diesseits und jenseits des Inneren Hafens – das 18. und 21. Jh. sozusagen auf einen Blick. Die spannende Sichtachse gehört zu den größten Sehenswürdigkeiten der Stadt. Für einen kleinen Spaziergang zum Schloss Amalienborg kann das im Jahr 2008 eröffnete Schauspielhaus am Ende vom Nyhavn als Startpunkt gewählt werden. Eine Promenade führt von hier aus zwischen Theater und Wasser in Richtung Oper. Vorbei an Ofelia Beach und dem Luxushotel Admiral gelangen Sie zu dem Aussichtspunkt am Kanal, von dem aus Sie in der einen Richtung die Oper sehen, in der anderen Schloss Amalienborg und die Marmorkirken.

Tour 5 – Rund um Schloss Amalienborg
Karte S. 173

Bredgade mit Design-Museum

Der Spazierweg führt nun die noble Bredgade nach Norden entlang, vorbei an zahlreichen Kunstgalerien. Auf engem Raum begegnet der Spaziergänger hier außerdem allen drei christlichen Hauptreligionen: erst der protestantischen **Marmorkirken**, gleich danach der orthodoxen **Aleksander Nevskij Kirke** von 1884 mit ihren golden glänzenden Zwiebeltürmen (Bredgade 53, Führungen können unter ✆ 20761647 vereinbart werden; sonst nur Zugang während der Messezeiten, www.ruskirke.dk) und nur wenige Meter weiter der 1840–1842 erbauten katholischen **Sankt Ansgar Kirke** (Bredgade 64, ✆ 33133762, www.sanktansgarkirke.dk; geöffnet tägl. außer So 8–18 Uhr).

Steil ragen die jahrhundertealten Prachtvillen entlang der relativ schmalen Bredgade hoch und verleihen der schnurgeraden Straße so einen leicht schluchtartigen Charakter. Vorbei am Schild der **Galerie Hanne Gundelach** und dem **Medicinsk Museion (Medizinmuseum)** der Universität (für Spezialisten: Bredgade 62, Eintritt 50 kr, ermäßigt 30 kr, Mi–Fr und So 13–17 Uhr, englischsprachige Informationsblätter auf Anfrage erhältlich; Juli/August englischsprachige Führung an obigen Tagen um 14.30 Uhr; www.museion.ku.dk), öffnet sich schließlich rechts der elegante Innenhof des **Design-Museums**, früher Kunstindustrimuseet.

Internationales Möbeldesign steht im Mittelpunkt dieses erstklassigen Museums, das in einem Rokoko-Gebäude aus

Pause mit Stil: Stuhlklassiker im Café des Design-Museums

der Gründungszeit von Frederiksstaden untergebracht ist. Mitte des 18. Jh. ließ Frederik V. es als Krankenhaus für sein neues Viertel errichten, 1926 wurde das Palais zum gegenwärtigen Museum umgebaut. Für einen Rundgang sollten Sie sich mindestens eine Stunde Zeit nehmen: Die herrlichen Möbel aus fünf Jahrhunderten und zwei Kontinenten (Europa und Asien) sind es wert.

Im Zentrum der Ausstellung steht das 20. Jh. mit seinen vielfältigen Utopien, die das Leben einfacher und schöner machen sollten. Den einflussreichen Dänen Arne Jacobsen , Poul Henningsen , Kaare Klint und Verner Panton ist jeweils ein eigener Raum gewidmet.

Großartige Möbelsammlung: das Design-Museum

Vertreten sind auch die internationalen Avantgarde-Bewegungen der zwanziger Jahre, das Öko-Design der Neunziger und Designer aus China und Japan. Ferner sind viele europäische Möbel zwischen Renaissance und Rokoko zu sehen, mehrmals im Jahr finden Wechselausstellungen statt.

Zum baumreichen Garten des Museums, dem **Grønnegården**, öffnet sich ein mit dänischen Möbelklassikern von Hans J. Wegner and Poul Kjærholm ausgestattetes **Café**, in dem kleine Mahlzeiten und Gebäck serviert werden. Für ein Designmuseum dieser Größe etwas enttäuschend ist der angeschlossene **Shop**: Das Angebot ist recht klein und wenig originell.

→ Kongens Nytorv. **Designmuseum**: Bredgade 68, ✆ 33185656, www.designmuseum.dk. Di-So 11–17 Uhr, Café bis 16.30 Uhr (Küche bis 15.30 Uhr), . Eintritt 60 kr, bis 18 J. gratis. Zutritt zu Café und Shop auch ohne Eintrittskarte möglich.

Nyboder

Dass Sozialwohnungsbau nicht hässlich sein muss, zeigen die hübschen, dunkelgelb angestrichenen Renaissance-Häuschen im etwa 10 Min. vom Design-Museum entfernten Stadtviertel **Nyboder**. Der Weg dorthin führt noch ein Stück die Bredgade weiter und dann an der Kreuzung Bredgade/Esplanaden nach links, bis man die Store Kongensgade erreicht hat. Das **Matrosenviertel von Christian IV.** liegt auf der anderen Straßenseite direkt vor einem, links und rechts der Gernersgade. Die Bauarbeiten begannen 1631, Mitte des 17. Jh. waren 600 Wohnungen in den einstöckigen Häusern fertig. Hundert Jahre später kamen zweistöckige Häuser des gleichen Typs hinzu, sie bilden heute den Hauptteil des kleinen Viertels, das wie früher immer noch von vielen Angehörigen der Marine bewohnt wird. Die Aufnahmekriterien sind allerdings inzwischen gelockert worden. Der char-

Nyboder: sozialer Wohnungsbau der Renaissance

mante, ruhige Charakter der Reihenhaussiedlung macht Nyboder heute zu einer gehobenen Wohngegend. Die schönsten Häuser stehen in der Elsdyrsgade, Suensonsgade und Tigergade.

Ⓢ Østerport.

Zurück an den Anfangspunkt dieser Tour geht es durch die belebte Store Kongensgade, die an Nyboder vorbeiführt. Rechts hinunter, entlang an einfachen Lebensmittelgeschäften, Schuhläden und Supermärkten, führt der Weg zur U-Bahn-Station am Kongens Nytorv. Halt kann man beim berühmten Smørrebrød-Restaurant *Ida Davidsen* machen. Das Angebot an belegten Broten übertrifft jede Vorstellung, es gibt 250 (!) Arten. Falls der Laden geschlossen hat (üblich sind ein paar Wochen im Sommer), befindet sich wenige Meter weiter die Konkurrenz: Das *Amadeus* mit einem netten Innenhof hat zusätzlich noch Unmengen von Kuchen im Angebot. Und für den Abend kann man bei der Nr. 59 reservieren: Das japanische Restaurant *Umami* ist nichts weniger als ein Spektakel.

→ Kongens Nytorv, Ⓢ Østerport.

Praktische Infos

(→ Karte S. 173)

Essen und Trinken

Bredgade **Le Sommelier Vinbar & Brasserie 6**, feine französische Küche, weißes Gedeck, minimalistisch-edle Einrichtung. Muscheln 90 kr/12 €, Tagesfisch 225 kr/30 €, Hauptgerichte 195–215 kr (26-30 €). Mo–Do 12–14 und 18–22 Uhr, Fr 12–14 und 18–23 Uhr, Sa 18–23 Uhr, So bis 22 Uhr. Bredgade 63–65, ✆ 33114515, www.lesommelier.dk.

Café Petersborg 2, holzvertäfeltes Traditionslokal im Souterrain, das sich rühmt, Hillary Clinton bereits zu Gast gehabt zu haben. Früher residierte in dem Haus auch der russische Botschafter, und viele Matrosen aus Sankt Petersburg kamen bei ihrem Landgang hierher, deshalb der Name. Das Restaurant existiert seit 1746, also seit der Gründungszeit des Stadtteils Frederiksstaden. Typisch dänische

Küche mit viel Fisch und Fleisch. Mittags (11.45–15 Uhr) gibt es Dutzende von Smørrebrød-Kreationen (42–85 kr/6-11 €) und ein Auswahl an drei Platten (137–225 kr/18-30 €), abends Hauptgerichte 95–180 kr/13-24 €. Mo–Fr 11.45–22 Uhr (Küche bis 20.30 Uhr), Sa/So 11.30–16 Uhr. Bredgade 76, ✆ 33125016, www.cafe-petersborg.dk.

Store Kongensgade **El Viejo Mexico** **13**, für alle, die gerne einmal das Ambiente wechseln wollen: Hier gibt's Deftiges aus Mexiko. Hauptgerichte ab 139 kr/18 €, Menüs ab 279 kr/37 €. So/Mo 17–22 Uhr, Di/Mi bis 23 Uhr, Do–Sa bis 24 Uhr. Store Kongensgade 61, ✆ 33930061, www.elviejomexico.dk.

Madklubben **9**, kein Musikclub, sondern ein schicker „Essclub", von den Eigentümern als Bistro de luxe bezeichnet. Die Inneneinrichtung ist modern, minimalistisch und elegant – eine Mischung, die es seit ein paar Jahren sehr oft in Kopenhagen gibt. Die einfallsreiche Fusion-Küche hat ein einleuchtend simples Preiskonzept: ein Gang 100 kr, zwei Gänge 150 kr, drei Gänge 200 kr usw., also etwa 14/20/27 €. Mo-Sa 17.30–24 Uhr (Küche bis 22 Uhr). Store Kongensgade 66, ✆ 33323234, www.madklubben.info.

Smørrebrød-Auswahl im Schaufenster

»› **Mein Tipp:** **Umami** **8**, Superlative wecken meist zu Recht Zweifel, aber diesmal muss es einfach sein: Diese Restaurant-Bar bietet das Nonplusultra gastronomischen Designs. Im Erdgeschoss befindet sich die übercoole Bar mit chilligem DJ-Sound. Der Gang in den 1. Stock, vorbei an der einsehbaren Küche, bringt den Gast in einen fensterlosen Raum, der beinahe schon konspirative Züge trägt. Zu essen gibt es japanische Gerichte, die unter französischem Einfluss stehen. Sushi-Menüs und Hauptgerichte beginnen bei 195 kr (26 €). Unser Tipp für den besonderen Abend in Kopenhagen. Mo–Do 18–22 Uhr, Fr/Sa 18–23 Uhr. Store Kongensgade 59, ✆ 33387500, www.restaurant-umami.dk. ‹«

La Coppia **11**, das in dunklen Farben gehaltene Interieur mit den romantisierenden Wandmalereien mag nicht jedermanns Geschmack sein, doch mit Pasta-Preisen unter 100 kr/13 € findet das italienische Restaurant sein Publikum. Fleischgerichte beginnen bei 139 kr/19 €. Tägl. 17–24 Uhr. Store Kongensgade 69, ✆ 33120803, www.lacoppia.dk.

Khun Juk Oriental **19**, sympathisches, elegantes Innenhofrestaurant mit thailändischer Küche zu recht gemäßigten Preisen. Suppen 95 kr (13 €), Vorspeisen um 100 kr , Hauptgerichte ab 185 kr (25 €). Tägl. außer So 17–24 Uhr (Küche bis 22 Uhr). Baron Boltons Gård, Store Kongensgade 17a (Nähe Kongens Nytorv), ✆ 33323050, www.khunjuk.dk.

»› **Mein Tipp:** **Amadeus** **12**, im netten Innenhof bekommt man ein köstliches Smørrebrød schon für 69 kr/9 € (drei für 149 kr/20 €) und auch sonst sind die Preise moderat und die Atmosphäre freundlich. Es gibt Unmengen von appetitlich aussehenden Kuchen. Tägl. ab 8 Uhr geöffnet, Küche 10-21 Uhr, Do-Sa bis 22 Uhr. Store Kongensgade 62, ✆ 33323511, www.restaurant-amadeus.dk. ‹«

Ida Davidsen **10**, eine Institution, gegründet 1888. 250 Smørrebrød-Varianten. In Kopenhagen gibt es eine Redensart, die alles, was sich unerträglich in die Länge zieht, scherzhaft mit Ida Davidsens Brötchen-Liste in Verbindung bringt. Wer es weit bringt

Hochklassige Gemälde werden in zahlreichen Galerien auf der Bredgade verkauft

in Dänemark, dem widmet Ida Davidsen, die Küchenchefin, ein Smørrebrød mit seinem Namen. Vom einfachen Smørrebrød mit Roast Beef und dänischem Kaviar für 55 kr/7,50 € bis zum Smørrebrød mit Hummer und Spargel für 150 kr/20 € kann man hier wirklich alles bekommen. Mo–Fr 10.30–16 Uhr. Store Kongensgade 70, ✆ 33913655, www.idadavidsen.dk.

Ninis **16**, gemütliche Tapas-Bar, ab 20 kr/2,70 € pro Stück, Tapas-Platten ab 99 kr/13 €. Tägl. ab 12 Uhr. Store Kongensgade 42, ✆ 33110299, www.99s.dk.

Kunstgalerien

Frederiksstaden ist die Heimat der Kunstszene. Die Bredgade weist die höchste Konzentration an Galerien in der Stadt auf. Hier eine Auswahl:

Asbæk **18**, seit Jahrzehnten renommierte Galerie, die zahlreiche dänische Künstler der Gegenwart vertritt. Seit 2001 gibt es auch eine Dependance auf Mallorca, das Centro Cultural Andratx. Zur Galerie gehört auch ein eigenständiges Café, zudem gibt es einen kleinen Laden mit Grafiken, Büchern und internationalen Kunstzeitschriften. Mo–Fr 11–18 Uhr, Sa bis 16 Uhr. Bredgade 20, ✆ 33154004, www.asbaek.dk.

Dansk Møbelkunst **14**, Vintage-Möbel der Jahre 1920–1975, viele dänische Stuhl-Klassiker, außerdem Lampen, Tische, Sofas etc. Mo–Fr 10–18 Uhr, Sa 10–14Uhr. Bredgade 32, ✆ 33323837, www.dmk.dk.

Hanne Gundelach **7**, in einem alten Pferdestall, zur romantischen Galerie umgebaut, finden Sie kunstvolle Einrichtungsgegenstände aller Art: Besteck, Kerzenhalter, Geschenkartikel, Vasen, Lampen etc. Mo–Fr 11–17.30 Uhr, Sa 11–15 Uhr. Bredgade 56 (im Innenhof), ✆ 33113396, www.gundelach.dk.

Mikael Andersen **4**, präsentiert junge Künstler, auch viele deutsche. Eröffnete im Sept. 2007 eine Filiale in Berlin. Gegenständliche Malerei, Fotografien, Installationen. Di–Fr 12–18 Uhr, Sa 11–15 Uhr. Bredgade 63, ✆ 33330512, www.gma.dk.

Bredgade Kunsthandel **3**, in zwei je 150 m^2 großen Schauräumen werden Werke der klassischen Moderne zwischen 1930 und 1950 sowie der Gegenwart gezeigt. Es gibt auch günstige Artikel ab 30 €. Die Galerie wurde in den 1920er-Jahren gegründet und zählt damit zu den ältesten in Kopenhagen. Di–Fr 13–18 Uhr, Sa 11–15 Uhr. Bredgade 67–69, ✆ 33135041, www.bredgade-kunsthandel.dk.

Faurschou **21**, bekannt als 1-a-Adresse für internationale Hochkaräter wie Edvard Munch, Pablo Picasso, Per Kirkeby, Robert Rauschenberg, Asger Jørn, Georg Baselitz, Gerhard Richter und Sigmar Polke. Di–Fr 11–15 Uhr. Store Strandstræde 21 (zwischen Nyhavn und Sankt Annæ Plads), ✆ 33914131, www.faurschou.com.

Tour 6: Nach Østerbro und zur Kleinen Meerjungfrau

Anderthalb bis zwei Stunden dauert die Tour vom Startpunkt Nørreport durch das noble Viertel Østerbro zur Kleinen Meerjungfrau, einer der berühmtesten Symbolfiguren der Welt. Dazwischen führt dieser Spaziergang zu einer Reihe von Orten, die von den Kopenhagenern als Ruheoasen sehr geschätzt werden: Botanischer Garten, Fælledparken und Kastellet. Zwei Geschichtsmuseen liegen ebenfalls am Weg.

Die Einwohner Østerbros sind finanziell meist bessergestellt als jene der anderen sog. **Brokvarterer** (Brückenviertel) Vesterbro (→ Tour 8) und Nørrebro (→ Tour 7) – eine Folge der Stadtpolitik nach 1850, durch die sich die drei außerhalb der Altstadt gelegenen Stadtteile unterschiedlich entwickelten. Vor 1850 gab es jenseits der drei Stadtseen nur offenes Land, aber nach der Cholera-Epidemie von 1853, ausgelöst durch die beengten Wohnverhältnisse und die damit zusammenhängende miserable Hygiene, sah sich die Politik gezwungen, Bauten auch jenseits der Stadtbefestigung zu erlauben. Die mittelalterlichen Stadttore wurden geschleift und in den späten 1860er-Jahren auch die Stadtmauer. Billige, schnell hochgezogene Wohnungen entstanden außerhalb der Altstadt. Vesterbro und Nørrebro lagen nahe an wichtigen Marktplätzen und Handelsstraßen, was ihre Entwicklung beförderte, aber auch viele Bauspekulanten anzog, die in kurzer Zeit viel Geld verdienen wollten und wenig auf Qualität achteten. Ein neues

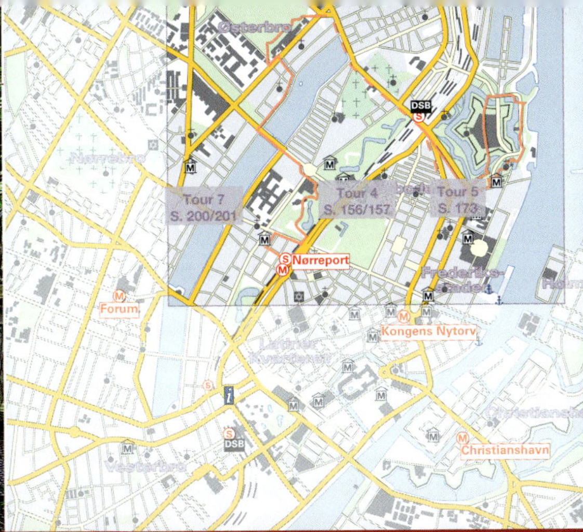

Nach Østerbro und zur Kleinen Meerjungfrau

Gesetz, das dieser Entwicklung durch verschärfte Bauauflagen Einhalt gebieten sollte, kam für Vesterbro und Nørrebro zu spät – doch in Østerbro, das wegen seiner ungünstigeren Lage viel weniger Wohnungssuchende anzog, konnte **ab den 1880er-Jahren** eine ganz andere Gebäude- und Straßenstruktur entstehen. Die breiten Straßen und die großen, hellen Wohnungen, die es heute in Østerbro gibt, sind eine Folge dieses Gesetzes. Schon damals begann sich der Stadtteil zum Favoriten für wohlhabendere Familien zu entwickeln, ein Status, den es heute mehr denn je besitzt.

Die Tour beginnt mit einem Besuch des verwinkelten **Arbeitermuseums** und führt ins weitläufige Grün des **Botanischen Gartens.** Anschließend geht's ins herrschaftliche **Østerbro,** wo das Kleinteilige der Altstadt Chausseen und weiter Sicht weicht und mit dem **Fælledparken** eine weitere Ruheoase der Kopenhagener wartet. Von hier kommt man mit dem Bus zum mittelalterlichen **Kastell.** Dahinter liegt das Meer mit den Anlegestellen der Kreuzfahrtschiffe, und nah am Ufer, aber doch im Wasser sitzt die tatsächlich rührende **Kleine Meerjungfrau** auf ihrem Stein – stets bestaunt und fotografiert von Dutzenden Bewunderern. Vorbei an der dramatischen Inszenierung des **Gefion-Brunnens** und dem aufschlussreichen **Museum des dänischen Widerstands** geht es schließlich zum Endpunkt der Tour, der S-Bahn-Station Østerport.

Tour-Info

Startpunkt dieses Spaziergangs ist Nørreport, der größte Knotenpunkt öffentlicher Verkehrsmittel in Kopenhagen. Zurück geht es mit der S-Bahn von der Haltestelle Østerport. Die Tour führt meist durch ruhige Parkanlagen, dazwischen liegen kurze Straßenabschnitte und eine 5-minütige Busfahrt. Eintritt muss nur im Arbeitermuseum gezahlt werden – alle anderen Sehenswürdigkeiten sind frei zugänglich.

Stationen

Arbejdermuseet (Arbeitermuseum)

Vom Nørreport führt der Weg zuerst in Richtung der Seen in die Frederiksborggade und dann die zweite Straße rechts. Hier befindet sich das Arbeitermuseum, ein spannendes Geschichtsmuseum im ältesten Arbeiterversammlungshaus Kopenhagens (gebaut 1879), das erst kürzlich durch eine großenteils unterirdische Erweiterung Aufsehen erregte.

Belehrende Museen voller langer Texttafeln befinden sich glücklicherweise auf dem Rückzug – auch das Arbeitermuseum versteht sich mehr als Erlebnismuseum, in dem das Leben in vergangenen Zeiten so weit wie möglich erfahrbar gemacht werden soll. Gezeigt werden z. B. eine komplette Arbeiterwohnung aus der Rezessionszeit der 1930er-Jahre, ein Appartement von 1915, das bis 1989 bewohnt war, und die alltägliche Lebensumwelt der Arbeiter der 1950er-Jahre.

Plastische Geschichte: nachgestellte Wohnungen im Arbeitermuseum

Das Museum versucht, das alte, sterile Konzept des reinen Betrachtens aufzubrechen: So wird etwa die restaurierte Versammlungshalle von 1913 für Veranstaltungen genutzt, und die *Ølhalle (Bierhalle)* – übrigens die einzige in Kopenhagen – serviert nicht nur das namensgebende Getränk nach Art von 1947, sondern auch traditionelle dänische Gerichte.

Die Orientierung ist nicht ganz einfach: Der Zugang zum Museum erfolgt durch den auch heute noch genutzten **Festsaal** und das benachbarte kleine **Café**, das noch so aussieht wie in den fünfziger Jahren, als es an die hundert solcher Einrichtungen gab. Das Besondere: Es gab dort keinen Alkohol, die mitgebrachte Jause konnte aber im Warmen bei einem Kaffee verspeist werden. Der schmale Durchgang führt nicht etwa in die Abstellkammer des Cafés, sondern ins Museum – was aber den richtigen Vorgeschmack auf das Kommende vermittelt, denn die Räume sind tatsächlich eng und verwinkelt. Die proletarische Wohn- und Arbeitssituation des Fin de Siècle spiegelt das Arbeitermuseum mit einer komplett eingerichteten Küche, einem Kinder- wie auch einem Wohnzimmer anschaulich wieder. Über enge Treppen und Flure geht es weiter zur ehemaligen Wohnung der Familie Sörensen – die vielen Puppen hier sind sehr lebensecht gestaltet und wirken wie lebendig erstarrt. Im zweiten Stock schließlich ist die industrielle Arbeits-

Eng, aber gemütlich: Original-Wohnzimmer im Arbeitermuseum

umgebung nachgestellt. Der Keller beherbergt das Restaurant *Ølhalle*, das feiner ist, als es der Name vermuten lässt.

In einem kleinen Innenhof beim Foyer steht seit Kurzem eine **Lenin-Statue**, die eine mediale Debatte über die korrekte Darstellung des Revolutionärs ausgelöst hat: als progressiver Herrscher oder Menschenschlächter. Jetzt steht er zwar im Eck, dafür aber überlebensgroß und in selbstgewisser Macherpose.

Ⓜ und Ⓢ Nørreport. Rømersgade 22, ✆ 33932575, www.arbejdermuseet.dk. Tägl. 10–16 Uhr. Eintritt 65 kr/8,70 €, ermäßigt 55 kr/7,50 €, bis 18 J. kostenlos.

Botanisk Have (Botanischer Garten)

Eine Überraschung bietet sich auch auf der anderen Seite der Gothersgade, in die man aus der Rømersgade tritt. Ein paar Meter nach rechts, und man steht vor dem Eingang des Botanischen Gartens der Uni, der sich nicht als die wahrscheinlich vielen geläufige Ansammlung von Blumenbeeten darstellt, sondern als parkähnliche Anlage in einer welligen, abwechslungsreichen Landschaft, die den Spaziergänger unwillkürlich in eine gelöste Stimmung versetzt. Umso mehr, als der Eintritt kostenlos ist.

Der gegenwärtige Botanische Garten – im Laufe der Geschichte hat es drei Vor-gänger gegeben – wurde 1874 eröffnet, kurz nachdem die mittelalterlichen Befestigungswälle beseitigt worden waren. Er befindet sich auf deren Überresten.

In der Mitte erstreckt sich ein lang gezogener, am Rand von Schilf und Seerosen bedeckter **See**, der gerne von großen Wasservögeln genutzt wird. Die schmalen Wege ziehen sich in weichen Linien durch den Park.

Im großen **Palmenhaus** herrscht hohe Luftfeuchtigkeit, doch es ist bei Weitem nicht so heiß wie erwartet. Das macht es leicht, die eiserne Wendeltreppe bis hinauf in die Kuppel zu erklimmen. Neben dem Palmenhaus gibt's ein nettes, einfaches **Café**, das Kuchen und Getränke bereithält.

Karte S. 186/187

Fælledparken
Østerbro
Musiktribune
Skateboard-lege-plads
Varme-central
Trianglen
Ungdomsgård
Amtsgård
Frimurerloge
Niels Bohr Institut
Fysiologisk Institut
Rigshospitalet
Amorparken
Tandlægehøjskole
Panum Institutet
Skt. Johannes Kirke
Skole
Nørre Hospital
Skt. Hans Torv
Tinghus
Politihistorisk Museum
Nazaret Kirke
Fugleø
Sortedams Sø
Fredensbro
Unitarernes Hus
Holmens Kirkegård
Esajas Kirke
Sølvtorvet
Hirschsprungske Samling
Statens Museum for Kunst
Palmehus
Kommunehospitalet
Botanisk Have
Rosenborg Slot
Kongens Have
Skt. Andreas Kirke
Arbejdermuseet
Nørreport
Israels Plads
Ørstedsparken
Købmandsskole
Kultorvet
Hauser Plads
Synagoge
Trinitatis Kirke
Nørre Allé
Tagensvej
Blegdamsvej
Fredensgade
Fælledvej
Østerbrogade
Øster Søgade
Sølvgade
Øster Voldgade
Nørre Voldgade
Frederiksborggade
Gothersgade
Farimagsgade
Sortedam Dossering
Irmingersgade
Ryesgade
Nørregade
Rosengården
Pustervig
Købmagergade
Landemærket
Møntergade
Übernachten (S. 70)
4 Hotel Rye
Essen & Trinken (S. 195)
3 Bindia
5 Toldboden
6 Eastern Corner
8 Café & Ølhalle 1892
Cafés (S. 195)
2 Café Pavillonen im Fælledparken
7 Café im Botanischen Garten
Nachtleben (S. 84)
1 Park Café

Tour 6: Nach Østerbro und zur Kleinen Meerjungfrau
100 m
Søndre Frihavn
Vestbassin
Østbassin
Lystbådehavnen
Lille Havfrue (Kleine Meerjungfrau)
Langeliniepavillonen
Nordre Tolbod
Gefionspringvandet
St. Alban's Church
Toldbodens Bådehavn
Frihedsmuseet
Churchillparken
Kastellet
Kastellskirken
Gustafs Kirke
DSB
Østerport
Døveskolen
Mødrehjælpen
Garnisons Kirkegård
Nyboder
Jerusalems Kirke
Københavns Universitet
Skt. Pauls Pl.
Sankt Ansgar Kirke
Kunstindustrimuseet
Kirurg. Akademi
Aleksander Nevskij Kirke
Christian VIII's Palæ
Frederik VIII's Palæ
Marmorkirken
Amalienborg Slot
Amalienborg Plads
Amaliehaven
Kvæsthusgraven
Christian VII's Palæ
Christian XI's Palæ
Frederiksstaden
Operaen
Baron Boltens Gård
Garnisons Kirke
Sankt Annæ Plads
Strand Boulevarden
Kalkbrænderihavnsgade
Folke Bernadottes Allé
Oslo Plads
Dag Hammarskjölds Allé
Kristianiagade
Store Kongensgade
Grønningen
Esplanaden
Bredgade
Amaliegade
Toldbodgade
Kongensgade
Langelinie
Forbindelsesvej
Smedelinien

Am Ausgang an der Øster Farimagsgade, hinter dem Palmenhaus, gibt es auch einen **Laden**, in dem u. a. Blumensamen, Vasen, Gartenwerkzeug, Fachliteratur sowie Cremes und Seifen aus Pflanzenöl verkauft werden. Renovierungsarbeiten an einzelnen Beeten sind bis September 2012 angekündigt, sie schränken den Besuch darüber hinaus aber nicht weiter ein.

Ⓜ und Ⓢ Nørreport. Gothersgade 128, www.botanic-garden.ku.dk. Mai–Sept. tägl. 8.30–18 Uhr, Okt.–April tägl. außer Mo 8.30–16 Uhr. Palmenhaus tägl. 10–15 Uhr, im Winter Mo geschl. Eintritt frei.

Botanischer Garten, Palmenhaus

Fælledparken

Am Ausgang des Botanischen Gartens rechts und an der nächsten großen Kreuzung links in die Sølvgade – das ist der Weg nach **Østerbro**. Die **Fredensbro** führt über die von den Kopenhagenern heiß geliebten **Seen**, um die Jogger und Spaziergänger ihre Runden drehen. Am Ende der Brücke geht es rechts zum schönen Aussichtsweg **Sortedam Dossering**, der zwischen Häusern und dem **Sortedams Sø** verläuft.

Dann führt der Weg links in die Irmingersgade, eine ruhige Wohnstraße, und an deren Ende wieder links in den Blegdamsvej: Nach wenigen Metern befindet sich rechter Hand der Eingang zum **Fælledparken**. Der Volkspark im weiten, offenen, englischen Stil wurde zwischen 1908 und 1912 angelegt, davor war das Gelände ein Weidegrund für Kühe und Pferde (fælled = Gemeindeweide). Die großen Wiesen des flachen, nur am Rande baumbestandenen Parks regen im Sommer zu allerhand sportlichen Aktivitäten an. **Fußball** wird hier gern gespielt, ebenso **Ultimate Frisbee**, ein im deutschsprachigen Raum noch wenig bekanntes Mannschaftsspiel mit der Frisbeescheibe, und natürlich packen Gruppen ihren Picknickkorb aus. Am See gibt es **Grillplätze**, und das attraktive, wegen seiner weit gespannten, fächerartigen Dachplanen von überall sichtbare **Freiluftcafé** *Pavillonen* lockt mit Musik und Speisen, oft finden hier auch kostenlose Open-Air-Konzerte statt. Scheint die Sonne kräftig genug, ist Bräunen Pflicht – hingebungsvoll liegen die Kopenhagener in der Wärme. Kein anderer Park in Dänemark zieht so viele Besucher an.

Am linken Rand des Parks befindet sich der drei Millionen Euro teure **Skatepark**, mit 4600 Quadratmetern einer der größten Europas. Finanziert wurde er vom Rathaus und von der Møller-Stiftung, die auch den Hochkulturdom namens Oper

Ultimate Frisbee im Fælledparken

bezahlt hat. Nach seiner Eröffnung im Sommer 2011 hat sich der Skatepark sofort zu einem der wichtigsten Jugendtreffpunkte der Stadt entwickelt. Bilder der verschiedenen Rampen sind bei www.nordarch.dk zu sehen, den Architekten des organisch in die Parklandschaft hineingebauten Sportplatzes.

Am rechten Rand des Parks liegt das 1992 fertiggestellte **Fußballstadion** *Parken,* in dem Dänemark seine Länderspiele austrägt. Es ist die sportliche Heimat des **FC Kopenhagen** und natürlich der Ort für große **Rockkonzerte**. Am 1. Mai findet im Fælledparken traditionell die große **Arbeiterkundgebung** statt.

Ⓢ Østerport. Skatepark im Fælledparken: Edel Sauntes Allé.

Kastellet (Kastell)

Von der Haltestelle Trianglen an der südöstlichen Seite des Fælledparken geht es mit dem Bus Nr. 1A in 5 Min. bis Esplanaden/Store Kongensgade (drei Stationen, Einzelfahrkarte 24 kr/- 3,25 €). Hier steigen Sie aus, gehen die Straße Esplanaden entlang, und in zwei, drei Minuten stehen Sie am Eingang des **Churchillparken (Churchill-Park),** in dessen Mitte sich das gut erhaltene Kastell befindet. Über eine kleine Brücke und durch ein Barock-Portal von 1663 gelangt man ins Innere der Renaissance-Festung, die 1626 von Christian IV. angelegt und Mitte des 17. Jh. ausgebaut wurde. Umgeben von einem begrünten Burggraben, der von zahlreichen Wasservögeln und auch einigen Hobbyanglern frequentiert wird, ist die sternförmige Anlage des Kastells heute ein sehr ruhiger Ort. Die roten, lang gestreckten Häuser, die von der **Militärverwaltung** genutzt werden, tragen viel zu dem harmonischen Eindruck bei. Oben auf dem Wall wird viel gejoggt, die idyllische Strecke nah am Meer schreit auch geradezu danach.

Ⓢ Østerport. Das barocke Tor zum Kastell ist tägl. von 6 bis 22 Uhr geöffnet.

Den Lille Havfrue (Kleine Meerjungfrau)

Nach der Durchquerung des Kastells wenden Sie sich hinter der Brücke an der Straße Langelinie nach rechts (ein kleiner **Kiosk** lädt zur Stärkung ein). Vorbei an einem schönen Yachthafen, in dessen Hintergrund man den Kai erkennen kann, an dem die Kreuzfahrtschiffe anlegen, nähert man sich der nach Michelangelos „David" vielleicht bekanntesten Skulptur der Welt.

Wenn etwas so berühmt ist wie die **Kleine Meerjungfrau**, kann man eigentlich nur enttäuscht werden. Tatsächlich ist die wirklich kleine Statue – da hat der Künstler das Bild der literarischen Vorlage konsequent umgesetzt – aber ein rührendes Monument des Verlassenseins. Die Kleine Meerjungfrau sieht hinaus aufs Meer, noch ist sie kein Mensch, und ob sich der Prinz in sie verlieben wird, wenn sie zum Menschen geworden ist, weiß sie nicht. Nicht mehr da, wo sie herkam, und noch nicht da, wo sie hinwill, ist die Kleine Meerjungfrau eine Symbolfigur der Heimatlosen, der Suchenden und natürlich all jener, die schon einmal unglücklich verliebt waren.

Hans Christian Andersen hat mit seinem Märchen über das Mädchen mit dem Fischschwanz eine unsterbliche Geschichte von der Sehnsucht nach dem Unerreichbaren geschrieben: Die Meerjungfrau träumt davon, mit dem Prinzen zu leben, den sie vor dem Ertrinken gerettet hat, und von einer unsterblichen Seele, die sie nur durch die Liebe eines Menschen erhalten kann. Sie lässt sich von der Meereshexe in einen Menschen verwandeln. Der Preis: Sie kann nie wieder zu ihrer Familie ins Meer hinabsteigen und verliert ihre Stimme. So trifft sie ihren Prinzen, doch der hat nur Augen für seine vermeintliche Retterin – eine Prinzessin, die ihn nach der Rettung durch die Meerjungfrau zufällig am Strand fand. Er heiratet sie, und die stumme Meerjungfrau geht zurück ins Wasser und damit, glaubt sie, in den Tod. Doch sie

Weltberühmtes Fotomodell: die kleine Meerjungfrau

wird zum Luftgeist und hat damit die Möglichkeit, eine unsterbliche Seele zu erhalten, wenn sie gute Taten unter den Menschen vollbringt.

Andersen, der das Märchen 1837 veröffentlichte, hat mit der Fiktionalisierung seiner eigenen Liebesgeschichte, die ebenfalls traurig endete, eine mythische Gestalt geschaffen, die selbst die Original-Sagenfigur **Undine** weit in den Schatten stellt.

1 Mio. Menschen, heißt es, besuchen jährlich die nur **1,65 m hohe Statue** – eine Schätzung, denn es wird kein Eintritt verlangt, und man muss auch kein Tor passieren. Die Kleine Meerjungfrau sitzt für jeden frei zugänglich auf ihrem Stein nahe dem Ufer und ihrem Prinzen.

Gestaltet wurde sie von dem seinerzeit durchaus bekannten Bildhauer **Edvard Eriksen** (1876–1959) im Auftrag des Carlsberg-Besitzers **Carl Jacobsen**, der von einer Ballettadaption des Märchens gerührt war. Der Großindustrielle und Kunstmäzen (→ Ny Carlsberg Glyptotek) fand die Tänzerin **Ellen Price** derart hinreißend, dass er sie unbedingt als Meerjungfrau verewigen wollte. Ellen Price willigte ein, aber nur unter einer Bedingung: Sie würde Eriksen nicht nackt Modell stehen. Deshalb bat dieser seine Frau darum, und so hat die Kleine Meerjungfrau den Kopf von Ellen Price und den Körper von **Eline Eriksen**. Am **23. August 1913** wurde die Statue der Öffentlichkeit übergeben, die damit allerdings nicht immer pfleglich umging (→ Kasten). Seither findet alljährlich an der Langelinie eine kleine **Geburtstagsfeier** statt, bei der jüngst 94 Meerjungfrauen unter Musikbegleitung ins Wasser sprangen und die Ziffer ihres Alters bildeten.

Sehr spannend ist auch die Show, die sich an jedem schönen Sommertag bei der Kleinen Meerjungfrau abspielt. Touristen aus Russland, Japan, Italien, den USA und von sonst wo her umschwärmen und umarmen die Statue auf der Suche nach dem perfekten und natürlich einzigartigen Bild.

Ⓢ Østerport

Die Leidensgeschichte einer Symbolfigur

Was auch immer die Täter umtreibt, etwas an der Kleinen Meerjungfrau scheint sie auf jeden Fall zu stören. Denn seit die Statue 1961 zum ersten Mal beschmiert wurde, fand sich alle paar Jahre wieder jemand, der sich an ihr zu schaffen machte. Zweimal wurde sie bereits geköpft, mehrmals mit Farbe besprüht (zuletzt fand man Pink sehr attraktiv), einmal wurde ihr der rechte Arm abgeschnitten, und 2003 stieß jemand sie ins Wasser, vielleicht ein Poet, der die Meerjungfrau von den Qualen des Menschseins erlösen wollte. Doch da sich die bronzenen Gussformen des Bildhauers Edvard Eriksen noch im Besitz seiner Familie befinden, konnte die Statue stets schnell wieder repariert werden.

Wer die Kleine Meerjungfrau gerne bei sich im Garten hätte, der kann sie fast in Originalgröße im Internet bestellen. **Alice Eriksen**, die Enkelin des Bildhauers, vertreibt **Bronzekopien** der weltberühmten Skulptur über ihre Website. Ganz billig sind die allerdings nicht: Los geht's bei 2620 € für eine 23 cm kleine Meerjungfrau, 23.500 € sind für eine 90 cm große Statuette fällig und gar 71.200 € für eine 1,50 m hohe Kopie. Bestellungen über www.mermaidsculpture.dk.

Gefion-Brunnen: ...

Gefionspringvandet (Gefion-Brunnen)

Das Kastell zur Rechten, den Hafen zur Linken, geht es auf einem Spazierweg zu einer weit weniger bekannten Statue, die die Kleine Meerjungfrau an Dramatik aber übertrifft. Nachdem sich die Augen von der neuen **Oper** gelöst haben, die auf der anderen Hafenseite schon zu sehen ist, kommt langsam eine von Weitem merkwürdig erscheinende Konstruktion ins Blickfeld: Es ist eine mythische **Brunnenfigur**, die zusammen mit den durchdachten Wasserspielen ein eindrucksvolles Bild abgibt. Besonders nachts bieten die **Gefion-Fontänen** ein spektakuläres Lichtschauspiel.

Die Brunnenfigur stellt eine Urszene der dänischen Mythologie dar: **Gefion**, von Odin beauftragt, neues Land zu finden, kommt nach Schweden und erhält von dessen **König Gylfi** das Versprechen, ihr so viel Land zu schenken, wie sie mit vier Ochsen innerhalb einer Nacht umpflügen kann. Gefion verwandelt daraufhin ihre vier Söhne, die sie von einem Riesen empfangen hat, in mächtige Zugochsen, die ein großes Stück Erde aus Schweden herausbrechen und es nach Westen übers Meer ziehen. Seitdem ist Dänemark der Legende nach um seine größte Insel **Seeland** und Schweden um einen See (Vänern oder Mälaren, je nach Quelle) reicher.

Die Forschung ist sich noch nicht einig, welche Bedeutung Gefion in der nordischen Mythologie wirklich hatte. Sie könnte eine Göttin der Keuschheit gewesen sein, aber auch eine der Fruchtbarkeit, vielleicht war sie sogar einmal identisch mit Freyja, einer der bedeutendsten Göttinnen der alten Germanen. Andere Wissenschaftler glauben, in Gefion die Mutter von Grendel erkannt zu haben, einer wichtigen Figur in dem altenglischen Heldenepos „Beowulf".

Anders Bundgaard hat den Brunnen zwischen 1897 und 1908 gestaltet, wiederum ein Geschenk der Carlsberg-Brauerei an die Stadt, diesmal anlässlich des fünfzigjährigen Firmenjubiläums.

Neben dem Gefion-Brunnen befindet sich übrigens die weiß schimmernde

...Aus der Gischt des göttlichen Ochsenkarrens entstand Seeland

Kirche **Sankt Alban,** die 1887 fertiggestellt wurde. Sie ist die einzige anglikanische Kirche Dänemarks.

Ⓢ Østerport. **St Alban's Church**: Churchillparken 6, www.st-albans.dk. Mo–Fr 10–16 Uhr (nur im Sommer).

Frihedsmuseet (Museum des dänischen Widerstands 1940–1945)

Wenn Sie vom Gefion-Brunnen geradeaus weitergehen, gelangen Sie nach wenigen Minuten zum Museum des dänischen Widerstands 1940–1945. Beginnend mit der Darstellung einer ersten Phase der Anpassung an die zunächst unblutige deutsche Besatzung, werden im Folgenden die lebensgefährlichen Untergrundaktionen durch Videos (auch in Englisch), Fotos, Waffen, Personalausweise und Uniformen veranschaulicht. Das Museum ist bequem als chronologischer Rundgang konzipiert, die meisten Texttafeln sind auch in deutscher Sprache abgedruckt.

Ende 1941 erschienen die ersten illegalen Pamphlete, 1942 sprengten die dänischen Kommunisten erstmals Fabriken in die Luft, 1943 kam es zu offenen Aufständen in mehreren Städten. Im Herbst 1943 wurden in einer einzigartigen Rettungsaktion fast alle dänischen Juden vor der Deportation bewahrt (→ Kasten). 1944 streikte die Bevölkerung in Kopenhagen. Illegale Zeitungen wurden gedruckt, die Sabotageaktionen wurden zahlreicher – Nadelstiche, mehr nicht, doch die Zahl der Untergrundkämpfer nahm immer mehr zu. Bei Kriegsende zählte der organisierte Widerstand 50.000 Menschen – zusammen mit der Rettung der Juden ein wesentlicher Punkt für das Selbstbewusstsein der Dänen nach 1945.

Vom Museum sind es etwa 10 Minuten bis zur S-Bahn-Station Østerport; Sie kommen hin entlang der Straßen Esplanaden und Grønningen.

Ⓢ Østerport. Churchillparken 7, ✆ 33473921, www.natmus.dk. Mai–Sept. Di-So 10–17 Uhr, Okt.–April Di-So bis 15 Uhr. Eintritt frei.

Die Rettung der dänischen Juden

Dank der schnellen Kapitulation Dänemarks 1940 ließen die deutschen Besatzer die Kopenhagener Regierung im Amt. Erst im Spätsommer 1943 riefen die Nazis das Kriegsrecht in Dänemark aus, und bald darauf befahl Hitler auf Drängen des deutschen Statthalters in Kopenhagen, **Werner Best**, die Deportation der dänischen Juden. Am 28. September informierte Best seine Vorgesetzten in Deutschland, dass die Massenentführung in der Nacht vom 1. zum 2. Oktober 1943 stattfinden werde. Sein enger Mitarbeiter **Georg Ferdinand Duckwitz**, der zuvor schon in Berlin und Stockholm gegen Deportationen interveniert hatte, warnte daraufhin den von den Nazis abgesetzten Parteichef der dänischen Sozialdemokraten, **Hans Hedtoft**, der sich sofort mit dem jüdischen Gemeindevorsteher **C. B. Henriques** traf. Am nächsten Tag wurde die Nachricht erst in der Synagoge verbreitet und dann weiter von Mund zu Mund.

Als die Gestapo anrückte, fand sie nur sehr wenige Juden zu Hause vor. Von den 7800 dänischen Juden schafften 7200 die Flucht ins neutrale und aufnahmebereite Schweden. (481 wurden zwar nach Theresienstadt deportiert, die meisten von ihnen überlebten aber, nicht zuletzt dank der politischen und materiellen Unterstützung aus Dänemark. Umgekommen sind 116, so eine Infotafel im Museum des dänischen Widerstands.) Versteckt und an die Küste gebracht von Freunden, Bekannten und Fremden, stiegen die Menschen auf Fischerboote um, die sie über das Meer in Sicherheit brachten.

Die spontanen Hilfsaktionen der dänischen Bevölkerung, die in vielen Fällen auch finanzielle Unterstützung gewährte, um die Fischer für die riskante Überfahrt zu bezahlen, sind ohne Beispiel in der Geschichte des Holocaust. Duckwitz wurde 1971 für seine mutige Tat zum „Gerechten unter den Völkern“ ernannt, ein Ehrentitel, den die Holocaust-Gedenkstätte **Yad Vashem** in Jerusalem an Nichtjuden vergibt, die ihr Leben riskierten, um Juden zu retten.

Die Eingangshalle des Museums des dänischen Widerstands

Biokost im ehemaligen Hafengelände: Toldboden

Praktische Infos

(→ Karte S. 186/187)

Essen und Trinken

Nørreport **Café & Ølhalle 1892 8**, im Arbeitermuseum befindet sich dieses hübsche Restaurant, das kürzlich restauriert wurde und nun so aussieht wie anno 1892. Es gibt auch (aber nicht nur) altmodische, einfache Gerichte aus Dänemark und dazu natürlich nationales Bier. 5 Stück Smørrebrød 140 kr/19 €, Fischteller 98 kr/13 €. Tägl. 11–17 Uhr (Küche bis 16 Uhr). Rømersgade 22, ✆ 33330047, www.arbejdermuseet.dk.

Botanischer Garten **Café im Botanischen Garten 7**, seitlich vom Palmenhaus liegt das einfache Freiluftcafé, das Kuchen und Getränke serviert. Mehrere Schattenplätze unter Bäumen. Idyllisch. Mai–Sept. tägl. 8.30–18 Uhr. Gothersgade 128, www.botanic-garden.ku.dk. **Eastern Corner 6**, thailändisches Restaurant in der Nähe des Botanischen Gartens. Suppen und Vorspeisen 55 kr (7,50 €), Hauptgerichte135 kr (18 e). So–Do 17–23.30 Uhr, Fr/Sa 17–24 Uhr. Sølvgade 85a, ✆ 33115835, www.easterncorner.dk.

Fælledparken **Bindia 3**, bekanntes Restaurant mit indischer Küche. Vorspeisen ab 75 kr (10 €), Hauptgerichte 165 kr (22 €). Tägl. 16.30–22.30 Uhr. Blegdamsvej 130 (beim Platz Trianglen vor dem Fælledparken), ✆ 33438838, www.bindia.dk.

Café Pavillonen 2, viel Platz bietet dieses beliebte Musikcafé (abends oft Salsa) mitten im Park. Zu essen gibt's Sandwiches, Salate und Burger, aber auch Steaks, Fisch und Huhn. Essenpreise: 79–159 kr (10,50-21.50 €). April–Mitte Sept. tägl. ab 12 Uhr, open end. Borgmester Jensens Allé 45, ✆ 35387383, www.cafe-pavillonen.dk.

Kleine Meerjungfrau **Toldboden 5**, schöne Lage am Wasser, etwa 200 m von der Kleinen Meerjungfrau entfernt. Viel Platz in und um das ehemalige Hafengebäude, in dem von Ostern bis Oktober auch draußen serviert wird. Spezialisiert auf Fischgerichte, ab 85 kr (11,50 €). Trendsetter in Sachen klimaneutrale Speisen: der vorbildlich aus regionalen Zutaten und Bio-Kost zusammengestellte Brunch (Sa/So 12-15 Uhr) kostet 220 kr/30 € und berechtigt zu einer 90-minütigen Mahlzeit. ✆ 33930760. Nordre Toldbod 24 (bei der Kirche Sankt Alban geradeaus Richtung Kanal, durch das eiserne Tor mit der Neptunfigur, dann links) www.toldboden.com ■

Tour 7: Vom Ørsted-Park nach Nørrebro

Nørrebro ist das multikulturelle Viertel von Kopenhagen. Früher war es ein klassisches Arbeiterquartier, heute begegnet man in den Straßen einem Mix aus Immigranten-Läden für den täglichen Bedarf und einer innovativen Jugendkultur aus trendsetzenden Underground-Clubs, Cafés und Modeboutiquen. Die Zentren von Nørrebro, dem mit Abstand am dichtesten besiedelten Viertel von Kopenhagen, sind die geradeaus durchlaufende Hauptstraße Nørrebrogade und der Szenemittelpunkt Sankt Hans Torv.

Entstanden ist Nørrebro Mitte des 19. Jh. als Ausweichquartier für die immer enger zusammenlebende Innenstadtbevölkerung. Die mittelalterliche Stadtmauer, die die Stadt bis dahin umgeben hatte, wurde geschleift, und innerhalb kurzer Zeit boomten die neuen Viertel Østerbro (→ Tour 6), Vesterbro (→ Tour 8) und Nørrebro. Die Wohnungen waren billig, und die Bevölkerung nahm die Gelegenheit gerne wahr, der überfüllten Stadtmitte zu entkommen. So wurde Nørrebro zum Arbeiterviertel. Wegen der günstigen Mieten zieht es seit den siebzigerJahren auch Immigranten aus Asien, Afrika und dem Nahen Osten hierher, zudem Studenten und Linksalternative. Heute ist Nørrebro mit 188 Menschen pro Hektar das mit Abstand am dichtesten besiedelte Viertel der Stadt, gefolgt von Vesterbro (94) und Østerbro (70). In der Altstadt wohnen mit 57 Menschen pro Hektar vergleichsweise wenig Kopenhagener.

In den achtziger und neunziger Jahren mündeten Demonstrationen von Jugendlichen in Nørrebro immer wieder in gewaltsame Auseinandersetzungen mit der Polizei. Im Dezember 2006 und im März 2007 machte das Viertel welt-

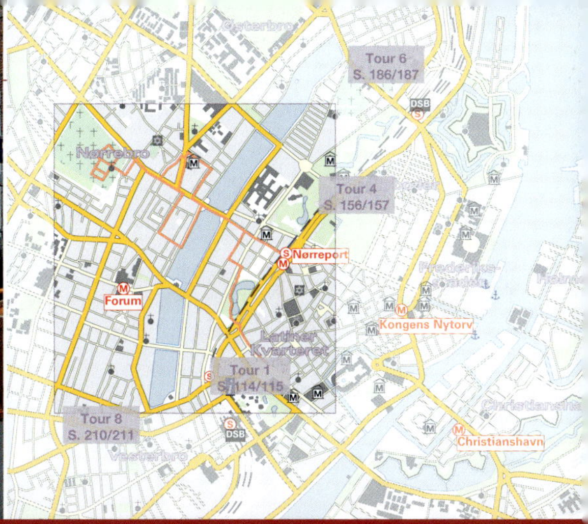

Vom Ørsted-Park nach Nørrebro

weit Schlagzeilen, als es im Zusammenhang mit dem Abriss eines beliebten Treffpunkts der linken Jugendszene, dem **Ungdomshuset**, mehrmals zu Straßenkrawallen und zahlreichen Verhaftungen kam. Inzwischen ist im Dortheavej 61 (www.dortheavej-61.dk) ein neues Jugendhaus eröffnet worden, das auf zwei Gebäude verteilt die gleiche Fläche bietet wie das alte Ungdomshuset.

Bevor es in dieses bewegte Viertel hineingeht, führt die Tour durch den schönen **Ørsted-Park** und an den **Seen** vorbei, die Nørrebro von der Altstadt trennen. Die Lebensader des Viertels ist die Hauptstraße **Nørrebrogade,** geprägt von Gemüseläden, kleinen Fachgeschäften, einfachen Kneipen und einem Vielvölkergemisch, das einzigartig ist für Kopenhagen. Die Nørrebrogade führt zum berühmten **Assistens Kirkegård,** einem parkähnlichen Friedhof, auf dem u. a. Hans Christian Andersen und Søren Kierkegaard begraben sind.

Seinen jüngst erworbenen Ruf als neues Ausgehviertel verdankt Nørrebro der Entwicklung rund um den seenahen Platz **Sankt Hans Torv.** Hier geht von den Cafés *Sebastopol* und *Pussy Galore's Flying Circus* eine gelöste Feierabendstimmung aus, die sich auf die gesamte Umgebung überträgt. Die benachbarten Straßen **Elmegade, Fælledvej** und **Ravnsborggade** sind zu beliebten Adressen für avantgardistisches Modedesign, hippe Kneipenkonzepte und originelle Antiquitäten geworden. Klassiker des alternativen Nachtlebens sind das für elektronische Klänge bekannte *Rust* und das *Stengade* , welches eher Indie- und gitarrenlastig ist. Jüngster Neuzugang in der Kartei der Szenegänger ist die **Nansensgade**, eine schmale, noch jenseits der Seen nahe am Nørreport gelegene Gasse voller kleiner Modeboutiquen und kreativ ausgestatteter Kneipen.

Tour-Info

Man kann Nørrebro vielleicht auch als das In-Viertel der jugendlichen Gegenkultur bezeichnen. Entsprechend prägen spannende Straßen und Plätze diesen Spaziergang (reine Gehzeit: 1:15 Std.), nicht klassische Sehenswürdigkeiten. Lohnend ist aber ein Besuch des grünen Assistens Kirkegård mit den Gräbern berühmter Persönlichkeiten. Start ist am Rathausplatz (Ⓢ Hauptbahnhof, Ⓢ Vesterport), die Tour endet an der S- und U-Bahn-Station Nørreport.

Der schönste Park Kopenhagens wurde nach dem Physiker Hans Christian Ørsted benannt

Stationen

Ørstedsparken (Ørsted-Park)

Los geht's am Rathausplatz, von dem aus der schönste Park von Kopenhagen über die Vester Voldgade nach etwa 200 m erreicht ist. Man betritt ihn durch den Eingang am **Jarmers Plads**, in den die Vester Voldgade mündet. Der Ørsted-Park ist nicht die größte Grünfläche, aber die romantischste der Stadt. Schmale Alleen durchziehen den baumreichen Park, auf einer kleinen Sonnenwiese am gegenüberliegenden Ende werden die Picknickkörbe ausgepackt, den See in der Parkmitte – ein Überbleibsel des mittelalterlichen Wassergrabens – unmittelbar vor Augen. Geöffnet wurde der Ørsted-Park 1879, nachdem der alte Befestigungswall geschleift worden war, um die Stadt erweitern zu können. Benannt ist er nach dem dänischen Physiker **Hans Christian Ørsted** (1777–1851), der die Existenz eines elektromagnetischen Feldes nachwies. Diagonal gegenüber dem Eingang am Jarmers Plads befindet sich ein bei schönem Wetter in der Sonne gelegenes **Café**, das, leicht erhöht, einen schönen Blick über den Park bietet. Hier liegt auch der Ausgang zur nächsten Tourstation: die Nansensgade.

Ⓢ Vesterport, Ⓜ und Ⓢ Nørreport. Eingang am Jarmers Plads (eigentlich eine große Kreuzung, u. a. von Vester Voldgade und Nørre Voldgade. Ausgang an der Nørre Farimagsgade (diagonal gegenüberliegend).

Nansensgade

Aus dem Ørsted-Park geht es links in die Ahlefeldtsgade (über die Nørre Farimagsgade) bis zur ersten Kreuzung: Das ist die Nansensgade, die sich in den letzten Jahren einen hervorragenden Ruf unter jungen, trend- und modebewussten Kreativen erworben hat. Gemeinsame

Nenner all der Mode- und Inneneinrichtungsshops sind die Faktoren Originalität und Rarität. Damaszener Teppiche, kleine Boutiquen junger Designer(innen), ausgedientes TV- und Theater-Inventar, französische Kleinmöbel aus dem 18. Jh. – und dazwischen eine einladende Mischung aus gemütlichen Cafés und Bars mit einem leichten Hang zum Schrägen. Auslöser des Nansensgade-Hypes war der Erfolg des Anfang der neunziger Jahre eröffneten Cafés *Bankeråt*, das ausgestopfte Tiere in Menschenkleidung als Dekoration und Puppenköpfe als Lampenschirme benutzt.

Ⓜ und Ⓢ Nørreport.

Søerne (Seen)

Die Nansensgade in Richtung Frederiksborggade laufen, dort links, und nach wenigen Metern steht man an den Seen, die von den Kopenhagenern so sehr geliebt werden: **Sankt Jørgens Sø, Peblinge Sø** und **Sortedams Sø** sind jahrhundertealte Stauseen. Ihre Popularität verdanken sie ihrer zentralen Lage, den schönen Spazier- und Laufwegen drum herum und nicht zuletzt den vielen Cafés und Bänken, von denen sie gesäumt sind. Dass die Seen ihre ganz eigene Schönheit haben, sieht man vielleicht am besten von der **Dronning Louises Bro**, der Brücke, die die Frederiksborggade mit der Nørrebrogade verbindet.

Dort hat man auch einen schönen Blick auf die beiden so unterschiedlichen Stadtbereiche östlich und westlich der Seen: die prächtigen Klassizismus-Fassaden auf der einen Seite und die doch eher geduckt und grau wirkenden Arbeiterhäuser auf der anderen Seite.

Ⓜ und Ⓢ Nørreport.

Ravnsborggade

Die Ravnsborggade, die zweite Seitenstraße rechts auf der anderen Seite der Dronning Louises Bro, bildet gleich beim Betreten von Nørrebro einen ersten Höhepunkt der Tour. Sie ist das **Zentrum des Antiquitätenhandels** in Kopenhagen: 35 Läden reihen sich hier aneinander, und wenn diese zweimal im Jahr (Frühjahr und Herbst) ihren großen **Flohmarkt** (Termine auf www.ravnsborggade.dk) veranstalten, ist die Straße voller Menschen. Wer etwas für alte Dinge übrig hat und nicht bloß ein Schnäppchen machen möchte, ist an den normalen Verkaufstagen besser dran: Das Angebot ist riesig, und man kann sich in Ruhe umsehen. Angezogen vom Ruf als Shopping-Adresse haben sich in der Straße inzwischen auch eine Reihe von Boutiquen niedergelassen.

Die Verlängerung der Ravnsborggade heißt Ryesgade. Gleich am Anfang der Straße befindet sich das beliebte *Nørrebro Bryghus*, eine der kleinen Brauereien in Kopenhagen, die seit einigen Jahren für Furore sorgen (im Tivoli kann man z. B. das großartige Færgekroen-Bier probieren).

Auf der Nansensgade: Künstlerkneipen und In-Boutiquen

Wir biegen jedoch vorher links in die Sankt Hans Gade ein, die auf einen der eindrucksvollsten Plätze der Stadt mündet.

Ⓜ und Ⓢ Nørreport.

Sankt Hans Torv

Der Platz, der den Aufstieg Nørrebros eingeleitet hat, ist mehr als ein Stadtteilzentrum, er ist eine Bühne des öffentlichen Lebens. Auf dem Kopfsteinpflaster lassen sich Studenten neben ihren Fahrrädern in kleinen Gruppen nieder, auf den Kaffeehausstühlen der Szenecafés *Sebastopol* und *Pussy Galore's Flying Circus* wird an den Cocktail-Strohhalmen gezogen, und alles steht unter betont unauffälliger, aber doch auffallend neugieriger Beobachtung der Jugendlichen, deren Budget erst mal nur für ein Eis an der Ecke reicht. Vor allem abends (sofern es die Temperaturen erlauben) zählt der Platz zu den Top-Hits in den Ausgeh-Charts von Kopenhagen. Um die Ecke, in der Guldbergsgade 8, liegt der schon seit Anfang der Neunziger viel gerühmte Musikclub *Rust*.

Energie lässt sich am Sankt Hans Torv aber ebenso tagsüber tanken, auch wenn das für die gerade mal 500 m entfernte nächste Station, den Assistens Kirkegård, nicht unbedingt nötig ist.

Ⓜ und Ⓢ Nørreport.

Assistens Kirkegård (Assistenz-Friedhof)

Entweder folgt man nun der links vom Sankt Hans Torv wegführenden, alternativ-schicken **Elmegade** mit ihren zahlreichen Modeboutiquen und dem lebendigen *Laundromat Cafe* **7** oder man wählt den etwas längeren Weg durch den **Fælledvej** mit seiner innovativen Konzeptbar *Gefährlich* **9**, dem auf Indie-Rock spezialisierten Plattenladen *Route 66* **11** und dem nun wirklich sehr

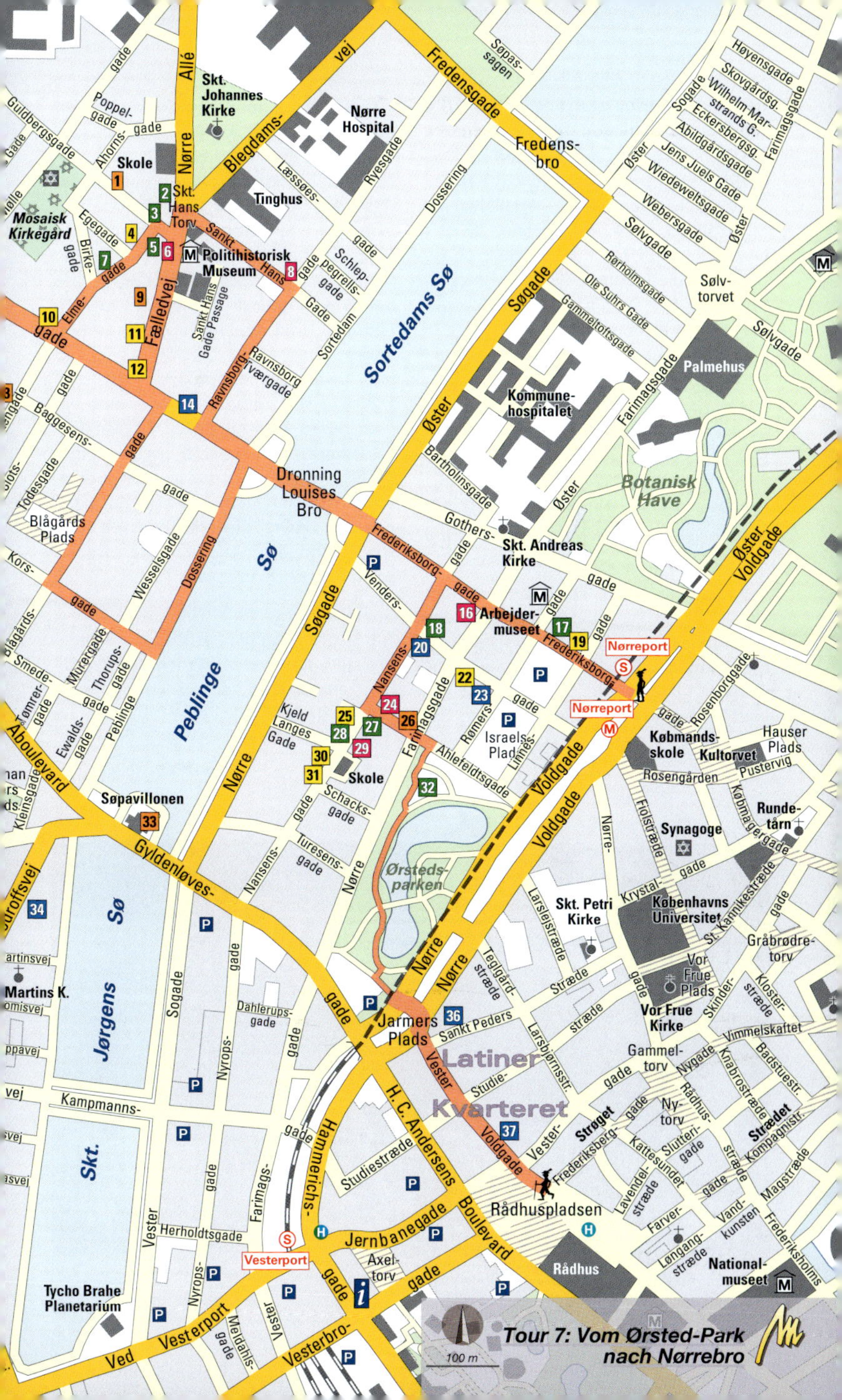

Tour 7: Vom Ørsted-Park nach Nørrebro
100 m
Skt. Johannes Kirke
Nørre Hospital
Fredensgade
Fredens-bro
Søpas-sagen
Skole
Skt. Hans Torv
Nørre Allé
Blegdamsvej
Tinghus
Poppel-gade
Ahorns-gade
Guldbergsgade
Mosaisk Kirkegård
Egegade
Birke-gade
Elme-gade
Fælledvej
Politihistorisk Museum
Sankt Hans Gade
Sankt Hans Gade Passage
Læssøes-gade
Ryesgade
Schlep-pegrells-gade
Sortedam Dossering
Sortedams Sø
Ravnsborg-gade
Ravnsborg Tværgade
Baggesens-gade
Todesgade
Blågårds Plads
Korsgade
Wesselsgade
Dossering
Dronning Louises Bro
Sø
Peblinge
Søgade
Nørre Søgade
Frederiksborg-gade
Venders-gade
Nansens-gade
Kjeld Langes Gade
Skole
Schacks-gade
Turesens-gade
Farimagsgade
Rømersgade
Israels Plads
Linnés-gade
Ahlefeldtsgade
Ørsteds-parken
Øster Søgade
Bartholinsgade
Kommune-hospitalet
Gammeltoftsgade
Ole Suhrs Gade
Rørholmsgade
Sølvgade
Sølv-torvet
Palmehus
Botanisk Have
Øster Farimagsgade
Gothersgade
Skt. Andreas Kirke
Arbejder-museet
Nørreport
Øster Voldgade
Høvensgade
Skovgårdsg.
Wilhelm-Marstrands G.
Eckersbergsg.
Abildgårdsgade
Jens Juels Gade
Wiedeweltsgade
Webersgade
Farimagsgade
Rosenborggade
Købmands-skole
Kultorvet
Hauser Plads
Pustervig
Rosengården
Rundetårn
Købmagergade
Synagoge
Krystalgade
Fiolstræde
Nørre Voldgade
Skt. Petri Kirke
Larslejsstræde
Københavns Universitet
St. Kannikestræde
Gråbrødre-torv
Vor Frue Plads
Vor Frue Kirke
Skindergade
Klosterstræde
Vimmelskaftet
Badstuestr.
Gammel-torv
Nygade
Knabrostræde
Ny-torv
Rådhusstræde
Strædet
Kompagnistr.
Magstræde
Sankt Peders Stræde
Jarmers Plads
Latiner Kvarteret
Vester Voldgade
Studiestræde
Larsbjørnsstr.
Teglgårdstræde
Strøget
Frederiksberggade
Kattesundet
Slutterigade
Lavendelstræde
Farvergade
Vandkunsten
Frederiksholms
Rådhuspladsen
Rådhus
Løngangstræde
National-museet
H.C. Andersens Boulevard
Hammerichsgade
Jernbanegade
Axeltorv
Vesterport
Vesterbrogade
Meldahlsgade
Vester Farimagsgade
Herholdtsgade
Nyropsgade
Kampmannsgade
Dahlerupsgade
Gyldenløvesgade
Søpavillonen
Jørgens Sø
Skt. Jørgens Sø
Sogade
Tycho Brahe Planetarium
Ved Vesterport
Martins K.
Aboulevard
Ewaldsgade
Murergade
Thorupsgade
Peblinge Dossering
Smedegade
Kleinsgade

speziellen **Politihistorisk Museum (Polizeihistorisches Museum)**, das zudem alle Informationen nur auf Dänisch bereithält. (Wer sich das Museum trotzdem anschauen will: Fælledvej 20, ✆ 35368888, www.politimuseum.dk. Di/Do/So 11–16 Uhr. Eintritt 30 kr/4 €.) Beide Straßen münden auf die **Nørrebrogade,** auf der es nach rechts zum berühmten Prominentenfriedhof geht.

Auf der Nørrebrogade, der Hauptstraße von Nørrebro, herrscht vergleichsweise viel Autoverkehr, aber die Fahrraddichte kann da gut mithalten. Indische Lokale finden sich neben Studentenkneipen, es gibt türkische Gemüseläden, italienische Gastronomie, eine Filiale des Supermarkts *Fakta* und viele kleine Fachgeschäfte.

Der Eingang zum **Friedhof** befindet sich im Kapelvej, in den man von der Nørrebrogade kommend links einbiegt. Er ist ein freundlicher, heller, gar nicht düsterer Ort, einladend durch seine Alleen und die freien Grünflächen, die von den Einheimischen auch als **Sonnenplatz** genutzt werden. Das von anderen Friedhöfen vielleicht bekannte Engegefühl stellt sich hier nicht ein, der **Assistens Kirkegård** wirkt mit seinen gepflegten Spazierwegen und riesigen Pappeln eher wie ein Park. Die Gräber von **Hans Christian Andersen** und **Søren Kirkegaard** sind ausgeschildert, dennoch kann man leicht daran vorbeilaufen. Eine grüne Hecke umschließt den Grabstein des Märchendichters, während der berühmte Philosoph im von einer Rosenhecke begrenzten, schlichten Familiengrab neben einer großen Linde beigesetzt wurde. Begraben wurden auf dem Friedhof auch die Physiker **Hans Christian Ørsted** und **Niels Bohr**, der Maler **Christen Købke** sowie der Krimiautor **Dan Turèll** (→ S. 44).

Im Sommer findet an der zur Nørrebrogade gelegenen Friedhofsmauer jeden Samstag von 7 bis 14 Uhr ein großer **Flohmarkt** statt.

Szene-Treffpunkt Sankt Hans Torv

Abendstimmung an den Stadtseen

Der Rückweg führt noch einmal kurz entlang der internationalen Geschäfts- und Gastronomiestraße Nørrebrogade und zweigt dann rechts ab in die **Blågardsgade**, eine multikulturelle Fußgängerzone mit Kneipen und Nachbarschaftsläden, die auf den autofreien **Blågards Plads** mündet. Bäume säumen einen Sportplatz, auch ein paar Bänke gibt's hier. Wir gehen an der nächsten Kreuzung nach links in die Korsgade bis hinunter zum See. Nach links führt der Peblinge Dossering zur Dronning Louises Bro, der Brücke in Richtung Nørreport, der großen Station für alle öffentlichen Verkehrsmittel. Unterwegs bietet sich ein Stopp im heimeligen *Cafè Klimt* an, das seit Jahren Treffpunkt einer jungen Bohemien-Szene ist.

Ⓜ und Ⓢ Nørreport. Kapelvej 4, ✆ 35399304 (Mo–Fr 9–14 Uhr). Mai–Aug. tägl. 8–20 Uhr, Sept./Okt. und März/April bis 18 Uhr, Nov.–Febr. bis 16 Uhr.

Tour 7 – Vom Ørsted-Park nach Nørrebro
Karte S. 200/201

Praktische Infos

(→ Karte S. 200/201)

Essen und Trinken

Sankt Hans Torv Nørrebro Bryghus **8**, untergebracht in einer alten Metallfabrik. Diese Minibrauerei („microbreweries" sind sehr populär in Kopenhagen) beeindruckt durch die gemütlich-moderne Atmosphäre und natürlich ihre hochgelobten zehn verschiedenen Biere, die zudem klimaneutral hergestellt werden. Das hat seinen Preis: 1 l kostet 130 kr (17,50 €), serviert werden 4x25 cl. Das Restaurant erstreckt sich über zwei Stockwerke, es gibt eine Bar und einen Biergarten. Mo–Mi 11–24 Uhr (Küche bis 22 Uhr), Do–Sa 11–2 Uhr (Küche bis 24 Uhr), So 10–17 Uhr (Küche bis 15 Uhr). Ryesgade 3 (Verlängerung der Antiquitätenstraße Ravnsborggade), ✆ 35300530, www.norrebrobryghus.dk. ■

Pussy Galore's Flying Circus 2, draußen wie drinnen eine Schau. Viel schickes Szenepublikum, aber auch junge Familien, immerhin liegt das Pussy Galore mitten im Arbeiter- und Studentenviertel Nørrebro. Die Gerichte sind überraschend günstig und zahlreich: Brunch und warme Gerichte 125 kr (17 €), Burger und Sandwiches ab 80 kr (11 €). Der Hit: eine unglaubliche Menge an originellen Cocktails. Der Name des Lokals ist übrigens eine cineastische Spielerei: James Bond („Goldfinger") meets Monty Python. Mo-Mi 8–24 Uhr, Do 8-1 Uhr, Fr 8-2 Uhr, Sa 9–2 Uhr, So 9-24 Uhr. Sankt Hans Torv 30 (in Nørrebro), ✆ 35376800, www.pussy-galore.dk.

Sebastopol 3, unmittelbar neben dem *Pussy Galore*, ähnliches Publikum, im Sommer ebenso großflächige Bestuhlung auf dem beliebten, ruhigen Platz. Klassischer Ort zum Sehen und Gesehenwerden. Viel französische Küche. Brunch 80/120 kr (11/16 €), Sandwiches 110 kr (15 €), Hauptgerichte 150 kr (20 €). Mo–Do 8–24 Uhr, Fr 8–1 Uhr, Sa 9–1 Uhr, So 9–22 Uhr. Sankt Hans Torv (in Nørrebro), ✆ 35363002, www.sebastopol.dk.

The Laundromat Cafe 7, 2004 gegründet, Waschsalon mit Café, inzwischen aber längst zum proppenvollen Café mit ein paar Waschmaschinen ganz am Rande des Geschehens mutiert. Die bunten Plastikmöbel und warmen Brauntöne von Tischen und Bar richten sich deutlich an ein junges, studentisches Publikum. Reichhaltige Speisekarte mit vielen günstigen, einfachen Gerichten. Außerdem 4000 Bücher, Schach, Backgammon, drahtloser Internetzugang und Schaukästen für Werke junger Künstler. Mo–Fr 8–24 Uhr, Sa/So 10–24 Uhr. Elmegade 15 (in Nørrebro, 2 Min. vom Sankt Hans Torv), ✆ 35352672, www.thelaundromatcafe.com.

Kaffeplantagen 5, wer's nicht so trubelig mag und das Geschehen trotzdem nicht verpassen will, ist hier gut aufgehoben: Am Rande des Nørrebro-Zentrums Sankt Hans Torv lässt sich hier eine gute Tasse Kaffee oder Tee in aller Ruhe genießen, die Szenecafés *Pussy Galore's* und *Sebastopol* dabei immer im Blick. Mo–Fr 8–22 Uhr, Sa/So ab 9 Uhr. Sankt Hans Torv 3, ✆ 35362232, www.kaffeplantagen.dk.

Ristorante Quattro Fontane 6, sehr beliebtes italienisches Restaurant am Sankt Hans Torv. Mit ein Grund für die Populari-

Kneipenviertel Nansensgade

tät ist die romantische Atmosphäre des verwinkelten, alten Hauses mit seinen drei Essräumen. Carpaccio 78 kr, Pasta & Pizza 68–80 kr.Tägl. 12–23.30 Uhr, So 16-23.30 Uhr (Küche schließt erst um 23 Uhr). Guldbergsgade 3, ✆ 35393931, www.quattrofontane.dk.

Nørreport **Café Fokus 17**, wenige Meter von der U-Bahn-Station Nørreport entfernt. Unaufgeregtes, geräumiges und helles Tagescafé, ideal für eine kleine Mahlzeit. Mo-Mi 8–23 Uhr, Do/Fr 8–24 Uhr, Fr 8–2 Uhr, Sa 10–24 Uhr, So 10–20 Uhr. Frederiksborggade 20, ✆ 35263222, www.2fokus.dk.

››› **Mein Tipp:** **Cafè Klimt 16**, sehr beliebte Nachbarschaftskneipe mit freundlichem Service an der Bar. Berühmt für seinen Brunch (bis 16 Uhr, 89–109 kr/12-15 €) und die großen Burger für 109 kr/15 €. Auch sonst moderate Preise bei überdurchschnittlicher Stimmung. An den Wänden stellen junge Künstler aus, es gibt auch ein großes Klimt-Bild. So–Do 10–24 Uhr, Fr/Sa 10–2 Uhr. Frederiksborggade 29 (5 Min. von der U-Bahn-Station Nørreport entfernt, Richtung Nørrebro), ✆ 33117670, www.cafeklimt.dk. ‹‹‹

Nansensgade **Sticks 'n' Sushi 29**, hat den japanischen Bestseller nach Kopenhagen gebracht und gilt immer noch als das beste Sushi-Restaurant der Stadt. Unprätentiöse Einrichtung. Sushis ab 25 kr (3,50 €) das Stück, Menüs ab 99 kr (13 €). So–Do 10–23 Uhr, Fr/Sa 10–24 Uhr. Nansensgade 59, ✆ 33111407, www.sushi.dk.

››› **Mein Tipp:** **Bankeråt 27**, ausgestopfte Tiere, mit Kleidung bestückt, sind im ganzen Café verteilt, dazu afrikanische Masken und Puppenköpfe. Es gibt Lesungen, Reisevorträge, Kunstausstellungen, und auf dem Großbildschirm werden Fußballspiele gezeigt. Die Küche serviert u. a. Speisen aus England, Lateinamerika und Afrika. Hauptgerichte 109-139 kr (15-19 €). Ein Glas Wasser kostet 5 kr/0,70 €, die einer Hilfsorganisation zum Bau von Brunnen in Afrika gespendet werden. Der *Guardian* und die *Financial Times* liegen neben vielen anderen Tageszeitungen aus. Mo–Fr 9.30–24 Uhr, Sa/So 10.30–24 Uhr. Ahlefeldtsgade 27–29 (Ecke Nansensgade, etwa 5 Min. von der U- und S-Bahn-Station Nørreport entfernt), ✆ 33936988, www.bankeraat.dk. ‹‹‹

Kalaset 18, auch hier steigt man wie im *McKluud* erst mal ein paar Stufen hinab und betritt dann ein Secondhand-Reich, in dem trotzdem eins zum anderen passt. Hier hat ein echtes Sammlerherz seine Auffassung von Gemütlichkeit umgesetzt

– und damit mitten ins Schwarze getroffen. Die relativ preisgünstige Speisekarte bietet viel Abwechslung. Am Wochenende mit DJ. Mo–Do 11–24 Uhr, Fr 11-2 Uhr, Sa 10–2 Uhr, So 10-24 Uhr. Vendersgade 16 (Ecke Nansensgade, ganz in der Nähe der S- und U-Bahn-Station Nørreport), ✆ 33330035.

Bibendum 24, gemütliche Weinbar mit angeschlossenem Shop. Beliebt ist der Tapas-Teller für 155 kr/21 €. Mo-Sa 16–24 Uhr. Nansensgade 45, ✆ 33330774, www.vincafeen.dk.

a fair Café 28, das Konzept lautet Provokation. Diese Boutique mit integriertem Café (s. u.) will in Sachen Ästhetik vorneweg sein, bei Schuhen ebenso wie bei Kleidung, Accessoires und Innendesign, ja selbst als Galerie bemüht man sich um Anspruch. Mo–Do 10–18 Uhr, Fr bis 19 Uhr, Sa bis 17 Uhr, jeden 1. So im Monat 12–16 Uhr. Kjeld Langesgade 2/Ecke Nansensgade, ✆ 33939928, www.apair.dk.

Erholsam: Café Hacienda im Ørsted-Park

»» Mein Tipp: **Café Hacienda 32**, im Ørsted-Park, sonnig und beschaulich, ein ruhiges Plätzchen auf einer freien Anhöhe am Tor zur Nørre Farimagsgade. Man sitzt an runden Metalltischen und verspeist Sandwiches oder Kuchen – schmackhaft und günstig. Schöner Blick auf See und Park. Tägl. 10–20 Uhr (im Sommer bis Sonnenuntergang geöffnet). Nørre Farimagsgade 6, ✆ 3333853. www.hacienda.dk. ««

Einkaufen

Antiquitäten Eine große Auswahl bietet die Ravnsborggade: 35 Läden stehen hier dicht an dicht.

Inneneinrichtung **Design-Center 12**, dänische Designermöbel aus den goldenen 1950ern bis 1970ern: Finn Juhl, Arne Jacobsen (→ S. 41), Verner Panton und Poul Henningsen sind hier mit berühmten Stühlen, Sofas, Tischen und Lampen vertreten. Eine Fundgrube für Liebhaber mit gut gefülltem Geldbeutel. Mi–Fr 12–18 Uhr, Sa 10–14 Uhr. Fælledvej 4, www.roxyklassik.dk.

African Touch 19, recht großer Laden mit afrikanischen Einrichtungsgegenständen: kein Ethno-Kitsch, sondern geschmackvolle Teppiche, Schalen, Taschen, Spiegel, Uhren, Stühle, Tischchen. Mo–Fr 10–18 Uhr, Sa 10–15 Uhr. Frederiksborggade 20 (kurz vor der U- und S-Bahn-Station Nørreport), www.africantouch.dk.

Mode **a pair 25**, Schuhe und Accessoires stehen im Mittelpunkt dieser ziemlich hochpreisigen Designerboutique, die mit dem angeschlossenen Café *a fair* (s. o.) und ihren außergewöhnlichen Kreationen immer für eine Entdeckung gut ist. Mo–Do 10–18 Uhr, Fr bis 19 Uhr, Sa bis 17 Uhr, jeden 1. So im Monat 12–16 Uhr. Nansensgade 39, www.apair.dk.

Maria and Kendt 31, Exklusivität ist Trumpf in diesem wahr gewordenen Frauentraum. Von jedem Kleid fabrizieren die Inhaberinnen nur drei Stück, zudem führen sie die passenden Schuhe von Dior, Gucci & Co. Do/Fr 12–18 Uhr, Sa 10–14 Uhr. Nansensgade 42, www.mariaandkendt.dk.

SUQ 30, direkt von syrischen Kleinbetrieben beziehen die Inhaber dieses attraktiven Glas- und Textilienshops ihre bunten Produkte. Eine kleine Auswahl an arabischen Düften, Glasperlen, Kacheln und Keramiktellern gibt es auch. Di–Fr 11–17.30 Uhr, Sa 11–14 Uhr. Nansensgade 41, www.suq.dk.

Goggle 4, flippige Streetwear für Frauen und Männer in drei Läden auf der Elmegade. Mo–Do 11–18 Uhr, Fr 11–19 Uhr, Sa 11–16 Uhr. Elmegade 3, www.goggle-theshop.com.

Fünf 10, Deutsch ist hip in Kopenhagen. Die Musikclubs *Gefährlich* und *Rust* (→ S. 79 und S 81) liegen ganz in der Nähe dieser Boutique, die die Entwürfe von fünf Designern für Frauen präsentiert: Schuhe, Kleider und Accessoires. Mo–Fr 11–18 Uhr, Sa bis 15 Uhr. Elmegade 2, www.funf.dk.

Musik **Route 66** 11, wer auf Indie-Rock steht, muss hier vorbei. Ein Plattenladen, wie er im Buche steht (es sei denn, man empfindet die paar CDs bereits als Sakrileg). Mo–Fr 12–18 Uhr, Sa 11–16 Uhr. Fælledvej 3.

Comics **Pegasus** 22, ein unglaublicher Laden: Das kleine Keller-Antiquariat ist

vollgestopft mit Comics, für die Kundschaft bleibt kaum Platz, sich zu bewegen. Eine große Fundgrube, viele Raritäten, die meisten auf Dänisch, aber auch vieles auf Englisch (leider nichts auf Deutsch). Mo–Fr 14.30–18 Uhr. Nørre Farimagsgade 53 (Ecke Vendersgade), www.pegasus.dk.

Flohmärkte Am Israels Plads und am Assistens Kirkegård, beide siehe Kapitel „Einkaufen", Floh- und Antiquitätenmärkte.

Sonnenplätze im Ørsted-Park

Tour 7 – Vom Ørsted-Park nach Nørrebro
Karte S. 200/201

Tour 8

Tour 8: Durch Vesterbro

Eine wilde Mischung aus Rotlichtszenerie und In-Kneipen-Atmosphäre macht Vesterbro zum schillerndsten Viertel von Kopenhagen. Sexclubs und -shops finden sich zu Beginn der schnurgeraden Istedgade, nahe dem Hauptbahnhof. Je weiter man ins Viertel vorstößt, desto häufiger werden hippe Szenebars und -restaurants. Junges Ausgehzentrum Vesterbros ist Kødbyen, das teilweise immer noch traditionell genutzte Schlachthofgelände.

Ende der sechziger Jahre wurde in Dänemark die Pornografie legalisiert, und Vesterbro stieg dank seiner Bahnhofsnähe zum Rotlichtviertel von Kopenhagen auf. Sexshops und -bars prägten hier noch in den neunziger Jahren das Erscheinungsbild. Seit ein paar Jahren ändert sich das. Vom Hauptbahnhof kommend, sind heute nur noch die ersten 300 m auf der **Istedgade** eine Domäne der Sexgeschäfte, Straßenhuren und Kleindealer. Dann wechselt die Szenerie, erst hin zu türkischen und pakistanischen Lebensmittelgeschäften, dann völlig unvermutet zu zahlreichen In-Kneipen und -Bars, die von jungen Kopenhagenern regelrecht belagert werden. In den Seitenstraßen haben sich bereits etliche noble Restaurants angesiedelt, die einen starken Kontrast zu den noch nicht überall sanierten Hinterhöfen bilden. Kleine Galerien zeigen Gegenwartskunst, junge Designer richten sich in schicken Boutiquen ein.

35.000 Menschen leben heute in Vesterbro, dem nach Nørrebro (→ Tour 7) am dichtesten besiedelten Viertel der Stadt. Einwanderer aus armen Ländern machen weiterhin einen Großteil der Bevölkerung aus. Der neue, aufregende Ruf von Vesterbro zieht seit einigen Jahren aber auch mehr und mehr junge Bohemiens an, die viele Wohnungen aufwendig sanieren, die Höfe entrümpeln und das Viertel kulturell aufleben lassen. Zum neuen Ausgehzentrum des

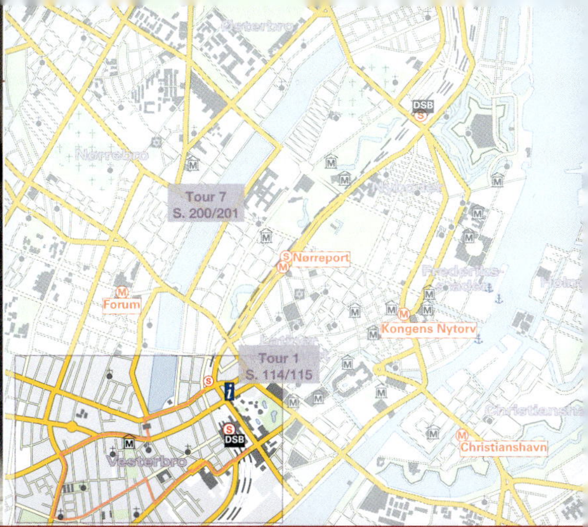

Viertels hat sich seit einigen Jahren das Schlachthofgelände gemausert, anfangs noch zaghaft, seit 1-2 Jahren wird es jedoch an jedem Wochenenden im Sturm genommen. Tagsüber steht es unentschieden zwischen Galeristen und Metzgereien, nachts ist **Kødbyen** die angesagteste Amüsiergegend der Stadt. Das Kulturzentrum **Øksnehallen** zieht hochkarätige Messen und Kulturveranstaltungen an, und das **Ny Teater** an der Vesterbrogade spielt gut besuchte internationale Musicalhits. Einen Besuch wert ist auch das **Tycho Brahe Planetarium,** während das arg verstaubte Kopenhagener **Stadtmuseum,** das u. a. die Entwicklung Vesterbros seit dem Fall der Stadttore 1856 thematisiert, weniger zu empfehlen ist. Vorher gab es hier weitgehend offenes Land mit nur ein paar Handwerksbetrieben und Gemüseständen. Bekannt war die Gegend v. a. als Zuzugsgebiet der Bauern und Händler aus dem Umland. Das hat sich grundlegend geändert.

Tour-Info

Los geht's am Hauptbahnhof, Endpunkt der Tour ist Vesterport (jeweils S-Bahn-Station). Vom Kulturzentrum Øksnehallen führt der Spaziergang (reine Gehzeit: 1:30 Std.) entlang der beiden wichtigsten Straßen des Viertels, Istedgade und Vesterbrogade, Abstecher in Seitenstraßen inklusive.

Stationen

Kødbyen

Der S-Bahnsteig am Hauptbahnhof führt rechts ins Freie und hinauf auf die Brücke, die die Gleise überquert. Nach rechts geht es entlang der Tietgensgade (an der Ecke das moderne Sportzentrum **DGI Bye**) und wieder rechts auf der Kvægtorvsgade mitten hinein nach Vesterbro, zu einem der zentralen Plätze des Viertels: dem **Halmtorvet.** Zahlreiche Straßencafés dominieren heute den Platz, der noch vor wenigen Jahren verlassen wirkte. In einem kleinen Park zwischen zwei schmalen Straßen spielen Jugendliche Basketball, Mütter schieben Kinderwägen spazieren, die Cafés am Rand sind bis auf den letzten

Platz besetzt. Angestoßen wurde die Entwicklung von Galeristen und jungen Gastronomen, die sich auf dem riesigen Schlachthofgelände, das sich vom Halmtorvet bis zu den Bahngleisen zieht, angesiedelt haben und seither Jahr für Jahr mehr Menschen anziehen. Heute bilden ein halbes Dutzend Restaurants, etwa genauso viele Galerien und zwei Clubs ein starkes Gegengewicht zu traditionellen Betrieben. An den Wochenenden herrscht abends reger Ausgehbetrieb auf dem Gelände. Dazu trägt auch die **Øksnehallen** bei, ein Gebäude von 1901, das einst einen Rindermarkt (øksne = Rinder) beherbergte, aber bereits 1934 für diesen Zweck als zu veraltet galt und dann lange Zeit als Stall genutzt wurde. Als Kopenhagen 1996 zu Europas Kulturhauptstadt ernannt wurde, öffnete die „Rinderhalle" ihre Pforten erstmals in der neuen Funktion als Kulturzentrum, das sich v. a. der Avantgarde verpflichtet fühlt, aber auch als Veranstaltungsort für Modemessen und Firmenevents renommiert ist. Seitlich der Zufahrt zur Øksnehallen (beim roten Schild geht's rein, es ist das Gebäude am Ende der Sackgasse) Schlachthofgelände liegt das kleine **Husets Teater** (Halmtorvet 9, Tickets unter ✆ 33251376 oder www.husetsteater.dk), das als Sprechbühne für Ausländer aber meist uninteressant ist. Die neuen Restaurants, Galerien und Clubs liegen etwa 200 m weiter vorne, da wo von fern schon die rote Bosch-Reklame auf sich aufmerksam macht. Am *BioMio* vorbei geht es links rein in die Slagterboderne zu *Karriere Bar*, der Galerie *V1* und *Kød og Flæskehal*.

Ⓢ Hauptbahnhof (Hovedbanegård). Halmtorvet 11, ✆ 33860400, www.dgi-byen.com/oeksnehallen.

Istedgade

Vom Halmtorvet und dem sich anschließenden Sønder Boulevard zweigen rechts in schneller Abfolge verschiedene Seitenstraßen zur ehemals so verrufenen Istedgade ab. Hier ist Vesterbro noch immer ganz so, wie es früher einmal war. Kleine, dunkle Stammkneipen zwängen sich in lange, graue Häuserzeilen, die manchmal von ungepflegten und durch Gerümpel zusätzlich verunstalteten Grünflächen unterbrochen werden. Doch vorne zeigt sich schon das neue Zeitalter. Kommt man etwa aus der Eskildsgade, ist man schon mit tendrin im „neuen" Vesterbro, dem Kneipen- und Boutiquen-Vesterbro. Rechts in Richtung Hauptbahnhof häufen sich die roten Lichter der Sex-Angebote, nach links die Schilder der angesagten Boutiquen und Nightlife-Spots: *Tom Rossau, McKluud, Bang & Jensen* und als Höhepunkt am Ende der Istedgade, ein paar Meter nach rechts in den Enghavevej, die Nummer eins im Nachtleben von Kopenhagen, das *Vega*.

Am Wochenende ist die Istedgade nachts voller Menschen in Feierlaune,

Musik dringt auf die Straße, und die 24-Std.-Kioske bieten die notwendige Stärkung an – die Istedgade ist keine Schlagerhochburg für Mitgrölfans, sondern eine hochkarätige Ausgehmeile mit weltstädtischen Bars, Kneipen und Restaurants wie dem erstklassigen *Spicylicious*.

Tagsüber bietet die Straße ein komplett anderes Bild. Dann kommen die Menschen aus der Nachbarschaft zum Einkaufen in die Supermärkte der Migranten und vermischen sich mit den Kunden der Boutiquen und Galerien.

Ⓢ Hauptbahnhof (Hovedbanegård).

Københavns Bymuseum (Stadtmuseum)

Wenn Sie bis zum Ende der Istedgade gehen und dann rechts in den Enghavevej einbiegen, kommen Sie zur breiten Vesterbrogade, der Sie nach rechts zum Stadtmuseum folgen. Sie können aber auch eine Abkürzung durch eine der Querstraßen ab der Kreuzung Istedgade/Absalonsgade nehmen.

Die Vesterbrogade selbst ist keine schöne, aber eine lebendige Hauptverkehrsstraße mit zahlreichen einfachen Gastronomiebetrieben und vielen Geschäften für den täglichen Bedarf.

Das Stadtmuseum liegt etwas nach hinten versetzt und hat einen kleinen Vorhof, in dem sich ein in den vierziger Jahren angefertigtes und kürzlich restauriertes Miniaturmodell des mittelalterlichen Kopenhagen (um 1530) befindet. Das schöne Haus wurde 1787 für die Königliche Schießgesellschaft errichtet, die nach dem Zweiten Weltkrieg nach Klampenborg an der Küste nördlich von Kopenhagen umzog. Seit 1956 ist es der Sitz des Stadtmuseums. Leider kann das Ausstellungskonzept des Museums nicht mit dessen äußerer Erscheinung Schritt halten. Die hinter Glas präsentierten stadtgeschichtlichen Exponate (Mode, kleine Einrichtungsgegenstände, Wandbilder) wirken wenig anregend – eine regelrechte Enttäuschung ist gar das kleine Studierzimmer von **Søren Kierkegaard**, das im ersten Stock mit einigen Originalutensilien des Schriftstellers und Philosophen eingerichtet wurde. Erklärungen und Informationen über Zusammenhänge sucht man vergebens, die große Rolle Kierkegaards innerhalb der europäischen Kulturgeschichte vermag die uninspirierte Präsentation nicht zu vermitteln.

Ⓢ Vesterport. Vesterbrogade 59, ✆ 33210772, www.copenhagen.dk. Tägl. 10–17 Uhr. Eintritt: 20 kr (2,70 €), unter 18 J. frei, Fr für alle frei.

Eliaskirken, Det Ny Teater & Tycho Brahe Planetarium

Weiter in Richtung Hauptbahnhof folgt wenige Meter nach dem Stadtmuseum der kleine Platz **Vesterbros Torv** mit einer Reihe von Cafés und Eisdielen sowie der wuchtigen **Eliaskirke** von 1908, die bereits auf den ersten Blick an das Rathaus erinnert. Kein Wunder: Dahinter steckt der gleiche Architekt, **Martin Nyrop**.

Gleich links über die Vesterbrogade zeigt sich ein weiteres recht pompöses Gebäude, das ebenfalls 1908 fertiggestellte Musicalhaus **Det Ny Teater.** 200.000 Menschen besuchen die Vorstellungen von „Chicago“, „Der König und ich“ oder „Das Phantom der Oper“ jedes Jahr, laut Auskunft des Theaters Zuschauerrekord für eine dänische Bühne. Durch die Passage unter dem Theater erreichen Sie den Gammel Kongevej und die künstlichen Seen. An deren Rand liegt das **Tycho Brahe Planetarium** mit dem auffallenden, schräg abgeschnittenen Dach. Es ist kaum 20 Jahre alt und heute v. a. ein IMAX- und 3D-Kino. Eine ständige Ausstellung veranschaulicht einige der fundamentalen Gesetze des Weltalls.

Auf dem Weg zur S-Bahn-Station Vesterport, dem Endpunkt dieses Spaziergangs, geht der Gammel Kongevej in

Einkaufs- und Kneipenstraße Istedgade

Vesterbro torv mit dänischem Manneken Pis

Ein visionärer Astronom: Tycho Brahe (1546–1601)

Tycho Brahe wurde in ganz Europa als Astronom berühmt, als er 1572 die Nova Cassiopeia entdeckte. König Frederik II. belehnte den auf Schloss Knutstorp im heute schwedischen Schonen geborenen Wissenschaftler daraufhin mit der Öresundinsel Ven, ließ für ihn dort die Sternwarte Uranienborg bauen und finanzierte auch all seine astronomischen Arbeiten. Brahe blieb 21 Jahre lang auf Ven. Nach einem Streit mit König Christian IV. verließ er jedoch mit seiner gesamten Ausrüstung Dänemark, um mit seinen Söhnen und Studenten erst nach Hamburg und dann nach Prag zu ziehen. Dort wollte ihm der österreichische Kaiser Rudolf II. eine neue Sternwarte erbauen; Brahe starb jedoch, bevor sie fertig war.

Tycho Brahe war ein herausragender Beobachter und gilt als Begründer der modernen Astronomie, auch wenn in seiner Vorstellung noch immer die Erde das Zentrum der Welt war. Obwohl es zu seiner Zeit noch kein Teleskop gab, berechnete er mithilfe eines großen Quadranten die Positionen von etwa tausend Fixsternen mit einer Genauigkeit von zehn Bogenminuten. Außerdem erbrachte er den Nachweis, dass ein Komet ein Himmelskörper und kein atmosphärisches Phänomen ist (was man damals annahm), und entdeckte Anomalien in der Mondbewegung.

die Straße Ved Vesterport über, an deren Ende, auf der anderen Seite der kreuzenden Hammerichsgade, ein kleines **Vergnügungszentrum** mit dem pastellfarbenen Kino *Palads* und der Dinnershow-Bühne *Wallmans Cirkusbygningen* liegt. Das Palads ist mit 20 Sälen das größte Kino in Kopenhagen (die Filme werden nicht synchronisiert, sondern untertitelt), und das ehemalige Zirkusgebäude von 1886 wird heute von dem schwedischen Showveranstalter *Wallmans Nöjen* bespielt.

Ⓢ Vesterport.

Eliaskirken: Vesterbrogade 49, ✆ 33247938, www.eliaskirken.dk. Mo–Sa 8–12 Uhr.

Det Ny Teater: Gammel Kongevej 29, Tickets siehe Kap. „Kulturleben“, Bühnenkunst.

Tycho Brahe Planetarium: Gammel Kongevej 10, Programm und Kartenvorbestellung unter ✆ 33121224, www.tycho.dk. Tägl. 10.30–21 Uhr. Eintritt: 135 kr (18 €), bis 13 J. 85 kr (11,50 €) für IMAX- oder 3D-Film und die ständige Ausstellung.

Praktische Infos

(→ Karte S. 210/211)

Essen und Trinken

Kødbyen **BioMio** 28, sehr beliebtes Öko-Restaurant im Zentrum der neuen Ausgehgegend. Geräumig, atmosphärisch, draußen (Holzbänke) wie drinnen (gestylte Kantine) herrscht eine aufgekratzte Stimmung. Preislich etwas über dem Durchschnitt in Kopenhagen. Bio-Wok, Fisch, Chicken Tikka Masala und Curry-Gerichte jeweils 175 kr (23,50 €). Mo-Do 12-23 Uhr, Fr 12-24 Uhr, Sa 11-24, So 11-23 Uhr. ✆ 33312000. Halmtorvet 19. www.biomio.dk. ■

Das Wahrzeichen von Kødbyen

Paté Paté 29, Wohnzimmeratmosphäre in einem ehemaligen Metzgerladen bietet diese originelle Wein&Tapas-Bar, die schnell zum Szene-Tipp wurde. Slagterboderne 1 (neben dem BioMio). Mo-Mi 8-24 Uhr, Do 8-1 Uhr, Fr 8-3 Uhr, Sa 10-3 Uhr, So 10-24 Uhr. ✆ 39695557. www.patepate.dk.

Kødbyens Fiskebar 33, das Wahrzeichen des Schlachthofgeländes, der Bulle über dem großen, blauen Schriftzug *Kød- og Flæskehal*, dominiert die Fassade des definitiv coolsten Fischrestaurants der Stadt. Innen stylish, draußen Holzbänke. Die internationale Presse war nahezu vollzählig zu Gast – einhelliger Tenor: in ihrer Preisklasse ist die Fiskebar mit das Beste, was Kopenhagen gastronomisch zu bieten hat. Zieht entsprechend viel schickes Publikum an, ein steifes Smoking-Lokal ist die ehemalige Schlachterei aber nicht. Muscheln 95 kr (13 €), Fischgerichte um 220 kr (30 €). ✆ 32155656. Di-Do 17.30-24 Uhr, Fr/Sa 17.30-24 Uhr. Flæsketorvet 100 (Zugang über Slagterboderne, beim Restaurant *BioMio* geht's rein). www.fiskebaren.dk. ■

››› Mein Tipp: **Karriere** 30, siehe Kap. „Nachtleben“: Hybrid aus Bar, Disco und Restaurant. Schmackhafte Vorspeisen (75 kr/10 €) und Sandwiches (85 kr/11,50 €). Küche Do-Sa 18-22 Uhr. www.karrierebar.com. ‹‹‹

Midpoint, Carlton, Apropos 20, Straßencafés am Halmtorvet, ruhig gelegen, immer gut besucht, vielleicht etwas gesichtslos, aber ideal für einen kurzen Zwischenstopp.

Mandela 24, Café vor dem Kulturzentrum Øksnehallen in einem verglasten Pavillon mit Außenbereich auf dem gepflasterten Hof. Auch Veranstaltungsort von Livekonzerten, z. B. während des Jazzfestivals. Umfangreiche Speisekarte mit internationalen, eher einfachen GerichtenSa/So Brunch für 145 kr (20 €) (10 bis 15 Uhr), von Mo-Fr wird ein sogenannter Brunchteller für 97 kr (13 e) serviert. Mo–Do 12–24 Uhr, Fr/Sa 10-2 Uhr So 10–20 Uhr. Onkel Danny Plads 9 (am Halmtorvet), ✆ 33221709, www.cafemandela.dk.

Istedgade **Mc.Kluud 31**, „abgestürzte" Kellerkneipe für die junge Alternativgemeinde. Einfache Holzmöbel, aber sehr kommunikativ zusammengestellt. Großartige Stimmung, v. a. wenn am Wochenende die Bude rammelvoll ist. Günstige Getränke. Tägl. 14–2 Uhr. Istedgade 126 (in Vesterbro), ✆ 33316383.

››› Mein Tipp: **Spicylicious 22**, fast unmöglich, an diesem Lokal achtlos vorbeizugehen: Die warmen Lichter der Kerzenlüster und die durchdachte, gehoben-gemütliche Inneneinrichtung mit zahlreichen Kissen und lauschigen Ecken ziehen die Blicke auf sich. Die Küche erledigt den Rest: schmackhafte, auch optisch erstklassige thailändisch-vietnamesische Hauptgerichte (105–135 kr/14-18 €) und dazu eine stattliche Auswahl an Weinen. Mo–Do 17–23 Uhr, Fr/Sa 17–24 Uhr, So 17–22 Uhr. Istedgade 27, ✆ 33228533, www.restaurantspicylicious.dk. ‹‹‹

Strassen 36, schicke Mischung aus Bar und Café, meist voll mit jungen, aufgeregten Leuten. Mo–Mi/So 10–24 Uhr, So-Do 9-24 Uhr, Fr/Sa 9–2 Uhr (Küche tägl. bis 22 Uhr). Istedgade 128, ✆ 33223241, www.strassen.dk.

Zakabona 27, gemütliches, beliebtes Café, mit den Lampen aus dem Showroom *Ichinen*, der gegenüber liegt. Guter Kaffee, empfehlenswertes Clubsandwich (82 kr/11 €), bis 14 Uhr Brunch (Sa/So bis 15 Uhr) für 117 kr/16 € , außerdem Pasta, Chili con Carne und Salate. Tagsüber angenehme Hintergrundmusik. So–Do 10–24 Uhr, Fr/Sa 10–2 Uhr. Istedgade 88, ✆ 33232835, www.zakabona.dk.

Det Gule Hus 23, sympathisches Café mit großer Essensauswahl, das regelmäßig Bilder junger Künstler ausstellt. Bis 14 Uhr Brunch für 85 kr, mittags (12–16 Uhr) gibt es Sandwiches (75 kr) und Burger (95 kr), abends (ab 17 Uhr) z. B. ein Drei-Gänge-Menü für 198 kr. Mo–Do 10–24 Uhr, Fr 9–2 Uhr, Sa 10–2 Uhr, So 10–23 Uhr. Istedgade 48/ Ecke Eskildsgade, ✆ 33259071, www.cafedetgulehus.dk.

Sticks 'n' Sushi 26, eine Filiale des inzwischen zur kleinen Gastro-Kette ausgewachsenen Restaurants, das Sushi in Kopenhagen populär gemacht hat. Einfache, aber originelle und kommunikative Einrichtung. Schmaler Außenbereich auf dem Gehsteig. Sushis ab 25 kr das Stück, Menüs ab 99 kr. Mo–Do/So 10–23 Uhr, Fr/Sa 10–24 Uhr. Istedgade 62, ✆ 33237304, www.sushi.dk.

Café Zakabona

Einkaufen

Kunst **V1 35**, wurde schon zur besten Galerie von Kopenhagen gewählt. Trendsetter für die avantgardistische Kunstszene in Vesterbro. Mi–Fr 12–18 Uhr, Sa 12–16 Uhr. Flæsketorvet 69–71 (am Halmtorvet bei der Straße Slagterboderne aufs Schlachthofgelände), www.v1gallery.com.

Bo Bjerrggaard 34, stellt meist Gemälde junger dänischer Künstler aus, aber auch Jonathan Meese und Georg Baselitz haben in der Galerie schon verkauft. Di-Fr 13-18 Uhr, Sa 12-16 Uhr. Flæsketorvet 85 a (neben der Karriere Bar). www.bjerggaard.com

Lampen **Tom Rossau 25**, handgemachte Lampenschirme, die Ihre Wohnung in ein Lichtdesignstudio verwandeln. Mo–Do 11–18 Uhr, Fr 11–19 Uhr, Sa 11–15 Uhr. Istedgade 59 (Showroom Ichinen), www.tomrossau.dk.

Mode **Birna 39**, junges Frauenmodelabel der Isländerin Birna Karen Einarsdóttir. Mo–Fr 11–18 Uhr, Sa 10–16 Uhr. Istedgade 99, www.birna.net.

Tour 8 – Durch Vesterbro
Karte S. 210/211

Tour 9

Tour 9: Rund um den Schlosspark Frederiksberg

Achtung: Frederiksberg ist nicht Frederiksborg, jenes üppige Renaissance-Wasserschloss, das auf so vielen Fotos zu sehen ist. Das liegt in Hillerød nördlich von Kopenhagen. Frederiksberg ist eine eigenständige Kommune mitten in Kopenhagen und bekannt für seinen eleganten Park und die vielen noblen Villen. Außerdem liegen hier der kleine, aber sehr gepflegte und v. a. für Kinder erlebnisreich gestaltete Zoo sowie die Carlsberg-Brauerei mit den weltberühmten Elefantenskulpturen am Eingang.

Nirgendwo sonst in Kopenhagen fällt der Unterschied zwischen zwei Stadtteilen so auffällig aus wie an der **Vesterbrogade/Ecke Frederiksberg Allé:** hier das proletarische Vesterbro, dort das aristokratische Frederiksberg. Natürlich muss man im Einzelnen differenzieren, fest steht jedoch, dass an dieser Kreuzung zwei Welten aufeinandertreffen. Von der geschäftigen Vesterbrogade mit ihren Kneipen und den vielen einfachen Geschäften für den täglichen Bedarf geht es nach rechts in die beschauliche Villenkleinstadt – streng genommen ist Frederiksberg eine eigenständige Kommune. Über 93.000 Menschen wohnen hier auf 9 km². Bis Mitte des 19. Jh. lebten in der kleinen Handelsgemeinde stets nur um die 1000 bis 3000 Menschen. Doch dann fielen die mittelalterlichen Stadtmauern, und die Kopenhagener Bevölkerung durfte Ganzjahreswohnungen auch außerhalb der Innenstadt von Kopenhagen bauen. Vorher waren dort nur Ferien- und Gasthäuser erlaubt. Ab den 1860er-Jahren stieg die Zahl der Einwohner von Frederiksberg (ähnlich wie in Nørrebro, Vesterbro und Østerbro), das Mitte des 17. Jh. als Bauernsiedlung gegründet worden war,

Rund um den Schlosspark Frederiksberg

sprunghaft an, denn in der Innenstadt von Kopenhagen war es längst viel zu eng geworden. Nach 1860 entwickelte sich der Ort zur bevorzugten Residenz des bessergestellten Bürgertums. Die Folge: Ganz Frederiksberg besteht heute aus drei- bis fünfstöckigen Stadtvillen im klassizistischen Stil. Die Straßen sind großzügig angelegt und von Bäumen dicht gesäumt. Auf einer kleinen Anhöhe endet die Straße am **Schlosspark Frederiksberg,** neben dem der **Zoo** liegt, und nach einem kurzen Spaziergang durch einen weiteren Park, **Søndermarken** genannt, stößt man auf das weitläufige Fabrikgelände der **Carlsberg-Brauerei.** Eine Tour durch deren kurzweiliges Biermuseum hat an sich schon Unterhaltungswert, aber durch das Freibier am Schluss wird der noch mal beträchtlich erhöht.

Tour-Info

Start ist entweder die U- und S-Bahn-Station Nørreport oder die S-Bahn-Station Vesterport. Von dort fährt der Bus 6A zur Statio n Vesterbrogade/Frederiksberg Allé. Die gesamte Tour (reine Gehzeit: knapp 2 Std.) verläuft auf ruhigen Wegen, entweder entlang baumbestandener Alleen oder durch Parks. Gut 20 Gehminuten vom Besucherzentrum der Carlsberg-Brauerei entfernt fährt die S-Bahn von der Enghave-Station zurück in die Innenstadt.

Stationen

Frederiksberg Allé

Mit dem Bus 6A von der U- und S-Bahn-Station Nørreport oder der S-Bahn-Station Vesterport fahren Sie zur Station Vesterbrogade/Frederiksberg Allé. Dort geht es rechts in die **Frederiksberg Allé**. Eine knappe Viertelstunde sind Sie auf dem Aufweg zu **Schloss Frederiksberg** und der wunderschönen Parkanlage unterhalb des Schlossbergs unterwegs. Prächtige Bürgervillen liegen an der eleganten Straße, es ist eine ruhige, grüne Gegend, eine der begehrtesten Adressen der Stadt. Am idyllischen **Sankt Thomas Plads** empfängt das Nobelrestaurant *Hansens* seine Gäste, etwas weiter das kleine Theater **Betty**

Karte S. 218/219

Nansen Teatret (Frederiksberg Allé 57, Tickets unter ✆ 33211490, www.betty nansen.dk), und ganz oben, bereits kurz vor dem Eingang zum Schloss-park, versucht das erst kürzlich eröffnete avantgardistische Theater **Camp X Aveny**, sich einen Namen zu machen (zwei Bühnen: Frederiksberg Allé 102 und Smallegade 2, Tickets unter ✆ 7020 1031, www.campx.dk). Rechts vom Eingang zum Schlosspark, in der Allégade, liegt das **Riddersalen** (Mo–Fr 13–15 Uhr; Allégade 7–9, Tickets unter ✆ 38878710, www.riddersalen.dk). Frederiksberg ist eine kleine Theaterhochburg. Das Problem: Es sind Sprechbühnen mit einem Programm in dänischer Sprache. Auch das kleine **Storm P.-Museet** am Parkeingang, das dem dänischen Karikaturisten **Robert Storm Petersen** (1882–1949) gewidmet ist, ist eher etwas für dänischkundige Spezialisten

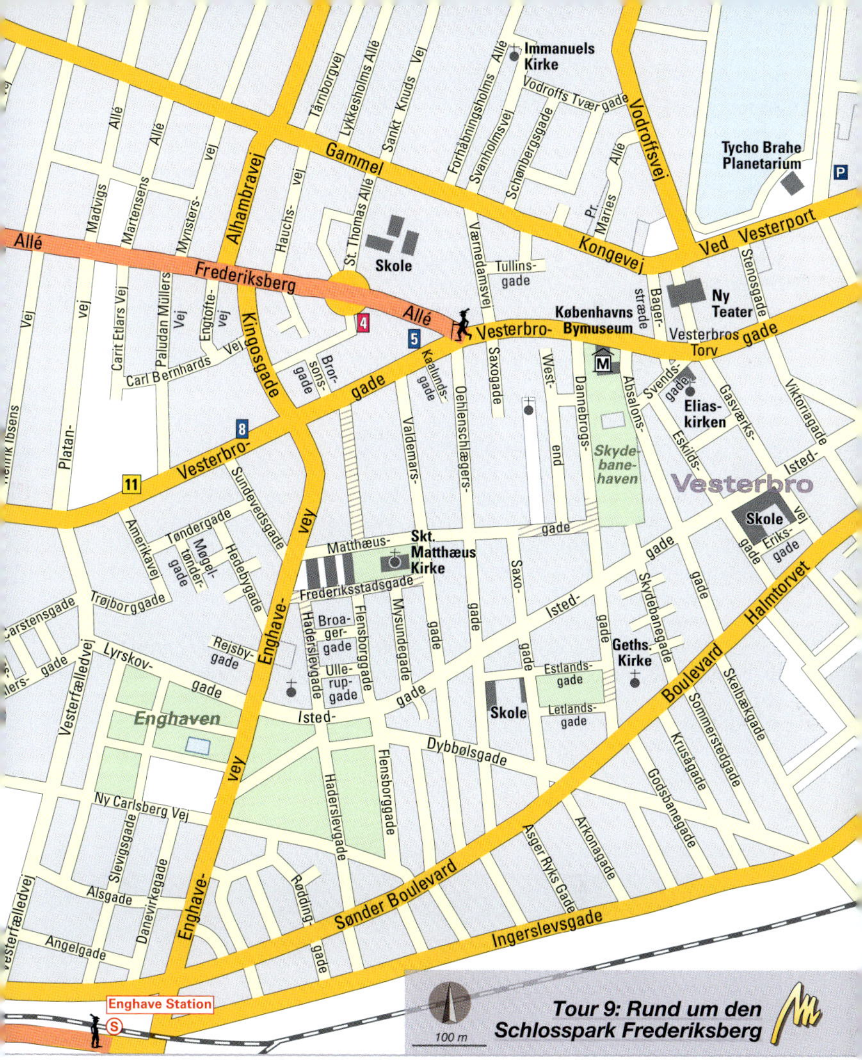

(Mai–Sept. Di–So 10–16 Uhr; Eintritt 45 kr/6 €, ermäßigt 35 kr/4,70 €, unter 18 J. frei; Frederiksberg Runddel, ✆ 38860500, www.stormp-museet.dk).

Nicht so der herrliche Schlosspark, der Ende des 18. Jh. in den romantischen Landschaftsgarten im englischen Stil verwandelt wurde, als der er sich heute präsentiert.

Bus 6A von → und Ⓢ Nørreport oder Ⓢ Vesterport bis Vesterbrogade/Frederiksberg Allé.

Frederiksberg Have (Schlosspark Frederiksberg)

Die Frederiksberg Allé führt direkt auf den Schlosspark zu. Der großzügige Eingang ist kein leeres Versprechen: Der weitläufige, baumreiche Park ist von Kanälen durchzogen und weist viele romantische Attribute auf, die den Kopenhagenern schöne Ziele für ihre

Sonntagsspaziergänge abgeben. Es gibt eine chinesische Gartenlaube, einen antikisierenden Apistempel, eine Quellgrotte samt Wasserfall, natürlich einen Bootsverleih für die Fahrt auf den Kanälen, einen Wunschhügel und sogar einen Schnullerbaum, an dem viele bunte Schnuller mit Grußzetteln oder ganzen Geschichten hängen. Links vom Eingang liegt ein schönes Gartenrestaurant, *Hansens Gamle Familiehave.*

Auf dem ursprünglichen Farmgelände wurde Anfang des 18. Jh. das **Schloss** gebaut, das heute von der **Königlichen Militärakademie** genutzt wird und für die Öffentlichkeit nicht zugänglich ist. **Frederik IV.** (reg. 1699–1730) war der erste Schlossherr; er war fasziniert von den Barock-Gärten, die er in Italien und Frankreich gesehen hatte, und baute seinen Park nach diesen Vorbildern. Später bevorzugte man die freiere englische Art und zog u. a. das Kanalsystem ein, aber bis heute künden die großen Achsen und die weiten Sichtlinien vom Schloss aus von der frühen Barock-Geschichte des Gartens.

→ Frederiksberg. Frederiksberg Runddel, www.ses.dk. Mai–Aug. tägl. 7–22 Uhr, April /Sept. bis 21 Uhr, März/Okt. bis 19 Uhr, Febr ./Nov. bis 18 Uhr, Dez./Jan. bis 17 Uhr. Der China-Pavillon ist von Juni bis Aug. jeden So von 14 bis 16 Uhr geöffnet. Eintritt frei.

Zoo

Oben am Schlosshügel, vorbei an der Militärakademie, geht es auf den **Roskildevej** und dann rechts zum zoologischen Garten.

Verglichen mit anderen europäischen Tiergärten (insbesondere den deutschen) ist der Zoo von Kopenhagen sehr klein. In einer halben Stunde hat man alles gesehen, vorausgesetzt, man durchmisst die Anlage eiligen Schrittes. Doch dafür ist kein Anlass, insbesondere wenn man mit seinen Sprösslingen unterwegs ist. Es wird sehr viel Wert auf eine anschauliche, kindgerechte Präsentation gelegt, und es scheint, angesichts der zahlreichen Schulklassen und Kindergartengruppen bei unserem Besuch, als seien Kinder tatsächlich die wichtigste Zielgruppe. Gedränge gibt es

Die Elefanten wohnen jetzt in einem Haus von Norman Foster

dann beispielsweise an der Holzrobbe und anderen Holzgebilden, die man auseinandernehmen kann, um ihren

„Aufbau“ zu studieren. Ein Hochstand für „Großwildjäger“, bewacht von Ranger-Pappfiguren und atmosphärisch unterstützt von einem waschechten Jeep, muss nicht lange darauf warten, erklommen zu werden. Vor dem Schild „Achtung vor den wilden Tigern!“ stehen Kinder und überlegen sehr genau, ob sie sich wirklich auf den kurvigen Pfad vor ihnen begeben sollen, der schließlich sehr undurchsichtig durch hohes Gras führt. Andere Tafeln zeigen z. B., wie lang die ausgestreckte Zunge eines Ameisenbären ist.

Alles in allem bewegen sich auf dem Gelände 3000 Tiere, darunter Giraffen, Antilopen, Robben, Riesenschildkröten, Tasmanische Teufel, Nashörner und Elefanten. Insgesamt gibt es 250 Tierarten. 2008 ist ein neues Elefantenhaus – vom berühmten Architekten Sir Norman Foster – eröffnet worden. Für Verpflegung sorgen mehrere Imbissbuden und ein Restaurant.

→ Solbjerg, Ⓢ Valby. Roskildevej 32, ✆ 72200200, www.zoo.dk. Juni tägl. 9–18 Uhr, Ende Juni–Mitte Aug. 9–21 Uhr, April/Mai/Sept. Mo–Fr 9–17 Uhr, Sa/So 9–18 Uhr, Okt. tägl. 9–17 Uhr, Nov.–Feb. 9–16 Uhr, März Mo–Fr 9–16 Uhr, Sa/So 9–17 Uhr. Eintritt 140 kr (19 €), Kinder 3–11 J. 80 kr (11 €), unter 3 J. frei.

Carlsberg Besøgscenter (Carlsberg-Besucherzentrum)

Ein plastisches Bild des Brauprozesses vermittelt das **Biermuseum** einer der größten Brauereien der Welt.

Der Weg dahin führt durch den hügeligen **Søndermarken,** einen alten königlichen Park auf der anderen Seite des Roskildevejs, der seit 1852 öffentlich zugänglich ist. Halten Sie sich in Luftlinie halblinks, dann stoßen Sie auf der gegenüberliegenden Seite des Parks auf

die Valby Langgade. Dieser nach rechts folgen, bis der Gamle Carlsberg Vej zum Brauereimuseum abzweigt. An der linken Ecke der Valby Langgade beginnt übrigens der Ny Carlsberg Vej mit den berühmten **Elefantenstatuen**, die Firmenchef **Carl Jacobsen** (1842–1914) Anfang des 20. Jh. nach einem römischen Vorbild errichten ließ.

Selbst die Geschichte des 1847 in Kopenhagen gegründeten Unternehmens wird im Besucherzentrum so anschaulich dargestellt, dass nie der Eindruck von plumper Werbung entsteht. Vielleicht die faszinierendsten Exponate sind allerdings die Unmengen von Bierflaschen und -marken, die Carlsberg aus der ganzen Welt zusammengetragen hat und in einem eigenen Raum gleich nach der Kasse ausstellt. Danach geht es durch enge Gänge rauf und runter in dem alten Fabrikgebäude. Die frühere Arbeitswelt ist in dem Labyrinth aus kleinen Räumen, steilen Treppen und überraschenden Stockwerksübergängen durchaus körperlich zu spüren. Verstärkt wird der Eindruck durch zahlreiche Bilder und Geräusche vom Tonband, ein ganzes Laboratorium von 1871 ist nachgestellt, man sieht die Lagerhallen voller Getreide, und auch die stattlichen Jütländer Pferde, die zu Werbezwecken Brauereikutschen durch Kopenhagen ziehen, bekommt man zu Gesicht. Eine gute halbe Stunde bewegt man sich durch das Museum, dann lockt der Lohn: **zwei Freibiere** in der kleinen **Brauerei**, die 2005 im alten Fabrikgebäude eröffnet wurde. Dort gibt es auch einen kleinen **Shop** mit Merchandising-Artikeln von Carlsberg und Tuborg.

Tuborg wurde 1970 von Carlsberg aufgekauft. Heute ist die Carlsberg-Gruppe mit 45.000 Angestellten die viertgrößte Brauerei weltweit und in beinahe jedem Land der Welt präsent. Der Jahresumsatz beträgt etwa 8 Mrd. Euro.

Zur **S-Bahn-Station Enghave**, dem Endpunkt dieser Tour, geht es den Gamle Carlsberg Vej zuerst weiter entlang, dann scharf links über die Bahngleise, immer im Grünen, auf einem Fußgängerweg entlang eines Friedhofs bis Vestre Kirkegårds Allé, in die Sie links abbiegen und bis zur großen Kreuzung an der Vigerslev Allé gehen, diese geradeaus überqueren, dann erneut die Bahngleise passieren und schließlich die erste Straße rechts zur S-Bahn-Station Enghave gehen. Etwa 20-25 Minuten dauert dieser hübsche Spaziergang durchs grüne Viertel Valby.

Ⓢ Enghave. Gamle Carlsberg Vej 11 (das Elefanten-Eingangsportal liegt am Ny Carlsberg Vej, der ebenfalls von der Valby Langgade abzweigt).

Anstehen fürs Freibier im Carlsberg-Besucherzentrum

Tiere gibt's hier keine, dafür acht Designer

Geöffnet: Mai–Aug. tägl. außer Mo 10–17 Uhr, Do bis 19.30 Uhr; Sept.–April tägl. außer Mo 10–16 Uhr.

Eintritt: 60 kr (zwei Getränke gratis: Bier oder alkoholfreie Getränke), 12–17 J. 40 kr (zwei alkoholfreie Getränke gratis), unter 12 J. frei (zwei alkoholfreie Getränke gratis). Kinder und Jugendliche dürfen das Biermuseum nur in Begleitung von mind. einem Erwachsenen besuchen. ✆ 33271282 (Di–Fr 10–16 Uhr), www.visitcarlsberg.com.

Shop im Carlsberg-Besucherzentrum, kleiner Shop am Ende der Museumstour mit schönen und recht günstigen Taschen, Sportjacken, T-Shirts und vielen anderen Merchandising-Artikeln.

Praktische Infos

(→ Karte S.218/219)

Essen und Trinken

formel B **12**, mit einem Michelin-Stern ausgezeichnete französisch-dänische Fusion-Küche in minimalistisch-modernem Interieur. Serviert werden kleine Portionen, jedes Gericht kostet 125 kr (17 €). Tägl. außer So 18–1 Uhr (Küche bis 22 Uhr). Vesterbrogade 182, ✆ 33251066 (Reservierung erforderlich, tägl. außer So 18–22 Uhr), www.formel-b.dk.

Hansens **4**, gediegenes Oberklasse-Restaurant mit hauptsächlich französischer Küche. Schöne Terrasse mit Blick auf den grünen Sankt Thomas Plads. Vorspeisen und Suppen ab 75 kr (10 €), großes Menü 360 kr (48 €). Do–Sa 18–22 Uhr. Frederiksberg Allé 11, ✆ 33257426, www.hansenskoekkenogbar.dk.

Hansens Gamle Familiehave **6**, die älteste Gartenwirtschaft Dänemarks liegt am Rand des Schlossparks von Frederiksberg. Recht deftige Küche, gerade richtig nach einem Spaziergang im Grünen. Das Haus stammt aus dem frühen 17. Jh. Sehr reichhaltige Speisekarte, wechselt zudem mit den Jahreszeiten wechselt. Mittleres Preisniveau. Tägl. 11–24 Uhr (Küche schließt schon um 21.30 Uhr). Pile Allé 10–12, ✆ 36309257, www.hansenshave.dk.

Daneben gibt es noch zwei weitere Gartenwirtschaften: **M. G. Petersens Gamle Familiehave** **9** (Pile Allé 16, ✆ 36161133, www.petersensfamiliehave.dk) und **Krøgers Familiehave** **10** (Pile Allé 18, ✆ 36450897, www.kroegershave.dk).

Café Kellerdirk **3**, Theatercafé, das am Wochenende nachts zum Tanzpalast mutiert, erst mit Coverbands, dann mit DJs (im gleichen Haus spielt das experimentelle *Camp X Aveny*). Tagsüber werden einfache Kneipengerichte (Salate, Pasta, Burger, Sandwiches) serviert, die in der Regel unter 80 kr kosten. Mo–Do 11–20 Uhr, Fr/Sa 11–5 Uhr, So 11–20 Uhr. Frederiksberg Allé 102 (vor dem Eingang zum Schlosspark), ✆ 33252253, www.kellerdirk.dk.

Einkaufen

Designer-Zoo **11**, diese Werkstatt ist ebenso Atelier wie Ausstellungsraum von 8 Designern (Keramik, Möbel, Schmuck, Glasprodukte, Strickwaren). Mo-Do 10-17.30 Uhr, Fr 10-19Uhr, Sa 10-15Uhr. Vesterbrogade 137, ✆ 33249493, www.dzoo.dk.

Carlsberg-Merchandising, in dem kleinen Laden am Ende der Führung durch das **Carlsberg-Besucherzentrum** **13**, siehe oben.

Tour 10: In Christianshavn und zum Amager Strandpark

Christianshavn ist neben Nørrebro und Vesterbro ein weiteres Viertel, das zu neuem Glanz gekommen ist. Der Renaissance-König Christian IV. ließ es Anfang des 17. Jh. als gut befestigtes Ausweichquartier für Kauf- und Seeleute errichten. Heute erinnert vieles im alten Viertel am Christianshavns-Kanal an Amsterdam: die stattlichen Stadtvillen am Wasser, das romantische Kopfsteinpflaster, die bunten Häuschen in den kleinen Gassen.

Dennoch immer nur ein paar Meter weiter zeigt Christianshavn ein ganz eigenes Gesicht: Da sind die prächtigen **Neubauten** am Kanal, vor denen die Elektroboote parken. Hypermoderne Bürokomplexe nah am Wasser verbinden sich durch überdachte Brücken zur Dänemark-Zentrale der Großbank Nordea. In **Christiania**, der berühmten Freistadt aus dem Jahr 1971, sind die alternativen Lebens- und Wohnformen bis heute erhalten geblieben. Weiter südlich liegt das außergewöhnliche Freibad von **Islands Brygge**. Und dank dem U-Bahn-Anschluss schnell zu erreichen ist der **Amager Strandpark**, ein weitläufiges Erholungsgebiet am Meer, das einen schönen Blick auf die Öresundbrücke bietet.

1618/19 begannen die Bauarbeiten auf der Insel Amager. Ein neues Viertel entstand auf Geheiß des Renaissance-Königs **Christian IV.**, der Kopenhagen zur Wirtschaftsmetropole ausbauen wollte, was ihm auch gelang. Kaufleute und Matrosen siedelten sich wie geplant in dem vorgelagerten Stadtteil an. Die starken Befestigungsanlagen sollten für einen zusätzlichen Schutz Kopenhagens gegen Angriffe von außen sorgen. Dass später Kanonen einfach darüber hinweg schießen würden, konnte der König nicht ahnen.

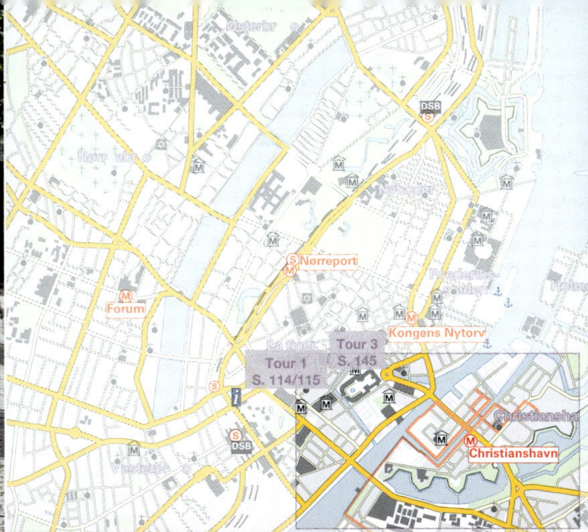

In Christianshavn und zum Amager Strandpark

Im 19. Jh. war Christianshavn dann ein einfaches **Arbeiterviertel**, das zusehends als unattraktiv wahrgenommen wurde. Die Gebäude verfielen immer mehr, die Gegend wurde grau. Doch seit die dänische Hauptstadt 1996 zu Europas Kulturhauptstadt gewählt wurde, geht es auch mit Christianshavn bergauf – am sichtbarsten am Wasser. Villen aus dem 19. Jh. werden saniert, neue, moderne Wohnungen gebaut, ein ganzes Büroviertel entstand kürzlich an der Hafenseite. In den schmalen Gassen eröffnen **Feinschmeckerlokale** wie das *Era Ora* oder das *Noma,* die es zu Michelin-Ehren gebracht haben, alte **Matrosenkneipen** wie das *Sofie Kælderen* haben sich nach Umbauten in angesagte Clubs verwandelt. Stark begünstigt wurde der neue gute Ruf des Viertels durch den Anschluss an das **U-Bahn-Netz**. Seither kommen auch die Kopenhagener wieder, was die Einheimischen zusätzlich anstachelt, auf ihrem Selbstverständnis als Bewohner einer eigenständigen Kommune zu beharren (was Christianshavn faktisch schon seit 300 Jahren nicht mehr ist).

Wahrscheinlich ist es daher kein Zufall, dass **Christiania** 1971 ausgerechnet in Christianshavn entstand. Die legendäre Hippiegemeinde hat sich allen Anfeindungen zum Trotz bis heute behauptet, mehr noch: Inzwischen zählt Christiania zu den größten Touristenzielen von Kopenhagen, mit angeblich bis zu einer halben Million Besucher pro Jahr. Die Christianitter veranstalten sogar Führungen, man kann aber auch auf eigene Faust durch das Gelände laufen. Allerdings sollte man keine Angst vor frei laufenden Hunden haben, einige große Exemplare strolchen besonders auf der Pusherstreet, der Hauptstraße des Viertels, herum. Und auf prüfende Blicke der Bewohner sollte man ebenfalls gefasst sein.

Sicher nicht jedermanns Sache ist auch das Erklimmen des 90 m hohen Turms der **Vor Frelsers Kirke,** dessen letzte 150 Treppen spiralförmig zur Spitze hinaufsteigen – außen, unter freiem Himmel. Wer nicht schwindelfrei ist, sollte davon unbedingt absehen, zumal sich die Turmspitze, die aus Eichenholz besteht, bei Wind durchaus mal leicht mit bewegen kann.

Auf keinen Fall verpassen sollten Sie einen Spaziergang entlang des wunderschönen **Christianshavn-Kanals** bei sonnigem Wetter zählt er zu den Höhepunkten jeder Kopenhagen-Reise. Und wenn es warm genug ist, können Sie ein Bad am Inneren Hafen nehmen – das moderne **Freibad im Stadtteil Islands Brygge** ist klein, aber ein weiteres Beispiel für die architektonische Renaissance der Stadt im 21. Jh. Als Alternative für einen Badeausflug bietet sich der neue und seit Kurzem bequem mit der U-Bahn zu erreichende **Amager Strandpark** an, der zeigt, wie allumfassend das Designverständnis der Dänen ist. Das künstlich geschaffene Erholungsgebiet am Meer, mit Lagune und Insel, ist ein Bade- und Wassersportparadies, das ganz natürlich wirkt.

Tour-Info

Mit der U-Bahn lässt sich Christianshavn einfach und schnell erreichen (gleichnamige Station). Der Spaziergang (bis Islands Brygge rund 2 Std. netto) verläuft die meiste Zeit am Wasser entlang, entweder am Christianshavns-Kanal oder am Inneren Hafen von Kopenhagen. Es sind in der Regel fast autofreie Wege. In Christiania ist das Fotografieren auf der Pusher Street, der legendären Hauptstraße des Viertels, verboten. Der Eintritt zum neuen Freibad in Islands Brygge und zum Amager Strandpark ist frei. Endpunkt der Tour ist entweder die U-Bahn-Station Islands Brygge oder Amager Strand.

Stationen

Christianshavns-Kanal

Die U-Bahn-Station Christianshavn liegt direkt am gleichnamigen Kanal – über die Brücke links rein in die **Overgaden Neden Vandet** beginnt der Rundgang entlang der Kopenhagener Wasserstraßen. Cafés und sanierte Bürgerhäuser liegen am verkehrsberuhigten Straßenrand. Es ist eine beschauliche Gegend, die vorne rechts um die Ecke umso überraschender ihr Gesicht radikal ändert. Plötzlich befindet man sich mitten in einem ruhigen Neubaugebiet mit modernen Appartementkomplexen direkt am Wasser, Bänken und Bäumen am Gehsteig und Elektrobooten vor den Haustüren. In einer Seitenstraße wird der Blick auf den markanten Turm der **Christians Kirke (Christianskirche),** einem Rokoko-Bauwerk von 1759, freigegeben – die Lücke in der Neubauzeile wurde scheinbar mit voller Absicht frei gelassen. Tatsächlich ist der Kontrast zwischen dem 18. Jh. und dem 21. Jh. durchaus

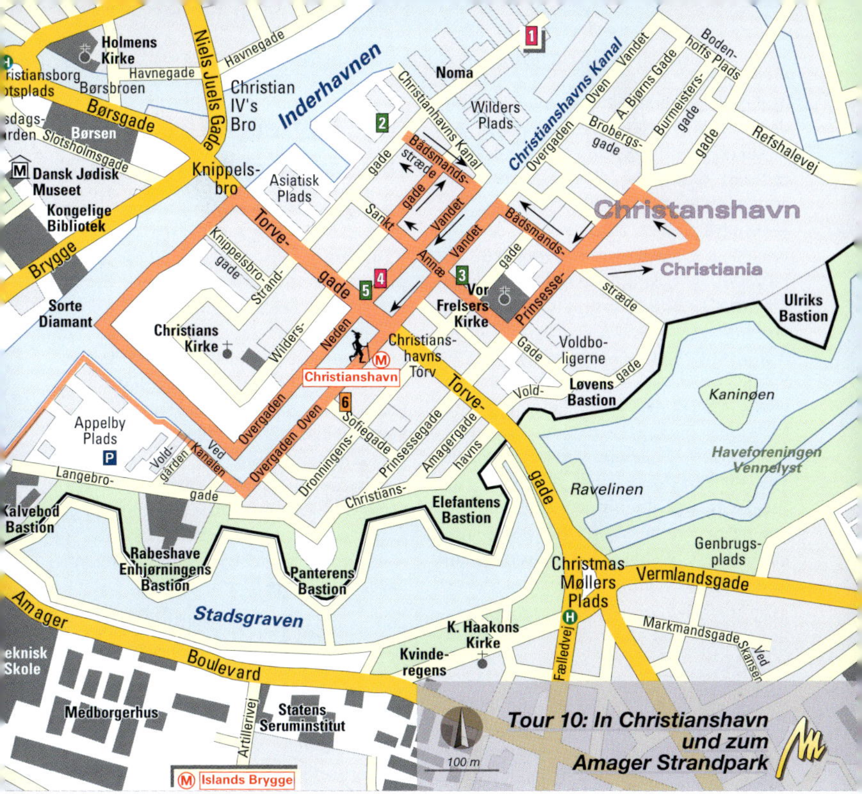

spannend zu beobachten. Umso mehr, als am sich bereits abzeichnenden Inneren Hafen die Umrisse des Anbaus der Königlichen Bibliothek zu sehen sind, erst im Volksmund und dann auch offiziell **„Der Schwarze Diamant"** genannt. Rechts um die Ecke schließen sich weitere gelungene Neubauten an, so z. B. die Dänemark-Zentrale der schwedischen Großbank *Nordea*. Die Aufwertung der Hafenfront ist in vollem Gange. Man hat hier einen schönen weiten Blick auf die Innenstadt und die Brücke **Knippelsbro**, der man sich von unten nähert, um dann die Treppe hochzusteigen. Rechts entlang der Torvegade geht es zurück zum Christianshavns-Kanal.

→ Christianshavn. **Christians Kirke**: Strandgade 1, ✆ 32968301, www.christianskirke.dk. März–Okt. tägl. 8–18 Uhr, Nov.–Feb. bis 17 Uhr.

DAC – Dansk Arkitektur Center

Vor der Brücke über den Christianshavns Kanal führt der Weg nach links über Kopfsteinpflaster zum Dänischen Architektur-Zentrum, das in einem alten Hafengebäude am Inneren Kanal liegt. Spannende Ausstellungen, ein großartiges Sortiment von (vielen englischsprachigen) Büchern und ein originelles Café machen das DAC zum lohnenden Ziel. Zudem passiert der Spaziergänger hübsche, kleine Gassen mit bunten Häusern, deren hölzerne Stützbalken schon ganz verbogen sind von der Last der Zeiten. Auch einige gut besuchte Cafés liegen am Weg durch die nach links abbiegende Sankt Annæ Gade. An der ersten Ecke geht's nach rechts in die Wildersgade und dann die erste links in die Bådsmandstræde, die direkt auf das Dänische Architektur-Zentrum stößt. Nun noch geradeaus durch den Durchgang runter zum Wasser, und rechter Hand liegt das DAC mit seinen spannenden Ausstellungen zur Gegenwartsarchitektur. Internationale Architektenbüros zeigen ihre Pläne, Ausstellungen dokumentieren aktuelle und künftige Entwicklungen des nordischen Städtebaus. Im ersten Stock können im **DACafé** Hunger und Durst gestillt werden – windgeschützt auf einem verglasten Balkon, der an die Außenwand des Hauses „geklebt" wurde. Von hier hat man einer der schönsten Ausblicke auf den Inneren Hafen, mit der alten Knippelsbro zur Linken und den neuen Wahrzeichen Theater und Oper zur Rechten.

→ Christianshavn. Strandgade 27, ✆ 32571930, Täglich 10-17 Uhr, Mi 10-21 Uhr; Eintritt 40 kr (5,40 €).

DAC – Dänisches Architektur-Zentrum

Vor Frelsers Kirke (Erlöserkirche)

Zurück geht es wieder durch die Bådsmandstræde bis zum Christianshavns Kanal, dort nach rechts die kopfsteingepflasterte Overgaden Neden Vandet entlang bis zur ersten Brücke, die nach links zur **Vor Frelsers Kirke** führt – ein dunkles, barockes Bauwerk im niederländischen Stil, das seit über 300 Jahren unverändert ist. In Kopenhagen ist das keine Selbstverständlichkeit, denn viele der schönsten Gebäude wurden durch Feuerstürme oder Marineangriffe zerstört und immer wieder neu aufgebaut. Christianshavn blieben Großbrände erspart, und feindliche Flotten nahmen das vorgelagerte Stadtviertel nie ins Visier.

Der eindrucksvolle **Marmoraltar** der Kirche stammt von 1732, politische und bauliche Probleme hatten die Fertigstellung jahrzehntelang hinausgezögert. Die riesige **Orgel** wurde dagegen bereits 1698 installiert, und noch immer funktionieren die alten Pfeifen, auch wenn sie 1965 nach einer langen Schweigephase restauriert werden mussten – genau wie vor ein paar Jahren, als der Innenraum der Kirche und der Besucherzugang zu dem berühmten **Turm** gesperrt wurde. Der weithin sichtbare golden glänzende Kirchturm wurde übrigens erst erst fünfzig Jahre nach Fertigstellung der Kirche angebaut, eine Investition, die sich wahrlich gelohnt hat. Der Turm wird täglich von Hunderten abenteuerlustiger Touristen belagert, Wartezeiten müssen in Kauf genommen werden. Die restaurierungsarbeiten sind jedoch abgeschlossen und die Kirche samt Turm wieder frei zugänglich.

Mit seiner außen verlaufenden **Wendeltreppe**, die sich bis in neunzig Meter Höhe hinaufwindet, zählt der Turm zu den Attraktionen der Stadt. Wer ihn bezwingt, darf durchaus als mutig gelten

– der Turm besteht aus Eichenholz, und bei starkem Wind hat er die Tendenz, leicht mitzuschwingen. Ein vergoldetes Gittergeländer aus Eisen schützt einen zwar, aber die vier Umrundungen – insgesamt sind 150 Treppen unter freiem Himmel zu überwinden – haben es trotzdem in sich. Wer sich nicht gänzlich schwindelfrei fühlt, sollte lieber auf den Aufstieg verzichten.

→ Christianshavn. Sankt Annæ Gade 29, ✆ 32546883, Die Kirche kann täglich von 11-15.30 Uhr besichtigt werden, der Turm ist zu folgende Zeiten zugänglich: Mo-Sa 10-16 Uhr, So 10.30-16 Uhr. www.vorfrelserskirke.dk.

Christiania

An der nächsten Kreuzung führt der Spaziergang nach links durch die Prinsessegade, wo nach etwa 200 Metern ein farbenprächtiger, graffitiverzierter Torbogen mit kleinen Erkern die Aufmerksamkeit auf sich zieht: der Eingang nach **Christiania**.

Das legendäre Hippie- und Aussteigerviertel, das heute mehr denn je auch ein Traumziel für viele Künstler ist, stellt sich als bunt bemaltes Gelände mit viel Grün dar, dessen Zentrum von einem großen Kleidermarkt, vielen Kneipen sowie etlichen Werkstätten und Galerien beherrscht ist. Geschäfte für den täglichen Bedarf haben in ehemaligen Eisenbahnwaggons eröffnet, auf der berühmt-berüchtigten **Pusher Street** (→ Kasten) herrscht an schönen Tagen ein Betrieb wie auf der Strøget .

Allerdings: Auch wenn die Bewohner inzwischen sogar Touristenführungen durch ihr selbst verwaltetes Reich veranstalten und Besucher von außerhalb ein alltägliches Bild in Christiania sind (angeblich halten sich bis zu einer halben Million Gäste pro Jahr auf dem rund 34 Hektar großen Gelände auf) – richtig beliebt sind Außenstehende nicht. Skeptische bis prüfende Blicke der Einheimischen können Besuchern durchaus das Gefühl vermitteln, Eindringlinge zu sein,

Warnhinweis beim Ausgang von Christiania

und auch über die vielen frei laufenden Hunde dürfte sich nicht jeder freuen.

Christiania ist eben kein Museum. Hier ist niemand dazu da, bestaunt zu werden. Es ist ein lebendiges Viertel mit einer schon vierzigjährigen Geschichte, deren 850 Bewohner sehr stolz auf ihren Status als freie Christianitter sind. Begegnen Sie Ihnen mit Respekt und offenem Blick!

→ Christianshavn. Christiania ist eine autofreie Zone.

Die Website der Christianitter www.christiania.org bietet viele Informationen in Englisch und einen Reiseführer auf Deutsch. Die gedruckte Version des **Christiania Guide** ist für 10 kr in vielen Geschäften auf dem Gelände erhältlich.

Englischsprachige Führungen durch Christianitter finden ganzjährig Sa/So ab 15 Uhr statt, im Sommer (26. Juni-31. August) sogar täglich, ebenfalls ab 15 Uhr. Treffpunkt: Eingang Prinsessegade. Kosten: 40 kr/5.,50 € pro Person. Wer sich in die **dreirädrigen Transportfahrräder** (→ Kasten) verliebt hat: Auf www.christianiabikes.com gibt es ausführliche Beschreibungen der einzelnen Modelle und eine Liste der Händler in Deutschland. Zur Entstehungs- und Produktionsgeschichte der Fahrräder siehe www.christianiabikes.dk.

Baden auf Amager

An sonnigen, warmen Tagen bietet die Insel Amager zwei erstklassige Bademöglichkeiten, beide erst seit einigen Jahren in Betrieb: das **Hafenbad in Islands Brygge** und der **Amager Strandpark** wenige U-Bahn-Stationen davon entfernt.

Christiania: Vom besetzten Gelände zur Aktiengesellschaft

1971 besetzten Hippies und Studenten das verlassene Armeegelände an der Prinsessegade/Ecke Bådsmandsstræde, 1973 beschloss die dänische Regierung, dies als „soziales Experiment" zu dulden. Die Zahl der Bewohner wuchs schnell auf mehrere Tausend an – eine eigene Regierung musste her. Die funktioniert bis heute basisdemokratisch und regelt den Alltag: von der Instandsetzung der Anfang der siebziger Jahre noch halb verfallenen Häuser über die Strom- und Wasserversorgung bis zur Einrichtung von Müllabfuhr, Straßenreinigung, Einkaufsmöglichkeiten, Post, Bäckerei, Kindergarten und Badehaus. Autos dürfen in Christiania nicht fahren, dafür wurde den fahrradverliebten Kopenhagenern eine echte Innovation beschert: das dreirädrige **Christiania Bike,** ein Transportfahrrad mit einer großen Kiste vorne. 1984 in Christiania erfunden, wird es inzwischen auf Fünen und Bornholm industriell hergestellt. Doch die Herkunft wird nicht verleugnet: Kleine Werkstätten in Christiania bauen auch heute noch Fertigteile zusammen. Die Dreiräder sieht man sehr häufig in Kopenhagen.

Probleme entstanden in Christiania durch den Handel mit harten Drogen, doch seit dieser eingedämmt wurde, haben die konservativen Kräfte im Staat ihr stärkstes Gegenargument verloren. Inzwischen sind allerdings mit stillschweigender Duldung der Obrigkeit wieder Haschisch-Verkaufsstände auf der **Pusher Street** (pusher = Drogenhändler) zu finden.

Erfolgsstorys von Rechtsanwälten, Journalisten, Ärzten und Künstlern, die ihre Karriere aus Christiania heraus starteten und noch immer dort leben, rufen in der dänischen Bevölkerung eine starke Solidarität mit den Bewohnern des Selbstverwaltungsgebiets hervor. Die wohnen allerdings immer noch in Häusern, die ihnen nicht gehören. Zwar zahlt jeder Bewohner 250 Euro monatlich an die Selbstverwaltung der Freistadt, doch der Eigentümer der Grundstücke und Immobilien, der Staat, sieht seit vierzig Jahren keine Krone. 2012 steht der schwelende Konflikt endlich vor einer Lösung: Die Besetzer, so sieht es die Vereinbarung vor, werden zu Eigentümern – vorausgesetzt, sie bringen die Kaufsumme von zehn Millionen Euro plus jährlich 800.000 Euro Grundstückspacht auf. Aus eigener Tasche könnten die Christianitter sie kaum aufbringen, das war schnell klar, die Rettung soll deshalb eine urkapitalistische Idee bringen, ausgerechnet: Christiania wird in eine **Aktiengesellschaft** umgewandelt. Käufer erwerben an der Börse allerdings weder Anteile an dem 32 Hektar großen Gelände, noch können sie wohl auf Profit hoffen. Im ersten Monat des verklausulierten Spendenaufrufs kamen immerhin 600.000 Euro zusammen. Es besteht also Hoffnung, dass das Experiment Christiania weitergeführt werden kann.

Seltener Badespaß im Hafenbad

Havnebadet (Hafenbad)

Ein etwa halbstündiger Spaziergang führt von Christiania zu diesem Erholungsgebiet am Inneren Hafen, das wegen seines visionären Freibads international bekannt geworden ist. Nach dem Christiania-Hauptausgang mit der Balkenaufschrift „You are now entering the EU“ geht es zunächst links und dann die erste Querstraße (Bådsmandsstræde) rechts. Ist der **Christianshavns-Kanal** erreicht, führt der Weg nur noch am Wasser entlang: Erst geht's links durch die Overgaden Oven Vandet und an ihrem Ende rechts in die Straße Ved Kanalen. Man befindet sich immer noch am Christianshavns-Kanal. Der endet erst etwa 300 m weiter vorn am Inneren Hafen, direkt gegenüber vom Schwarzen Diamanten. Von dort läuft man links und dann immer geradeaus am Wasser entlang, bis sich nach der Brücke **Langebro** – die man einfach unterquert – ein Grünstreifen mit mehreren Swimmingpools davor zeigt: der kleine Hafenpark im Viertel **Islands Brygge**.

Das 2002 gebaute **Havnebadet** bietet Platz für 600 Menschen (auf der Wiese davor ist aber genügend Platz, sollte es mal zu voll werden) und ist kostenlos zugänglich. Die fünf Schwimmbecken, zwei davon für Kinder, sind mit dem inzwischen sauberen Wasser aus dem Hafenbecken gefüllt. Liegeflächen aus Holz, ein Sprungturm, der an einen Schiffsrumpf erinnert, und ein Bademeisterturm, der wie der Schornstein eines Schiffes aussieht: Die Architekten des jungen Büros *PLOT* haben eine geniale Antwort auf die Lage am Meer gefunden. Wer lieber auf Gras in der Sonne liegt, muss nur ein paar Schritte zu der kleinen Wiese davor gehen, die bei warmen Temperaturen stets recht bevölkert ist. Viele Grüppchen haben einen Picknickkorb dabei. Im Café des danebenliegenden **Kulturhuset** (Kulturhaus) kann man etwas essen, und auch das Restaurant *Aristo* in Richtung Langebro hat eine hervorragende Speisekarte und schöne Plätze nah am Wasser.

Zurück ins Kopenhagener Zentrum geht es mit der U-Bahn von der Station Islands Brygge an der Njalsgade.

→ Islands Brygge.

Havnebadet: ✆ 23713189, www.islands-brygge.com. Juni bis Anfang Sept. Mo–Fr 7–19 Uhr, Sa/So ab 11 Uhr, während der Schulferien (Mitte Juni bis Anfang Aug.) jeweils bis 20 Uhr. Eintritt frei.

Karte S. 226/227

Sommer, Sonne, Strand und Meer ...

Kulturhuset Islands Brygge: Islands Brygge 18, ✆ 82334780 (Mo–Fr 10–15 Uhr), www.k-i-b.dk. Das Veranstaltungsprogramm ist auf der Website veröffentlicht. Das Café **Bryggens Spisehus** (✆ 32540082) ist Mo–Mi 10–23 Uhr, Do–Sa 10–24 Uhr und So 10–22 Uhr geöffnet (Küche tägl. bis 21.30 Uhr).

Amager Strandpark

Von Christianshavn zum Strandpark sind es zwar vier U-Bahn-Stationen, doch der Aufwand lohnt sich: Das neu geschaffene Erholungsgebiet am Meer ist eine Wohltat fürs Auge und, obwohl künstlich angelegt, ein fast paradiesischer Ort, um sich zu entspannen. Außerdem hat man von hier einen schönen Blick auf einen **Offshore-Windpark** und die berühmte **Öresundbrücke** nach Malmö.

Das Strandleben bietet alles, was man von einem Urlaub in klassischen Baderegionen gewöhnt ist, aber hier hat man richtig viel Platz: Der **Strandpark** besteht aus zwei Teilen, dem Strand am Amager Strandvej mit guten Bademöglichkeiten für Kinder und einer künstlichen Insel. Die beiden Bereiche, zwischen denen eine Lagune liegt, sind durch drei Brücken miteinander verbunden. Insgesamt 4,6 km lang ist der Strand, an dem man in der Sonne liegen, Wassersport treiben (Kajak, Surfen, Schwimmen) und sich an Eis, Imbissen und Cocktails laben kann. In einem Beduinenzelt werden arabische Köstlichkeiten und Wasserpfeifen angeboten, es gibt einen Obststand, und man kann sich massieren lassen sowie Kajaks, Surfbretter und natürlich Liegestühle ausleihen.

Zurück in die Innenstadt geht es mit der U-Bahn von den Stationen Øresund, Amager Strand oder Femøren. Sie wurden an den unterschiedlichen Strandabschnitten im Norden, in der Mitte und im Süden gebaut – vom vergleichsweise „wilden“ nördlichen Teil bis zum „zivilisierten“ südlichen Stadtstrand verändert sich das Erholungsgebiet erheblich.

→ Amager Strand. Amager Strandvej, www.amager-strand.dk.

Praktische Infos

(→ Karte S. 226/227)

Essen und Trinken

Christianshavn, Innerer Kanal **Noma** **1**, mit zwei Michelin-Sternen gesegnet, wird von der Zeitschrift „Restaurant“ als bestes Restaurant der Welt geführt. Im Mittelpunkt steht die Neuerfindung der nordischen Küche. Ein 7-Gänge-Menü kostet 1195 kr (160 €). Tägl. außer Mo 12–16 und 18–1 Uhr (Küche bis 13.30 bzw.

... am Amager-Strandpark

22 Uhr). Strandgade 93 (am Inneren Kanal), ✆ 32963297 (Reservierung erforderlich), www.noma.dk. ■

››› Mein Tipp: DACafé 2, Spitzenaussicht auf den Inneren Hafen (mit Schloss Christiansborg, Börse, Oper, Theater vom verglasten Balkon im 1. Stock des Dansk Arkitektur Centers. Vor dem Museum gibt es ein paar schöne Plätze im Freien mit einer weiten Aussicht auf die Renaissance-Börse und Schloss Christiansborg. Panini, Hühnersalat und 2-3 aufwendigere Gerichte für etwa 100-170 kr (13,50-23 €). Tägl. 11-16 Uhr. ✆ 32571930. Strandgade 27b. www.dac.dk. ‹‹‹

Christianshavns Kanal **Era Ora 4**, ausgezeichnet mit einem Michelin-Stern, hat sich dieses exklusive Lokal den Ruf als bestes italienisches Restaurant Dänemarks erworben. Wöchentlich wechselnde Mittagsmenüs für 395–595 kr (53-80 €), tägl. an die Saisonangebote angepasste Abendmenüs, mit Wein, der bis zu dreißig Jahre alt ist, fürrekordverdächtige 900–6050 kr (120-810 €). Mo–Sa 12–15 und 19–1 Uhr. Overgaden Neden Vandet 33b, ✆ 32540693 (Reservierung erforderlich), www.era-ora.dk.

Christianshavns Bådudlejning & Café 5, zentraler Platz an der Sonne, auf einem Ponton am Kanal neben der Brücke über die Hauptstraße Torvegade. Einfache Gerichte (Sandwiches, Suppen, Salate), viele davon unter 80 kr (11 €). Ideal für einen Kaffee-und-Kuchen-Zwischenstopp im Freien. Auch Bootsverleih (s. u.). Mai–Sept. tägl. 9–24 Uhr. Overgaden Neden Vandet 29, ✆ 32965353, www.baadudlejningen.dk.

Café Oven Vande 3, beliebtes Nachbarschaftscafé mit sonniger Terrasse neben dem Kanal an der Straße zur Vor Frelsers Kirke. Baststühle draußen, innen nobler mit weiß gedeckten Zweiertischen. Zu essen gibt es einfache Kneipengerichte wie Sandwiches und Pasta (70–100 kr/9-14 €), abends auch mal Ochsenbraten, Lamm- oder Fischgerichte (um 180 kr/24 €). Tägl. 10–24 Uhr (Küche bis 22 Uhr). Overgaden Oven Vandet 44, ✆ 32959602, www.cafeovenvande.dk.

Havnebadet **Restaurant Aristo 9**, an der Promenade beim Freibad in Islands Brygge mit schöner Sicht auf den Inneren Hafen und das bunte Treiben am Hafenpark. Viel Aluminium, modern, geräumig. Viele dänische Gerichte mit frischem Meeresfang, meist zwischen 90 und 125 kr (12-17 €), abends aufwendigeres um 180 kr (24 €). Küche Mo–Do 11–21.30 Uhr, Fr 11–22 Uhr, Sa 10–22 Uhr, So 10–18 Uhr. Islands Brygge 4, ✆ 32958330, www.restaurantaristo.dk.

Bootsverleih

Christianshavns Bådudlejning & Café 3, beim Café an der Brücke über die Torvegade kann man Ruderboote für 100 kr/Std.(13,50 €) zum Cruisen auf dem romantischen Christianshavns-Kanal ausleihen. Mai–Sept. tägl. von 10 Uhr bis Sonnenuntergang. Overgaden Neden Vandet 29, ✆ 32965353, www.baadudlejningen.dk.

Im Norden von Kopenhagen hat man das Meer immer im Blick

Ausflüge in die Umgebung

Die Küstenstraße Strandvejen

Eine Fahrt auf der Straße 152 nach Norden gehört zu einem Kopenhagen-Urlaub wie der Besuch des Tivoli. 42 km sind es bis nach Helsingør zum Hamlet-Schloss Kronborg, die gesamte Strecke verläuft in sanften Kurven direkt am Meer. Für viele Dänen ist dies die schönste Gegend des Landes: eine waldreiche Küstenlandschaft, in der wohlhabende Bürger ihre Traumvillen errichtet haben.

Kleine Orte wechseln sich mit Yachthäfen und Stränden ab, mehrere Museen, darunter das weltberühmte **Louisiana Museum of Modern Art** (geöffnet Di-Fr 11-22 Uhr!), bilden attraktive Zwischenstopps. Ein Abstecher ins Binnenland führt zu den sehenswerten **Schlössern** Fredensborg und Frederiksborg.

Für 650 kr (87 €) pro Tag kann man in Kopenhagen unkompliziert einen **Kleinwagen** für die Tour mieten (3000 kr/ 402 € auf der Kreditkarte müssen als Sicherheit angegeben werden).

Ein Klassiker ist aber auch die **Fahrradtour** nach Helsingør: hin und zurück 85 Kilometer auf einem breiten Radweg immer am Meer entlang und nur manchmal durch gepflegte Küstendörfer und waldige Abschnitte. Die gesamte Strecke ist flach.

Whisky Belt nennen die Dänen den ersten Abschnitt des Weges kurz nach Kopenhagen, dessen Bohemiens es sich angeblich schon immer leisten konnten, gut zu feiern. Während man in der Hauptstadt Bier trinkt, greift man in Charlottenlund, Klampenborg und wie die Orte sonst noch heißen eben zum noblen Glas Scotch. Wie „Beverly Hills 90210" hat auch der Whisky Belt seine legendäre Postleitzahl: 2900. Wer die sein Eigen nennt, gilt als glücklicher Mensch. „2900 Happiness" heißt denn auch eine dänische Fernsehserie in Anlehnung an die amerikanische Seifenoper.

Wenn man Kopenhagen in Richtung Norden verlässt, beginnt man schnell zu ahnen, warum diese Gegend so bekannt ist. Schon **Hellerup** zeigt Ansätze weltläufiger Noblesse: Es ist ein grüner, ruhiger, sauberer Vorort, kleine Seitenstraßen mit geschmackvollen Villen zweigen zum Meer ab. Und das steigert sich, je näher man **Rungsted** kommt, dem Ort, der wegen der „Jenseits von Afrika"-Autorin Karen Blixen international bekannt geworden ist. Im jahrzehntelangen Wohnhaus der Schriftstellerin wurde das **Karen-Blixen-Museum** eingerichtet. Rungsted ist aber auch die Heimat von **Arne Jacobsen** , der wie niemand sonst für dänisches Design steht und in **Klampenborg** ein ganzes Viertel gestaltet hat: die *Bellavista-Siedlung* in den 1930er-Jahren, außerdem das *Bellevue-Theater* neben dem *Bellevue-Strand* mit den blauweiß gestreiften Aussichtstürmen.

Baden kann man schon vorher, in **Charlottenlund**, wo auch das stark frequentierte *Aquarium* und das *Ordrupgaard-Museum* mit Gemälden aus dem 19. Jh. stehen. Für Letzteres hat die Stararchitektin **Zaha Hadid** kürzlich einen viel gerühmten Anbau geschaffen. Ein paar Kilometer weiter stößt man auf Dänemarks berühmteste Tankstelle: erneut ein Jacobsen-Meisterwerk. Der Höhepunkt findet sich jedoch in **Humlebæk**: Das *Louisiana-Museum* bietet in einem lang gestreckten Flachbau am Öresund Gemälde und Plastiken von Weltrang. Einige davon, darunter Skulpturen von Henry Moore und Alexander Calder, stehen im Garten, wo Besucher umherflanieren oder ein Picknick abhalten – die Weite des Meeres immer vor Augen.

Allesamt Eindrücke, die kaum zu übertreffen sind – doch nur wenige Kilometer weiter, in Helsingør, Fredensborg und Hillerød, stehen die drei märchenhaft schönen Schlösser **Kronborg, Fredensborg** und **Frederiksborg.**

Tour-Info

Der gesamte Ausflug ist nur mit dem **Auto** an einem Tag zu schaffen. Mietwagen-Preise und Adressen siehe im Kap. „Unterwegs in Kopenhagen"/Mit dem Auto.

Bei schönem Wetter bietet sich für die Teilstrecke bis Helsingør das **Fahrrad** an. 42 km (einfach) sind auf der ausschließlich flachen, mit einem eigenen breiten Fahrradweg versehenen Strecke zu bewältigen. Für **Bahnliebhaber**: Die S-Bahn fährt nur bis Klampenborg, danach wäre auf Regionalzüge umzusteigen – angesichts der Vielzahl an sehenswerten Etappenzielen kein lohnendes Unterfangen.

Die Weiße Siedlung von Arne Jacobsen

Fantastische Lage, großartige Sammlung: das Ordrupgaard-Museum

Stationen

Die Traumstraße 152, **Strandvejen** genannt, ist die Verlängerung der Østerbrogade, die auf mehreren Routen leicht zu erreichen ist (etwa über die Nørre Voldgade am Nørreport vorbei oder über die Bredgade vom Kongens Nytorv aus). Nachdem sich das Bild schon in Hellerup, einem feinen Vorort von Kopenhagen, sehr in Richtung Grün und Villen ändert, erreicht der Strandvejen das Meer in Charlottenlund.

Experimentarium

Am Hafen von Hellerup, nur wenige Meter abseits des Strandvejen am Tuborg Havnevej, liegt ein Museum, das vor allem für Kinder sehr interessant ist: Wissenschaft zum Anfassen lautet das Konzept des Experimentariums. 300 interaktive Objekte umfasst die ständige Ausstellung, hinzu kommen wechselnde Ausstellungen wie „Xtrem Ekspedition“, bei der man die extremen Anpassungsleistungen von Tieren in heißen, trockenen, dunklen, kalten und sauerstoffarmen Regionen der Welt studieren und selbst erfahren konnte. Allerdings: Billig ist der Spaß nicht. Kinder zwischen 3 und 11 Jahren zahlen 100 kr (14 €), Erwachsene 160 kr (22 €). An verregneten Tagen kann es dennoch die richtige Entscheidung sein, quasi als Vorab-Entschädigung der Kleinen für die später folgenden Kunstmuseen (die liegen aber immerhin in grünen Parks und eines sogar am Meer).

Hellerup, Tuborg Havnevej 7 (nach dem Tuborg-Fabrikgelände), ✆ 39273333, www.experimentarium.dk. Mo–Fr 9.30–17 Uhr, Di bis 21 Uhr, Sa/So 11–17 Uhr. Eintritt 160 kr/22 €, Kinder bis 11 J. 100 kr/14 € (bis 2 J. frei) erm. 100 kr/14 €, .

Ordrupgaard (Ordrupgaard-Museum)

Zurück auf dem Strandvejen geht es zum Vorort **Charlottenlund**, wo sich die Abzweigung zu einem etwas versteckt liegenden Museum befindet, das aber jede Aufmerksamkeit verdient: das

Ordrupgaard-Museum mit dem futuristischen Anbau von Zaha Hadid. Die Anfahrt: Nach dem **Charlottenlund Fort** mit seinen grünen Hügeln und dem Wassergraben (es liegt auf der rechten Seite) fahren Sie bis zur ersten Ampel. Dort biegen Sie links in die Jaegersborg Allè und fahren diese immer geradeaus bis zum Kreisverkehr. Hier nehmen Sie die zweite Abzweigung nach rechts Richtung Dyrehaven (nicht die erste nach Ordrup!), am Ende dieser Straße (Vilvordevej) liegt das Museum in einem baumreichen Park.

Der von der Stararchitektin Zaha Hadid konzipierte avantgardistische Anbau, der für **Sonderausstellungen** genutzt wird, hat bereits für einiges Aufsehen gesorgt. Hier ist auch ein **Café** untergebracht, das mit seiner Lage im Garten in Kombination mit der zukunftsweisenden Architektur einen traumhaften Aufenthalt verspricht. Die organischen Formen des Anbaus passen sich der Landschaft perfekt an und bilden einen spannenden Kontrast zum klassischen Landhaus, das der Versicherungsmagnat **Wilhelm Hansen** in den Jahren 1916–1918 errichten ließ. Hansen war ein begeisterter Sammler dänischer und französischer Gemälde des 19. Jh. So finden sich in seiner **Sammlung** berühmte Namen wie Cézanne, Gauguin, Manet, Monet, Pissarro, Renoir und Sisley. Die dänischen Werke stammen v. a. aus der ersten Hälfte des 19. Jh., dem sog. Goldenen Zeitalter. Seit April 2008 ist auch das Original-Wohnhaus des berühmten Möbeldesigners **Finn Juhl** (1912–1989), das sich im gleichen Park befindet, für die Öffentlichkeit zugänglich, jedoch leider nur am Wochenende. Allerdings ist das Haus so angelegt, dass man vom Rasen aus einen Einblick in das Wohn- und Vorzimmer hat.

Charlottenlund, Vilvordevej 110, ✆ 39641183, www.ordrupgaard.dk. Di–Fr 13–17 Uhr (Mi bis 19 Uhr), Sa/So 11–17 Uhr. Eintritt 85 kr (12 €), ermäßigt 60/75 kr (8/10 €), Kinder bis 18 J. frei. Im Museum gibt es auch ein Café und einen Shop.

Akvarium (Aquarium)

Auf dem Rückweg vom Ordrupgaard-Museum (bitte den gleichen Weg wie für die Hinfahrt nehmen) können Sie einen kurzen Halt beim Aquarium einlegen, v. a. wenn Sie Kinder dabeihaben; es liegt rechts, kurz vor der Ampel, an der es links weiter die Küste entlanggeht. Die Anlage ist ebenso kinderfreundlich gestaltet wie der Kopenhagener Zoo, im Flur befindet sich ein Souvenirshop, der ein überreichliches Angebot an Plüsch-Meerestieren bereithält. Das Aquarium selbst ist nicht sehr groß, wenn man auf alles nur einen kurzen Blick wirft, ist man in zehn Minuten durch. Zu sehen gibt es Tintenfische, Muränen, Aale, Seepferdchen, Rie-

Auge in Auge mit der „Bestie“

Riesenkarpfen, Schildkröten und ein ganzes Becken voller Piranhas – insgesamt bevölkern rund 300 Tierarten die 70 Aquarien. In den Räumen ist es ziemlich dunkel, was aber durchaus zum geheimnisvollen Charme dieser kleinen, aber feinen Sehenswürdigkeit beiträgt. Dennoch: Der Wirtschaftsboom in Kopenhagen, der schon 700 Millionen Euro für die Großkultur (Oper, Theater, Konzerthaus) freimachte, erlaubt so viel Spielraum, dass die Stadt sich ein riesiges, futuristisches Aquarium auf Amager leisten will. 2013 soll **„Der Blaue Planet“** (Kajakvej, am südlichen Rand des Amager Strandvej) eröffnet werden.

Charlottenlund, Kavalergården 1, ✆ 39623283, www.akvarium.dk. Juni–Aug. tägl. 10–18 Uhr, Sept./Okt. und Feb.–Mai bis 17 Uhr, Nov.–Jan. bis 16 Uhr, Sa/So jeweils ca. 30 min. kürzer. Eintritt 100 kr (14 €), Kinder 3–11 J. 55 kr (8 €), unter 3 J. frei. Streichelbecken tägl. ab 10.30 Uhr. Es gibt auch ein kleines Café mit Blick auf den Park des für die Öffentlichkeit nicht zugänglichen Schlosses Charlottenlund aus dem 18. Jh.

Am Strandvejen liegen die größten Jachten Dänemarks

Bellevue Beach

Vom Aquarium führt die Küstenstraße an der Ampel nach links Richtung Helsingør. Kurz darauf zweigt der **Kystvejen** rechts ab und führt weiter am Meer entlang, während der Strandvejen für einige Kilometer durch den Villenort **Skovshoved** verläuft. Schon bald kommt man auf dem Kystvejen, also auf der Küstenstraße, an dem großen, sehenswerten Yachthafen der reichen Siedlung Skovshoved vorbei, an dessen Ende ein echtes Stück Designgeschichte Beachtung verdient. Arne Jacobsen hat hier 1936 eine **Tankstelle** errichtet, die Kultstatus genießt. Das komplett weiße Haus hat ein Vordach, das an das Ufo in Spielbergs Science-Fiction-Film „Unheimliche Begegnung der dritten Art“ erinnert.

Ist das Wetter warm und schön, sollte man unbedingt dem herrlichen **Bellevue-Strand** in **Klampenborg**, dem nächsten Ort an der Küstenstraße, einen Besuch abstatten. Zwar gibt es bereits vorher in Charlottenlund einen öffentlichen Badeplatz am Meer, doch in Klampenborg hatte Arne Jacobsen seine Hände im Spiel: Die blau-weiß gestreiften Aussichtstürme sind weltberühmt.

Der schönste und populärste Strand rund um Kopenhagen liegt versteckt unterhalb der Küstenstraße: links das markante **Bellevue Teatret** (Bellevue-Theater) und davor die **Bellavista-Wohnsiedlung**, beide von Arne Jacobsen ganz in Weiß gestaltet, rechts unterhalb der Wiese, vom Strandvejen aus nicht zu sehen, der breite Sandstrand mit den Jacobsen-Aussichtstürmen. Parkplätze sind rar, an heißen Sommertagen kann es eng werden. Doch auch an kühlen Tagen lohnt sich ein Blick auf den dann wahrscheinlich menschenleeren Strand. Der Bellevue Beach hat etwas fast Poetisches: Der weite Blick hinüber nach Schweden und das sanfte

Ausflüge in die Umgebung
Karte S. 237

Meeresrauschen werden ideal ergänzt durch die von Menschenhand geschaffene Badelandschaft mit dem 20–40 m breiten Sandstrand, der leicht abschüssigen Liegewiese und den eleganten Infrastruktureinrichtungen von Arne Jacobsen. Besonders sein Lebensretter-Turm mit den gemütlichen Holzplanken davor hat es zu einem international bekannten Fotomodell gebracht.

Zusammen mit dem **Bellavista-Wohnkomplex** neben dem Bellevue-Theater bildet das Strandbad ein gutes Beispiel für die Utopie einer modernen Ästhetik, wie sie in den 1930er-Jahren, als Arne Jacobsen das Projekt realisierte, vorherrschte. **Bellevue Strandbad**: Klampenborg, Strandvejen 340, www.bellevuestrandbad.dk. **Bellevue Teatret**: Klampenborg, Strandvejen 451, ✆ 39636400 (Tickets), www.bellevueteatret.dk. Theatervorstellungen auf Dänisch, aufgeführt werden aber auch Ballett, Musicals und moderner Tanz.

Vergnügungspark im Wald

Vergnügungspark Bakken

An der ersten Kreuzung nach dem Bellevue-Theater führt der Dyrehavevej nach links zum ebenso populären wie volkstümlichen Vergnügungspark Bakken (möglich ist auch die letzte Abzweigung vor dem Bellevue-Theater). Es gibt dort 75 Fahr-, Wurf- und Schießgeschäfte, 10 Spielhallen sowie rund 50 gastronomische Betriebe. Bei freiem Eintritt ist der Spaß deutlich günstiger als im Tivoli, wenn auch weniger spektakulär. Dafür befinden Sie sich an frischer Waldluft mitten im Dyrehaven, dem großen Wildpark, der ursprünglich königliches Jagdgebiet war und heute ein beliebtes Naherholungsgebiet der Hauptstädter ist. Spazierwege führen kreuz und quer durch den Laubwald, manchmal sieht man einige der zahlreichen Rehe und Hirsche, die frei durch das Gebiet streifen.

Klampenborg, Dyrehavevej 62, ✆ 39633544 (Verwaltung), ✆ 39962096 (Infokiosk), www.bakken.dk. Geöffnet ab Ende März bis Ende Aug.: 27.6.–16.8. tägl. 12–24 Uhr, sonst erst ab 14 Uhr bis, je nach Witterung, 22 oder 24 Uhr. Eintritt frei.

Karen Blixen Museet (Karen-Blixen-Museum)

Wieder zurück auf dem Strandvejen, geht es links nach Rungsted, das als Geburtsort von **Karen Blixen** (1885–1962) gewisse Berühmtheit erlangt hat. Die dänische Schriftstellerin, die auf Deutsch meist unter dem Pseudonym **Tania Blixen** veröffentlichte und auf Englisch unter **Isak Dinesen**, hatte 1913 die Chance ergriffen, einem Mann nach

Afrika zu folgen, um dort ein freieres Leben zu führen. Am Fuß der Ngong-Berge im heutigen Kenia leitete sie 17 Jahre lang eine Kaffeefarm, überstand Dürrejahre, den Brand der Kafferösterei, eine Schießerei auf der Farm und auch den Tod des Mannes, in den sie sich unsterblich verliebt hatte. Doch den fallenden Weltmarktpreisen für Kaffee konnte sie auf Dauer nicht standhalten, und so kehrte sie 1931 schweren Herzens nach Rungsted zurück, wo sie bis zu ihrem Tod lebte. Hier begann sie zu schreiben – in **„Out of Africa"** (1937), ihrem bekanntesten Buch, verarbeitete sie ihre Erlebnisse. Zusammen mit der Erzählung **„Schatten wandern übers Gras"** (1960) diente der autobiografische Roman dem Hollywood-Regisseur Sydney Pollack als Vorlage für einen der größten Filmerfolge der achtziger Jahre: „Jenseits von Afrika" (1985), mit Meryl Streep und Robert Redford in den Hauptrollen. Zwei Jahre später war **„Babettes Fest"** (nach einer Erzählung von 1950) immerhin ein Kritikererfolg und ein Renner in den Kunstkinos.

Karen Blixens Geburtshaus ist heute ein romantisches Museum mit gepflegten Pflanzenbeeten und einem kleinen Rosengarten davor. Es befindet sich gegenüber dem prächtigen Yachthafen mit der stark frequentierten Restaurantzeile direkt am Strandvejen und ist gut ausgeschildert.

Das Museum gibt einen umfassenden Einblick in Leben und Werk der sehr produktiven Schriftstellerin. Im ersten Stock des schönen Hauses dokumentieren Schriftstücke ihr Leben, und über Kopfhörer kann man sich von der Autorin aus ihren Werken vorlesen lassen. Zwei weitere Zimmer beherbergen die **Bibliothek** von Karen Blixen, die **Wohnräume** sind so arrangiert und möbliert wie zu ihren Lebzeiten. Das **Arbeitszimmer** ist mit Erinnerungsstücken aus Afrika dekoriert. In zwei neu eröffneten

Calder-Skulptur im Garten des Louisiana-Museums

Räumen ist ein zwölfminütiger **Dokumentarfilm** über die Schriftstellerin zu sehen sowie eine **Ausstellung über Zugvögel**, die von Rungsted nach Afrika fliegen. Vögel waren eine Obsession der berühmten Dänin: Den für Besucher offen stehenden Park hinter ihrem Haus erklärte sie 1958 zum Schutzgebiet. Heute brüten rund 40 Vogelarten in den alten Bäumen.

Auf der Terrasse hinter dem Museum kann man kleine Mahlzeiten und Kuchen aus dem **Café** zu sich nehmen.

Rungsted, Strandvej 111, ✆ 45571057, www.karen-blixen.dk. Mai–Sept. tägl. außer Mo 10–17 Uhr, Okt.–April Mi–Fr 13–16 Uhr, Sa/So ab 11 Uhr. Eintritt 60 kr (8 €), Kinder unter 14 J. frei. Der Zutritt zum Café ist frei.

Karte S. 237

Louisiana Museum of Modern Art

Das Beste vorweg: Dieses Weltklasse-Museum wird seinem Status auch bei den Öffnungszeiten gerecht. Wochentags (außer Montag) bis 22 Uhr geöffnet zu haben, darf für dänische Verhältnisse getrost als sensationell bezeichnet werden.

Doch der Reihe nach: Sie erreichen das Museum für internationale Kunst nach 1945, indem Sie der Küstenstraße Strandvejen weiter bis nach **Humlebæk** folgen. Das Louisiana-Museum liegt erhöht am **Öresund**, umgeben von einem kleinen Park voller Skulpturen. Nicht irgendwelche Skulpturen, sondern bekannte Werke von *Henry Moore, Alexander Calder, Jean Arp* und *Max Ernst*. Das Zusammenspiel der Figuren mit Architektur und Natur sucht seinesgleichen. Einige stehen frei auf der Wiese, an schönen Tagen sitzen die picknickvernarrten Dänen auf Decken inmitten des Skulpturenparks und blicken auf das Meer. Andere Plastiken sind nur aus dem Gebäudeinneren zu sehen, umgeben von Bäumen oder kleinen Teichen tauchen sie überraschend nach einer Gangbiegung hinter der Glasscheibe auf. Am beliebtesten ist ein Platz an der Sonne im Café, das Meer und die bunten Mobiles von Alexander Calder nur wenige Meter vor sich. Kunst, die so unangestrengt in einen nicht musealen Zusammenhang integriert ist, kann eine ganz andere, viel direktere Wirkung entfalten als Kunst an einem Nagel an der Wand – das ist im Louisiana eindrucksvoll zu erleben.

Rund um die Villa von 1856 bauten die Architekten in 40 Jahren einen Rundgang, der teilweise unterirdisch verläuft. Die neuen, flachen Gebäude winden sich durch das wellige Gelände, mehrere Korridore haben verglaste Außenwände, die den Blick freigeben auf den Park, das Meer und immer wieder auf draußen stehende Skulpturen.

Berühmt ist das Louisiana u. a. für seine *Giacometti-Sammlung*, die aus 13 eindrucksvollen Skulpturen be-

Das Haupthaus des Louisana-Museums

Finstere Trutzburg: das Hamlet-Schloss Kronborg in Helsigør

steht. Andere bekannte Namen sind Francis Bacon, Anselm Kiefer, Robert Rauschenberg, Andy Warhol, Roy Liechtenstein, Jörg Immendorf und Georg Baselitz. Sechs bis acht meist aufsehenerregende Wechselausstellungen ergänzen das Angebot. Als erstes Museum der Welt präsentierte das Louisiana in der großen Ausstellung „Cézanne und Giacometti" eine Gegenüberstellung von 60 Cézanne-Werken mit 120 Giacometti-Arbeiten.

Ein Besuch im Louisiana kann nicht vollständig sein, ohne mindestens eine halbe Stunde auf den Sonnenplätzen des großen Cafés gesessen zu haben. Zu essen gibt es neben Kuchen auch warme Gerichte, außerdem Salate und Sandwiches. Der Shop ist außergewöhnlich gut sortiert.

Humlebæk, Gl. Strandvej 13, ✆ 49190719 oder ✆ 49190791 (automatische Telefonansage), www.louisiana.dk. Di–Fr 11–22 Uhr (!), Sa/So bis 18 Uhr. Eintritt 95 kr (13 €), ermäßigt 85 kr (11 €), bis 18 J. frei. Café und Skulpturenpark können nur mit gültiger Eintrittskarte betreten werden.

Kronborg Slot (Schloss Kronborg)

Seit 2000 führt die UNESCO das Hamlet-Schloss in Helsingør (35.000 Einw.) als **Weltkulturerbe**. Schloss Kronborg, knapp zehn Kilometer vom Louisiana-Museum in Humlebæk entfernt, ist leicht zu finden. Der gesamte Anfahrtsweg in Helsingør ist gut ausgeschildert, Parkplätze sind vorhanden. Das Schloss liegt am Hafen, an der engsten Stelle des Öresund. Von hier sind es nur vier Kilometer bis nach Schweden.

Umfangreichen Restaurationsarbeiten, die bereits 1998 begonnen haben, werden zwar vorerst weitergeführt, doch **Königliche Wohnräume**, **Ballsaal**, **Kapelle**, **Kasematten** und die eindrucksvollen **Wandteppiche** im sog. Liden Sal (Kleiner Saal) sind davon unberührt und können besichtigt werden.

Als **Frederik II.** das Schloss in den Jahren 1574–1585 im Renaissance-Stil errichten ließ, kontrollierte es mit seinen

Ausflüge in die Umgebung Karte S. 237

Kanonen die Zufahrt zur Meerenge. 1629 brannte Kronborg zum Teil ab und wurde nie wieder in seinen Originalzustand zurückversetzt. **Christian IV.**, der das Schloss wenig später restaurieren ließ, machte die Zerstörungen nur teilweise rückgängig und gestaltete es in der vorherrschenden Barock-Mode. 1658 eroberten die Schweden Kronborg und nahmen viele Kunstschätze als Kriegsbeute mit. Von 1785 bis 1923 wurde das Schloss von der Armee genutzt. Seit 1938 ist es für die Öffentlichkeit zugänglich. Manchmal finden hier noch royale Großereignisse statt (z. B. 1992 die Silberhochzeit von Königin Margrethe II. und Prinz Henrik).

Eine kleine Brücke führt über den Burggraben zum Schlosstor, hinter dem sich eine riesige Burganlage öffnet. Ein **Wassergraben** umzieht das eigentliche Schloss Kronborg: eine wuchtige, dunkle, abweisende Burg, umgeben von mächtigen Wällen. An einem einladenden **Café-Restaurant** vorbei, nähert man sich dem düsteren Bau von der Seite. Sechs Stockwerke ragt das Schloss empor, das *William Shakespeare* Ende des 16. Jh., Anfang des 17. Jh. zur Heimstätte seines dänischen Prinzen Hamlet erkor. Warum gerade Kronborg, macht ein Besuch schnell klar: Melancholische Gedankenschwere kann einen angesichts der dicken, dunklen Mauern auch im eigentlich lebenszugewandten 21. Jh. schnell mal erfassen.

Wen es erwischt hat, der kann sich auf dem Rückweg leicht davon befreien, indem er den Weg zur **Picknickwiese** an der Biegung zum Restaurant wählt: Plötzlich befindet man sich auf einem erfrischenden Fleckchen Natur, das von fürsorglichen Dänen mit Tisch-Bank-Kombinationen und einigen Apfelbäumen versehen wurde. Von hier bietet sich ein fantastischer Blick auf das Schloss und die Altstadt von Helsingør.

Helsingør, Kronborg 2c, ✆ 49213078, www.ses.dk/kronborg. Mai–Sept. tägl. 10.30–17 Uhr, April/Okt. Di-So bis 16 Uhr, Nov.–März Di-So 11–15 Uhr.

Eintritt je nach Buchungspaket 50–95 kr (7-13 €), das Gesamtpaket (Königliche Räume, Ballsaal, Kasematten, Kapelle, Turm und Seefahrtsmuseum), kostet für 15–18-Jährige 70 kr (9,50 €), 6–14 Jährige zahlen 25 kr (3,50 €), für unter 6 J. ist der Eintritt frei.

Schloss Fredensborg: Frühjahrs- und Herbstresidenz der Königin

Heute ein Museum: das Wasserschloss des Renaissance-Königs Christian IV.

Mitte Aug. werden auf Schloss Kronborg **Shakespeare-Stücke** gezeigt (Hamlet-Sommer).

Fredensborg Slot (Schloss Fredensborg)

Über die Landstraße 6 ist man, von Helsingør kommend, in etwa zwanzig Minuten im kleinen **Ort Fredensborg** (20.000 Einw.), der die Frühjahrs- und Herbstresidenz der Königin beherbergt. **Schloss Fredensborg** ist ein schönes Beispiel für das Harmonieverständnis des Barock. 1720–1722 in den architektonischen Grundzügen fertiggestellt, veränderte sich die Anlage während des restlichen Jahrhunderts noch wesentlich. Unter anderem erhielt das Hauptgebäude einen 2. Stock, und 1724–1726 wurde die Kapelle gebaut. In den 1970er- bis 1990er-Jahren wurden die sternförmig vom Schloss ausschwärmenden Spazierwege, die den Park durchziehen, komplett neu angelegt.

Das verhältnismäßig kleine Schloss, dessen Gartenanlagen das Ufer des **Esrum Sø (Esrum-See)** erreichen, wird von der Königsfamilie von all ihren Schlössern am intensivsten genutzt. Hier finden auch viele Staatsempfänge statt – steht man an der eleganten Auffahrtsallee zum Schloss, wird einem sofort klar, wieso. Leider ist das Schloss selbst nur im Juli zu besuchen. Dann steht auch der **Fredensborg Slotshave (Schlossgarten Fredensborg)** dem Publikum offen.

Fredensborg, Slottet 9 (von der Hauptstraße, hier Lundebakken genannt, am Kreisverkehr rechts in die Slotsgade), ✆ 334 03187, www.ses.dk/fredensborgslot.

Öffnungszeiten: ausschließlich im Juli, aber dann täglich. Weitere Details:

Schloss und Kapelle können nur im Rahmen von Führungen besichtigt werden: 13–16.30 Uhr, alle 15 Min., Preis 50 kr/7 €, Kinder von 6 bis 12 J. 20 kr/3 €, unter 6 J. frei.

Schlossgarten, **Orangerie** und **Kräutergarten** sind von 9 bis 17 Uhr allgemein zugänglich. Eintritt frei. Führungen gibt es durch die Orangerie und den Kräutergarten: 13–16.20 Uhr, alle 20 Min., Preis 50 kr/7 €, Kinder von 6 bis 12 J. 20 kr/3 €, unter 6 J. frei.

Ausflüge in die Umgebung
Karte S. 237

Frederiksborg Slot (Schloss Frederiksborg)

Kronborg ist das geheimnisvollste, Frederiksborg aber sicher das schönste Schloss im Großraum Kopenhagen. Schloss Frederiksborg liegt in der Kleinstadt **Hillerød** (46.000 Einw.), acht Kilometer von Fredensborg entfernt. Es gibt zwei Möglichkeiten, das Schloss zu erreichen. Die erste: Aus Fredensborg kommend, führt an der Biegung Fredensborgvej/Holmegårdsvej ein Waldweg nach rechts zu einem Parkplatz, von wo aus man zu Fuß geradewegs auf das Schloss zulaufen kann – den grandiosen Renaissance-Bau dabei stets im Blick. Erst geht es dabei durch eine waldige Parklandschaft, dann streift man den von 1993 bis 1996 restaurierten **Barockhave (Barockgarten)**, ein wahres Prachtexemplar seiner Art: terrassiert, verziert durch Kaskaden, und vorne am See bilden 65.000 Pflanzen die Monogramme von vier Königen.

Will man möglichst schnell und direkt zum Schloss kommen, empfiehlt sich die zweite Möglichkeit: Man durchquert Hillerød und hält sich dabei stets rechts am See, bis man auf die Slotsgade stößt, die zum Schloss und einem unmittelbar davorliegenden Parkplatz führt. Von hier zum Schloss sind es nur wenige Meter.

Schloss Frederiksborg liegt im erwähnten See auf drei kleinen Inseln. Es wurde 1602–1620 nach den Vorstellungen von König **Christian IV.** gebaut. Ein größeres Renaissance-Schloss gibt es in ganz Skandinavien nicht. Von Nahem besehen, offenbart sich eine wahre Orgie an Türmchen, Verzierungen und Figuren, die aus dem Mauerwerk hervorstechen. Mächtig und durch seine bewegte, fantasievolle Architektur sehr einnehmend, war es zwei Jahrhunderte lang das Krönungsschloss. Und es wäre das wohl auch weiter geblieben, doch 1859 zerstörte ein Feuer, ausgelöst durch Funken aus einem der neunzig Kamine, einen Großteil des Gebäudes, allerdings nicht die Krönungskapelle. Der Carlsberg-Gründer **Jacob Christian Jacobsen** ließ das Schloss auf seine Kosten wieder aufbauen und errichtete darin **Nationalhistorische Museum)**, das es bis heute gibt. Im Schloss sind neben der prachtvollen ehemaligen Krönungskapelle zahlreiche voll ausgestattete historische Räume aus verschiedenen Epochen zu sehen, etwa das barocke Audienzzimmer, die prächtig rekonstruierte große Halle, ein Rokoko-Zimmer und andere sehr reich dekorierte Räume. Hinzu kommt eine umfangreiche Sammlung von Historienmalereien und Porträtbildern prominenter Dänen von 1500 bis heute.

Nationalhistoriske Museum Frederiksborg Slot: Hillerød, ✆ 48260439, www.frederiksborgmuseet.dk. April- Okt. tägl. 10–17 Uhr, Nov.-März tägl. 11–15 Uhr. Eintritt 60 kr (8 €), ermäßigt 50 kr (7 €), Kinder 6–15 J. 15 kr (2 €), unter 6 J. frei. Audioguide in englischer Sprache 20 kr (3 €).

Barockgarten: April-Sept. tägl. 8–21 Uhr; Okt.-März tägl. 8-18 Uhr.

Zurück nach Kopenhagen

Zurück nach Kopenhagen geht es von Hillerød über **Holmene, Ny Hammersholt** und **Lillerød** weiter auf der Landstraße 201 Richtung **Blovstrød**. Wer auch auf dem Rückweg noch mal den schönen **Strandvejen** entlangfahren will, biegt kurz vor Blovstrød links auf den Sandholmgårdsvej ab und fährt über Isterød und Hørsholm nach Rungsted und dann den Strandvejen in Richtung Süden nach Kopenhagen. Von Blovstrød kann man aber auch einfach geradeaus weiter im Landesinneren auf der 201 über **Birkerød** nach Kopenhagen fahren.

Praktische Infos

Essen und Trinken

Klampenborg **Restaurant Jacobsen**, elegant-minimalistisches Lokal in Weiß, gegenüber vom Bellevue Beach und gleich neben dem Bellevue Teatret. Die Einrichtung beruht auf Entwürfen von Arne Jacobsen. Wie seinerzeit Christine Keeler posiert ein Model nackt auf einem 7er-Stuhl überlebensgroß an der Wand – mit Jacobsens Millionen-Seller ist das ganze Restaurant bestuhlt. Die Küche ist betont dänisch (also fleisch- und fischreiche Kost). Warme Mahlzeiten kosten mittags etwa 100-145 kr (14-20 €). Abends gibt es z. B. ein 3-Gänge-Menü für 315 kr (42 €). Di–Sa 12–15 und 17.30–22 Uhr, So 10.30–16 Uhr. Sa/So Brunch 11–13.30 Uhr. Klampenborg, Strandvejen 449, ✆ 39634322, www.restaurantjacobsen.dk.

Den Gule Cottage, putziger geht's nicht: Inmitten von Eichen steht dieses traumhafte Häuschen mit seinem auffallenden Reetdach frei auf der Wiese über dem Bellevue Beach. Im Gastraum geht's unglaublich eng zu, aber auch unglaublich gemütlich. Ein romantischer Traum, den man sich bei einer besonderen Gelegenheit leisten sollte. Die Küche bietet derzeit eher rustikale dänische Kost für 150 kr (20 €) pro Abendmahlzeit. Vor ein paar Jahren wurden Gerichte gereicht, die von der leichten nordischen Küche des Sternelokals *Noma* inspiriert waren.. Mai–Sept. tägl. 12–24 Uhr, Okt.–April Di–So 12–24 Uhr. Klampenborg, Strandvejen 506, ✆ 39640691, www.dengulecottage.dk.

Rungsted **Karen Blixen Café**, wunderschöne Gartenterrasse hinter dem Karen-Blixen-Museum, mit Blick auf das kleine Naturschutzgebiet der Schriftstellerin und Vogelkundlerin. Kleine warme Gerichte, Kuchen, Getränke. Mai-Sept. Di-So 10-17 Uhr, sonst Do/Fr 12-17 Uhr, Sa/So 11-17 Uhr. www.karen-blixen.dk

Humlebæk »» **Mein Tipp:** **Louisiana Café**, im Lousiana-Museum. Wenn Sie gewohnt sind, mittags nur etwas Leichtes zu essen, sparen Sie sich den Appetit bis hierher auf. In dieser Umgebung – das Meer, die Kunst, der Park – zu essen verdoppelt das Vergnügen. Die Gerichte sind einfach, aber schmackhaft, das warme Tagesgericht wechselt täglich, mittags und abends gibt es auch ein Buffet (118 kr/16 € bzw. 148 kr/20 €). Di–Fr 11–21.30 Uhr, Sa/So 11–17.30 Uhr. Humlebæk, Gl. Strandvej 13, ✆ 49190719, www.louisiana.dk. ««

Restaurant Jacobsen am Strandvejen

Helsingør **Café Kronen**, beim Wassergraben im Schlosshof sitzt es sich bei schönem Wetter sehr angenehm auf Rasen. Zu essen gibt es z. B. einen Classic Brunch für 115 kr (16 €), den Kronens Brunch für 125 kr (17 €), Sandwiches für 89 kr (12 €) oder einen Burger für 115 kr (16 €). Mai–Sept. tägl. 10.30–17 Uhr, sonst Di–So 10.30–17 Uhr. Helsingør, Kronborg 2c, ✆ 49200035, www.cafekronen.dk.

Hillerød **Café Havehuset**, im riesigen Barockgarten (nördl. Eingang, siehe vorige Seite) von Schloss Frederiksborg. Juni–Aug. tägl. 13–17 Uhr. Hillerød, ✆ 48244085.

Ausflüge in die Umgebung
Karte S. 237

Perfekte Symbiose von Kunst, Architektur und Natur: das Arken-Museum in Ishøj

Zum Arken-Museum in Ishøj und nach Roskilde

Zwei sehr unterschiedliche Ziele: Das Arken-Museum in Ishøj lotet die Möglichkeiten gegenwärtiger Kunst und Architektur aus, während in Roskilde Kathedrale, Weltkulturerbe der UNESCO seit 1995, und ein Museum für Wikingerschiffe auf dem Programm stehen.

Seit Anfang 2008 hat das **Museum Arken** seine Ausstellungsfläche durch einen Erweiterungsbau verdoppeln können und präsentiert jetzt neben den stets aufsehenerregenden Sonderschauen auch seine eigene Sammlung in einer Dauerexposition. **Roskilde** beheimatet neben Kathedrale und Wikingerschiffmuseum auch das größte Musikfestival in Nordeuropa.

Einem Schiffsrumpf ähnlich, ragt das riesige Beton-Museum **Arken** in die flache Landschaft bei Ishøj. Es wurde 1988 von dem Architekturstudenten Søren Robert Lund konzipiert. Viele Besucher kommen allein schon wegen des spektakulären Baus, doch auch die ausgestellten Objekte haben es in sich. Der Schwerpunkt der Dauerausstellung liegt auf moderner Kunst nach 1990, etwa 300 Werke sind hier zu sehen. In Wechselausstellungen wurden in den vergangenen Jahren beispielsweise die hyperrealistischen Skulpturen von Duane Hanson gezeigt oder Gemälde von Marc Chagall und Fernand Léger.

Mit S-Bahn und Regionalzug erreicht man Roskilde, dessen Lage und Sehenswürdigkeiten sehr angenehme Stunden garantieren. Gleich gegenüber vom

Bahnhof liegt die von bunten Backsteinhäusern gesäumte Fußgängerzone, deren Endpunkt die weltberühmte **Roskilde Domkirke** markiert. 37 Könige und Königinnen wurden hier zu Grabe getragen. Hinunter zum Meer bzw. Fjord und dem recht weiträumigen **Wikingerschiffsmuseum,** das inzwischen um die Wikingerschiffe entstanden ist, führt eine schöne Parkallee. Die reine Gehzeit vom Bahnhof beträgt kaum eine halbe Stunde. Auf dem Rückweg bietet sich eine kleine Shopping-Tour durch die Fußgängerzone an.

Tour-Info

Dieser Tagesausflug führt zu zwei relativ weit auseinanderliegenden Stationen. Ishøj und Roskilde sind zwar mit S-Bahn und Regionalzug von Kopenhagen aus leicht zu erreichen (mit IC-Zügen ist man in 20 Min. direkt in Roskilde, mit Regionalzügen in 28 Min.), dennoch verlangt dieser Ausflug ordentlich Zeit. Mit 8 Std. ist von Abfahrt bis Rückankunft durchaus zu rechnen. Ein Tagesticket für die gesamte Strecke kostet 65 kr.

Stationen

Arken Museum for Moderne Kunst

Mit der S-Bahn von Kopenhagen ist das südlich gelegene **Ishøj** schnell zu erreichen. Am Ishøjer Bahnhof startet der Bus Nr. 128, der direkt bis vor das außerhalb der Kleinstadt gelegene Arken-Museum fährt und von dort auch wieder zurück.

Fotos können kaum einen Eindruck von der Wucht vermitteln, mit der das riesige weiße Betongebäude die karge Ebene am Strand bestimmt. **Søren Robert Lund**, der damals 25-jährige Architekturstudent, dachte an ein gestrandetes Schiff, als er seinen Vorschlag 1988 bei den staatlichen Juroren einreichte. Er gewann nicht nur den Wettbewerb, sondern auch die Herzen von vielen Hunderttausenden, die seit der Eröffnung 1996 sein Museum besuchten. Rund drei Millionen Menschen haben bisher den Eingang passiert, und viele gaben die Architektur als Hauptgrund für ihren Besuch an.

Innen ist das Arken sehr großzügig geschnitten, hohe, schlichte, weite Räume kennzeichnen den Bau, der von einem 150 m langen Ausstellungsraum, der sog. Kunstaksen (Kunstachse) dominiert wird. Wegen der unterschiedlichen Höhe von 3,5–12 m wirkt der Gang weitaus länger. Zusammen mit der jüngst abgeschlossenen Erweiterung stehen dem Arken 5000 m² Ausstellungsfläche zur Verfügung. Wie sehr das Museum sich avantgardistischen Kunstströmungen verpflichtet fühlt – gesammelt werden v. a. Werke, die nach 1990 entstanden sind –, erkennt man auch an der Gestaltung von Garderobe

Gelungene Inszenierung: Verbindungsgang im Arken-Museum

Ausflüge in die Umgebung
Karte S. 237

und Toiletten: tiefrot und dunkel die eine, strahlend weiß und hell die anderen.

Neben der Dauerausstellung mit aktueller Kunst, die alle Darstellungsformen umfasst (Gemälde, Skulpturen, Fotografie, Installationen, Multimedia), organisiert das Arken jährlich drei bis vier Sonderschauen, die meist unter einem zugkräftigen Motto neue Sichtweisen zu vermitteln suchen. Große Namen sind meist dabei, jüngst zeigte das Arken die gemeinsamen Bilder von Andy Warhol und Jean-Michel Basquiat, die Mitte der achtziger Jahre entstanden sind.

Unbedingt einen Blick werfen sollte man auch in das **Café**, das wie ein Rettungsboot an der Außenmauer des Museums hängt und innen an die Kommandobrücke eines Supertankers erinnert, nur geht es dort natürlich viel eleganter zu. Man hat einen weiten Blick aufs Meer und sieht in der Ferne die Skyline von Kopenhagen. Natürlich hat ein solch herausragendes Museum auch einen ebensolchen **Shop** mit einer großen Auswahl an Kunstbänden, Postern und künstlerisch gestalteten Dingen des Alltags.

Ishøj, Skovvej 100, ✆ 43540222, www.arken.dk. Tägl. außer Mo 10–17 Uhr, Mi bis 21 Uhr. Eintritt 85 kr (12 €), ermäßigt 70 kr (10 €), unter 18 J. frei.

Roskilde

Vom Bahnhof in Ishøj geht es mit der S-Bahn weiter nach **Ølby**, von wo der Regionalzug in 24 Minuten nach Roskilde fährt. Vom Bahnhofsvorplatz der ansehnlichen Kleinstadt (46.000 Einw.) blicken Sie zur **Fußgängerzone**, die auf direktem und bestens ausgeschildertem Weg zur UNESCO-geadelten Kathedrale führt. Der etwa 15 Minuten lange Fußweg hat dabei durchaus seinen Reiz, denn anders als die Kopenhagener Strøget, die stark von internationalen Modeketten dominiert wird, besitzt der mittelständische Shopmix der **Algade** einen hohen Reiz für Entdeckernaturen. Viele kleine Boutiquen für Schuhe, Schmuck, Uhren und Dessous liegen an der Straße, deren bunte Backsteinhausfassaden zum Schlendern verführen.

Die **Roskilde Domkirke (Dom von Roskilde)** stammt zum großen Teil aus dem 12. und 13. Jh., als sie aus etwa drei Millionen Ziegelsteinen gebaut wurde. Während des Mittelalters – Roskilde war damals die erste Hauptstadt Dänemarks – und noch bis zum Ende des 19. Jh. wurden jedoch so viele Kapellen angebaut und weitere bauliche Veränderungen vorgenommen, dass der Dom heute keinen reinen Baustil verkörpert, sondern einen Mix architektonischer Moden aus vielen Jahrhunderten. Gerade dies macht ihn einzigartig: Er dokumentiert die Entwicklung religiösen Bauens in Europa. Dominant ist bis heute aber die **nordische Backsteingotik**, die von hier ihren Siegeszug in Nordeuropa begann.

Seit der Reformation dient der Dom von Roskilde als Grabstätte der dänischen Monarchen. Die **Sarkophage** von über drei Dutzend Regenten liegen hier, darunter auch der von Christian IV., dem König, der Kopenhagens Entwicklung nachhaltig beförderte. Der **vergoldete Flügelaltar** wurde um 1560 in Antwerpen angefertigt und zählt zu den wertvollsten Kunstschätzen des Doms.

Der Weg hinab zum Fjord führt durch die schattige Allee des Stadtparks. Am Wasser angekommen, fällt den meisten zuerst wohl die Ansammlung flacher Holzbauten auf, das eigentliche **Vikingeskibsmuseet (Wikingerschiffsmuseum)** liegt aber rechts daneben, eher unauffällig untergebracht in einem Betonzweckbau von 1969. Die Holzhäuser beherbergen eine **Werkstatt**, in denen Wikingerschiffe nachgebaut werden. Im Sommer kann man damit unter fachkundiger Aufsicht in See stechen. Rund um den kleinen **Marktplatz** in der Mitte, wo an mehreren Holztischen Mitgebrachtes verzehrt wird, sind

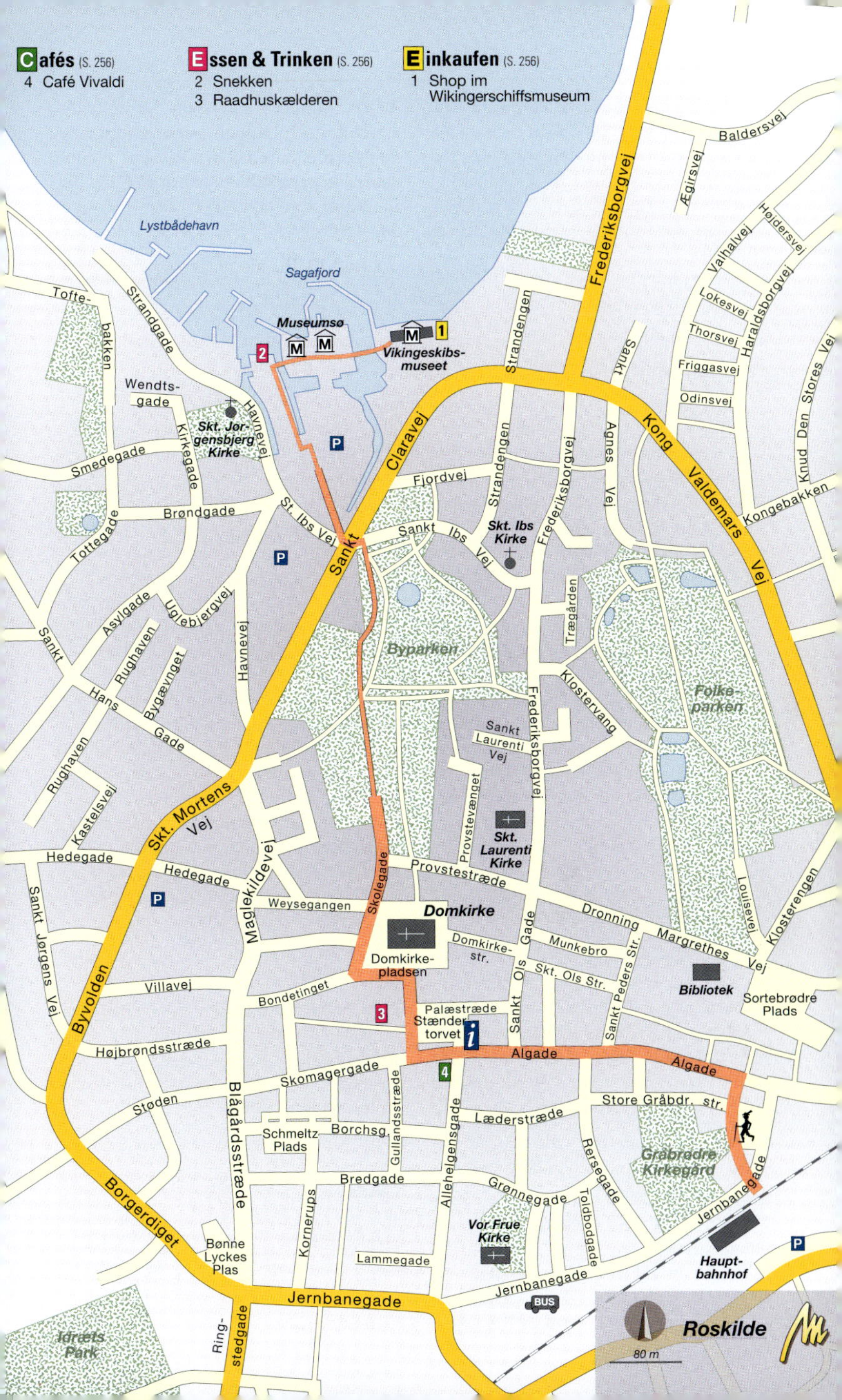
C afés (S. 256)
4 Café Vivaldi
E ssen & Trinken (S. 256)
2 Snekken
3 Raadhuskælderen
E inkaufen (S. 256)
1 Shop im Wikingerschiffsmuseum
Lystbådehavn
Sagafjord
Museumsø
Vikingeskibs-museet
Tofte-bakken
Strandgade
Wendts-gade
Skt. Jørgensbjerg Kirke
Kirkegade
Havnevej
Smedegade
Brøndgade
Tottegade
St. Ibs Vej
Claravej
Sankt
Fjordvej
Strandengen
Frederiksborgvej
Sankt
Agnes Vej
Kong Valdemars Vej
Baldersvej
Ægirsvej
Højdersvej
Valhalvej
Lokesvej
Haraldsborgvej
Thorsvej
Friggasvej
Odinsvej
Knud Den Stores Vej
Kongebakken
Sankt Ibs Vej
Skt. Ibs Kirke
Trægården
Byparken
Klostervang
Folke-parken
Asylgade
Uglebjergvej
Havnevej
Rughaven
Bygævnget
Sankt Hans Gade
Rughaven
Kastelsvej
Skt. Mortens Vej
Sankt Laurenti Vej
Provstevænget
Skt. Laurenti Kirke
Hedegade
Hedegade
Maglekildevej
Weysegangen
Skolegade
Provstestræde
Domkirke
Dronning Margrethes Vej
Louisevej
Klosterengen
Domkirke-pladsen
Domkirke-str.
Munkebro
Skt. Ols Str.
Sankt Ols Gade
Sankt Peders Str.
Bibliotek
Sortebrødre Plads
Sankt Jørgens Vej
Byvolden
Villavej
Bondetinget
Palæstræde
Stænder-torvet
Algade
Algade
Højbrøndsstræde
Skomagergade
Støden
Store Gråbdr. str.
Læderstræde
Schmeltz Plads
Borchsg.
Gullandsstræde
Allehelgensgade
Rersegade
Gråbrødre Kirkegård
Blågårdsstræde
Bredgade
Grønnegade
Toldbodgade
Jernbanegade
Borgerdiget
Kornerups
Vor Frue Kirke
Bønne Lyckes Plas
Lammegade
Jernbanegade
Haupt-bahnhof
Jernbanegade
BUS
Ring-stedgade
Idræts Park
Roskilde
80 m

unterhaltsame Lerninstallationen für Kinder platziert. Die Wikingerschiffe in der durchaus unansehnlichen Betonhalle wurden 1962 im Fjordschlick gefunden und aus Tausenden von Einzelteilen zusammengebaut. Sie waren Ende des 11. Jh. dort versenkt worden, um Angriffe vom Meer aus zu blockieren. Handels-, Fischer- und Kriegsboote konnten aus dem Untergrund befreit und teilweise wieder zusammengesetzt werden, keines jedoch ganz. Die Schiffe stammen alle aus der Zeit um das Jahr 1000. Das Museum ist bemüht, mit zahlreichen Aktionen und Ausstellungen die versunkene Geschichte auch für Kinder wieder lebendig werden zu lassen.

Singin' in the Rain

Anfang Juli herrscht in Roskilde Ausnahmezustand. Schon am Hauptbahnhof von Kopenhagen lagern dann täglich Hunderte von Jugendlichen und warten auf die Weiterfahrt. Das **Roskilde Festival** gilt als etwas ganz Besonderes. Qualität rangiert beim Zusammenstellen des Konzertprogramms an erster Stelle. Zu sehen und zu hören gibt es alle Musiksparten, die heute Relevanz besitzen: von elektronischer Musik über Hip-Hop und Rock bis zu Weltmusik. 75.000 Besucher strömen jedes Jahr auf das Gelände, das von 25.000 (!) ehrenamtlichen Helfern gesichert und aufgebaut wird. Seit ein paar Jahren kommen immer mehr Menschen bereits am Sonntag vor dem offiziellen Festivalbeginn am Donnerstag: Mit Kunstausstellungen, Filmvorführungen und Bars wird das Warten verkürzt und die Stimmung langsam angeheizt. Ein Problem ist das Wetter: 2007 regnete es fast während des gesamten Festivals in Strömen, viele Besucher gaben vollkommen durchnässt auf. Doch natürlich gab es auch sonnige Festivals, vor ein paar Jahren wurde sogar extra ein Badesee auf dem Gelände angelegt. Das Pfandsystem für die Plastikbecher gilt als vorbildlich, ebenso die Einstellung der Organisatoren, die alle Gewinne humanitären Organisationen zugutekommen lassen. Ein Ticket für die ganze Woche und etwa 170 Bands auf sieben Bühnen kostet 240 € inkl. Campen, Parken und allen Veranstaltungen auf dem Gelände.

Programm und Karten unter www.roskilde-festival.dk. Büro: Havsteensvej 11, Roskilde, ✆ 46366613.

Von der Ausstellungshalle der Schiffe aus gesehen am entgegengesetzten Ende des Museumsareals befindet sich das modern eingerichtete Restaurant *Snekken,* das mit seiner Glasfront einen großartigen Blick auf den Fjord und den Museumsbootshafen bietet.

Zurück zum Bahnhof geht es auf der selben Strecke wie auf dem Hinweg.

Roskilde Domkirke: Domkirkepladsen 1, www.roskildedomkirke.dk.

Öffnungszeiten: April–Sept. Mo–Sa 9–17 Uhr, So ab 12.30 Uhr, Okt.–März tägl. außer Mo 10–16 Uhr, Sa/So ab 12.30 Uhr. .

Eintritt: 60 kr (8 €), erm. 40 kr (5 €), 10-18-Jährige 20 kr (3 €)

Führungen: Individuelle Vereinbarungen unter ✆ 46316565.

Vikingeskibsmuseet: Vindeboder 12 (am Fjord), ✆ 46300200 (Mo–Fr 9–16 Uhr), www.vikingeskibsmuseet.dk.

Öffnungszeiten: Ende Juni-Aug. tägl. 10–17 Uhr, sonst bis 16 Uhr.

Eintritt: Mai–Sept. 100 kr (14€), ermäßigt 80 kr (11 €). Okt.–April 70 kr (9,50 €), ermäßigt 60 kr (8 €), unter 18 J. immer frei.

Fahrt im Wikingerboot: Mai–Sept. tägl. bis zu fünf Fahrten; 50-minütige Tour 80 kr/11 €.

Praktische Infos

(→ Karte S. 251)

Information

Die Touristinformation von **Roskilde** liegt rechts am Stændertorvet 1, dem Ende der Fußgängerzone, ✆ 46316565, www.visitroskilde.com. April bis Mitte Aug. Mo–Fr 10–17 Uhr, Sa bis 14 Uhr, Mitte Aug. bis März Mo–Do 10–17 Uhr, Fr bis 16 Uhr, Sa bis 13 Uhr.

Essen und Trinken

Arken-Museum **Café**, die Lage – hängend an der Außenfront des Museums – dürfte ziemlich einzigartig sein und bietet einen herrlichen Blick über die Bucht bis nach Kopenhagen. Zutritt erhält man auch ohne das Museum zu besuchen. Zu essen gibt es z.B. Cajun-Huhn und Warhol-Sandwich für 85 kr (11,50 €), ein täglich wechselndes Mittagsgericht für 135 kr (18 €) sowie natürlich Kaffee und Kuchenund am Wochenende wird von 11-13 Uhr für 175 kr (24 €) „gebruncht". Zum Café führt ein Lift. Tägl. außer Mo 10–16.30 Uhr, Mi bis 20.30 Uhr (Küche bis 16 Uhr, Mi bis 20 Uhr). Ishøj, Skovvej 100, cafeen@arken.dk, www.arken.dk.

Roskilde **Snekken 2**, am Fjord von Roskilde, neben dem Wikingerschiffsmuseum, liegt diese hohe, helle Glas- und Metall-Halle, in der mehrere Gastrobereiche untergebracht sind: Restaurant, Café und Lounge. Großartiger Blick auf Bootshafen und Meer bzw. Fjord. Preislage im Restaurantbereich mittags etwa bei 100–150 kr (14-20 €), Hauptgerichte abends, etwa Lamm- oder Kalbsfilet, ab 200 kr (27 €). Im Café und auf der Terrasse werden von 11.30 bis 16.30 Uhr einfache Mittagsgerichte (Sandwiches, Salate, Burger, Nachos, Pasta) für 70–150 kr (9,5-20 €) serviert. Mo-Sa 11.30–23 Uhr, So 11.30-21 Uhr. Roskilde, Vindeboder 16, ✆ 46359816, www.snekken.dk.

Raadhuskælderen 3, überaus beliebtes Kellerlokal in der schmalen Straße, die zum Dom von Roskilde führt. Nett sitzt es sich auch im lauschigen, kleinen Garten, der von roten Ziegelsteinmauern umgeben ist. Sehr reichhaltige Speisekarte mit einigen Gerichten um 100 (14 €) kr, Hauptspeisen ab 150 kr (20 €), bis 15.30 Uhr auch Smørrebrød Reservierung empfohlen. Tägl. außer So 11–23 Uhr. Roskilde, Fondens Bro 3, ✆ 46360100, www.raadhuskaelderen.dk.

Café Vivaldi 4, sympathisches Café mit zahlreichen Snacks, Salaten und Sandwiches unter 100 kr (14 €) und Hauptspeisen zwischen 150 und 200 kr (20-27 €). Ein paar Treppen rauf befindet sich der Restaurantbereich mit einem exklusiveren Ambiente und Angebot. Mo–Do/So 10–22 Uhr, Fr/Sa 10–24 Uhr. Roskilde, Stændertorvet 8 (am großen Platz, Ecke Fußgängerzone, in Sichtweite des Doms), ✆ 46374005, www.cafevivaldi.dk.

Einkaufen

Shop im Arken-Museum, erstklassiges Angebot von kleinen Design-Objekten für den Alltagsgebrauch und englischsprachigen (natürlich auch dänischen) Kunstbüchern. Falls Sie auf der Suche nach einem originellen Mitbringsel sind, hier werden Sie fündig. Um einzukaufen, müssen Sie keine Eintrittskarte haben. **Öffnungszeiten:** wie das Museum. ✆ 43573450.

Shop im Wikingerschiffsmuseum 1, in der Betonhalle, in der die Wikingerschiffe ausgestellt sind, verkauft dieser kleine Museumsladen englischsprachige Bücher über die Wikinger-Ära, Replikas von Wikingerschmuck, dekorative Objekte, die vom nordischen Mittelalter inspiriert wurden und Naturtextilien aus Skandinavien. **Öffnungszeiten:** wie das Museum. ✆ 46300227.

Originelle Souvenirs im Arken-Shop

Ausflüge in die Umgebung
Karte S. 237

Altstadtbummel am Lilla Torg

Malmö

Mal eben nach Schweden übersetzen: Was früher zeitaufwendig war, ist jetzt in einer halben Stunde geschehen. Die spektakuläre Öresundbrücke verbindet Kopenhagen mit der 300.000-Einwohner-Stadt Malmö, die trotz ihrer Größe gemütlich wirkt. Lohnend ist v. a. ein Spaziergang durch die sehenswerte Altstadt, deren Zentrum der romantische Lilla Torg bildet.

Technische Superlative kennzeichnen die eindrucksvolle, knapp acht Kilometer lange **Öresundbrücke,** eines der spektakulärsten Bauwerke Skandinaviens. Sie ist die längste Schrägseilbrücke der Welt für den kombinierten Eisenbahn- und Autoverkehr. Zudem hatte sie auch positive Folgen für die **Öresundregion**: Täglich pendeln 20.000 Menschen zwischen Dänemark und Schweden. Von Anfang an genoss die Brücke einen hohen Stellenwert als ästhetisches Erlebnis. Wer z. B. am Amager Strand steht, hat den Eindruck, dass sie über dem Meer schwebt. Wie die Saiten gigantischer Harfen sehen die achtzig Schrägseile aus, die von den vier jeweils 204 m hohen Pylonen ausgehen und die Fahrbahn tragen. Diese gigantische Konstruktion einmal auch aus der Nähe zu sehen ist ein verständlicher Wunsch. Allerdings ist die Überfahrt mit dem **Auto** eine teure Angelegenheit: achtzig Euro kostet die Fahrt hin und zurück. Billiger ist's mit etwa zwanzig Euro per **Zug** – sehr viel von der Brücke sieht man aus dem Abteil allerdings nicht, eigentlich nur nichtssagende Betonteile. Denn die Eisenbahn fährt eine Etage unterhalb der Straße, wodurch einem der Blick auf die Hängeseil-Konstruktion vollständig verwehrt bleibt. Immerhin sieht man das Meer, und das aus beträchtlicher Höhe. Insgesamt dauert die Zugfahrt etwa eine halbe Stunde, der spektakuläre Teil über das Wasser aber kaum mehr als gefühlte fünf Minuten. Dennoch: Eben mal rüber nach Schweden zu fahren hat etwas von einem wahr gewordenen Traum.

Folgende Highlights prägen die Stadt, die sich in einem 2-Std.-Spaziergang (netto) leicht erschließen lassen: die **Kunsthalle Malmö,** ein kleines Museum für moderne Kunst, der **Lilla Torg,** ein von bunten Fachwerkhäusern umgebener Ex-Marktplatz voller Restaurants, und das **Renaissance-Schloss Malmöhus.** Von dort ist auch der verdrehte Wolkenkratzer von Santiago Calatrava, der **Turning Torso,** gut zu sehen. Als Wohn- und Bürohochhaus kann er jedoch nicht besichtigt werden.

Drei **neue Bahnstationen** (Hauptbahnhof, Trianglen, Hyllie) und der **Umbau des Hauptbahnhofs** zum Durchgangsbahnhof haben den Zugverkehr nach Kopenhagen beschleunigt. Wenn alles fertig ist (die 17 Kilometer lange Bahnstrecke inklusive Tunnel kostet eine Milliarde Euro!), sollen die Züge alle zehn Minuten zwischen den beiden Städten hin- und herfahren. Der Ausbau des Bahnverkehrs ist Ausdruck des enormen wirtschaftlichen Aufschwungs, den Malmö seit der Brückenöffnung genommen hat. Aus einer alten, langweiligen Hafenstadt, die keine Zukunft zu haben schien, entstand innerhalb von zehn Jahren eine moderne Stadt, die sich ganz der Wissensindustrie verschrieben hat. Nur noch acht Prozent der Einwohner arbeiten in der Produktion. Neue Wohn- und Büroviertel (am bekanntesten ist **Västra Hamnen** mit Calatravas Turning Torso, neu entsteht derzeit **Hyllie**) verändern das Gesicht der Stadt schneller als jemals in ihrer Geschichte. Die ultramoderne Veranstaltungshalle **Malmö Arena** steht in Hyllie bereits, für den Herbst 2012 ist die Eröffnung der größten und teuersten (360 Millionen Euro) Shopping Mall Skandinaviens, **Emporia,** angekündigt. Und: Malmö ist eine multikulturelle Stadt. Vierzig Prozent der Einwohner haben ausländische Wurzeln.

In Schweden wird mit der **Schwedischen Krone** (ISO-Code: SEK; Abkürzung skr oder ebenfalls kr) bezahlt. Der Wechselkurs des Euro zur Schwedischen Krone beträgt 1:9,16 – der der Dänischen zur Schwedischen Krone 1:1,23 (Stand: Nov. 2011). Eine Forex-Wechselstube befindet sich links vom Eingang in die Fußgängerzone/Altstadt, 2 Min. vom Hauptbahnhof entfernt. Die **Vorwahl** von Schweden lautet 0046, die von Malmö (0)40.

Der Turm der St. Johannes Kyrka

Tour-Info

Die **Zugfahrt** vom Hauptbahnhof in Kopenhagen nach Malmö und zurück kostet ca. 150 kr (ca. 20 €) und dauert jeweils eine knappe halbe Stunde. Karten gibt es an den DSB-Automaten (nicht S- oder U-Bahn), Züge fahren tagsüber alle zehn Minuten.

Eine Überfahrt mit dem **Auto** ist unvergleichlich teurer: 80 € werden an der Mautstelle für Hin- und Rückfahrt fällig. Bezahlt wird direkt an der Mautstation, entweder bar beim gelb markierten Kassenhäuschen oder mit der Kreditkarte an der blau markierten Selfservice-Station.

Stationen

Öresundbrücke

Zur Jahrtausendwende wurde das Jahrhundertprojekt fertiggestellt. Schon in den 1930er-Jahren existierten Ideen, Schweden mit Dänemark zu verbinden, doch erst Anfang der 1990er-Jahre war das Geld dafür da. Unter dem Druck der neuen wirtschaftlichen Konkurrenz aus Osteuropa wurde 1991 der Bau einer Brücke zwischen Kopenhagen und Malmö beschlossen. 2,6 Milliarden Euro mussten lockergemacht werden, um knapp 16 Kilometer zu überwinden. Rund vier Kilometer bestehen aus einem Tunnel zwischen Kastrup (die Strecke führt am Flughafen vorbei) und der künstlichen, ca. vier Kilometer langen Insel Peberholm. Erst danach beginnt die Brücke, die mit einer Gesamtlänge von 7,8 Kilometern übers Meer führt. Keine Schrägseilbrücke der Welt, die Autos und Züge transportieren kann, ist länger.

Straßenszene in Malmö

Heute überqueren zehnmal so viele Menschen den Öresund wie zu Zeiten der Fähren. 72.000 Menschen fahren täglich über die Brücke. Die Nutzung übersteigt die Planungen bei Weitem, v. a. aufgrund des stark zunehmenden Pendlerverkehrs von Malmö nach Kopenhagen, weil es dort gut bezahlte Jobs gibt. Viele Dänen wiederum ziehen nach Schweden, weil die Lebenshaltungskosten in Malmö niedriger sind. Insgesamt pendeln bereits heute täglich 20.000 Menschen – mit weiter stark wachsender Tendenz. 2001 lag die Zahl noch bei 4000. Es wird allgemein erwartet, dass die Öresundregion wirtschaftlich zusammenwächst und prosperiert. 3,6 Mio. Menschen leben in dem Gebiet, 1,8 Mio. davon in den Großräumen Malmö und Kopenhagen. Zu den hoffnungsvollsten Industriezweigen gehören Biotechnologie, Pharmazeutik, Medien und IT. Auch die **Universität Malmö**, heute mit 25.000 Studenten größte des Landes, verdankt ihre Existenz der Brücke und deren Potential für

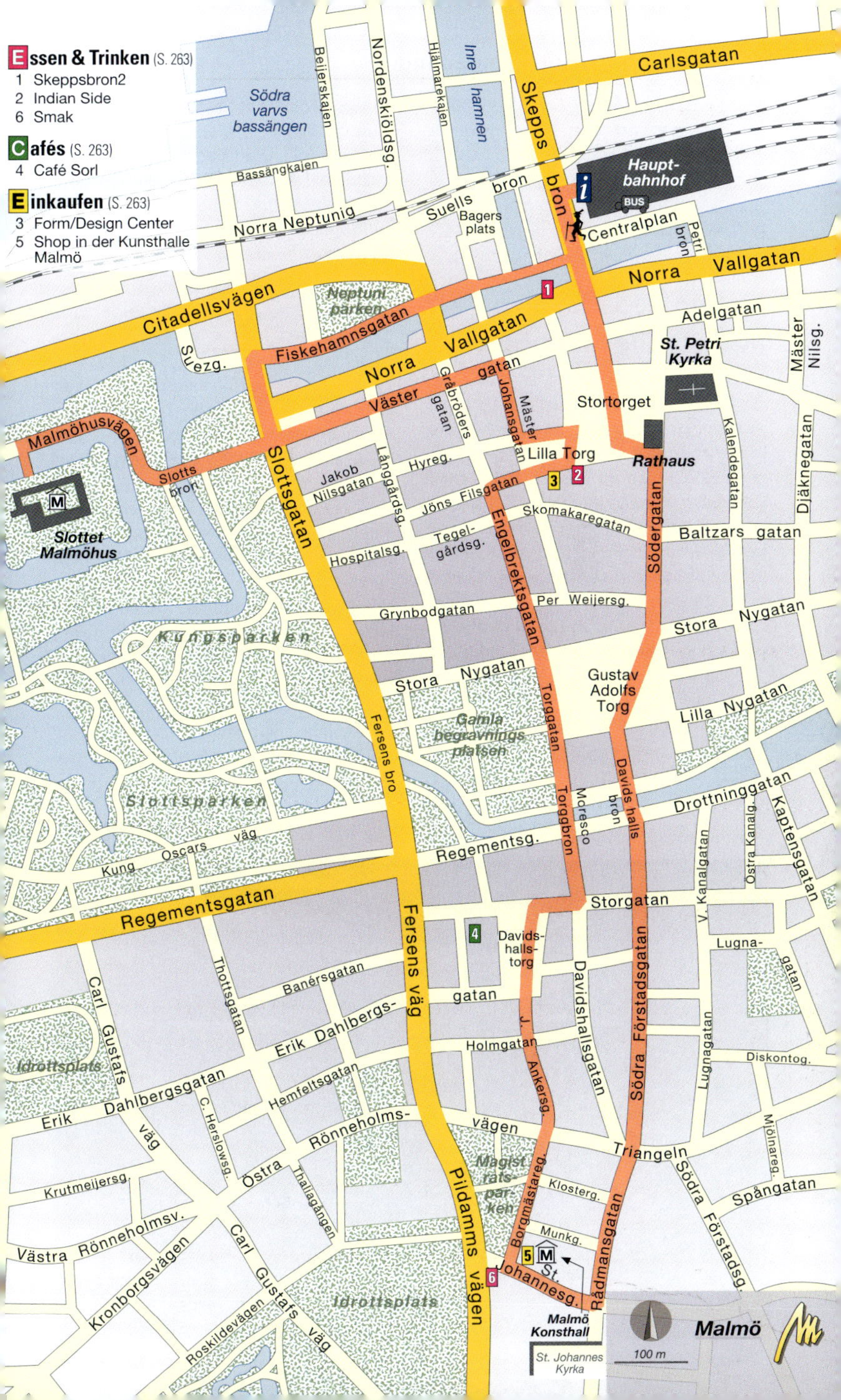
Essen & Trinken (S. 263)
1 Skeppsbron2
2 Indian Side
6 Smak
Cafés (S. 263)
4 Café Sorl
Einkaufen (S. 263)
3 Form/Design Center
5 Shop in der Kunsthalle Malmö
Carlsgatan
Södra varvs bassängen
Inre hamnen
Skeppsbron
Hauptbahnhof
BUS
Centralplan
Norra Vallgatan
Citadellsvägen
Neptuniparken
Fiskehamnsgatan
Västergatan
Adelgatan
St. Petri Kyrka
Stortorget
Rathaus
Lilla Torg
Malmöhusvägen
Slottsbron
Slottsgatan
Slottet Malmöhus
Södergatan
Engelbrektsgatan
Baltzars gatan
Kungsparken
Stora Nygatan
Gustav Adolfs Torg
Lilla Nygatan
Gamla begravningsplatsen
Slottsparken
Fersens bro
Drottninggatan
Regementsgatan
Kung Oscars väg
Storgatan
Davidshallstorg
Fersens väg
Södra Förstadsgatan
Davidshallsgatan
Idrottsplats
Erik Dahlbergsgatan
Rönneholmsvägen
Triangeln
Magistratsparken
Pildammsvägen
Rådmansgatan
St. Johannesg.
Malmö Konsthall
St. Johannes Kyrka
100 m
Malmö

akademischen Austausch. Sie wurde 1998 eingeweiht, zwei Jahre bevor die ersten Autos über den Öresund fuhren.

Mehr zu Zugtickets und Maut → Tourinfo, weitere Informationen zur Brücke unter www.oresundsbron.com und zur Region bei www.oresundregion.org.

Malmö Konsthall (Kunsthalle Malmö)

Vom Hauptbahnhof geht es links über die Kanalbrücke in die **Altstadt** (schwed. *gamla staden*). Links vor dem Eingang in die Hamngatan, in der Norra Vallgatan, liegt eine Forex-Wechselstube. Nach wenigen Metern durch die Fußgängerzone öffnet sich bereits der **Stortorget**, Malmös größter Platz mit dem Reiterstandbild von König Karl X. Gustav in der Mitte. Er wurde 1536 angelegt, und wenige Jahre später stand auch das prächtige **Rathaus** am Stortorget, auf das der Monarch weist. Wem das Gebäude nicht nach 16. Jh. aussieht, hat recht: Mitte des 19. Jh. wurde es im holländischen Neorenaissance-Stil neu gestaltet. Dahinter sieht man die Turmspitze der **Sankt Petri Kyrka**, die sich weit besser in die Neuzeit hinüberretten konnte. Die baltische Backsteingotik aus dem 14. Jh. ist weitgehend erhalten geblieben, selbst einige mittelalterliche Wandmalereien, die während der Reformation übertüncht worden waren, konnten freigelegt werden.

Geradeaus folgt die **Fußgängerzone Södergatan** mit der gewohnten Mischung aus Franchise-Läden und Freiluftcafés. Sie mündet auf den belebten **Gustav Adolfs Torg**, der v. a. als zentraler Busbahnhof dient, und führt aus der Mitte des Platzes heraus zur Kanalbrücke und in die Södra Tullgatan, später Södra Förstadsgatan. Nach dem verkehrsreichen Straßenknotenpunkt **Triangeln** mit seiner neuen Zugstation, die Malmös Altstadt mit Kopenhagen verbindet, beginnt die schöne Wohnstraße Rådmansgatan mit dem markanten Turm der **Sankt Johannes Kyrka** von 1907 als Wegscheide. An der Sankt Johannesgatan geht es rechts zur Kunsthalle, die seit über dreißig Jahren das Zentrum für moderne Kunst in Malmö bildet.

Restaurantmeile Lilla Torg

Schloss Malmöhus im Winter

Sie ist ein einziger Raum, bis auf eine Seite nur Beton ohne Fenster: ein radikales Konzept, typisch für die 1970er-Jahre, als die Kunsthalle entstand. Einfache Formen standen damals für Authentizität. Und das Museum wirkt so einfach wie eine Lagerhalle. Doch innen offenbart sich die Virtuosität des Architekten *Klas Anshelm*. Das Tageslicht dringt durch eine raffinierte Dachkonstruktion und mischt sich mit künstlichem Licht. Die breite Glasfront öffnet die Kunsthalle zu einem kleinen Park hin. Inspiriert wurde der Architekt von einem Besuch im Pariser Atelier des rumänischen Bildhauers *Constantin Brâncuşi*. Es gibt keine ständige Ausstellung, das Konzept heißt Wechselausstellungen mit aktuellen Werken nationaler wie internationaler Künstler.

Sehr schön und einen Besuch unbedingt wert sind auch das **Restaurant** *Smak* und die reich ausgestattete **Buchhandlung**.

Sankt Johannesgatan 7, ✆ 341286, www.konsthall.malmo.se. Tägl. 11–17 Uhr, Mi bis 21 Uhr. Kostenlose Führungen tägl. 14 Uhr, Mi auch 18.30 Uhr. Eintritt frei.

Lilla Torg

Die nächste Station ist der schönste Platz von Malmö, der **Lilla Torg**. Mit dem Rücken zur Kunsthalle stehend, biegt man nach rechts in die Borgmästaregatan ab und geht etwa hundert Meter an einem kleinen Park entlang. Es folgt eine große Querstraße, dann führt der Weg weiter geradeaus durch die Jörgen Ankersgatan, die auf den, zumindest zur Hälfte, freundlichen Nachbarschaftsplatz **Davidshallstorg** mündet. Die andere Hälfte ist durch einen Parkplatz verschandelt. Zwei nette Cafés laden zum Verweilen ein, falls Sie nicht bis zum geschäftigeren Lilla Torg warten wollen. Um dorthin zu kommen, gehen Sie am Ende des Davidshallstorg rechts in die Storgatan und gleich wieder links über die Kanalbrücke. Dann immer weiter geradeaus durch die Torggatan, später Engelbrektsgatan, von der Sie nach rechts in die Jöns Filsgatan abzweigen. Die ersten alten Häuser kündigen das Ziel an, und nach wenigen Metern öffnet sich

Ausflüge in die Umgebung
Karte S. 237

der Platz: ein harmonisches Viereck, begrenzt von schönen Fachwerkhäusern und belebt von einem halben Dutzend Restaurants mit Außenbestuhlung. Der Lilla Torg wurde bereits 1592 angelegt, damals diente er als Marktplatz, und bis heute ist er der bekannteste Platz geblieben. Verkaufsstände auf dem Platz und zahlreiche Geschäfte in den einmündenden Straßen bieten reichlich Angebot für Shopping-Spaß. Am Lilla Torg 9 liegt das **Form/Design Center**, ein guter Ort, um sich einen Überblick über skandinavisches Design zu verschaffen. Eingekauft werden kann in einem kleinen Shop und in der Buchhandlung, falls einem aber ein Produkt aus der Ausstellung gut gefällt, erhält man am Infostand die Adressen der Händler.

Santiago Calatravas Turning Torso

Slottet Malmöhus / Turning Torso

Um den Kontrast zwischen Alt und Neu, zwischen dem 16. Jh. und dem 21. Jh., zu sehen, lohnt sich eine kleine Schleife zum **Schloss Malmöhus.** Es liegt zehn Minuten zu Fuß vom Lilla Torg entfernt in einem Park westlich des Platzes, umgeben von einem Kanal. Am oberen Eck des Lilla Torg führt die Mäster Johansgatan zur Kreuzung mit der Västergatan, in die Sie nach links einbiegen und so zu dem Erholungsgebiet kommen, das die ehemalige Festung umgibt. Ursprünglich ist es ein Renaissance-Schloss von 1434, das aber später zerstört wurde. Die wuchtigen Mauern, die jetzt zu sehen sind, bergen eine Burg von 1530. Über hundert Jahre wohnten darin dänische Könige, bis Malmö und die ganze Region Schonen zu Schweden wechselten und das Schloss zur militärischen Festung ausgebaut wurde. Als auch die nicht mehr gebraucht wurde, diente das ehemalige Königsschloss mit den dicken Mauern als Gefängnis. Seit 1937 beherbergt es mehrere **Museen**, darunter ein Kunstmuseum, ein Aquarium und ein Geschichtsmuseum.

Seit 2005 befindet sich das Schloss bzw. Museum in einer Sichtachse mit einem der aufsehenerregendsten Neubauten Schwedens: dem **Turning Torso,** einem Wolkenkratzer des berühmten spanischen Architekten *Santiago Calatrava* (geb. 1951). 190 m ist er hoch, und das Besondere daran: Er ist verdreht. Die 54 Stockwerke winden sich so zueinander versetzt in die Höhe, dass die oberste Etage exakt um 90 Grad gegenüber der untersten verdreht ist. Der Turning Torso liegt im neuen Stadtteil **Västra Hamnen** („westlicher Hafen"), einem ehemaligen Industriegebiet, das in ein ökologisches und architektonisches Vorzeigeprojekt umgebaut wird. Er wird als Büro- und Wohngebäude genutzt und ist für die Öffentlichkeit nicht zugänglich.

Zurück zum Bahnhof können Sie auf der anderen Seite des großen Kanals, der die Altstadt von Malmö umgibt, gehen. Dazu müssen Sie zurück bis zur Kreuzung Slottsgatan, dort links, über die Brücke und dann rechts in die Fiskehamnsgatan. In zehn Minuten sind Sie, vorbei an der Universität, zurück am Ausgangspunkt dieser Tour.

Slottet Malmöhus mit Museen: Malmöhusvägen, ✆ 344437, www.malmo.se/museer. Juni–Aug. tägl. 10–16 Uhr, Sept.–Mai Mo-Fr 10-16 Uhr, Sa/So ab 12 Uhr. Eintritt 40 skr (4,50 €), ermäßigt 20 skr (2,20 €), bis 19 J. frei. **Turning Torso**: Lilla Varvsgatan 14, www.turningtorso.se.

Café Sorl am hübschen Davidshallstorg

Praktische Infos

(→ Karte S. 257)

Information

Malmö Turism, Skeppsbron 2 (in der Börse gegenüber vom Hauptbahnhof, getrennt durch die Straße Skeppsbron), ✆ 341200 (Mo–Fr 9–17 Uhr), www.malmotown.com. Mo–Fr 9–17 Uhr, Sa/So 10–14.30 Uhr. Hier erhalten Sie gutes Kartenmaterial und Broschüren auch in Deutsch.

Essen und Trinken

Smak 6, elegantes Café-Restaurant in der Kunsthalle Malmö. Tägl. 11–17 Uhr, Mi bis 21 Uhr. Hauptgerichte zwischen 95-140 skr (10-15 €). Sankt Johannesgatan 7, ✆ 505035, www.smak.info.

Skeppsbron2 1, vor dem Bahnhof am Kanal liegt dieses schöne, modern eingerichtete Restaurant mit schwarzen Loungemöbeln auf der Terrasse. Schwerpunkte: Tapas, Grill und Wein. Mo–Fr 11.30–24 Uhr, Sa 17–24 Uhr (Küche bis 21.30 Uhr). Skeppsbron 2, ✆ 306202, www.skeppsbron2.com.

Café Sorl 4, einladendes Café an einem kleinen, ruhigen Platz ganz in der Nähe der Kunsthalle, mit einer recht großen Auswahl an Kuchen. Mo-Fr 8.30–19 Uhr, Sa/So 10-18 Uhr. Davidshallstorg 3, ✆ 6119500, www.sorl.se.

Der ganze **Lilla Torg** ist voller Restaurants. Empfehlenswert ist z. B. das **Indian Side** 2, www.indianside.se, Mo-Fr 11.30-22 Uhr, Fr/Sa 11.30-1 Uhr, mit gut zubereiteten indischen Gerichten zu günstigen Preisen. Im Sommer wird auf dem lebhaften Platz draußen serviert. Pach Rongi Curry 135 skr (15 €), Chicken Lasuni Karai 160 skr (18 €). Lilla Torg 7, ✆ 307744.

Einkaufen

Inneneinrichtung »» Mein Tipp: **Form/Design Center** 3, am schönen Lilla Torg stellen 50 skandinavische Firmen in einem Speichergebäude aus dem 15. Jh. Möbel, Textilien und Lampen aus. Wer etwas kaufen will, wird an der Theke des **Cafés** im 2. Stock mit Preisen und Händleradressen versorgt. Es gibt auch einen kleinen **Shop** im 3. Stock, und in dem besagten Café eine große Auswahl an skandinavischen **Design- und Architekturzeitschriften**, in denen man in aller Ruhe blättern kann. Di–Sa 11–17 Uhr, So 12–16 Uhr. Lilla Torg 9, ✆ 6645150, www.formdesigncenter.com. ««

Bücher **Museumsshop in der Kunsthalle Malmö** 5, reiche Auswahl an anspruchsvollen Kunstbüchern und -zeitschriften. Dazu viele Ausstellungskataloge und Poster. Mo/Di und Do–So 11–17 Uhr, Mi bis 21 Uhr. Sankt Johannesgatan 7, www.konsthall.malmo.se.

Etwas Dänisch

Dänisch gehört zu den skandinavischen und damit germanischen Sprachen, zu denen auch Deutsch und Englisch zählen. Wer Norwegisch oder Schwedisch spricht, wird sich mit dem Dänischen relativ leichttun. Alle anderen können zumindest beim Lesen etwas verstehen, aber wohl kaum beim Hören, denn die **Aussprache** stimmt meist nicht mit dem Schriftbild überein. Hier einige Beispiele:

a: wie a (z. B. „alt“: gammel → gaml) oder ä (z. B. „können“: kan → kän oder nur kä)

ag: wie ej (z. B. „Freitag“: fredag → fredej)

ds: wie s (z. B. „Platz“: plads → pläs)

eg/ej/ig: wie aj (z. B. „ich“: jeg → jaj; „nein“: nej → naj; „dir“: dig → daj)

d/g/t: v. a. am Schluss oft verschluckt (z. B. „S-Bahn“: S-tog → es-tou; „das“: det → de)

h: vor v und j nicht ausgesprochen (z. B. „wer“: hvem → wäm)

nd: wie n (z. B. „Wasser“: vand → wän)

p: nach s wie b (z. B. „essen“: spise → sbise)

tion: wie schon (z. B. „Station“: station → staschon)

v: wie w bzw. nach Vokal wie u (z. B. „Hafen“: havn → haun)

y: wie ü (z. B. „hell“: lys → lüs)

Am schwierigsten empfinden Nicht-Dänen die Aussprache von **d** nach einem Vokal (z. B. in „Straße“: gade), das dann einem Laut zwischen dem englischen th und dem deutschen l ähnelt.

Die im deutschen Alphabet **unbekannten Buchstaben æ, ø und å** werden wie ä (bzw. nach r wie a), ö und o ausgesprochen.

Grammatische Unterschiede zwischen dem Deutschen und Dänischen bestehen v. a. beim grammatischen Geschlecht, beim bestimmten Artikel und bei den Fällen. Das Dänische kennt als grammatische Geschlechter nur Neutrum („et“-Wörter, z. B. et bord = ein Tisch) und Utrum („en“-Wörter, z. B. en stol = ein Stuhl). Stehen „en“ und „et“ wie in den o. g. Beispielen vor einem Substantiv, stellen sie unbestimmte Artikel dar. Hängen sie dagegen hinten am Substantiv dran, zeigen sie die bestimmte Form an (stolen = der Stuhl, bordet = der Tisch). Die unbestimmte Pluralform wird gebildet, indem man -r oder -er, häufig auch -e oder selten nichts an das Substantiv hängt (værelser = Zimmer, borde = Tische). Die bestimmte Form im Plural entsteht meistens durch ein zusätzlich angehängtes -ne (værelserne = die Zimmer, bordene = die Tische). Eine Voranstellung der bestimmten Artikel „den“, „det“ und „de“ wie im Deutschen kommt nur in Kombination mit Adjektiven vor (den store værelse = das große Zimmer, det store bord = der große Tisch, de store værelse/borde = die großen Zimmer/Tische). Immerhin kennt das Dänische bei der Substantivbeugung nur eine unmarkierte Form und den Genitiv. Letzterer wird durch das Anhängen von -s gebildet.

Achtung: Die Dänen duzen sich fast immer, auch wenn sie sich nicht kennen. Mit dem Chef, der Verkäuferin, sogar mit Politikern ist man in der Regel per Du. Ältere Personen ab etwa 60 Jahren sollte man aber trotzdem mit „De" (Sie) ansprechen.

Elementares

Ja!	*Ja!*
Nein!	*Nej!*
ich	*jeg*
du	*du*
er/sie/es	*han/hun/det*
wir	*vi*
ihr	*I*
sie (Pl.)	*de*
Sie (höfl. Anrede)	*De*
Bitte! (beim Überreichen oder Vorlassen)	*Værsgo!*
Bitte … (Forderung)	*Vær så venlig at …*
Danke!	*Tak!*
Vielen Dank!	*Mange tak!*
Tausend Dank!	*Tusind tak!*
Gerne!	*Det var så lidt!* *Selv tak!* („Selber danke!")
Hallo!	*Hej!* *Dav!*
Guten Morgen!	*Godmorgon!*
Guten Tag!	*Goddag!*
Guten Abend!	*Godaften!*
Gute Nacht!	*Godnat!*
Auf Wiedersehen!	*Farvel!*
Tschüss!	*Hej hej!*
Bis bald!	*Vi ses!*
Mach's gut!	*Hav det godt!*
Okay!/In Ordnung!	*Det er i orden!*
Verzeihung!	*Undskyld!*
Das macht nichts!	*Det gør ikke noget!*
Wie heißt du?	*Hvad hedder du?*
Mein Name ist …	*Mit navn er …*
Wie geht es Ihnen/dir?	*Hvordan har De/du det?*
Gut, danke! Und Ihnen/dir?	*Fint, tak! Hvad med Dem/dig?*
Das habe ich nicht verstanden.	*Det forstod jeg ikke.*
Ich spreche. nur wenig Dänisch	*Jeg taler kun lidt dansk.*
Ich kann kein Dänisch	*Jeg taler ikke dansk.*
Woher kommen Sie/kommst du?	*Hvor kommer De/du fra?*
Ich komme aus Deutschland/ Österreich/ der Schweiz.	*Jeg kommer fra Tyskland/ Østrig/ Svejts.*
Ich möchte …	*Jeg vil gerne have …*
Können Sie mir helfen?	*Kan De hjælpe mig?*
Hilfe!	*Hjælp!*

Zahlen

0	*nul*
1	*en*
2	*to*
3	*tre*
4	*fire*
5	*fem*
6	*seks*
7	*syv*
8	*otte*
9	*ni*
10	*ti*
11	*elleve*
12	*tolv*
13	*tretten*
14	*fjorten*
15	*femten*

16	*seksten*	50	*halvtreds*
17	*sytten*	60	*treds*
18	*atten*	70	*halvfjerds*
19	*nitten*	80	*firs*
20	*tyve*	90	*halvfems*
21	*enogtyve*	100	*et hundrede*
22	*toogtyve*	1000	*et tusind*
30	*tredive*	1.000.000	*en million*
40	*fyrre*		

Zeitangaben

Montag	*mandag*
Dienstag	*tirsdag*
Mittwoch	*onsdag*
Donnerstag	*torsdag*
Freitag	*fredag*
Samstag	*lørdag*
Sonntag	*søndag*
heute	*i dag*
gestern	*igår*
vorgestern	*i forgårs*
morgen	*i morgen*
übermorgen	*i overmorgen*
jetzt	*nu*
später	*senere*
bald	*snart*
täglich	*daglig*
jeden Tag	*hver dag*
morgens	*om morgonen*
vormittags	*om formiddagen*
mittags	*om middagen*
nachmittags	*om eftermiddagen*
abends	*om aftenen*
nachts	*om natten*
Minute	*minut*
Stunde	*time*
Tag	*dag*
Woche	*uge*
Wochenende	*weekend*
Monat	*måned*
Jahr	*år*
Wann?	*Hvornår?*
Um wie viel Uhr?	*Hvad tid?*
Um vier Uhr.	*Klokken fire.*
Viertel nach vier.	*Kvart over fire.*
Halb vier.	*Halv fire.*
Viertel vor vier.	*Kvart i fire.*
vor zehn Minuten	*for ti minutter siden*
in zehn Minuten	*om ti minutter*

Unterwegs

Orientierung und Verkehr

Wo ist …?	*Hvor er …?*
hier	*her*
dort	*der*
nach links	*til venstre*
nach rechts	*til højre*
geradeaus	*lige ud*
gegenüber	*overfor*
weit weg	*langt væk*
bis	*til*
Autobahn	*motorvej*
Brücke	*bro*
Fußgängerzone	*gågade*
Gasse	*stræde*
Kreuzung	*kryds*

Platz	*plads*
Sackgasse	*blind vej*
Straße	*gade/vej*
Straßenecke	*gadehjørne*
Ausfahrt	*udkørsel*
Einfahrt	*indkørsel*
Grenzübergang	*grænseovergang*
Abschleppauto	*kranvogn*
Notrufsäule	*nødtelefon*
Tankstelle	*tankstation*
Unfall	*ulykke*
Gennemkørsel forbudt!	*Durchfahrt verboten!*
Knallertkørsel forbudt!	*Fahrverbot für Mopeds!*

Fahrzeugvermietung

Ich möchte für zwei Tage/eine Woche … leihen.	*Jeg vil gerne leje … i to dage/ i en uge.*
… ein Auto …	*… en bil …*
… ein Fahrrad …	*… en cykel …*
… ein Moped …	*… en knallert…*
… ein Motorrad …	*… en motorcykel …*
Ausweis	*identitetskort*
Kreditkarte	*kreditkort*
Kaution	*depositum*
Teil-/Vollkasko	*delvis/fuld kaskoforsikring*
Wochenendpauschale	*fast weekendpris*

Flugzeug, Bahn & Co.

Abflug	*afrejse*
Ankunft	*ankomst*
Ticket für eine einfache Fahrt/ Hin- und Rückfahrt	*enkeltbillet/* returbillet
Mehrfahrtenkarte	*stempelkort*
Tageskarte	*endagsbillet*
Wochenkarte	*ugekort*
Ermäßigung	*rabat*
Platzreservierung	*pladsbillet*
Bus	*bus*
Fähre	*færge*
Flugzeug	*fly*
S-Bahn	*S-tog*
U-Bahn	*metro*
(Autoreise-)Zug	*(bil)tog*
Speisewagen	*spisevogn*
(Haupt-)Bahnhof	*(hoved)banegård/ station*
(Flug-)Hafen	*(luft)havn*
(Bus-)Haltestelle	*(bus)stoppested*
(S-/U-Bahn-)Station	*(S-tog-/ metro)station*
Einzel-/Zweibett-kabine	*enkeltkahyt/ dobbeltkahyt*
Fahrplan	*køreplan*
Gepäckausgabe	*bagageudlevering*
Gleis	*spor*
Handgepäck	*håndbagage*
Koffer	*kuffert*
(Nicht-)Raucher	*(ikke)ryger*
Wartesaal	*ventesal*
Entschuldigung, ist dieser Platz frei?	*Undskyld, er pladsen ledigt?*
Wo muss ich um-/ aussteigen?	*Hvor skal jeg stige ud/skifte?*

Übernachten/Camping

Bauernhof	*bondegård*
Hotel	*hotel*
Jugendherberge	*ungdomsherberg*
Ferienhaus	*sommerhus*
Badewanne	*badekar*
Badezimmer	*badeværelse*
Dusche	*brusebad*
Einzel-/ Doppelzimmer	*ene værelse/ dobbelt værelse*
Fernseher	*fjernsyn*
Vollpension	*helpension*
Haustier	*husdyr*

Handtuch	*håndklæde*
Küche	*køkken*
Kühlschrank	*køleskab*
Frühstück	*morgenmad*
Schlüssel	*nøgle*
(Kinder-)Bett	*(barne)seng*
Bettwäsche	*sengetøj*
Schlafzimmer	*soveværelse*
Toilette	*toilet*
Haben Sie noch Zimmer … frei?	*Har de endnu ledige værelser …?*
… für eine Nacht …	*… for en nat?*
… für zwei Tage …	*… for to dage?*
… für eine Woche …	*… for en uge?*
Campingplatz	*campingplads*
Wohnwagen	*campingvogn*
Trinkwasser	*drikkevand*
Gasflaschen	*gasflasker*
Zelt	*telt*
Waschräume	*vaskerumme*
Gibt es hier elektrischen Strom?	*Er der tilslutning til el?*

Einkaufen, Essen und Trinken

Ich hätte gerne …	*Kan jeg få …?*
	Jeg vil gerne have …
… die Speisekarte.	*… spisekortet.*
essen	*spise*
trinken	*drikke*
Salz	*salt*
Pfeffer	*peber*
Zucker	*sukker*
Messer	*kniv*
Gabel	*fork*
Löffel	*ske*
Teller	*tallerken*

Frühstück (morgenmad)

Brot	*brød*
Weißbrot	*franskbrød*
Käse	*ost*
Roggenbrot	*rugbrød*
Brötchen	*rundstykker*
Würstchen	*pølser*
Aufschnitt	*pålæg*
Butter	*smør*

Mittagessen (frokost) und Abendessen (middag/aftensmad)

Tagesgericht	*dagens ret*
vegetarisches Gericht	*vegetarisk ret*
Diätkost	*diætmad*
Ente	*and*
Spargel	*asparges*
Beefsteak	*engelsk bøf*
Fisch	*fisk*
Fischklößchen	*fiskeboller*
Gemüse	*grøntsager*
Gans	*gås*
Pute	*kalkun*
Hase	*kanin*

Getränke (drikkevarer)

Schnaps	*akvavit/brændevin/snaps*
Orangensaft	*appelsinjuice*
Weißwein	*hvidvin*
Kaffee	*kaffe*
Mineralwasser	*mineralvand*
Milch	*mælk*
Rum	*rom*
Rotwein	*rødvin*
Apfelsaft	*æblemost*
Bier (vom Fass)	*(fad)øl*

Mengenangaben

500 Gramm	*fem hundrede gram*
1 Kilo	*et kilo*
2 Stück	*to stykker*

Huhn	*kylling*
Fleisch	*kød*
Lamm	*lammekød*
Leber	*lever*
(Brat-)Wurst	*(stegt) pølse*
(geräucherter) Hering	*(røget) sild*
belegtes Brot	*smørrebrød*
Schweinefleisch	*svinekød*

Desserts (desserter)

Obst	*frugt*
Kuchen	*kage*
Sahnetorte	*lagkage*
rote Grütze mit Sahne	*røde med fløde*
Blätterteiggebäck	*wienerbrød*

10 Scheiben	*ti skiver*
1 Packung	*en pakke*

Bezahlung

Wie viel kostet das?	*Hvad koster det?*
Die Rechnung, bitte!	*Regningen, tak!*
Ich möchte bitte bezahlen.	*Jeg vil gerne betale, tak.*
Bitte alles zusammen.	*Det hele på en regning, tak.*
Das stimmt so.	*Det passer.*

Mit Kindern

Kinderstuhl	*børnestol*
Wickelraum/-tisch	*puslerum/-bord*

Sightseeing

Burg	*borg*
Stadtzentrum	*bymidte*
Dom	*domkirke*
Königin	*dronning*
Altstadt	*gamle by*
Halle	*hal*
(botanischer)	*(botanisk) have*
Garten	
Kirche	*kirke*
Friedhof	*kirkegård*
König	*konge*
Dorfkirche	*landsbykirke*
Denkmal	*mindesmærke*
(Freilicht-)Museum	*(frilands)museum*

Rundfahrt	*rundtur*
Schatzkammer	*skatkammer*
Schloss	*slot*
Springbrunnen	*springvand*
Markt	*torv*
Ausstellung	*udstilling*

Baden

Hallenbad	*svømmehal*
Freibad	*friluftsbad*
Kinderbecken	*børnebassin*
Strand	*strand*
Ich möchte .... mieten/ausleihen	*Jeg vil gerne leje ...*
... ein Boot ...	*... en båd.*
... einen Liegestuhl ...	*... en liggestol.*
... einen Sonnenschirm ...	*... en parasol.*
... einen Strandkorb ...	*... en strandkurv.*
... ein Paar ... Wasserski ...	*et par vandski.*
Kajak	*kajak*
Ruderboot	*robåd*
Schlauchboot	*gummibåd*
Segelboot	*sejlbåd*
Tretboot	*vandcykel*
Schnorchel	*snorkel*
Schwimmflossen	*svømmefødder*
Schwimmflügel	*svømmevinger*
Taucherausrüstung	*dykkerudstyr*
Baden verboten!	*Badning forbudt!*
Gefährliche Strömung!	*Farlig strømning!*

Medizinische Versorgung

Mir ist schlecht.	*Jeg er dårlig tilpas.*
Ich habe ...	*Jeg har ...*
... Durchfall.	*... diarré.*
... Fieber.	*... feber.*
... Halsschmerzen.	*... ondt i halsen.*
... Kopfschmerzen.	*... hovedpine.*
... Zahnschmerzen.	*... tandpine.*
Ich bin gestochen /gebissen worden.	*Jeg er blevet stukket/bidt.*
Ich habe mich verletzt.	*Jeg er kommet til skade.*
Apotheke mit Nachtdienst	*apotek med natåbent*
Augenarzt	*øjenlæge*
Frauenarzt	*gynækolog*
Hautarzt	*hudlæge*
Kinderarzt	*børnelæge*
Zahnarzt	*tandlæge*

Bank, Post, Polizei

Bank	*bank*
Geld wechseln	*veksle penge*
Post	*posthus*
Brief	*brev*
Briefkasten	*postkasse*
Briefmarken	*frimærker*
Postkarte	*postkort*
Polizeirevier	*politistation*
Ich will ... anzeigen /melden.	*Jeg vil gerne anmelde ...*
... einen Diebstahl ...	*... et tyveri.*
... einen Überfall ...	*... et overfald.*
Mir ist ... gestohlen worden.	*Jeg har fået stjålet ...*
... meine ... Handtasche ...	*min håndtaske.*
... meine Brieftasche	*min tegnebog.*

Abruzzen • Ägypten • Algarve • Allgäu • Allgäuer Alpen *MM-Wandern* • Altmühltal & Fränk. Seenland • Amsterdam *MM-City* • Andalusien • Andalusien *MM-Wandern* • Apulien • Athen & Attika • Australien – der Osten • Azoren • Bali & Lombok • Baltische Länder • Bamberg *MM-City* • Barcelona *MM-City* • Bayerischer Wald • Bayerischer Wald *MM-Wandern* • Berlin *MM-City* • Berlin & Umgebung • Bodensee • Bretagne • Brüssel *MM-City* • Budapest *MM-City* • Bulgarien – Schwarzmeerküste • Chalkidiki • Cilento • Cornwall & Devon • Dresden *MM-City* • Dublin *MM-City* • Comer See • Costa Brava • Costa de la Luz • Côte d'Azur • Cuba • Dolomiten – Südtirol Ost • Dominikanische Republik • Ecuador • Elba • Elsass • Elsass *MM-Wandern* • England • Fehmarn • Franken • Fränkische Schweiz • Fränkische Schweiz *MM-Wandern* • Friaul-Julisch Venetien • Gardasee • Gardasee *MM-Wandern* • Genferseeregion • Golf von Neapel • Gomera • Gomera *MM-Wandern* • Gran Canaria • Graubünden • Griechenland • Griechische Inseln • Hamburg *MM-City* • Harz • Haute-Provence • Havanna *MM-City* • Ibiza • Irland • Island • Istanbul *MM-City* • Istrien • Italien • Italienische Adriaküste • Kalabrien & Basilikata • Kanada – Atlantische Provinzen • Kanada – der Westen • Karpathos • Katalonien • Kefalonia & Ithaka • Köln *MM-City* • Kopenhagen *MM-City* • Korfu • Korsika • Korsika Fernwanderwege *MM-Wandern* • Korsika *MM-Wandern* • Kos • Krakau *MM-City* • Kreta • Kreta *MM-Wandern* • Kroatische Inseln & Küstenstädte • Kykladen • Lago Maggiore • La Palma • La Palma *MM-Wandern* • Languedoc-Roussillon • Lanzarote • Lesbos • Ligurien – Italienische Riviera, Genua, Cinque Terre • Ligurien & Cinque Terre *MM-Wandern* • Liparische Inseln • Lissabon & Umgebung • Lissabon *MM-City* • London *MM-City* • Lübeck *MM-City* • Madeira • Madeira *MM-Wandern* • Madrid *MM-City* • Mainfranken • Mallorca • Mallorca *MM-Wandern* • Malta, Gozo, Comino • Marken • Mecklenburgische Seenplatte • Mecklenburg-Vorpommern • Menorca • Mittel- und Süddalmatien • Mittelitalien • Montenegro • Moskau *MM-City* • München *MM-City* • Münchner Ausflugsberge *MM-Wandern* • Naxos • Neuseeland • New York *MM-City* • Niederlande • Niltal • Nord- u. Mittelgriechenland • Nordkroatien – Zagreb & Kvarner Bucht • Nördliche Sporaden – Skiathos, Skopelos, Alonnisos, Skyros • Nordportugal • Nordspanien • Normandie • Norwegen • Nürnberg, Fürth, Erlangen • Oberbayerische Seen • Oberitalien • Oberitalienische Seen • Odenwald • Ostfriesland & Ostfriesische Inseln • Ostseeküste – Mecklenburg-Vorpommern • Ostseeküste – von Lübeck bis Kiel • Östliche Allgäuer Alpen *MM-Wandern* • Paris *MM-City* • Peloponnes • Pfalz • Pfalz *MM-Wandern* • Piemont & Aostatal • Piemont *MM-Wandern* • Polnische Ostseeküste • Portugal • Prag *MM-City* • Provence & Côte d'Azur • Provence *MM-Wandern* • Rhodos • Rom & Latium • Rom *MM-City* • Rügen, Stralsund, Hiddensee • Rumänien • Rund um Meran *MM-Wandern* • Sächsische Schweiz *MM-Wandern* • Salzburg & Salzkammergut • Samos • Santorini • Sardinien • Sardinien *MM-Wandern* • Schleswig-Holstein – Nordseeküste • Schottland • Schwarzwald Mitte/Nord *MM-Wandern* • Schwäbische Alb • Shanghai *MM-City* • Sinai & Rotes Meer • Sizilien • Sizilien *MM-Wandern* • Slowakei • Slowenien • Spanien • Span. Jakobsweg *MM-Wandern* • St. Petersburg *MM-City* • Südböhmen • Südengland • Südfrankreich • Südmarokko • Südnorwegen • Südschwarzwald • Südschwarzwald *MM-Wandern* • Südschweden • Südtirol • Südtoscana • Südwestfrankreich • Sylt • Teneriffa • Teneriffa *MM-Wandern* • Thassos & Samothraki • Toscana • Toscana *MM-Wandern* • Tschechien • Tunesien • Türkei • Türkei – Lykische Küste • Türkei – Mittelmeerküste • Türkei – Südägäis • Türkische Riviera – Kappadokien • Umbrien • Usedom • Venedig *MM-City* • Venetien • Wachau, Wald- u. Weinviertel • Westböhmen & Bäderdreieck • Warschau *MM-City* • Westliche Allgäuer Alpen und Kleinwalsertal *MM-Wandern* • Westungarn, Budapest, Pécs, Plattensee • Wien *MM-City* • Zakynthos • Zentrale Allgäuer Alpen *MM-Wandern* • Zypern

Register

ISBN 978-3-89953-691-1

 Druck: Stürtz GmbH, Würzburg.